国家出版基金项目
NATIONAL PUBLICATION FOUNDATION

"十三五"国家重点图书出版规划项目

东北振兴研究丛书
DONG BEI ZHEN XING YAN JIU
CONG SHU

中国东北
转型通论

常修泽　著

辽宁人民出版社

© 常修泽　2020

图书在版编目（CIP）数据

中国东北转型通论 / 常修泽著. —沈阳：辽宁人民
出版社，2020.12
　　（东北振兴研究丛书）
　　ISBN 978-7-205-10100-8

　　Ⅰ.①中… Ⅱ.①常… Ⅲ.①区域经济发展—研究—
东北地区 Ⅳ.①F127.3

中国版本图书馆 CIP 数据核字（2020）第 258924 号

出版发行：辽宁人民出版社
　　　　　地址：沈阳市和平区十一纬路 25 号　邮编：110003
　　　　　电话：024-23284321（邮　购）　024-23284324（发行部）
　　　　　传真：024-23284191（发行部）　024-23284304（办公室）
　　　　　http://www.lnpph.com.cn
印　　刷：辽宁新华印务有限公司
幅面尺寸：170mm×240mm
印　　张：24
字　　数：375 千字
出版时间：2020 年 12 月第 1 版
印刷时间：2020 年 12 月第 1 次印刷
责任编辑：李　丹　郭　健
封面设计：丁末末
版式设计：留白文化
责任校对：刘再升
书　　号：ISBN 978-7-205-10100-8
定　　价：128.00 元

《东北振兴研究丛书》 中国（海南）改革发展研究院 中国东北振兴研究院 │ 策划指导

编委会

顾问

夏德仁　宋晓梧

主任

赵　继　迟福林

委员

赵　继　迟福林　刘世锦　范恒山

周建平　赵晋平　张占斌　常修泽

曹远征　李　凯　孙德兰　许　欣

杨　睿　刘海军

总　序

东北是我国最早建立的以能源原材料和重工业为特色的老工业基地，拥有一批关系国民经济命脉和国家安全的战略性产业和骨干企业，在70多年发展历程中，为新中国工业体系的建立打下了基础，为我国改革开放和现代化建设做出了历史性贡献。

新中国成立初期，鉴于当时的国际环境，中国经济发展投资集中在内地，沿海地区不多。当时苏联援助中国156个项目，其中三分之一落在东北，东北的工业体系初见雏形，也产生了很多大家熟悉的工业企业："一汽""一重""鞍钢""沈飞""大船"等。在中国实行"三线建设"时期，东北为中国工业化发展做出了很大贡献，很多东北企业支援全国，如湖北十堰二汽就是在长春一汽的援助下建立起来的，各地许多钢铁企业是鞍钢援建的。

改革开放初期，经济发展从侧重内地转向开放沿海地区，东南沿海地区通过政策倾斜，在吸引外资、引进人才等方面获益，并由此大大推动了市场化改革的步伐，从而获得飞速发展。东北地区则因地理区位的局限，资源开采枯竭，尤其是计划经济"遗产丰厚"，如国有企业负担重等体制机制制约，转型和改革步履维艰，发展相对迟缓，到20世纪90年代中后期，与东南沿海地区的差距已经拉大。在这样的背景下，国家先是提出西部大开发战略，后来又提出了振兴东北、中部崛起等战略，希望通过一系列的措施促进全国四大板块（东部、西部、中部、东北）协调均衡发展。

"九五"计划中就提出，积极支持和促进东北等地的老工业基地改造和结构调整。2003年，中共中央、国务院正式印发《关于实施东北地区等老工业基地振兴战略的若干意见》。从2003年到2012年，东北地区的国内生产总值保持较高增速，连续多年领先全国，被媒体称为东北经济的"黄金十年"。现在回顾这10年，东北取得的成绩在一定程度上得益于体制机制的改革。比如，这个时期国企改革确实取得了一些进展。从东北三省国有企业对国内生产总值贡献占比看，2003年左右这一数据高达百分之八九十，甚至在大庆等部分城市基本是国有企业一统天下。经过10年的改革发展，这一数据平均下降20%，辽宁的有些地区下降了30%—40%，民营企业获得了一定的发展。此外，在资源型城市可持续发展、对外对内开放和社会保障体系建设等方面也都取得了显著进展，有的改革探索还对全国的改革起了推动或先导作用。

但从深层次探究，东北"黄金十年"正好赶上了中国工业化高速增长时期，这一阶段重化工业快速发展，需要大量的能源、原材料、装备制造业，这与东北的产业结构正好相契合，东北经济从而获得了较快的增长。同时更应当认识到，因为这一阶段过度看重国内生产总值增速，在相当程度上掩盖了东北地区许多重大改革不到位、不深入的问题。如东北地区政府与市场的关系远未理顺，各级政府急于上项目争投资，资源配置的市场化程度在全国相对更低，从而导致重复建设严重，民营经济滞后，民生改善迟缓。

随着中国经济总体跨过重化工业发展阶段，从追求高速度转向注重高质量，东北地区发展遇到了新的困难和挑战，经济下行压力增大，经济增长新动力不足和旧动力减弱的结构性矛盾突出，体制性机制性痼疾凸显，解决问题的难度也有所增大，出现了一些媒体所渲染的"断崖式下跌"现象。深入实施新一轮东北地区等老工业基地振兴战略，对于东北经济社会持续健康发展和全国区域协调发展，既十分重要又十分紧迫。

中共十八大以来，以习近平同志为核心的党中央高瞻远瞩、审时度势，指导实施新一轮东北振兴战略。中共十九大提出，深化改革加快东北等老工业基地振兴。新一轮振兴，对东北地区的发展有了新的定位，不再强调地区生产总值或人均地区生产总值增长指标，而是突出东北地区作为重要的能源原材料基地、军事工业基地和商品粮生产基地，对于维护国家国防安全、粮食安全、生态安全、能源安全、产业安全的战略地位具有重要作用。

如何理解和贯彻中共中央、国务院对振兴东北的新定位？在中国（海南）改革发展研究院、中国东北振兴研究院的大力支持下，在专家学者的共同努力下，经过三年多的时间，《东北振兴研究丛书》即将出版。这是一套系统地研究东北老工业基地振兴发展的丛书，丛书汇集专家学者智慧，内容涉及东北振兴战略相关政策、东北振兴与混合所有制改革及产业结构调整以及对外开放、东北振兴新动力等各方面的问题，是一套有高度、有深度的东北振兴研究领域的指导性用书，对东北地区广大干部群众和从事东北振兴的相关行政工作人员、研究人员，学习领会和贯彻执行中共中央、国务院新一轮振兴东北的发展理念、发展战略、发展方式，具有重要参考价值。

中共十九届五中全会展望了2035年远景目标，明确提出"十四五"发展的指导方针、主要目标和重点任务，特别是提出推动东北振兴取得新突破，为东北地区科学谋划"十四五"时期发展指明了方向。新时代东北振兴，是全面振兴、全方位振兴。各领域按照中共中央、国务院振兴东北地区的决策部署，充分利用各种有利条件，深化改革，破解矛盾，扬长避短，发挥优势，从统筹推进"五位一体"总体布局、协调推进"四个全面"战略布局的角度去把握，要进一步理顺政府与市场的关系，发挥市场配置资源的决定性作用，更好地发挥政府在宏观调控、公共服务、市场监管方面的作用。同时，积极推进要素的市场化配置机制体制改革，让劳动力、资本、土地、技术、数据以及管理等要素更加活跃起来，让一切创造财富的源泉充分涌流。东北地区有条件、有机会重塑环境、重振雄风，实现新的突破，为中华民族的伟大复兴做出应有的贡献。

原国务院振兴东北地区等老工业基地领导小组办公室副主任

中国东北振兴研究院顾问　宋晓梧

2020 年 12 月

前　言

一

当我构思这部著作的前言时，脑海中突然冒出诗人艾青在《我爱这片土地》中的名句：

"为什么我的眼中常含泪水？
因为我对这片土地爱得深沉……"

我不是东北人，但，从自己在山东老家的经历得知，在千千万万个"闯关东"乡亲的血管里，流淌着和我一样的血液；

我不是东北人，但，从1979年参加国务院财经委员会"东北结构调查组"、从而展开第一次黑龙江70天调查始，40多年间先后到东北三省调研和讲学达80余次（平均每年2次左右，仅20世纪90年代前5年为南开大学在长春举办的五期"经济学研究生班"教学科研就去20次）；

我不是东北人，但，从2003年起，应聘担任东北大学兼职教授和博士生导师，就是在这所由"东北少帅"张学良将军创办的大学里，17年的岁月中与东大师生和辽宁众多朋友结下深厚情谊；

我不是东北人，但，从2013年起，就选定长白山区的延边朝鲜族自治州安图县二道白河小镇作为自己退休后的居住地之一。特别是2015年担任中国东北振兴研究院专家委员会副主任之后，共谋振兴的责任更使我像长白山的松树一样，深深地扎进东北的白山黑土大地，以至我一直把长白山特有的"美人松"作为自己微信朋友圈的标记。

……

就是这些缘分，使我把自己当成一个地地道道的"新东北人"。也正因为此，为了我热爱的乡亲，我要用情分和理性，去探寻东北的转型。这本书，就是探寻的结晶。

国内有部电影叫《致青春》，我青春已过，或许，这本书可以看作我的《致东北》吧。

二

是的。这是一部试图以 21 世纪"百年未有之大变局"为战略思维，探讨和阐述中国东北全面转型、寻求"新变局"的学术著作，是自己作为一个研究者 40 年来，特别是近年来，对东北深度调查研究和理论探索最新凝结的结晶。其着力点在于瞄准"现实"和"未来"，定位为一部以"东北转型之新思维"，对现实的审视之作和对未来的探索之作。

首先我要自豪地申明：我们的东北不仅是老工业基地，而且是中国农业、资源、科技、人才的聚集地。如果把整个国家图形看成"金鸡"的话，中国东北就像是"金鸡"昂起的"头颅"。

然而，由于种种原因，昂起的"金鸡头颅"却有些低落，以致被官方和民间媒体称为"东北锈带"。笔者认为，这是很值得关心东北的朋友认真研究的。

正是在对现实的审视和探索基础上，自己逐步形成并尝试性地提出了"东北转型新思维"的"三重锈带"突破说[1]。

"锈带"说，虽然是受国际上通行的"铁锈地带"一词的启发，但笔者赋予其独特的内涵，属于一种消化吸收后的"再创造"。

如东北许多朋友所熟知的，"铁锈地带"一词在国际上是指衰落的资源性

---

1. 在本书二校已经完成、即将开印前夕，看到中共中央关于"十四五"规划建议中"推动东北振兴取得新突破"的部署，其中，"突破"二字用语不谋而合，笔者内心颇感欣慰。

城市或工业基地，如英国的伯明翰、美国的底特律、德国的鲁尔和法国的洛林地区等。这是一个"中性"的经济范畴或概念，没有制度的属性。与国外上述"衰落的资源性城市或工业基地"相比，中国的东北地区虽有某些相似之处，但并不完全相同。

根据自己的初步研究，国外的"铁锈地带"主要"锈"在资源枯竭和产业上，即所谓"衰落的资源性城市或工业基地"。而在东北，除人所熟知的此种"生锈"外，还多了其他。当然，究竟"锈"在哪里，人们有不同的认识，这是正常的。我愿意以此书为依据参与讨论。

本书认为，东北不仅表现为"增长的锈带"（这是各方面多有议论的），而且从深层看，还具有"体制的锈带""结构的锈带""文明方式的锈带"特征。这就意味着，完整意义上"东北转型"，实质包含了"三位一体"的理论含义：走出僵化体制的"锈带"，走出板结封闭结构的"锈带"，走出非现代性的文明方式的"锈带"。而这三个命题，正是我40年来潜心挖掘、努力破解的症结之所在。

三

起于1979年的东北改革开放，特别是新世纪开始以来的东北振兴，不仅是东北地区发展史上的攻坚战，也是整个国家发展史上的攻坚战之一。这场攻坚战打得十分艰苦。它既不固守（而且有所突破）效法苏联当年在东北首先建立，而后扩展至全国的根深蒂固的计划经济体制、扭曲的经济结构和粗放的经济模式，也不简单照搬欧洲如英国伯明翰和德国鲁尔等地摆脱"铁锈地带"单向度的"产业接续"模式，而是基于中国东北自身的特殊而复杂的矛盾，从经济社会文化和生态等方面，一种全方位转型的探索。

经过40多年的岁月，东北的改革、开放和发展已经取得不小成绩，也确有若干经验可循，但是，这期间也经历了太多的挫折、太多的起落，以致今天仍"在困境中拼搏"。听一听底层的心声：东北的老百姓对此是不开心的。面对中国和世界百年未有之变局，东北，我们的大东北，如何实现转型，从而真正振兴起来，以创造新的格局，不只是东北（包括东北三省和内蒙古自治区东五盟、市）1.2亿人民的心愿，也是全国14亿人民的心愿，更是东北亚地区多国人民的期盼。书中"走出三重锈带"的方略正是笔者研究东北"在困境中拼搏"所获得的思想成果。

四

本书立足现实，面向未来，试图探讨和回答五个问题：

第一个问题：面对世界和中国百年未有之大变局，我们该用什么样的"东北观"来观察东北的战略地位？书中阐述了自己的"大三观"，即：第一，在纵向上：用"大历史观"观察；第二，在横向上：用"大格局观"观察；第三，在内向上：用"大角色观"观察。研究东北，用此"三观"观之，是一种尝试，我在努力寻求一种"会当凌绝顶，一览众山小"的精神境界。

第二个问题，审视现实，东北究竟存在什么内在矛盾？或者说，所谓"东北病"究竟"病"在哪里？书中基于多年调查，讲述了自己的"把脉"结果："体制病""结构病""文明方式病"。正是基于这种把脉，才提出了"突破三重锈带"的主张。

第三个问题，面对纷繁复杂的东北问题，我们该认定什么样的"战略根基"、采取什么样的"行动策略"？书中阐述了笔者"扎根人本、全面转型、突出重点、精准发力"的"16字诀"，强调东北转型的战略根基在于谋求"每个人的自由发展"，在此战略导向基础上，实施全面转型，突出重点，精准发力。其中，"精准发力"含有"私人定制"之意，为后面埋下"伏笔"。

第四个问题，触及核心命题：在新时代我们该转型出"什么样"的东北？书中系统阐述了笔者的"五个新东北"的构思，即：

（1）在所有制结构上，针对东北"国有经济缺乏活力，民营经济不大不强"的实际，提出打造"国有经济增强活力、民营经济做大做强"的东北；

（2）在资源配置机制上，针对东北"婆婆干预过多、市场化程度低"的实际，提出打造"'婆婆'减少干预，让市场经济'媳妇'当家做主"的东北；

（3）在对外开放上，针对东北"封闭、狭隘"的实际，提出构建"面向东北亚及世界：打造开放新前沿"的东北；

（4）在新旧动能转换上，针对东北新动能不足的实际，提出实行"大四新"

方略，打造"凤凰涅槃"的东北；

（5）在生态保护和可持续发展上，针对东北"'竭泽而渔'，后患已见"的实际，提出以"天地人产权论"为理论支撑，打造"天地人生命共同体"的东北。

第五个问题，针对东北的思想实际，东北的思想解放，究竟要从哪里解放出来？书中提出"思想的三个解放"，即从计划束缚、行政依附和封闭老路三个方面解放出来，这是问题的根本。

五

本着上述思路，全书设五篇十章及附录。

第一篇，总论篇。共设三章，提出问题并确立本书的基调。第一章，开门见山，首先提出东北转型新思维——"三重锈带"突破说。接着，述说自己的长期思考与积淀，40年持续调研与情缘，旨在揭示"三重锈带"突破说的思想来源，即第二章，这一章是全书论述的根基，富有厚重感。第三章，用大历史观、大格局观、大角色观重新审视东北；最后得出结论：全面转型与精准发力。

第二篇，体制转型篇。基于突破两大方面的体制障碍需要，设两个重点章：第四章，突破所有制结构的"锈带"，阐述国有经济如何"增强活力"、民营经济如何"做大做强"以及混合所有制改革"如何融合"的"三线推进"方略。第五章，资源配置：强调减少政府"婆婆"的干预，让市场经济"媳妇"当家做主。这两章是重点大章，盼能为东北转型奠定比较坚实的"共同经济基础论"的产权基础和"市场决定论"的运行基础。

第三篇，结构转型篇。设两章：一外一内。第六章，对外，面向东北亚及世界：东北开放前沿论，旨在打破封闭的外部结构。第七章，对内，用"大四新"理论推动新旧动能转换，旨在打破板结的内力结构。

第四篇，文明方式转型篇。设两章：第八章，突破"官本位"束缚与契约精神的"补课"，这是文明方式转型的核心命题。第九章，由"工业文明"向生态文明转型：构建"天地人命运共同体"，旨在推动东北迈向一种新的文明：生态文明。

第五篇，即结论篇。第十章，为全书落脚点："三兴"东北与"金三角"

支撑，使本书提出的体制、结构和文明方式转型能够真正落地，防止"悬空"。

附录，收录有关文献史料，供读者研究之用。

六

笔者在写作中用"四个力求"来鞭策自己：

第一，观点：力求尽量"新"一点。本书尝试提出了几个新观点，比如关于突破"三重锈带"的观点，关于用"大三观"即大历史观、大格局观、大角色观观察东北战略地位的观点，关于东北转型的战略根基是谋求"每一个东北人的自由发展"的观点，关于新阶段打造"五个新东北"观点，关于政府、企业家、民众"三角支撑"观点等。

第二，挖掘：力求尽量"深"一点。东北经济的这池水很深很深。尽管笔者从1979年至2020年40余年间，到东北已经超过80次，但是迄今依然感到"深不可测"。从表象来看，东北的问题是经济"塌陷"问题，但是，增速下滑只是表面现象而已，透过表象往下挖，第一层是经济发展方式的粗放问题；再往下挖，第二层是封闭型结构以及失衡的产业结构问题；再往下挖，第三层是根深蒂固的僵化制度（体制）问题；再往下挖，第四层是东北的文化社会问题——包括文明形态的滞后、"贿选案"背后的社会生态以及"权力本位"的政治环境等。然而，若简单地说东北人"思想落后"也不符合实际。中国东北人，似乎并不缺乏"冲决罗网的力量"，缺的是"冲决罗网力量"所赖以存在的体制。

第三，方略：力求尽量"准"一点。本书研究的是中国东北，不是中国西北，也不是中国华北，更不是中国东南或华南。东北，你是谁？你从哪里来？你现在怎么样？你要到哪里去？这些都有独特的矛盾和问题。本书按照恩格斯关于研究问题和写作瞄准"这一个"的论述，重在强调"私人定制"的立意，着力提供适配东北特殊区情的东西，力求"对症下药"。比如，书中提出东北国企重在"增强活力"而非"做大比重"的方略；在混改中以"异性恋"为主旋律、以"同性恋"为协奏曲的方略；在开放中图们江地区可采取"手臂延长"和打造"长白山西麓经济带"的方略；在新旧动能转换中，实行"凤凰（一种大鸟）涅槃"和"腾笼换鸟"的"两鸟"方略；在生态保护中的"两变（资源变资产、资产变资本）"方略，等等，力求使建议具有可操作性。

第四，语言：力求尽量"活"一些。东北人的语言天赋是被各地公认的，民间的"东北话"（不包括官场）极少有"党八股"的味道，这是颇为令人乐道的。笔者受东北朋友的启发，力求保持活泼的话语模式和语言风格，尽量有哲理、有文采。倘如读者发现某些地方有令人生厌的"党八股"遗风，请您向出版社或笔者提出，或者干脆自行把它撕去，毫不足惜。

七

最后，想说一个关键字："飞"。

笔者在 1980 年公开发表第一篇研究东北的文章，题为《长期并存 比翼齐飞》（1980.5.9《人民日报》理论版），这里的关键字是一个"飞"字。

1985 年，笔者协助辽宁人民出版社出版的全国中青年经济科学工作者改革讨论会优秀论文集，题为《腾飞的构想》，关键字也有个"飞"字。

这次本书提出打造一个"凤凰涅槃，浴火重生"的东北，同样暗含一个"飞"字。

这部拙著，寄托了自己渴望东北"突破"、渴望东北"起飞"的希望。倘若东北果真像一只"涅槃"的凤凰，在"浴火"中获得"重生"，进而能够展翅"飞翔"，笔者也就不枉几十次东北之行和辛辛苦苦写作本书了。

常修泽

2019 年 4 月 11 日于海口专家公寓（一稿）

2019 年 6 月 22 日于北京书房（二稿）

2019 年 8 月 4 日于吉林二道白河小镇（三稿）

2020 年 5 月 15 日于北京书房（四稿）

2020 年 9 月 5 日于吉林二道白河小镇（五稿）

2020 年 10 月 27 日北京书房（定稿）

2020 年 12 月 15 日海口专家公寓（三校审定）

目 录

第二篇 体制转型篇

第三篇　结构转型篇

第五篇　结论篇

第十章　落地："三兴"东北与"金三角"支撑　297

Contents

Chapter 3　Re-examining Northeast China with "the Big History View, the Big Pattern View, and the Big Role View" : Macro-background for the Breakthrough of Transformation　57

PART 2 System Transformation

PART 3   Structural Transformation

PART 5   Conclusion

第一篇　总论篇

第一章

中国东北转型通论

东北转型新思维：
"三重锈带"突破说的提出

东北的深层问题是"体制的锈带""结构的锈带""文明方式的锈带",或者形象地说,是根深蒂固的"体制病""结构病""文明方式病"三种"病"在作怪,本章从总体上阐述"三重锈带"说。

第一节 体制"锈带":起飞的"沉重翅膀"

"沉重的翅膀"一词引自现代著名女作家张洁的长篇小说《沉重的翅膀》。这是一部反映改革开放初期工业领域经济体制改革并获"茅盾文学奖"的作品,小说中描写的工业战线复杂斗争即有东北的某些原型[1]。恰好在小说出版的前一年(1980年),笔者在东北调研基础上发表了《长期并存 比翼齐飞》一文。文章重点探讨"所有制结构",主张国有经济与非国有经济(当时只认识到非国有的城镇集体经济,未提出私营经济)"长期并存,比翼齐飞"。有意思的是,这里的"齐飞"与"翅膀"息息相关。40年后的今天,笔者的认识在广度和深度上有所拓展变化。

一、立论基础:国有民营"共同基础论"与"市场决定论"

自《长期并存 比翼齐飞》1980年发表,迄今40年过去,笔者认识有所深化:第一,所有制"之锈",既表现在国有经济缺乏活力、效率低下,又表现在民营经济不发达,迄今尚未形成国有经济和民营经济"比翼齐飞"之势(与40年前的《长期并存 比翼齐飞》相比,这是追求一种升级版的

---

1. 这部反映改革初期生活的长篇小说,揭示了在20世纪80年代工业建设中改革与反改革的斗争。小说描写的是国务院一个重工业部和所属的曙光汽车制造厂的情节。上面,重点反映重工业部围绕工业经济体制改革所进行的一场复杂斗争;下面则反映在群众改革精神的支持下,曙光汽车厂厂长陈咏明如何顶住各方面的压力,在厂内大刀阔斧进行改革的事迹,富有东北色彩。

"比翼齐飞")。第二，经济调节"之锈"：经济市场化度低，政府干预"沉重"。东北体制"之锈"不是"伪命题"而是"真命题"。

　　为了给下面的分析提供较为坚实的立论基础，这里首先简要"锁定"笔者于2010年提出、近10年来逐步深入探讨的国有民营"共同经济基础论"和中央2013年提出的"市场决定论"。

　　对于国有民营"共同经济基础论"这个命题的探讨，笔者大体走了四步：

　　第一步，2010年出版的《产权人本共进论》一书中，分析了中国国有经济与民营经济之间的关系，指出："国有经济和民营经济是相得益彰、共同发展的。他们都应是共产党执政的基础"，简称"共同经济基础论"[1]，这是2010年第一次提出。

图1-1

　　第二步，2013年10月（即在中共十八届三中全会做出《中共中央关于全面深化改革若干重大问题的决定》之前），笔者出版了一部有关全面改革新思维的书《包容性改革论》[2]。在这本书中，进一步阐述了此前提出的"共同经济基础论"。在该书第五章"经济改革：建立公正的深度市场化经济体制"第七节"民营经济发展待突破的三个问题"中，提出："中国共产党今天在中国执政，到底经济基础是什么？"

　　书中写道："此前一个比较流行的看法。'只认为'国有经济是共产党执政的基础，'否

图1-2

---

1. 常修泽：《产权人本共进论》，中国友谊出版公司2010年版，第4页。
2. 常修泽：《包容性改革论》，经济科学出版社2013年版。

认'民营经济也是执政的基础之一"（见上书，第 219 页，下同），"这就是为什么国有经济跨边界的扩张和民营经济被挤压的理论根源之一"（第 220 页）。

基于此，明确提出"民营经济发展理论和模式需要有重大突破"。重申此前提出的"国有经济和民营经济是相得益彰、共同发展的，它们都应是共产党执政的基础"。基于这样一个研究，书中提出"包容性改革"的一个重要方面，就是"产权体系创新：包容'国有'与'民营'"（第 190 页）。

《包容性改革论》出版之后，《北京青年报》以这一章内容为基础，发表长篇访谈，题为：《常修泽：国有与民营都该看成共和国的"亲儿子"》，于 2013 年 11 月 22 日在北京刊出。但是，这本书和这个访谈出来后，引起争议。当月，有人以《"私生子"岂能冒充共和国的"亲儿子"？》为题撰文批评，批评文章在某网站存活 5 年。2018 年中央召开民营经济座谈会后，发现此文消失。

第三步，2018 年笔者主笔的《所有制改革与创新——中国所有制结构改革 40 年》出版。书中借用马克思关于"两朵花"比喻的观点——马克思早年从哲学角度讲的——世界是"千姿百态"的，下面紧接一句很有意思的话，"并不要求玫瑰花散发出和紫罗兰一样的芳香"，他反问了一句："为什么却要求世界上最丰富的东西——精神只能有一种存在形式呢？"马克思问得很尖锐、很深刻，有兴趣的同志可以看《马克思恩格斯全集》第一卷。

这本《所有制改革与创新》2018 年 2 月出版以后，到了 2018 年 11 月 1 日，中央召开民营经济座谈会，会上有两句话非常重要，第一句话"民营经济是我国经济制度的内在要素"，第二句话"民营企业和民营企业家是我们自己人"。这里的"我们"是谁？作为党的领导人，我认为他说的"我们"是中国共产党。第二，他说的"制度要素"的"制度"是啥？我认为是社会主义制度。一个是党，一个是社会主义制度。这是两个基本的东西。

图 1-3

第四步，2019 年 5 月在《经济研究》

高层论坛上，笔者以《"共同经济基础论"再探讨》为题发言，从历史、理论、实践、国际四个维度进一步阐述和发挥了"共同经济基础论"观点。

除"共同经济基础论"外，本书另一立论基础"市场决定论和更好发挥政府作用"，即中共十八届三中全会《中共中央关于全面深化改革若干重大问题的决定》做出的"使市场在资源配置中起决定性作用和更好发挥政府作用"的重要理论。本节后面拟结合"经济调节'之锈'：市场化度低，政府干预沉重"问题，在"第四目"予以分析。

图 1-4

二、所有制之"锈"1：国有经济缺活力

在前面阐述的国有民营"共同经济基础论"中，国有经济无疑是重要组成部分。因此，研究东北的所有制结构，应该首先研究国有经济这部分。

在中共十八届三中全会做出的具有决定性意义的《中共中央关于全面深化改革若干重大问题的决定》说明中，决策层曾专门针对国有企业明确指出："经过多年改革，国有企业总体上已经同市场经济相融合。同时，国有企业也积累了一些问题、存在一些弊端，需要进一步推进改革。"[1]

后来在多次会议上中央领导同志列举国企存在的问题，归纳起来主要有：（1）国企市场主体地位未真正确立；（2）现代企业制度尚不健全；（3）国资监管体制需要完善；（4）国有资本运行效率不理想；（5）"内部人控制"；（6）国有资产流失严重；（7）计划经济遗留下的"企业办社会"职能以及其他历史遗留问题，等等。特别是在一次中央经济工作会议上，针对片面地"为国

1.习近平：关于《中共中央关于全面深化改革若干重大问题的决定》的说明，《人民日报》2013年11月16日01版。

企改革唱赞歌"的思维,会议明确要求:"推进国企改革要奔着问题去。"[1]

笔者认为,"奔着问题去"是研究国企改革的着眼点。依据"问题导向"思维,结合本人的实际调查,发现上述列举的国企存在的七个问题,在东北地区不仅存在,而且其严重程度超过关内,加之还有东北特殊的问题,因而国有经济起飞的"翅膀"更加"沉重"。

2015 年,笔者在东北详细调查了黑龙江、吉林和辽宁三省规模以上国有企业资产情况。从当时拿到的 2013 年有关数据来看,国有经济的比重确实过高。三省规模以上国有工业企业资产占规模以上工业企业总资产比重的具体数据是:黑龙江 64.69%、吉林 54.09%[2] 和辽宁 45.8%[3],三省算术平均数为 54.86%。根据国务院国资委研究中心负责人在"2013 上海国资高峰论坛"中提供的数据,2012 年底,我国规模以上工业企业资产总额中,国有比重只占 23%[4],东北三省比平均数高 20—40 个百分点。

以上是工业领域情况比较,倘若换一个比较指标,与更大范围的非金融领域相比,情况同样严重。据了解,2014 年全国非金融国有企业总资产占非金融企业全部总资产的比重为 30.2%。即使用上面三省的工业企业算术平均数 54.86% 与非金融国有企业总资产占非金融企业全部总资产的 30.2% 相比,也高出 20 多个百分点。

2016 年初,笔者在《战略与管理》杂志第 1 期发表《东北振兴战略新论》,引用了上述两段比较数据,引起战略界人士重视。继之,2016 年 4 月 26 日,《中共中央 国务院关

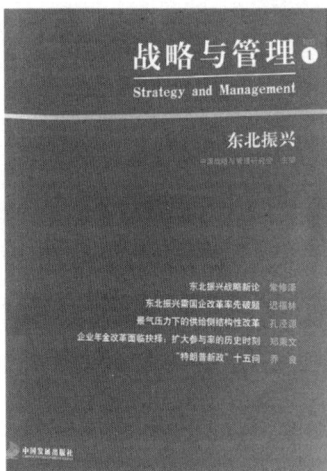

图 1-5

1.《中央经济工作会议在北京举行》,《人民日报》2014 年 12 月 12 日 01 版。

2. 吉林数,另从万得查到的数据,"国有及国有控股所占比重为 53.95%,与当时上面报告的 54.09% 比较接近。"

3. 常修泽:《"再振兴"东北战略思路探讨》,《人民论坛》2015 年第 11 期。

4. 国务院国资委研究中心主任楚序平在 2013 上海国资高峰论坛上的报告(2013 年 12 月 31 日)。

于全面振兴东北地区等老工业基地的若干意见》公布之后，为进一步了解东北三省地方国有企业的资产情况，笔者查阅了最新的《2016中国会计年鉴》有关数据，获得更详细的各方面资料，见下列各表。

表1-1　东北三省地方国有企业资产总额

地区	户数（户）	资产总额（亿元）
辽宁省	3473	14737.0
吉林省	822	4112.8
黑龙江省	2781	9362.1

资料来源：《2016中国会计年鉴》

表1-1是地方国有企业（不包括央企在当地的下属企业）资产总额（包括负债）减去负债以后，那么所有者权益总额是多少？见表1-2。

表1-2　东北三省地方国有企业所有者权益总额

地区	户数（户）	所有者权益总额（亿元）
辽宁省	3473	5377.0
吉林省	822	1242.4
黑龙江省	2781	4467.0

资料来源：《2016中国会计年鉴》

在以上所有者权益总额中也包括一部分非国有的股份在内，那么剔除这一部分，纯粹的国有资产（资本）是多少呢？见表1-3。

表1-3　东北三省地方国有企业国有资产总额

地区	户数（户）	国有资产总额（亿元）
辽宁省	3473	4312.9
吉林省	822	874.6
黑龙江省	2781	4281.3

资料来源：《2016中国会计年鉴》

如此大的国有资产规模，其经营状况如何，特别是经营效果如何，这是大家关心的问题，也是近来讨论中有争议的问题。究竟"东北国有经济效益不佳"，是真命题还是伪命题？见表1-4至表1-8。

表1-4　东北三省地方国有企业营业总收入

地区	户数（户）	营业总收入（亿元）
辽宁省	3473	3806.9
吉林省	822	782.4
黑龙江省	2781	1226.6

资料来源：《2016中国会计年鉴》

表1-5　东北三省地方国有企业利润总额

地区	户数（户）	利润总额（亿元）
辽宁省	3473	−52.0
吉林省	822	2.5
黑龙江省	2781	−3.2

资料来源：《2016中国会计年鉴》

表1-6　东北三省地方国有企业盈利面

地区	户数（户）	盈利面（%）
辽宁省	3473	48.2
吉林省	822	45.0
黑龙江省	2781	55.5

资料来源：《2016中国会计年鉴》

表1-7　东北三省地方国有企业资产负债率

地区	户数（户）	资产负债率（%）
辽宁省	3473	63.5
吉林省	822	69.8

地区	户数（户）	资产负债率（%）
黑龙江省	2781	52.3

资料来源：《2016 中国会计年鉴》

表 1-8　东北三省地方国有企业净资产利润率

地区	户数（户）	国有企业净资产利润率（%）
辽宁省	3473	−1.0
吉林省	822	0.2
黑龙江省	2781	−0.1

资料来源：《2016 中国会计年鉴》

从以上几表中可以看出，2015 年东北三省的国有企业利润总额是 −52.7 亿元（其中辽宁负值，为 −52 亿元），三省的盈利面简单算术平均数为 49.56%，特别是作为经济效益重要指标的国有企业净资产利润率平均数 为 −0.3%。这就意味着东北三省，近 1 万亿元的国有净资产（加上银行贷款 等超过 2.8 万亿元的国有总资产）经营一年，不但没有利润，反而整体亏损。

以上是《2016 中国会计年鉴》反映的 2015 年东北三省的国有企业经营 情况，那么，《2017 中国会计年鉴》所反映的 2016 年情况如何，是否有重 大进步呢？为进一步了解东北三省地方国有企业的最新情况，笔者查阅了 《2017 中国会计年鉴》最新有关数据（本想查《2018 中国会计年鉴》相关 数据，可惜没有公布，《2017 中国会计年鉴》为迄今最新数据），见表 1-9。

表 1-9　东北三省地方国有企业资产总额

地区	户数（户）	资产总额（亿元）
辽宁省	3410	18343.0
吉林省	881	4211.8
黑龙江省	2927	10182.9

资料来源：《2017 中国会计年鉴》

除去负债以后，那么所有者权益总额是多少？见表 1-10。

表 1-10　东北三省地方国有企业所有者权益总额

地区	户数（户）	所有者权益总额（亿元）
辽宁省	3410	7121.1
吉林省	881	1249.2
黑龙江省	2927	4907.9

资料来源：《2017 中国会计年鉴》

如此大的国有资产规模，其经营状况如何？见表 1-11 至表 1-15。

表 1-11　东北三省地方国有企业营业总收入

地区	户数（户）	营业总收入（亿元）
辽宁省	3410	3978.0
吉林省	881	804.5
黑龙江省	2927	1315.8

资料来源：《2017 中国会计年鉴》

表 1-12　东北三省地方国有企业利润总额

地区	户数（户）	利润总额（亿元）
辽宁省	3410	68.2
吉林省	881	-3.5
黑龙江省	2927	12.6

资料来源：《2017 中国会计年鉴》

表 1-13　东北三省地方国有企业盈利面

地区	户数（户）	盈利面（%）
辽宁省	3410	45.2
吉林省	881	41.9

续表

地区	户数（户）	盈利面（%）
黑龙江省	2927	54.6

资料来源：《2017 中国会计年鉴》

表 1-14　东北三省地方国有企业资产负债率

地区	户数（户）	资产负债率（%）
辽宁省	3410	61.2
吉林省	881	70.3
黑龙江省	2927	51.8

资料来源：《2017 中国会计年鉴》

表 1-15　东北三省地方国有企业净资产利润率

地区	户数（户）	国有企业净资产利润率（%）
辽宁省	3410	1.0
吉林省	881	−0.3
黑龙江省	2927	0.3

资料来源：《2017 中国会计年鉴》

从以上表 1-9 至表 1-15 来看，2016 年东北三省的国有企业利润总额已经转负为正，三个省的盈利面在 41.9%—54.6% 之间，三省简单算术平均数为 47.23%，比上一年（2015 年）的盈利面 49.56% 进一步缩小了 2.33 个百分点。可见，尽管企业利润总额已经转负为正，但国有经济缺乏活力、经济效益低下的问题并没有解决。

需要特别指出，东北国企的问题，绝不仅仅是三省地方国企的问题，在东北的"央企"同样存在。因此，本书讲的国企是全方位的，包括央企和地方国企在内，笔者在本书后面不再一一申明。请读者注意把握。

三、所有制之"锈"2：民营经济不发达

国企的"翅膀"是如此"沉重"，那么民营经济如何？2017年2月有北京某研究员撰文说："在横向比较中，东三省GDP构成中的'民营经济'已相当'充分'，甚至存在超浙、沪、粤现象。"[1]

这个结论符合实际吗？诚然，由于前面所提的在国内生产总值（GDP）增长缓慢、经济下滑的情况下，东北民企发展数量上有所增加（中小企业数量确实不少），对经济发展发挥了一定的促进作用，因此在GDP中份额有所增加。但能不能就因此得出"'民营经济'已相当'充分'，甚至存在超浙、沪、粤现象"的结论呢？

针对2017年2月北京某研究员上述文章的观点，2017年4月笔者在《东北振兴战略新论》一文中提供了一组与"民营经济"相关的2017年年初《中国分省份市场化指数报告》中"非国有经济发展"指数。

该指数由三个分项指数构成：（1）"非国有经济在工业企业主营业务收入中所占比例"（原为非国有经济在规模以上工业企业产品销售收入中所占比例）；（2）"非国有经济在全社会固定资产总投资中所占比例"；（3）"城镇非国有经济就业人数占城镇总就业人数的比重"。

从《中国分省份市场化指数报告》中得知，非国有经济发展指数的排位，广东排第2位，浙江排第3位，上海排第10位，而东北三省的辽宁排第13位，吉林排第17位，黑龙江排第24位[2]。怎么能说"东三省超过浙、沪、粤"呢？

如果从《2016中国民企五百强各省区市上榜企业数量及总营收排行》来看，东北三省与浙、沪、粤的差距就更为明显了。见表1-16。

1.《2016年私人投资、工业增速逐年回落趋势未变——兼议东北"民营"超浙、沪、粤现象》，2017年2月11日网络。

2.王小鲁、樊纲、余静文：《中国分省份市场化指数报告》，社会科学文献出版社2017年版。

表 1-16 全国民企五百强各省区市上榜企业数量及总营收排行

2016 年公布的中国民营企业五百强各省区市上榜企业数及营收总额（排名按营收总额从高到低）			
名次	省区市	上榜企业数	上榜企业营收总额（亿元）
1	浙江	134（杭州 50）	32452.8（杭州 15346.2）
2	江苏	94	31303.3
3	广东	50	25124.1
4	山东	48	16468
5	北京	11	8712.1
6	上海	14	5624.3
7	河北	18	5192.8
8	四川	13	4626.1
9	湖北	18	3622.1
10	辽宁	7	3498.5
11	天津	12	2774.3
12	重庆	13	2725.8
13	湖南	7	2541.6
14	河南	12	2276.1
15	内蒙古	8	2175.7
16	新疆	4	1898.6
17	陕西	4	1646.3
18	江西	6	1604.8
19	福建	9	1572.8
20	宁夏	3	952.6
21	云南	3	785
22	吉林	1	575.2
23	山西	4	574.6
24	安徽	4	553
25	黑龙江	1	362.9
26	广西	1	256.9
27	海南	1	121.8
备注：贵州、甘肃、青海、西藏均无企业上榜			

资料来源：全国工商联，民企五百强资料（2016）

从上表可见，在 2016 年公布的 2015 年全国民企五百强中，浙江占 134 家，广东占 50 家，上海占 14 家，而辽宁只有 7 家（大连万达集团股份、辽宁亿达集团、盘锦北方沥青燃料、辽宁环嘉集团、锦联控股、同益实业集团和沈阳远大企业集团），仅占 1.4%，7 家总营业额为 3498.5 亿元；吉林和黑龙江各只有一家（吉林修正药业，营业额为 575.2 亿元；黑龙江东方集团，营业额为 362.9 亿元），东北三省远远落后于珠三角和长三角地区，这怎么能说"东三省超过浙、沪、粤"呢？

以上是 2016 年公布的 2015 年全国民企五百强情况，那么，过了几年到本书写作初稿时，2019 年全国民企五百强情况如何呢？

2018 年发布民企五百强榜单，发布地选在辽宁沈阳。对辽宁和沈阳而言，希望借五百强发布契机，拥抱民企，实现民营经济的发展，是精心安排而且十分有益的，但情况仍不理想。

让我们看看 2020 年公布的 2019 年民企五百强的最新分布变化。

从地域分布，浙江省 96 家，仍然蝉联民企五百强入围冠军，而东北三省合计只有 11 家。先看全国前三名，再看第四名之后，见表 1-17。

表 1-17 2020 年公布的全国民企五百强上榜前三名及第四名之后排名表

所在省份	企业数量（家）				
	2019 年	2018 年	2017 年	2016 年	2015 年
浙江省	96	92	93	120	134
江苏省	90	83	86	82	94
广东省	58	60	60	59	50
山东省	52	61	73	58	48
河北省	32	33	24	19	18
福建省	21	22	20	10	9
湖北省	19	18	15	19	18
上海市	16	15	18	13	14
河南省	15	13	15	15	12

所在省份	企业数量（家）				
	2019 年	2018 年	2017 年	2016 年	2015 年
北京市	14	17	15	16	12
重庆市	12	15	14	11	12
四川省	12	11	8	10	13
天津市	9	6	7	13	13
辽宁省	8	11	6	6	7
山西省	7	7	5	5	4
江西省	7	6	6	7	6
湖南省	6	7	7	6	6
陕西省	5	5	5	4	4
内蒙古自治区	4	4	4	6	8
安徽省	4	2	4	5	4
吉林省	2	2	2	2	1
广西壮族自治区	2	2	2	1	1
贵州省	2	1	—	—	—
云南省	2	—	1	3	3
新疆维吾尔自治区	2	2	2	2	3
黑龙江省	1	1	1	1	1
宁夏回族自治区	1	2	3	3	3
新疆生产建设兵团	1	1	1	2	1

资料来源：全国工商联，民企 500 强资料（2020）

从上述各省数据可见，2019 年民企五百强分布在中国 28 个省市区中。浙江依然是冠军，高达 96 家（比 2018 年多了 4 家）；第 2 名为江苏 90 家（比 2018 年增加 7 家）；第 3 名是广东，58 家，比 2018 年少了 2 家；至于上海，16 家（比 2018 年增加 1 家）；东北三省 11 家，比 2018 年减少 3 家。这怎么能说"东三省超过浙、沪、粤"呢？

这里还需要说明的是，据全国工商联披露，平安保险、太平洋建设集团、民生银行、阿里、腾讯、海尔等著名企业，未参加民企五百强排序。如果他们参加排序，东北三省显得更弱。

在2018年发布的2017年营业收入前二十名榜单中，辽宁的大商集团，曾经跻身榜单前十，位居第10位，营收达2808亿元；大连万达集团股份有限公司也跻身榜单前二十，营收达2018亿元。但两年过后，两家企业均在榜上被挤出前二十名。见表1-18。

表1-18　2019年民营企业五百强营业收入前二十家（单位：亿元）

2019年排名	2018年排名	企业名称	所属行业	所在省份	2019年营业收入	2018年营业收入
1	1	华为投资控股有限公司	计算机、通信和其他电子设备制造业	广东省	8588.33	7212.02
2	3	苏宁控股集团	零售业	江苏省	6652.59	6024.56
3	4	正威国际集团有限公司	有色金属冶炼和压延加工业	广东省	6138.99	5051.18
4	8	恒力集团有限公司	化学原料和化学制品制造业	江苏省	5567.40	3717.36
5	7	碧桂园控股有限公司	房地产业	广东省	4859.08	3790.79
6	5	恒大集团有限公司	房地产业	广东省	4775.61	4661.96
7	9	联想控股股份有限公司	计算机、通信和其他电子设备制造业	北京市	3892.18	3589.20
8	10	国美控股集团有限公司	零售业	北京市	3717.01	3340.98
9	13	万科企业股份有限公司	房地产业	广东省	3678.94	2676.79
10	11	浙江吉利控股集团有限公司	汽车制造业	浙江省	3308.18	3285.21
11	19	中南控股集团有限公司	房地产业	江苏省	2821.40	2225.43
12	16	美的集团股份有限公司	电气机械和器材制造业	广东省	2793.81	2618.20
13	14	山东魏桥创业集团有限公司	有色金属冶炼和压延加工业	山东省	2792.81	2844.87
14	18	青山控股集团有限公司	黑色金属冶炼和压延加工业	浙江省	2626.02	2265.01

续表

2019年排名	2018年排名	企业名称	所属行业	所在省份	2019年营业收入	2018年营业收入
15	17	江苏沙钢集团有限公司	黑色金属冶炼和压延加工业	江苏省	2520.85	2410.02
16	20	阳光龙净集团有限公司	综合	福建省	2480.78	2208.96
17	28	浙江恒逸集团有限公司	化学纤维制造业	浙江省	2151.64	1447.22
18	24	小米通信技术有限公司	计算机、通信和其他电子设备制造业	北京市	2058.39	1749.15
19	33	浙江荣盛控股集团有限公司	化学原料和化学制品制造业	浙江省	2056.37	1286.00
20	26	泰康保险集团股份有限公司	保险业	北京市	2038.14	1649.15

资料来源：全国工商联，民企五百强资料（2020）

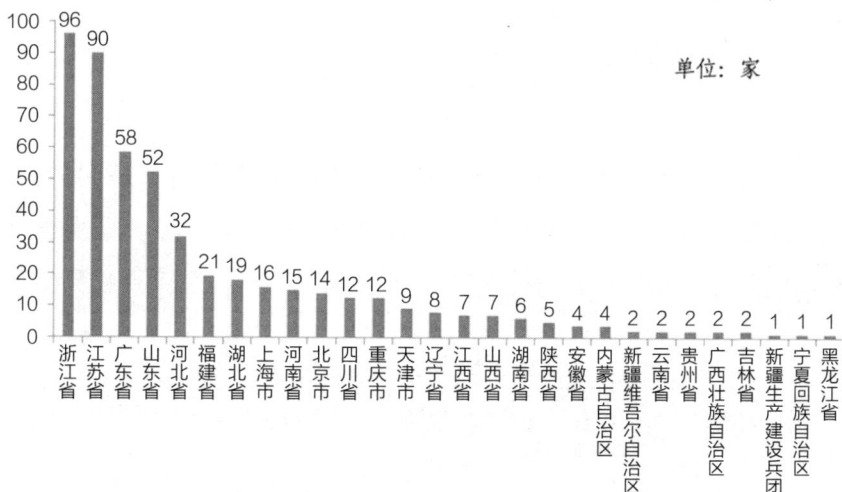

资料来源：全国工商联，民企五百强资料（2020）

图1-6　2020年公布的中国民营企业500强按省排列图

从图1-6可知，辽宁排到第14名（8家），为东北民企第一省，比吉林（2家）、黑龙江（1家）要好一些。

有朋友说，"制造业是咱们东北优势"，但从民营制造企业五百强来看，此优势并没有显现，前十名榜上无名，见表1-19。

表 1-19   2019 年制造业民营企业五百强入围 企业数量前十的省份（单位：家、亿元）

序号	省份	入围企业数量			营业收入		资产总额		税后净利润	
		2019 年	2018 年	占制造业 500 强比例	总额	占制造业 500 强比例	总额	占制造业 500 强比例	总额	占制造业 500 强比例
1	浙江省	97	94	19.40%	40925.63	20.75%	28859.51	18.00%	1664.05	19.20%
2	江苏省	86	86	17.20%	36483.08	18.50%	25109.75	15.66%	1175.43	13.56%
3	山东省	73	79	14.60%	25028.43	12.69%	19667.27	12.26%	957.31	11.05%
4	广东省	49	49	9.80%	30743.37	15.59%	28387.84	17.70%	1763.85	20.35%
5	河北省	38	35	7.60%	14833.70	7.52%	7846.05	4.89%	667.81	7.71%
6	河南省	16	18	3.20%	3828.16	1.94%	4472.45	2.79%	391.28	4.51%
7	福建省	15	13	3.00%	4369.05	2.22%	4472.45	2.79%	391.28	4.51%
8	四川省	13	12	2.60%	3575.72	1.81%	3198.49	1.99%	145.31	1.68%
9	湖北省	13	12	2.60%	2787.56	1.41%	2934.58	1.83%	109.89	1.27%
10	安徽省	13	12	2.60%	1677.49	0.85%	1947.57	1.21%	82.60	0.95%
	合计	413	410	82.60%	164252.20	83.28%	126184.54	78.69%	7173.26	82.77%

资料来源：全国工商联，民企五百强资料（2020）

　　整个 2020 年公布的全国民企五百强中，东北地区辽宁有 8 家、黑龙江有 1 家、吉林有 2 家。难怪有分析此新闻的人士疾呼："东北振兴，太需要努力了。"

图 1-7   2017 年 7 月 5 日，作者（右五）与哈尔滨民营企业界人士座谈民营企业发展中的突出矛盾与发展思路

四、运行体制之"锈"：市场化程度低，政府干预"沉重"

前面，我们重点分析的是"所有制之锈"，下面转而分析"经济调节之锈"。这里的突出问题是经济市场化度较低（与"所有制结构"形成表里）。

读者也许记得：1992年邓小平南方谈话的基调是市场不姓"资"，社会主义也可以搞市场经济，继之，中共十四大提出中国改革的目标是"建立社会主义市场经济体制"。经过20多年实践，中共十八届三中全会决定提出一个闪光思想："使市场在资源配置中起决定性作用和更好发挥政府作用。"最关键的就是五个字——"决定性"和"更好"。笔者认为，这是中共十八届三中全会在"经济调节结构"方面最大的理论进展，应该说，是一个理论突破，意味着"中国经济将向政府干预性模式告别"[1]。

那么，东北"经济调节结构"，究竟是"市场决定"同时"更好发挥政府作用"，还是"政府主导"（或称"政府干预型"模式）？东北长期以来存在的"政府主导"到底改了多少？笔者调查的结论是：东北地区政府权力存在明显的跨界，企业的市场主体地位没有得到充分的体现。2016年，《中共中央　国务院关于全面振兴东北地区等老工业基地的若干意见》在揭示东北"体制病"时第一个判断就是"市场化程度不高"。这是符合东北实际情况的。需要从"市场化"视角切入进行深入探索。

在资源配置方面，世界各国都不可能有100%的市场化，总会有政府调节的一定空间。如何从统计数据上测算上述"使市场在资源配置中起决定性作用及政府发挥更好作用"的程度，是一个需要探讨的问题。看到王小鲁教授、樊纲教授等2017年1月和2019年分别出版的两部《中国分省份市场化指数报告》，很感兴趣。该书是从五个方面来测算市场化程度的：（1）政府与市场的关系；（2）非国有经济的发展；（3）产品市场的发育程度；（4）要素市场的发育程度；（5）市场中介组织的发育和法律制度环境[2]。

---

1. 常修泽：《政府干预模式真该告别》，《每日经济新闻》2014年3月14日。
2. 王小鲁、樊纲、余静文：《中国分省份市场化指数报告》，社会科学文献出版社2017年版。

其中"政府与市场的关系"又有三个分项指标：A."市场分配经济资源的比重"；B."减少政府对企业的干预"；C."缩小政府规模"。应该说，用上述五大方面和"政府与市场的关系"三个分项，来反映市场化程度是具有合理性的。[1]

在王小鲁教授等的两部《中国分省份市场化指数报告》里，虽然没有找到中国分省份市场化进程的某一年份"距离市场化目标的进程数据"和"政府与市场调节的各自比重数据"，但是该书披露的中国分省份市场化指数相对数据（市场化程度最高的省份得分为10，最低的省份得分为0，然后确定某一省在0与10之间的得分及其位置，并且把报告期与基期相比），还是很有价值的，对研究东北三省的市场化提供了新视角新材料。

先用第一份指数报告来进行分析。

我们先看辽宁省，2014年"政府与市场的关系"排在全国第21位，其中："市场分配经济资源的比重"排在第13位；"减少政府对企业的干预"排在第25位；"缩小政府规模"排在第19位。

再看吉林省，2014年"政府与市场的关系"排在全国第19位，其中："市场分配经济资源的比重"排在第12位；"减少政府对企业的干预"排在第16位；"缩小政府规模"排在第21位。

再看黑龙江省，2014年"政府与市场的关系"排在全国第15位，其中："市场分配经济资源的比重"排在第14位；"减少政府对企业的干预"排在第14位；"缩小政府规模"排在第15位。另外，在"要素市场的发育程度"方面表现较差，其中金融业的市场化排第26位，金融业的竞争排第27位，信贷资金分配的市场化排第25位，明显居于中国的后列[2]。

---

1. 最近（2020年12月），有关方面强调"反垄断"，但这是一个相当复杂的命题。根据我个人的研究，垄断分为三种类型，六种情况：第一类行政性垄断，亦即权力垄断，有极少由国家立法，属于法律允许的（如烟草专卖）；有的是不合理甚至是非法的，如滥用权力强制进行不合理的垄断（这是大量的）。第二类，市场垄断，也有两种情况，一种是碎片化企业的适度集中，可以的，它不属于垄断，至于那些"厂商合谋"或利用某些不正当手段进行排斥市场竞争的垄断，则是要坚决反对的。第三类，自然垄断，也分两种情况：一是真正的自然垄断，这是可以的，但现在的问题，是有些国有经济部门假借"自然垄断"的名义来排斥竞争，这是值得特别关注的。因此，要区别对待，有的放矢，精准地开展"反垄断"。
2. 王小鲁、樊纲、余静文：《中国分省份市场化指数报告》，社会科学文献出版社2017年版，第84—98页。

以上是王小鲁教授、樊纲教授等出版的 2017 年 1 月《中国分省份市场化指数报告》，本书第五章将用第二份指数报告，即 2019 年最新的指数报告进行分析（为避免重复，本章略，请看第五章）。

上述数据尽管只是位次的相对数，而且在采集时也难以避免被调查单位误报，但是也在一定程度上反映了市场化指数情况，与笔者在实际调查中获得的一些案例感悟大体符合。笔者的结论是：市场化程度依然不高，政府干预性模式仍在发挥较大作用。

五、东北"体制病"不是"伪命题"而是"真命题"

从以上可以看出，在"所有制结构"方面，东北地区民营经济确实发展不充分，国有经济比重过高且效益不佳，国有经济存在"沉重的翅膀"；在"经济调节结构"方面：东北地区确实市场化程度不高，行政调节存在"沉重的翅膀"。

不过，对此学界是有争论的。2017 年 2 月，北京某研究员撰文说："2016 年 4 月份，党、政就'振兴东北'联合发文（指 2016 年 4 月 26 日公布的《中共中央　国务院关于全面振兴东北地区等老工业基地的若干意见》即中央 7 号文件，引者注），表示东北'民营经济发展不充分'，并在相关条款中借用习近平'做强做优做大国有企业'重要指示中的语言，规定'支持民营经济做大做强'……这是第一个令人奇怪之处。"[1] 然后，针对笔者关于《东北振兴应瞄准国企改革攻坚》的发言指出："'树欲静而风不止'。2017 年春节期间即 2 月 8 日，全国政协主管主办的新媒体'人民政协网'突发奇文《东北振兴应瞄准国企改革攻坚》……去解决根本不存在的'东北国有经济的比重过高且效益不佳，民营经济不发达'的伪问题。"[2]

这里的核心命题是"东北国有经济的比重过高且效益不佳，民营经济不发达"，究竟是"存在"的，还是"不存在"的？是个"伪命题"，还是

1.《2016 年私人投资、工业增速逐年回落趋势未变——兼议东北"民营"超浙、沪、粤现象》，2017 年 2 月 11 日网络。

2.《2016 年私人投资、工业增速逐年回落趋势未变——兼议东北"民营"超浙、沪、粤现象》，2017 年 2 月 11 日网络。

"真命题"？笔者不想空对空地争论，只要看看上述《中国会计年鉴》等经济资料，并到第一线做些调查，不难得出相应的结论。对此，按照理论研究的学术规范，借用东北一句用语：切勿使用虚假的数据"忽悠"，好吗？

当然，对于东北复杂的问题，学界朋友之间有不同看法是正常的。笔者尽管不赞成上述观点，但捍卫学者同行"表达自己观点的权利"，要讲"包容"性（见笔者《包容性改革论》）。再次建议：各界应正视东北的这个"体制病"。这不是个"伪命题"，而是一个"真命题"。

"体制病"造成的后果是严重的。按照市场经济运行的一般规律，经济体在具有足够弹性和韧性的条件下，有一定的自我修复能力。但在东北，由于市场体制尚不完善，经济体资源配置的灵活度不足，自我修复能力比较弱。在总体经济下行情况下，产生比较麻烦的经济和社会问题，以致陷于困境。对于这种体制的"锈带"必须寻求突破。

第二节　结构"锈带"：半封闭的对外结构与板结的内力结构

"经济结构"一词，内涵有宽窄之别。人们使用也有各自不同的指向。笔者研究东北的经济结构，最关注的是三个：第一是"对外"方面的结构；第二个是需求结构；第三个是产业结构。重点是第一和第三个。至于东北的区域结构和城乡结构，本书不再赘述。

一、半封闭的对外结构：对外开放度低

本书第三章第二节和第三节将会指出，在东北亚局势出现缓和迹象之后，东北将成为中国对外开放的前沿。在东北三省和内蒙古五盟（市）的

大格局中，辽宁省条件是最好的：既沿海，又沿边。其中，海岸线东起鸭绿江口，西至绥中县老龙头，全长 2294.4 公里，占全国海岸线长度的12%，居全国第五。另，边境线鸭绿江长 235.6 公里。吉林、黑龙江以及东五盟虽然不沿海（吉林属于近海），但皆属于我国沿边境省（区）之一，且边境线都很长：黑龙江省与俄罗斯的边界线长达 3045 公里；即使夹在黑辽两省中间地带的吉林省边境线也有 1438.7 公里。优越的地理条件为东北的对外开放奠定了良好的基础。

但东北的对外开放度一直不高。1979 年，笔者第一次赴东北做系统调研时了解到，1978 年东北三省对外贸易总额占 GDP 的比重只有 3.56%，比全国当时的平均水平要低 6 个百分点。

40 年后，随着全国各地开放力度进一步加大，东北三省纵向比虽然有明显进步，2017 年对外贸易总额占 GDP 的比重为 16.74%，但与全国当年的平均水平比，差距则进一步扩大了：低于全国平均水平约 17 个百分点。

这种对外开放的格局与其所承担的中国对外开放前沿的战略角色是极不相称的。

二、板结的内力结构：新旧动能转换难

首先看需求：三个层面的消费需求相对减弱。

需求结构是经济结构的重要方面。笔者是一个"需求侧与供给侧结合论"者，主张"供需并重，两侧发力"[1]，并且在逻辑上，把居民消费放在突出位置。2015 年出版的《人本型结构论》在需求结构上，瞄准提高"居民消费率"并把需求结构放在"人本型结构六大结构"之首[2]。

对于东北的需求结构，笔者从三个层面来"砸核桃"剖析：

第一层，从三省最终消费占全国比重的变化来看，1993—2013 年 20 年间，黑龙江省由 3.66% 下降到 2.65%，吉林省由 2.09% 下降到 1.83%，辽宁

---

1. 常修泽：《论需求管理与供给管理相结合的新方略——2015 年 12 月在北京大学所作的学术报告》，《改革与战略》2016 年第 1 期。
2. 常修泽：《人本型结构论》，安徽人民出版社 2015 年版。

省由 4.62% 下降到 3.73%。

第二层，在最终消费中，居民消费比重下降：居民消费占最终消费（包括政府消费和居民消费之总和）的比重，1993—2013 年 20 年间，黑龙江省由 83% 下降到 62.49%，吉林省由 83.68% 下降到 68.39%，辽宁省由 80.02% 下降到 78.89%。

第三层，在居民消费中，除拥有较多国营农场的黑龙江省外，吉辽二省农村居民消费比重下降较多，仍按上述 20 年统计，吉林省由 34.51% 下降到 26.17%，辽宁省由 31.19% 下降到 17.15%。

同时，"板结方式病"还体现在拼资源、拼人力、拼设备，增长方式粗放。东北"投资驱动型"经济特征明显。

请看事实。东北三省全社会固定资产年度投资额 2003 年为 4212 亿元，2004 年为 5580 亿元，2005 年为 7679 亿元，2006 年为 10520 亿元，2007 年为 13920 亿元，2008 年为 18714 亿元，2009 年为 23733 亿元，2010 年为 30726 亿元，2011 年为 32643 亿元，2012 年为 41043 亿元，2013 年 46540 亿元，2014 年 45899 亿元，2015 年 40806 亿元。前十年，投资与 GDP 之比平均在 56.78% 左右，最高的年份达到 86%。

从 2003 年《中共中央　国务院关于实施东北地区等老工业基地振兴战略的若干意见》发布的当年 4212 亿元，到 2016 年《中共中央　国务院关于全面振兴东北地区等老工业基地的若干意见》的前一年 2015 年的 40806 亿元，明显看出"投资驱动型"，但是这种经济增长模式还能继续下去吗？

另外，"创新驱动型"经济尚未形成，也是缺乏新动能的突出表现。

技术创新对经济发展的作用较弱。虽然，从东北的研发力量来看，有一定基础（如哈尔滨工业大学、吉林大学、大连理工大学、东北大学等高校的信息和自动化专业水平较高），但相关产业却没有发展起来。这很耐人寻味，原因主要在于创新动力不足。据 2015 年国家高科技产业统计年鉴，东北 GDP 占全国的 8.4%，然而高技术企业在全国的占比只有 4.5%，高科技的主营业务收入，占比也只有 3.65%[1]。

三、失衡的产业结构：现代服务业和新兴产业滞后

东北是新中国"工业的摇篮"。在产业结构中，第二产业长期居于主导地位，这是历史形成的，同时也是东北经济的优势之所在。

从三次产业结构来看，2003—2012 年第一轮振兴的"政策驱动期"，驱动第二产业一度回升，但自 2013 年之后，第二产业再度回落。整个东北产业结构有向"三、二、一"转变的迹象，但是仍有不少问题。

首先，三次产业结构：服务业仍发展滞后。

2015 年，整个东北地区服务业增加值占地区生产总值比重为 37.6%，比全国平均水平（46.1%）低 8.5 个百分点，而更为忧虑的是，比 2010 年同样比值低 6.3 个百分点。尽管 2018 年三省服务业比重有上升趋势（从 2018 年政府工作报告来看，吉林第三产业已经达到 49.1%，辽宁省"逐步提升"），但服务业仍未成为该地区的支柱产业。

图 1-8　2017 年 4 月，在辽宁省发改委副主任唐抑非先生带领下，作者（左六）与博士生参观在沈阳的中国工业博物馆

1.《国家高科技产业统计年鉴》，2015 年。

其次，工业结构内部：重工业超高，新型工业滞后。

由于历史原因，东北三省二产比重过高，二产中重工业超高。40 年前，1980 年笔者曾写过一篇论文《黑龙江省的轻工业为什么如此薄弱？》[1]。40 年后，东北三省重工业增加值占工业增加值的比重仍在 70% 左右，尤其是煤炭、石油、钢铁、有色等"原"字头比重过高，而新型工业发展滞后。尤其是在新一轮技术革命蓬勃发展且离中国东北渐行渐近的情况下，更应从全球和全国产业布局来思考这一问题。这属于结构调整需要解决的问题。

第三节　文明方式"锈带"："官本位"较重、契约精神淡薄与非现代的"工业文明"

前面，我们分析了体制"锈带"和结构"锈带"，从更深的层面来看，还有一个，即文明方式的"锈带"。它不仅涉及经济发展，而且涉及社会、文化和生态发展样式。突出的表现在三个方面。

一、"官本位"较重

东北的"官本位"并不是东北人民天生就有的，而是在长期的计划经济体制下熏陶凝结的。

1949 年新中国成立伊始，中共中央选定东北作为新中国第一个重要工业基地，因当时没有经验可依，便把苏联斯大林 30 年代—50 年代初搞的那一套的体制最早移植过来，东北逐步成为"计划经济的大本营"。

---

1. 常修泽：《黑龙江省的轻工业为什么如此薄弱？》，《经济研究参考资料》1980 年第 156 期，并上报国务院财经委员会。

而斯大林 30 年代—50 年代初搞的那一套的体制是什么呢?

历史文献显示:斯大林 30 年代建设社会主义的纲领是一个"最大限度的集中起来"的纲领。有学者分析道:斯大林是要"按照一个全国性的计划把全国所有经济活动最大限度地联合起来,使生产最大限度的集中起来"。这样必然导致"整个社会联系体制的官僚化"[1]。

这就是根深蒂固的"官本位"的来源。

在这种"整个社会联系体制的官僚化"的影响下,会产生什么问题呢?

笔者 1992 年在《南开经济研究》发表的论文中指出:一是"行政依附(包括人身依附)";二是"特权";三是"封闭"。这是"束缚和抑制人的积极性、创造性的主要问题"[2]。在 2008 年出版的《人本体制论》一书的扉页上写有题记:"在传统的计划经济模式下,人的主体性被集权所压制。"[3]书中指出:"权力拜物教"是一条通往奴役人的道路。

这是东北文明方式"锈带"的突出问题。对这种"官本位",如果不能破除,所谓转型,所谓改革,所谓振兴,都难以突破。

关于如何摆脱"官本位",将在本书第八章展开论述。

二、契约精神淡薄

契约就是我们常说的合同。契约精神是文明社会的主流精神。一般来说,契约精神有四个支点:1. 契约自由精神;2. 契约平等精神;3. 契约信守精神;4. 契约救济精神。其中,契约信守精神是契约精神的核心,也是契约从"习惯"上升为"精神"的伦理基础。我国社会主义核心价值观把"诚信"作为公民信奉的基本原则之一。可见契约社会与诚信社会是紧密相连的。

契约精神这四种精神内涵在社会发展和进步过程中起着重要的作用。一则,契约精神促进商品交易的发展,为法治奠定经济基础;二则,契约

---

1. 张卓元主编:《政治经济学大辞典》,经济科学出版社 1998 年版,第 990—991 页。
2. 常修泽:《市场经济的发展意味着将使人获得一次新的解放》,《南开经济研究》1992 年第 5 期;《文摘报》1992 年第 989 期。
3. 常修泽:《人本体制论》,中国经济出版社 2008 年版。

精神为市民社会提供良好秩序；三则，根据契约精神办事，有利于控制公权力的滥用（避免公权力对私权的侵害）。无论从哪个角度看，都对我国社会主义法治国家的构建和社会主义市场经济的良性运转起着积极作用。

从工商文明史角度研究，虽然我们中华民族曾是一个重视商业的民族（夏朝之后，中原曾以"商"为国号），但是，在世界进入了工业革命之后，中国的商人群体未能成为一支经营工商业的独立力量。此后，由于近代史上前所罕见的"官商勾结"与官僚资本的打压，使民间资本和工商文明受到极大的限制和阻遏。

新中国成立后，在上面所述由苏联引进的高度集权计划经济体制和"整个社会联系体制的官僚化"（"官本位"）的双重压力下，工商文明一直没有迅速发展起来。其结果，导致那些工商经营者虽然能积累起可观的物质财富，但是未能争取到相应的政治地位和精神财富，这一点在东北表现比较突出。

在东北，经常听到人们说东北是一个"熟人社会、人情社会"，而不是"契约社会、法治社会"。并不是说东北乡亲没有对契约精神和法治环境的渴望与呼唤，而是说，由于计划经济体制和"整个社会联系体制的官僚化"，而使契约自由精神、契约平等精神、契约信守精神和契约救济精神相对薄弱。这个问题，如法国历史学家费尔南·布罗代尔在《世界史纲》中所说：可能与"政府的权力太大"有关。

如何增强契约精神和打造诚信社会，本书拟在第八章阐述。

三、传统"工业文明"而非"生态文明"

从文明形态来研究，东北还是处在传统的"工业文明"思维阶段。这就涉及文明方式"锈带"第三个问题。

这也难怪。因为长期以来，东北的工业化尚处在初期阶段。经过改革开放40多年的发展，按照国际著名发展经济学家钱纳里和库茨涅兹的模型标准[1]，总体上判断已经处在由工业化中后期向"工业化后期"转变阶段，其中沈、大、哈、长地区已经率先进入"工业化后期"阶段。

因此，需要思考如何超越传统的"工业文明"思维，迈向一种人类新的文明——生态文明的问题。

关于如何超越传统的"工业文明"思维，迈向一种新的文明，将在本书第九章展开论述。

通过以上三节的分析，可见，东北经济的问题不是一个"病"，而是"综合征"或"并发症"——体制病："沉重的翅膀"；结构病：封闭的结构和"失衡的格局"；文明方式病："官本位""契约缺失"和传统"工业文明"，而非"生态文明"的模式。这种"综合征"和"并发症"呼唤全方位的改革和转型。

当然，笔者也清醒地认识到，东北经济社会出现的困难，除了上述体制、结构和文明样式的"锈带"之外，也有一些特殊的困难，例如，三省比较寒冷的气候和偏远的地域位置，这些年劳动人口的净流出及严重的老龄化，等等，但是这些原因有的是自然原因，有的则是体制、结构和文明方式带来的结果，需要综合考虑。

---

1. 常修泽：《人本型结构论》，安徽人民出版社 2015 年版，第 98 页。

第二章

中国东北转型通论

四十年东北调查与情缘：
突破"三重锈带"的思想来源

读者可能会问，你为什么如此关注东北这片土地？

因为我（笔者）——作为一个"山东人"对东北这片土地有着特殊的、而且是持续几十年的情缘。

笔者对东北的情缘，最初是缘于老家的原因。1960 年，老家山东发生大饥荒，在家务农的伯父家三哥常修增被迫"闯关东"，闯到今天的辽宁东北山区的桓仁满族自治县，在一家砖瓦窑厂落脚为生，躲过一劫，后在桓仁成家，再后来迁到本溪。

辽宁人民对笔者的家是有恩的。所以，笔者第一次在辽宁省委党校做报告时，一开始曾向辽宁父老乡亲表达过感激之情[1]。

笔者自己第一次"出关"是 1977 年冬。当时正值华国锋同志主持中央工作、力推新一轮"工业学大庆"热潮之际。那年冬天，组织上派我作为天津参观团一员，到大庆参观学习。

图 2-1　到达大庆车站（中间为作者）

1.《常修泽学术自传》第一章"成长经历"之开始《一九六〇年闹饥荒：尽快找所"管饭"的学校》，《中国改革开放进程中的经济学家丛书》，广东经济出版社 2020 年版。

第二天，参观了著名的 1205 钻井队。

然而，当天晚上接到天津电话，告知父亲突患急病，于是，笔者第一时间乘火车走西线（经白城—通辽）赶回天津，本次参观"戛然而止"。

这是一次"夭折"的考察，准确地说，是一次尚未真正展开的考察。所以，在笔者的"东北问题研究史"上，从未把这次列入"第一次"调查。而笔者"真正的第一次"东北调查，则是在两年后，即 1979 年 9 月，参加国务院财经委"东北结构调查组"的 70 天调查，至今（2020 年 10 月）已经 40 多年了。

图 2-2　参观大庆钻井队留影（前左二为作者）

在本书进入详细探讨和阐述之前，笔者想在这一章，与各位读者敞开心扉，谈谈"三重锈带"说的思想来源，40 年东北情缘：持续调研与深度挖掘。

第一节　1979 年第一次系统调查：与东北结缘

一、缘起：参加国务院财经委东北结构调查组

1979 年，即实行改革开放的第一年，当时的国务院财经委员会组织了一个"经济结构调查组"，由著名经济学家于光远和马洪两位经济学界前辈领衔，对中国经济的深层结构及其体制进行调查。

那年（1979 年）春天，笔者刚刚进入南开大学经济研究所，在著名经

济学家谷书堂教授带领下从事经济理论研究，兼做学术助手。

这年 9 月，经国务院财经委员会与南开大学和谷书堂教授协商，笔者被临时借调到国务院财经委经济结构调查组工作。后被分到"东北结构调查组"。这是在笔者学术生涯中接受的第一项国家级大型调研任务。

二、冰天雪地 70 天：获大量一手材料

进入"东北结构调查组"之后，先在北京集结、集中学习，后整体开到辽宁沈阳，再分小组，笔者再被分到"黑龙江调查组"。该调查组组长为中国社会科学院老学者詹武先生，成员多为中国社会科学院和个别高校抽调的中青年学者（当时中国社会科学院硕士研究生、后来留学日本，现在香港凤凰卫视中文台担任时事评论员的庚新先生也名列其中）。

图 2-3 笔者 1979 年冬天东北调查期间在哈尔滨和平村

当时的黑龙江省委书记为杨易辰同志，负责对接调查组的为陈俊生同志（后升任国务委员），黑龙江省调查组大本营基地设在哈尔滨市当时的 107 招待所（今和平村宾馆），笔者与中国社会科学院何逎维先生为同行伙伴，调研以哈尔滨为中心，北到小兴安岭伊春林区，南到双城农村，东到阿城、尚志（一面坡），西到齐齐哈尔富拉尔基和甘南"兴十四大队"。

从 1979 年 10 月中旬到 12 月底，在冰天雪地中调研了 70 多天，获得大量一手材料[1]。调研后以调研组的名义集体撰写了《关于黑龙江省经济结构问题的调查报告》，上报国务院财经委，至 1980 年 1 月初，调查组任务圆满完成，返回学校。

---

1. 李连第主编：《中国经济学希望之光》（常修泽篇，标题为《扎根本土，潜心治学——注重社会主义经济研究的常修泽教授》），经济日报出版社 1991 年版。

三、1980 年发三篇论文：初探解病三“药方”

这次经济结构调查对笔者的学术研究是带有“开局性”的。

1980 年，是笔者到南开大学经济研究所从事经济研究的第二个年份。

经济研究有两种不同的范式：一种是提出假说，建立模型，推导演算，得出结论；一种是深入实践，发现矛盾，揭示“病根”，提出理论。限于自己的知识积累和研究特点，笔者较多采用后一种范式。

根据后一种研究范式，1980 年初，回到南开大学经济研究所，继续消化调研资料，按照“深入实践，发现矛盾，揭示‘病根’，提出理论”的思路，对材料进行了几个月的“由此及彼，由表及里，去粗取精，去伪存真”的加工制作工夫，发现东北存在三种病——体制病、结构病、不可持续病。针对“三病”，撰写并发表了三篇研究报告和论文。

第一篇是探讨所有制结构的——《长期并存　比翼齐飞》（该文是对哈尔滨市城镇集体所有制工业的调查报告）。针对东北当时国有经济几乎“一统天下”的局面，文章主张国有经济与非国有经济应该“长期并存，比翼齐飞”。此文发表在《人民日报》理论版（1980年5月9日）。当天，在《新闻和首都报纸摘要》节目中，听到广播此文。这是尝试对我国 20 世纪 50 年代末以来国有经济几乎“一统天下”格局的挑战和修正（当然，这种挑

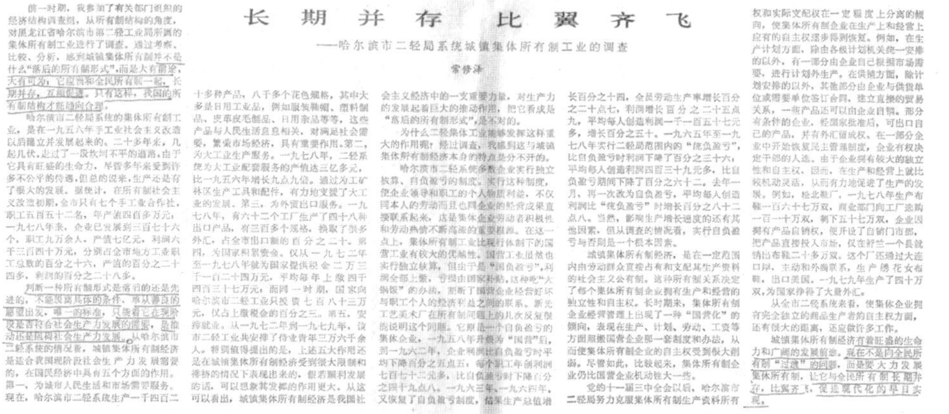

长期并存　比翼齐飞

——哈尔滨市二轻局系统城镇集体所有制工业的调查

常修泽

前一时期，我参加了有关部门组织的经济结构调查组，从所有制结构的角度，对黑龙江省哈尔滨市第二轻工业局所属的集体所有制工业进行了调查。通过考察、比较、分析，感到城镇集体所有制并不是什么“落后的所有制形式”，而是大有前途，大有可为，它应当和全民所有制一起，长期并存，互相促进。只有这样，我国的所有制结构才能趋向合理。

哈尔滨市二轻局系统的集体所有制工业，是在一九五六年手工业社会主义改造以后建立并发展起来的。二十多年来，几起几伏，走过了一段坎坷不平的道路。由于它具有旺盛的生命力，尽管多年来受到许多不公平的待遇，但总的说来，生产还是有了很大的发展。据统计，在所有制社会主义改造初期，全市只有七个手工业合作社，职工五百五十二名，年产值四百多万元，一九七八年来，企业已发展到三百七十六个，职工九万余人，产值七亿元，利润六千三百四十万元，分别占全市地方工业职工总数的百分之十六，产值的百分之二十四多，利润的百分之二十八多。

判断一种所有制形式是落后的还是先进的，不能脱离具体的条件、单从善良的愿望出发，唯一的标准，只能看它在现阶段是否符合社会生产力发展的需要，是推动还是阻碍社会生产力发展。从哈尔滨市二轻系统的情况看，城镇集体所有制经济是适合我国现阶段社会生产力发展需要的，在国民经济中具有五个方面的作用。第一，为城市人民生活和市场需要服务。现在，哈尔滨市二轻系统生产一千四百二十多种产品，八千多个花色规格，其中大多是日用工业品，例如服装鞋帽、塑料制品、皮革皮毛制品、日用杂品等等，这些产品与人民生活息息相关，对满足社会需要，繁荣市场经济，具有重要作用。第二，为大工业生产服务。一九七八年，二轻系统为大工业配套服务的产值达三亿多元，比一九五六年增长九点九倍。通过为工矿林区生产工具和配件，有力地支援了大工业的发展。第三，为外贸出口服务。一九七八年，有六十二个工厂生产了四十八种出口产品，有三百多个规格，换取了很多外汇，占全市出口额的百分之二十。第四，为国家积累资金。仅从一九七二年至一九七八年就为国家提供税金二万三千一百二十四万元，平均每年上缴四千四百三十七万元，而同一时期，国家向哈尔滨市二轻工业只投资七百八十三万元，仅占上缴税金的百分之三。第五，安排就业。从一九七二年到一九七九年，该市二轻工业共安排了待业青年三万六千余人。特别值得提出的是，上述五大作用还是在城镇集体所有制经济受到很大限制和排挤的情况下表现出来的，假若顺利发展的话，可以想象其发挥的作用更大。从这可以看出，城镇集体所有制经济是我国社会主义经济中的一支重要力量，对生产力的发展起着巨大的推动作用，把它看成是“落后的所有制形式”，是不对的。

为什么二轻集体工业能够发挥这样重大的作用呢？经过调查，我感到这与城镇集体所有制经济本身的特点是分不开的。

哈尔滨市二轻系统多数企业实行独立核算、自负盈亏的制度。实行这种制度，使企业领导和职工的个人物质利益，不仅同本人的劳动而且也同企业的经营成果直接联系起来，这是集体企业劳动者积极性和劳动热情不断高涨的重要根源。在这一点上，集体所有制工业比现行体制下的国营工业有较大的优越性。国营工业虽然也实行独立核算，但由于是“国负盈亏”，利润全部上缴，亏损由国家补贴，这种吃“大锅饭”的办法，割断了国营企业经营好坏与职工个人的经济利益之间的联系。新光工艺美术厂在所有制问题上的几次反复很能说明这个问题。它原是一个自负盈亏的集体企业，一九五八年升级为“国营”后，到一九六二年，企业利润比自负盈亏时平均下降百分之五点五，每个职工年创利润七百七十二元多，比自负盈亏时下降百分之四十九点八。一九六三年、一九六四年，又恢复了自负盈亏制度，结果生产总值增长百分之十四，全员劳动生产率增长百分之二十点七，利润增长百分之二十五点九，平均每人创造利润一千一百五十七元多，增长百分之五十。一九六五年至一九七八年实行二轻局范围内的“统负盈亏”，比自负盈亏时利润下降了百分之三十六，平均每人创造利润四百三十九元多，比自负盈亏期间下降了百分之六十二。去年一月，再一次改为自负盈亏，平均每人创造利润比“统负盈亏”时增长百分之八十二点八。当然，影响生产增长速度的还有其他因素，但从调查的情况看，实行自负盈亏与否则是一个根本因素。

城镇集体所有制经济，是在一定范围内由劳动群众直接占有和支配其生产资料的社会主义公有制。这种所有制关系决定了每个集体所有制企业拥有生产和经营的独立性和自主权。长时期来，集体所有制企业经营管理上出现了一种“国营化”的倾向，表现在生产、计划、劳动、工资等方面照搬国营企业那一套制度和办法，从而使集体所有制企业的自主权受到很大削弱。尽管如此，比较起来，集体所有制企业仍比国营企业机动性大一些。

党的十一届三中全会以后，哈尔滨市二轻局努力克服集体所有制生产资料所有权和实际支配权在一定程度上分离的倾向，使集体所有制企业在生产上和经营上应有的自主权逐步得到恢复。例如，在生产计划方面，除由各级计划机关统一安排的以外，有一部分由企业自己根据市场需要，进行计划外生产。在供销方面，除计划安排的以外，其他部分由企业与供货单位或需要单位签订合同，建立直接的贸易关系，一些产品还可以由企业自销。部分有条件的企业，经国家批准后，可出口自己的产品，并有外汇留成权。在一部分企业中开始恢复民主管理制度，企业有权决定干部的人选。由于企业拥有较大的独立性和自主权，因而，在生产和经营上就比较机动灵活，从而有力地促进了生产的发展。例如，松北鞋厂，一九七八年生产布鞋一百六十七万双，商业部门向工厂选购一百一十万双，剩下五十七万双，企业因拥有产品自销权，便开设了自销门市部，把产品直接投入市场，仅在舒兰一个县就销出布鞋二十多万双。这个厂还通过大连口岸，主动和外商联系，生产绣花女布鞋，出口美国。一九七九年生产了四十万双，为国家挣得了大量外汇。

从全市二轻系统来看，使集体企业拥有完全独立的商品生产者的自主权方面，还有很大的距离，还应做许多工作。

城镇集体所有制经济有着旺盛的生命力和广阔的发展前途。现在不是向全民所有制“过渡”的问题，而是要大力发展集体所有制，让它与全民所有制长期并存，比翼齐飞，促进现代化的早日实现。

图 2-4　《人民日报》理论版，1980 年 5 月 9 日

战和修正又是极不彻底的，当时笔者只提出"非国有"的城镇集体经济，未提出"私营经济"发展问题），因此，对这篇文章评价不宜过高。但是"长期并存 比翼齐飞"这样一个理念是有生命力的。

第一，文章指出："通过考察、比较、分析，感到城镇集体所有制并不是什么'落后的所有制形式'，而是大有前途，大有可为；它应当和全民所有制一起，长期并存，互相促进。只有这样，我国的所有制结构才能趋向合理。"

第二，文章在总结实践经验的基础上上升到理论："判断一种所有制形式是落后的还是先进的，不能脱离具体的条件，单从善良的愿望出发，唯一的标准，只能看它在现阶段是否符合生产力发展的需要，是推动还是阻碍社会生产力发展。"[1]

第三，文章最后做出结论："城镇集体所有制经济有着旺盛的生命力和广阔的发展前途。现在不是向全民所有制'过渡'的问题，而是要大力发展，让它与全民所有制长期并存，比翼齐飞，促进现代化的早日实现。"

第二篇是针对产业结构的，题为《黑龙江的轻工业为何如此薄弱？》，刊发在当时颇有影响的《经济研究参考资料》（1980年5月）。

应该说，这篇文章思想缺乏前瞻性。第一，主要是针对黑龙江省产业结构的短板而言的（当时笔者是一种轻重工业均衡发展的思维，但有意思的是，30多年后，北京大学国家发展研究院林毅夫先生提出了吉林发展轻纺工业的思路）。第二，当时笔者的产业结构观，基本还是局限在工业结构内，对现代服务业和高新技术产业没有充分认识。所以，这篇文章是一篇思想创新性不足的论文，只是提供了当时的一些资料和建议而已。

第三篇是针对不可持续问题，探讨资源环境和可持续发展问题的，题为《"竭泽而渔" 后患无穷——经济工作中一个值得重视的问题》，先发表在《南开学报》1980年第四期，后被《光明日报》百家争鸣栏转摘（1980年8月17日）。

这篇文章结合本人在调查中所了解的大量实际情况，指出"糟蹋资

---

1. 常修泽：《长期并存　比翼齐飞》，《人民日报》理论版，1980年5月9日。

源，只顾眼前，不顾长远，将引起严重后果"。从理论上阐述："根本原因在于违背客观经济规律和自然规律。"然后系统论述了三大关系："第一，经济发展中需要与可能的关系"；"第二，经济再生产过程与自然再生产过程的关系"（这一部分较有理论深度）；"第三，近期发展与长远发展的关系"。这是一篇在国内较早探索经济和生态可持续发展的论文，为此后探讨东北的绿色发展和生态屏障埋下"伏笔"（见本书第九章）。

图2-5　《南开学报》1980年第四期，文章第1页。

40年过去，今天写这本专著时重读三篇论文，颇为感慨，有种时光倒流之感：看到东北所有制仍未形成"长期并存　比翼齐飞"之势，看到东北"竭泽而渔　后患无穷"不幸被言中，真不知是该为理论初探而"喜"，还是该为实践滞后而"悲"？

第二节　东北改革三个十年：笔者的关注与参与

一、20世纪80年代（上）：与辽人社共推《腾飞的构想》

笔者与辽宁开始结缘起于南开大学和辽宁大学共同负责编写教育部统

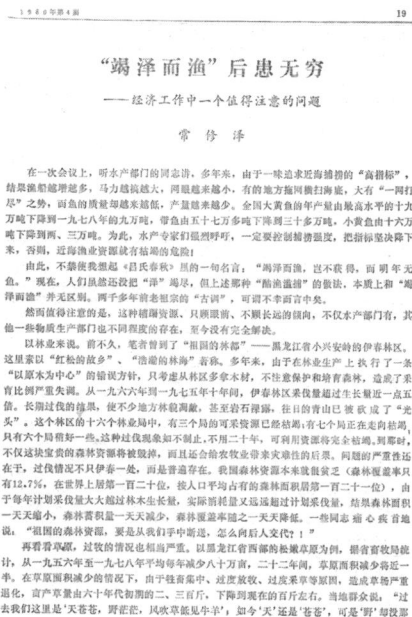

编教材《政治经济学（社会主义部分）》（"北方本"）教科书。

1978 年，国家面临战略转折，教育部提出重新编写《政治经济学》教科书，北方、南方各编写一部：责成南开大学和辽宁大学作为"北方本"主编单位，笔者的老师谷书堂教授和辽宁大学校长（也是笔者所在的南开大学经济研究所老校友）宋则行教授任主编。笔者作为主编助手于 1979 年 6 月进驻辽宁大厦。这是笔者第一次到沈阳，从 6 月到 8 月中旬在辽宁大厦参与编书（1985 年，正式成为该书修订组成员，参与了该书 20 年先后 7 版的写作和修订，这是后话）。

在此次合作编书过程中，笔者对辽宁大学及辽宁学术界思想逐步有所了解。同时，在本次和此后几次集中在辽宁写书过程中，以沈阳为中心，南到辽阳、鞍山，东到抚顺、本溪、丹东，西到兴城、阜新，北到铁岭，做了一些社会调查，对 20 世纪 80 年代辽宁改革印象尤为深刻。

其中，80 年代与辽宁人民出版社共同推出《腾飞的构想》一书的事情，就与辽宁的改革氛围直接有关。

1984 年 9 月 3 日至 10 日，依据"以文选人"的原则，笔者与国内 120 余青年经济学者参加了在浙江省德清县莫干山举行的全国中青年经济科学工作者学术讨论会（史称"莫干山会议"）[1]。

这次会议之后，由京津沪等地中青年朋友发起的第二届中青年经济科学工作者经济改革讨论会在天津举行。会前，笔者应邀担任论文评审组组长，与另一组长金岩石及十几位青年学者一起，在北京红旗杂志社地下室招待所内精心审稿，从 2615 篇论文中选出 125 篇论文。其中有 30 多位论文作者是参加过 1984 年莫干山会议的"双连冠"（如按笔画马凯等），其余七成多代表则是新涌现出的"佼佼者"（如按笔画马飚、马建堂等）。

对这届中青年讨论会的入选论文，当时几家出版社都表示出版兴趣，

---

1. 这次会议不仅是改革开放以来第一次，也是新中国成立以来第一次。事隔多年之后，"莫干山会议"被称作"中国改革开放史上重大事件之一"。2012 年 8 月，著名经济学家张卓元主持的《新中国经济学史纲（1949—2011）》把我写的《1984 年莫干山会议》列为"史纲"专门一章（第 14 章），中国社会科学出版社 2012 年版。

但辽宁人民出版社最为积极，志在必得。
经我与大会秘书处商定，由南开大学学者
逄锦聚（时为南开大学经济研究所青年教
师，后任南开大学党委副书记、副校长）
主持和组织再精选，辽宁人民出版社以最
快时间（1985 年）出版了《腾飞的构想》
一书。这是 80 年代中国中青年经济科学工
作者举行研讨会以来，出版的第一部会议
论文集（"莫干山会议"成果只在《经济日
报》摘登了 18 篇论文，但未出论文集）。

辽宁人民出版社出版的这本《腾飞的
构想》，不仅为 20 世纪 80 年代的改革发

图 2-6　《腾飞的构想》（封面图）

挥了"鼓与呼"的舆论先导作用，而且也为改革提供了一些新鲜的思路和方
略。对此，中国的改革界人士，特别是中青年经济科学工作者朋友，对这
本书的出版赞许有加。

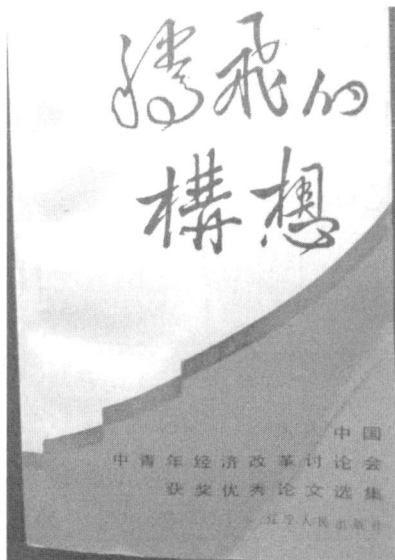

二、20 世纪 80 年代（下）：和辽企同享"改革的时光"

辽宁人民出版社出版《腾飞的构想》不是偶然的，是与辽宁当时整个
经济改革氛围分不开的。

根据笔者 20 世纪 80 年代来辽宁编书、开会和调查了解的情况，当时
辽宁（特别是沈阳市）主要是三大改革在全国一马当先。

1. 国有企业"租赁制改革"

在《腾飞的构想》一书中，收录了笔者和天津市人民政府体改办杨海
田同志的论文《对微利和亏损企业应全部实行"包、租、卖"》[1]，主张对微
利和亏损企业"大的包，中的租，小的卖"，此文曾经在《经济学周报》（1985

---

1. 这篇探讨"包租卖"的论文，系全国中青年改革理论讨论会入选论文，发表于莫干山会议组织者之一张钢
主编的《经济学周报》上，并引发讨论，后收入辽宁人民出版社出版的《腾飞的构想》一书（1985 年版）。

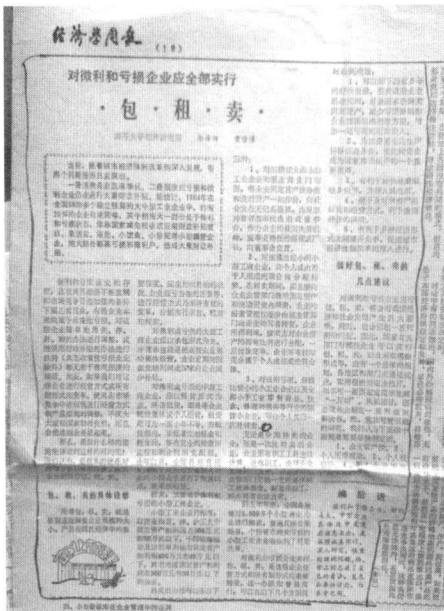

图2-7 《经济学周报》（1985年5月）

年5月）展开过热烈讨论。

实际上，辽宁的实践已经走在前面。

1984年6月，当时沈阳著名的改革者——沈阳汽车工业公司董事长兼总经理赵希友就已经选择公司所属两家小型企业——沈阳市汽车汽油泵厂（国营企业）、沈阳市汽车轴销厂（集体企业）在国内率先进行了小型企业租赁经营的试点。

据史料记载,1984年6月28日，沈阳市汽车工业公司与中标后的汽车汽油泵厂原厂长凌方遒正式签订租赁合同，在合同期内汽车汽油泵厂由原来“国有国营”改成“个人租赁经营”。尽管这里实践的只是两个“小型企业”，尚不是我们主张的中型企业，但是也体现了沈阳人民的改革精神。继沈阳之后，租赁经营迅速在辽宁全省各地推开。

请看当时《沈阳日报》的报道，见图2-8。

沈阳汽车工业公司

将十个企业租赁给个人经营

机电学院教师薛辛光担任汽车电器厂厂长

本报讯 沈阳汽车工业公司又有十个企业租赁给个人经营。十二月二十四日，举行了企业租赁经营签约仪式。

汽车工业公司于今年六月份，进行了把市汽车轴销厂等两个小企业租赁给个人经营的试点。经过几个月实践，租赁厂的经济效益大幅度提高。十一月，这个公司决定在社会上公开招标，将汽车压铸件厂等四个全民企业、汽车制锁厂等八个集体企业，租赁给个人经营，租赁期为六年。尔后，有一百五十二人投标。经过两轮考评答辩，确定了第一批中标的人选。

在第一批十名中标者中，有技术员以上职称的占七名。市汽车电器厂中标者薛辛光，和作为中保人的尚平、王建军（本报十二月二十四日曾作过报道），他们放弃在沈阳机电学院任教的优越工作条件，主动去租赁利润微薄的集体小厂，决心闯出一条企业改革的新路子。

被租赁的集体企业的职工代表和公司经理赵希友，分别代表六个集体企业和四个国营企业，与中标者一起在企业租赁经营合同上签字。中标者对企业的经营、分配形式和人事安排上，有完全的自主权。赵希友说，公司将权一放到底，甚至公司召集的会议，如果认为和本企业关系不大，租赁者有权不参加。

市委组织部、市人事局、公证处、法律顾问处等有关部门的同志，也参加了签约仪式。

（王锡本）

图2-8 1984年12月25日《沈阳日报》一版报样头条截图

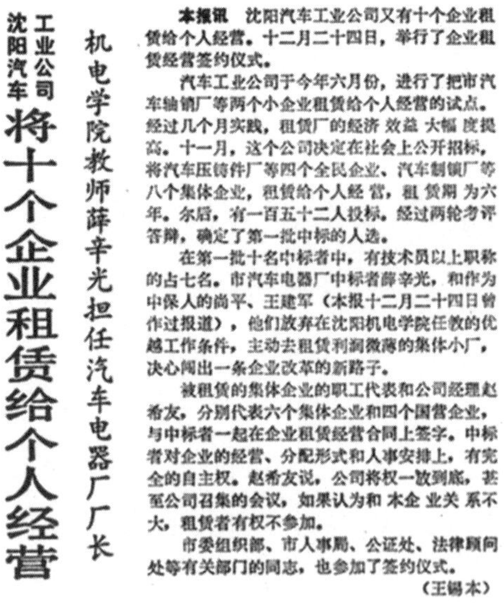

2. 全国第一家“企业破产案”

20世纪80年代辽宁改革的“爆炸性新闻”，当数震惊全国的“沈阳防爆器械厂的破产案”。

本来，早在1984年9月3日至10日召开的全国中青年经济科学工作

者学术讨论会（史称"莫干山会议"）上，就专门讨论了国有企业"自负盈亏"和长期亏损企业的"破产"问题，并把企业的"破产"讨论情况报给中央领导[1]。但是，由于企业"破产"的复杂性，特别是涉及人员问题，在实践中迟迟没有推行，甚至也未作试点。

"中国破产第一枪"在沈阳打响。

1986年8月3日，沈阳市政府举行新闻发布会通告：沈阳市防爆器械厂已于一年前（1985年8月3日）被正式宣告"破产警告"，进行整顿拯救，限期一年。

这次新闻发布会郑重宣布：经企业和各方面一年努力，终因种种原因，该厂未能扭转困境，所欠债务无力偿还，严重资不抵债。决定沈阳市防爆器械厂从即日起破产倒闭，收缴营业执照，取消银行账号……

这是1949年10月1日新中国成立后第一家正式宣告破产倒闭的企业，沈阳市工商行政管理部门按地方法规程序，对企业进行破产处理。这条"爆炸性新闻"，引起经济学界广泛关注。

前面指出，莫干山会议后，第二届中青年经济科学工作者改革讨论会

图 2-9　沈阳市防爆器械厂破产时图景

---

1. 常修泽：《史料版 1984 年莫干山会议》，《学术研究》2012 年第 11 期。

在天津举行。会议召开之际，《中青年经济论坛》于 1985 年 4 月 15 日在天津创刊，笔者有幸和南开大学经济研究所以及京津沪多位青年朋友一起发起创办，创刊后担任第一届编委。

《中青年经济论坛》创刊之后，得悉沈阳防爆器械厂的破产案例，编辑部遂决定在该刊撰文予以支持和理论探讨。经新华社和《中青年经济论坛》陆续推出，"沈阳防爆器械厂的破产案"成为 20 世纪 80 年代中国改革的一声春雷。

3. 金杯汽车《中南海里购股票》及其风波

除租赁制、破产制探索之外，辽宁改革探索的第三个亮点是股份制改革，且引起风波。

1988 年 5 月 3 日，东北第一家以发行规范股票集资创办的"混合所有"的大型股份制企业——金杯汽车股份有限公司宣告成立。同年 7 月 15 日，金杯公司首次向社会公开发售 100 万股、共计人民币 1 亿元的股票。[1] 没想到，在向社会公开发行股票的过程中，发生了《中南海里购股票》的通讯及其风波。

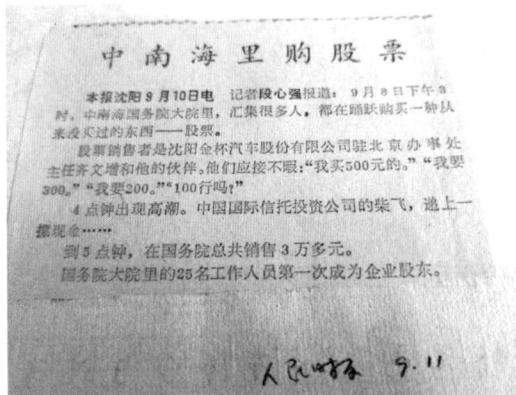

图 2-10 《中南海里购股票》1988 年 9 月 11 日影印件

原委是这样的：1988 年 7 月，金杯汽车公司首次向社会公开发行股票后，《人民日报》于 1988 年 9 月 11 日在第一版显著位置刊发了一篇短讯《中南海里购股票》，报道者系《人民日报》（驻辽宁）著名记者段心强同志（见左侧影印件，为本书作者保存史料）。

然而，没过几天，在《人民日报》第一版同样位置刊发了一个《人民

---

1. 1992 年 10 月 9 日，金杯股票在美国纽约证券交易所成功上市，成为中国第一家赴海外上市的内地企业，中国从此敲开了西方金融市场的大门，此处讲的是 1988 年国内发行股票情况。

日报》编辑部 9 月 14 日的"重
要更正"：称《中南海里购股
票》一文是一篇完全失实的报
道"，"经查，中南海国务院大
院没有允许过任何企业前往出
售股票"，"中南海也没有任何
一个国务院工作人员购买股票"
（见右侧影印件，为本书作者保

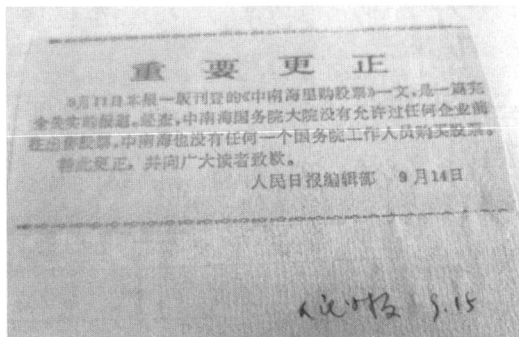

图 2-11　《重要更正》1988 年 9 月 15 日影印件

存史料）。当时股份制改革刚刚启动，此"重要更正"在全国引起强烈反
弹，沈阳更是议论纷纷，有人甚至骂赵希友总经理是"骗子"。

　　因为当年（1988 年 4 月 22 日）笔者刚在新华社《经济参考报》发表了
《关于创建企业产权市场和经营权市场的构想》一文[1]，所以对股份制改革、
企业产权市场及股票发行特别关注。于是向辽宁省体改部门的朋友和人民
日报社的朋友了解情况，得知，金杯公司确实没有到府右街东侧的"中南
海领导机关"卖过股票，但是确实到过府右街西侧、位于西安门 22 号的国
务院机关事务管理局和国家体改委大院卖过股票，把此说成"中南海里购
股票"，记者确有"渲染和夸大"成分而造成"失实"，容易给人以"中南
海领导机关"的印象。但是，说"也没有任何一个国务院工作人员购买过
股票"，则与事实也不符合，也有"失实"之处，难道"买过股票"的国务
院机关事务管理局大院的"25 名工作人员"统统不属于国务院部门的"工
作人员"吗？

　　后来笔者了解到，这个"重要更正"，非报社所写，而是由有关部门发
来电报，《人民日报》编辑部 9 月 15 日"原文照登"而已。

　　了解这一情况后，笔者于当年 12 月在北京召开的全国纪念党的十一
届三中全会十周年理论讨论会小组会上，讲了《中南海里购股票》的"真
相"，澄清了对沈阳金杯公司及对赵希友先生的误解，从一个侧面支持和维

---

1. 常修泽：《关于创建企业产权市场和经营权市场的构想》，《经济参考报》1988 年 4 月 22 日。

护了沈阳的股份制改革。

三、20 世纪 90 年代（上）：首到珲春谋图们江口开发开放

东北的朋友可能知道，30 多年前，即 1988 年，笔者曾与研究生戈晓宇合作提出"四沿"（沿海、沿江、沿边、沿线）开放战略（新华社《国内动态清样》1988 年 5 月 4 日登《常修泽等建议实行"四沿渗透型"开放战略》，见图 2-12 影印件），其中，包括东北"沿边开放"的内容。继之，1989 年初，笔者又针对图们江口地区开发开放，与戈晓宇一起发表了《积极创建远东跨国经济特区》的文章，此文在香港《经济导报》（2119 期，1989 年 5 月 7 日）发表，虽公开发表，但，这只是我们在地图上谋划，没有机会实地勘察和研究（有朋友戏称为"地图经济学论文"）。

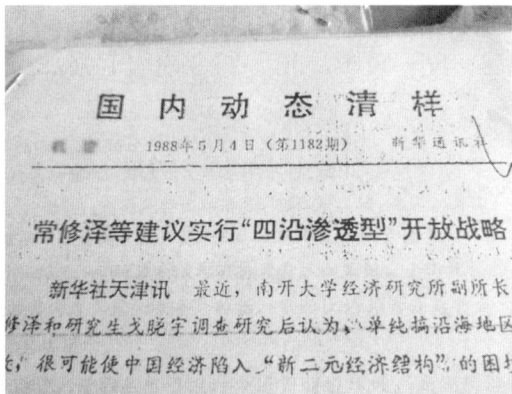

图 2-12　新华社《国内动态清样》1988 年 5 月 4 日影印件

机会来了。1993 年底到 1994 年初，笔者去长春给南开大学举办的经济学研究生班（称"吉林班"）讲课。其中讲了我们的"四沿"开放战略和"图们江口地区跨国特区构想"，引起了研究生班一位学员的重视。此学员即是时任吉林省委副书记的王金山同志。王金山同志听了后十分关注和看重，在笔者完成讲学任务后，特别安排吉林省政府经济社会发展研究中心一位处长带笔者前往珲春实地考察，并希望能提出具体建议。

于是，讲完课后，我们便从长春出发，乘火车东行，先到延吉，听了自治州政府介绍；而后过图们市到达珲春，住当时简易的珲春市府招待所。在珲春大街上，看到了为纪念吴大澂重立"土字碑"、争得中国船只在图们江口航行权而修建的"吴亭"。再后由珲春市区到了敬信（乡政府所在地），再往东到达防川村，即"一眼望三国"之地。当时尚没有"龙虎阁"，经联系进入了边防部队的岗楼，远眺了图们江入海口及远处的日本海。

这次考察，对珲春的战略地位有了直观的认识，萌生了把珲春作为东北开放前沿之一的想法。回长春后，省里提议并在《吉林日报》刊发了考察珲春的消息。几年后，即2001年中国加入世界贸易组织之际，笔者又应珲春市委邀请二上珲春。2014年、2015年、2017年又三上、四上、五上珲春，特别是在2015年听取图们江开发管理委员会负责人介绍后，笔者萌生了关于"手臂延长"策略的构想。这些将在本书对外开放一章详细展开。

四、20世纪90年代（下）：深入吉林寻"在困境中突围"

笔者与吉林的情缘源于1989—1995年南开大学在长春举办的5期经济学研究生班。前三期与地质矿产部合办（地点在长春地质学院）[1]；后两期与

图2-13 作者（前排左二）在南开大学与长春地质学院合办的经济学研究生班师生合影

---

1. 此班简称为"地矿班"。来自全国地矿部系统优秀管理人员，经严格考试入学在该班脱产攻读。基于历史机遇和研究生个人努力，毕业近30年后表现突出的有：徐绍史、王安顺、李建华、叶冬松、孙金龙、宗国英、王秀峰、徐德明、马永远、吕德斌、徐刚等。根据在东北举办经济学研究生班实践而撰写的个人探讨文章，1991年在《天津高教研究》第1期刊登，题为《产学结合，按需培养——关于拓宽研究生培养渠道的探讨》。

吉林省合办（地点在吉林工业大学）[1]。南开大学责成笔者所在的单位——南开大学经济研究所承办。恰好这几年笔者担任南开大学经济研究所副所长（分管教学和科研工作），加上1990年刚晋升教授，所以围绕研究生班的教务、授课和指导论文，先后20次到长春，从而对吉林省（特别是长春市和吉林市）了解比较深入，而且建立很深感情。2020年8月15日，在南开校友、吉大副教授陈立峰博士陪同下，笔者时隔30年，再次回到长春地质学院旧址（现并入吉林大学），物是人非，颇有感慨。尤其看到地院成长起来的黄大年教授事迹展，更令人难以忘怀。

在与吉林省的长期接触中，笔者印象较深刻的是20世纪90年代中后期，吉林国有企业在困境中寻求突围的实践。

那是1996年，笔者奉调进京从事宏观经济研究（任国家计委经济研究所常务副所长）的第二年，全国出现国有企业大面积亏损的局面（其中，仅国有大中型亏损企业竟达6599户，全国有12个省、自治区、直辖市整体亏损）。在这种形势下，中央提出了国企三年脱困的目标。

国企如何脱困？考虑到一般学生反映的情况比较真实，于是，1996年夏，笔者带国家计委经济研究所研究人员王小广博士到自己熟悉且有些人脉的地方——吉林省调研。

常修泽教授为我省经济发展建言

本报讯 为探索搞活国有经济的途径，寻求新的经济增长点。经济学家、国家计委经济研究所常务副所长常修泽教授率调研组于8月3日到我省调查研究，历时半个月，深入到长春、吉林、四平等地，考察了吉化集团、黄龙食品工业有限公司、长春半导体厂、长春制药有限责任公司、吉林铁合金厂、吉林纸业股份有限公司、中化四平联合化工总厂、四平联合收割机厂、四平红嘴集团等15个企业。并听取了省及三个市的有关部门的情况介绍，与省委研究室、省政府发展研究中心的领导进行了座谈。常修泽教授对我省为搞活大中型企业而进行的资产重组、分立经营等举措表示赞赏，并为吉林省的经济发展提出了一些有价值的建议。

图2-14

---

1. 此班简称为"吉林工大班"。来自政界、企事业界和学界的王金山、杜学芳、车秀兰、王宏伟、杨宏翔等经严格考试入学后在此班攻读。

调查以长春为中心（深入到第一汽车制造厂、长春车辆厂等），东到吉林市（吉化公司、化纤厂、铁合金厂）、蛟河（碾子沟煤矿），西到松原、前郭（吉林油田），南到四平、梅河口、柳河等地，调查一个多月，获得一些生动的“突围”案例。

当时，对待国企脱困，相当一些人士把重点放在解决“三角债”以及相关政策性的“脱困”上。笔者认为，国企脱困是一项相当复杂的系统工程。虽然需要解决“三角债”以及相关政策性问题，但是更根本的是 解决脱困背后的制度性问题，于是在调查中着力从制度角度挖掘寻求“突围”的思路。比如，企业分立、“脱壳”新生、兼并重组、委托经营，等等。

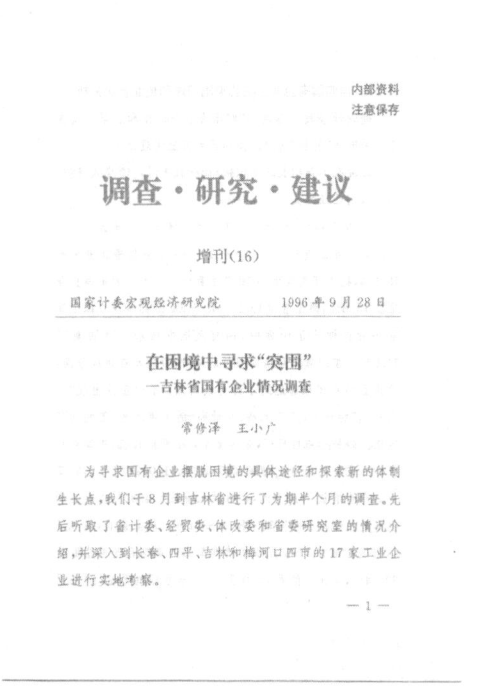

内部资料
注意保存

调查·研究·建议

增刊(16)

国家计委宏观经济研究院　　1996年9月28日

在困境中寻求“突围”
—吉林省国有企业情况调查

常修泽　王小广

为寻求国有企业摆脱困境的具体途径和探索新的体制生长点，我们于8月到吉林省进行了为期半个月的调查。先后听取了省计委、经贸委、体改委和省委研究室的情况介绍，并深入到长春、四平、吉林和梅河口四市的17家工业企业进行实地考察。

—1—

图2-15

回京后，笔者带王小广博士撰写了《在困境中寻求“突围”——吉林省国有企业情况调查》的调研报告，先刊登在内部刊物《调查·研究·建议》上，上报有关领导部门。

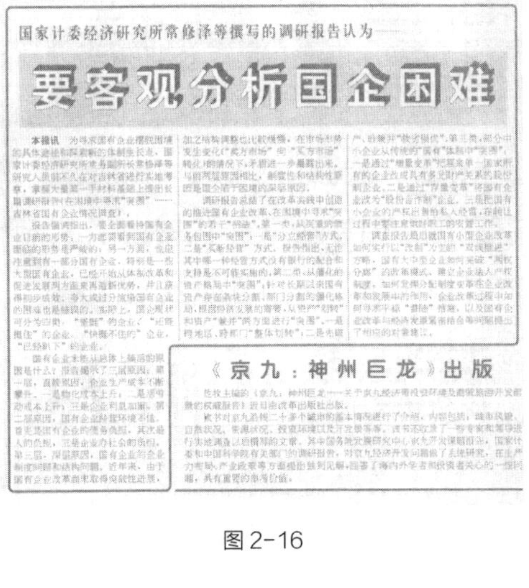

国家计委经济研究所常修泽等撰写的调研报告认为——

要客观分析国企困难

《京九：神州巨龙》出版

图2-16

1996年11月，这篇《在困境中寻求“突围”——吉林省国有企业情况调查》的报告，在国家计委经济研究所主办的刊物《改革与发展》上公开发表，1996年11月《经济日报》在《理论周刊》版予以摘登，引起社会重视，时任北京市一位副市长派秘书索要报告全文。

五、21世纪00年代（上）：五上龙江探发资源优势

在 1979 年第一次东北系统调查过程中，笔者就了解黑龙江有所谓资源"四原"之说，即原油、原煤、原木、原粮。世纪之交，在酝酿讨论新世纪发展战略规划前夕，笔者就考虑东北如何发挥黑龙江"原字号"资源优势的问题，于是进行了专题调研。

（1）原油。大庆是中国最大的油田，当时年产量在 4800 万吨左右。其一，如何能够通过勘探发现更多、更大的油气储量？其二，现有的石油如何发挥更大的经济效益？

恰好，笔者在南开大学经济研究所曾经教过的一位研究生郝鸿毅同学在中石油集团研究部工作，由他推荐邀请，笔者参加了中石油集团发展规划的研究，并应邀到大庆油田作改革发展的报告。报告之后，顺便探讨了原油加工升级改造、发展下游化工的问题。

在大庆期间，还应黑龙江省交通厅朋友邀请，参与了大庆市物流产业发展战略的研究，由此受到启发，提出尽快培育大庆的接续产业。

（2）原煤。黑龙江省是我国产煤大省，新世纪初年产量 6000 万吨左右，主要产地在鸡（西）、七（七台河）、鹤（岗）、鸭（双鸭山）四个城市，后来组建成龙煤集团。2008 年，龙煤集团成立后，笔者曾应邀前往哈尔滨该集团总部调研，并为龙煤集团作报告，既讲了制度创新（包括资产重组）等，也讲了煤炭产业结构创新，如发展煤化工等。

（3）原木。本来原木是黑龙江的资源优势，但因多年过度采伐，已经枯竭，改为育林工程。国内需要木材怎么办？只好从俄罗斯进口。其中，进口的枢纽是绥芬河口岸。为此，笔者和国家发改委综合运输研究所吴副所长、国地所徐所长等一起，两次前往绥芬河口岸，专题研究绥芬河铁路运输枢纽建设问题，以尽力把绥芬河打造成为转运俄罗斯进口木材的重要口岸。

（4）原粮。黑龙江省号称"中国的大粮仓"。据统计，粮食总产量达 6324 万吨（2015 年）。如何做好粮食加工，进而拉长粮食产业链？实践中提出此

问题。此时，由笔者在南开大学经济研究所结识的一位研究生带领，深入到绥化地区所属几县，调研粮食加工转化和产业升级案例。

除了以上"四原"资源之外，2000 年前去黑龙江时，还在哈尔滨附近——二龙山滑雪场，看到了冰雪资源的巨大潜力，并提出冰天雪山也是资源优势，后来在长白山国际论坛介绍给吉林长白山地区的与会代表。

这组挖掘资源优势调研，以哈尔滨为中心，西从大庆油田，东至绥芬河口岸，北到绥化地区，南到二龙山，了解了黑龙江开始着手摸索资源优势向经济优势转化的一手情况，在调研基础上撰写的论文，刊发在香港《大公报》驻黑龙江记者站站长华大真主编的《大公报·黑龙江之页》上。

六、21 世纪 00 年代（下）：四进伊春参与林业改革

21 世纪初期的黑龙江伊春林区产权制度改革是开全国风气之先的改革。笔者曾四度北上伊春，参与了这场改革试点，并在改革中进一步丰富了对"广义产权"的理论认识。

这要从 2003 年春中央文件起草组打算在中共十六届三中全会《中共中央关于完善社会主义市场经济体制若干问题的决定》中阐述"产权制度"说起。

根据中共十六届三中全会《决定》起草组的部署，国家发展和改革委员会责成宏观经济研究院提供一份内部"基础性研究报告"。或许考虑到笔者在 20 世纪 90 年代曾出版过有关产权问题的著作，故研究院把任务交给了笔者。在林兆木先生的指导和支持下，经过几个月研究，完成了《论建立与社会主义市场经济相适应的现代产权制度》，于 2003 年 5 月 20 日上报。[1]

笔者在报告中建议中央"从广义上"把握"产权"内涵：在产权范围

---

1. 常修泽：《论建立与社会主义市场经济相适应的现代产权制度》，《经济决策参考》2003 年 11 月内部刊登后，公开发表在《宏观经济研究》2004 年第 1 期（摘要本）。"全文本"由《产权导刊》2004 年第 2 期、第 3 期连载。

上，建议提"广义产权"，从而"使要素产权体系完整化"。

研究报告发表后，促使自己进一步对其拓展完善，特别是拓展到"天上和地上地下"的资源环境产权。2006—2008 年三年间，笔者相继发表了"资源环境产权一论"[1]"二论"[2]"三论"[3] 系统阐述了"广领域产权"思想，其中有新意的是对"资源环境产权"问题的探讨。

"资源环境产权"问题的提出，引起伊春市委和市政府领导的重视。2007—2008 年，笔者应邀前往伊春为市政府（亦即林管局，政企合一）干部作自然资源产权制度及其改革的报告，后参与了伊春林管局所属约 8 万公顷小片林地产权制度改革试验的研究，还几次前往乌马河林业局考察试点情况。

在试点的基础上，2008 年夏，笔者应伊春市委书记之邀，在伊春召开的"生态国际论坛"上作了林地产权制度改革的学术报告，其报告稿在新华社《经济参考报》上发表。

自然资源产权制度及其改革是带有探索性的，伊春林管局所属 8 万公顷小片林地改革试验也有争议，但是，伊春市委和市政府及伊春人民在林区改革的实验是开全国风气之先的。

---

1. 常修泽：《资源环境产权制度的缺陷对收入分配的影响及其治理研究》，载国家发改委网站 www.sdpc. gov.cn ，2006 年 12 月 31 日；《中国经济导报》2007 年 5 月 1 日发表；《瞭望》周刊 2007 年 5 月 14 日报道。

2. 常修泽：《再论建立环境产权制度》，《经济决策参考》2007 年 7 月 12 日内部刊登，《中国经济时报》2007 年 7 月 24 日发表；中国人民大学书报资料中心《生态环境与保护》2007 年第 10 期转载。

3. 常修泽：《资源环境产权制度及其在中国的现实启动点》，《经济决策参考》2008 年第 19 期内部刊登；《宏观经济管理》2008 年第 9 期。

第三节　长白山七年悟道修炼：
东北须"凤凰涅槃"

一、扎根长白山北麓 T20 小镇

笔者出生于 1945 年 8 月，按国家规定应于 2005 年退休。后根据宏观院博导延聘 5 年的规定，顺延到 2010 年。到办理退休手续时，院里表示再挽留一段。这样，到 2011 年 6 月 30 日，正式办理手续，当时 66 岁。

退休后，决心找个清静的地方读书写书。什么地方？考虑三大因素：第一，感情因素，有不了情；第二，环境因素，风水较好；第三，人文因素，有人脉，便于著书立说。经比较，夏季，我选择了长白山二道白河小镇。

之所以选择长白山此地，一则是因为前面所说的"东北情结"；同时也与兼任东北大学教授和中国东北振兴研究院专家有关。

恰好 2011 年 6 月 30 日退休 10 天后（7 月 10 日），一位南京医药股份公司的高管中青年朋友在辽宁的"鹿茸之乡"——铁岭市西丰县创办"绿金在线"（中药材网上交易平台），邀笔者前去考察，顺作"互联网交易引发的'五个转变'"报告，遂对处于辽吉接合部的山区产生了兴趣。第二年暑期，再度前往东北，由辽宁省西丰县的"鹿茸之乡"，拓展到吉林省白山市抚松县的"人参之乡"。在抚松，参观了抗联旧址、金日成小学和万达国际旅游度假区。这个度假区位于长白山西坡，距长白山机场（松江河机场）只有 10 余公里，交通方便，只是国际旅游度假区过于豪华、张扬、喧嚣，不宜作为隐居之地。

2013 年夏，吉林省政府长白山管理委员会邀笔者出席"长白山国际生态论坛"，专题讲"环境产权理论"，遂看中了论坛所在地——二道白河小镇，决定以此作为晚年居住地之一。于是，自 2014 年开始，每年夏天来此，隐居下来读书写书：马尔库塞的《单向度的人》和《全球通史》等，就是在此精读的；《混合所有制经济新论》《常修泽学术自传》和本书的部分书稿也是过去 7 年在这个小镇撰写的。白山松水给了笔者思想灵感和战略理性，成了笔者退休后的第一扎根地。特别是 2016 年二道白河小镇入选世界 20 个旅游名镇（T20）之后，对此地更是钟爱有加，忘乎山水之间也。

二、纵横长白山沿线"走透透"

在长白山 7 年，笔者一边读书写书，一边与博士生和学界朋友"论道"、参观或调研。"论道"：如 2015 年曾论出了 10 期简报；参观：去了长白山地区所有能参观的博物馆（特别是延边博物馆、通化博物馆、集安博物馆等）。

重点是调研：一是边境开放调查：重点调研集安、珲春、图们、丹东等口岸；二是出境考察，先后由珲春出境到海参崴、由集安出境到朝鲜满浦，寻找中俄中朝对接点；三是勘查"东边道"：先后多次乘汽车和"绿皮火车"体验通化至龙井市和延吉市"东边道"经济带（后来笔者提出的《中国向北开放战略》得益于这些调查）。

尤其是，2015 年中央领导视察吉林后，笔者带博士生孙德兰、丁凯、杨国明等沿领导视察路线"再访"，从二道白河出发，依次考察延边（敖东制药分公司）——珲春（防川村）——路经吉林市——到沈阳（参观沈阳一机床、新松机器人公司等），而后在沈阳为辽宁省对外友协干部作考察报告。在此基础上经深入思考，回京后完成了研究报告《"再振兴"东北战略思路探讨》，上报国家发改委，为制定新一轮东北振兴文件提供一定参考，此研究报告提交 2015 年首届东北振兴论坛（2015 年 9 月），后公开发表在《人民论坛》2015 年第 11 期上（见《人民论坛》封面）。

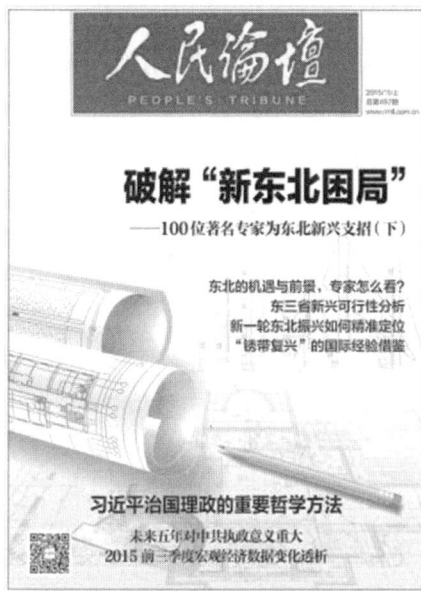

图 2-17

特别策划

破解“新东北困局”

近年来，东北地区经济增速严重下滑，引起了社会广泛关注，甚至忧虑。东北问题根源何在？东北如何走出困境、重现辉煌？2015年8月以来，人民论坛杂志社约请国内外100余位著名专家学者，共同为“东北新兴”把脉开方、出谋划策。《人民论坛》8月（下）推出特别策划专题“透析‘新东北现象’——100位著名专家为东北新兴支招（上）”，就东北困局形成的原因进行了深...

东北的机遇与前景，专家怎么看？

近期，东北地区经济增速严重下滑，引起了社会广泛关注，甚至忧虑。为了更好地把脉“新东北现象”，为“东北振兴”出谋划策，人民论坛围绕着“新东北现象”的主要原因、东北振兴的机遇与前景、东北走出困境的战略举措等问题，推出面向专家学者的调查问卷。参与调查的专家，有研究经济学的、有研究政府治理的；有东北地区的专家学者，也有全国各地的专家学者；有国内专家，也有海外学...

“再振兴”东北战略思路探讨

从发展看东北，东北是短板；从改革看东北，东北是难点；从开放看东北，东北是前沿。“东北病”主要有三：“体制病”、“结构病”、“发展方式病”。东北要真的振兴，就得真刀真枪地推进体制和结构改革，重点在于以“壮士断腕”之气魄，“啃国企改革硬骨头”，建议设立“东北国企改革先行试验区”。东北开放应有新的战略举措，建议实施“广义一带一路”战略和设立“中国（东北某地）自由贸易试验区”，并通过“手臂延长方略”，推进沿边地区的开发和开放。

破解“新东北现象”，应遵循市场原则

东北再振兴应遵循“市场开路”的原则，要相信市场自主调节的能力。地方政府应调整自身定位，给市场机制的形成留有充分的空间与时间。

东三省新兴可行性分析

振兴东北，必须跳出东北。东北要积极参与区域合作和交流，为产业升级转型腾出发展空间；要将“走出去”与“引进来”两者结合，引进优质资金，对接国际市场；要淘汰落后产能，以调整产业结构；要推进创新驱动，以弥补产业链的短项。如此，数管齐下，经济局面当可日新月异。

东北复兴缘何成为中央高层关注焦点

东北要振兴，就必须能够留住人，吸引人。一方面，要通过国家政策引领，将发达地区的干部引入到东北，推动新时代下的“闯关东”。另一方面需要当地人民，尤其是执政者改变固有思路，改变等、靠、要的思维定式。

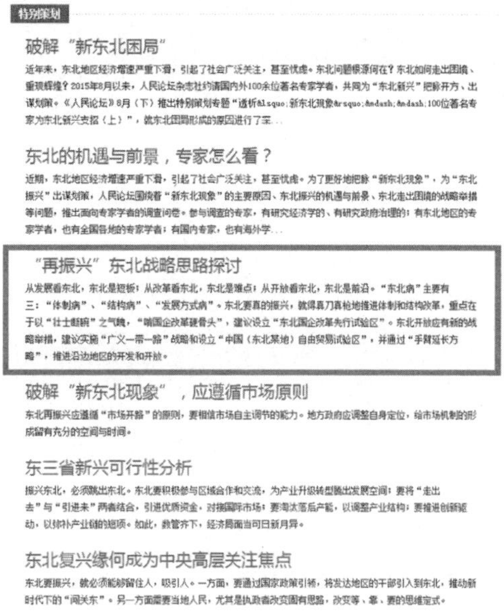

图 2-18

三、应邀东北振兴院：“郎平姐姐掩护了我”

2016 年春，为贯彻中共中央新的东北振兴文件（2016 年 7 号）精神，以国家发改委为指导单位，东北大学与中国（海南）改革发展研究院发起，中国东北振兴研究院宣告成立。此时，笔者已年过七旬，应聘担任中国东北振兴研究院专家委员会副主任（国务院发展研究中心原副主任刘世锦先生出任主任，另一位副主任为中银首席经济学家曹远征先生）。

东北振兴研究院成立后，笔者有幸在东北地域范围内参与专题研究、干部培训、论坛研讨等活动。先后参加了关于东北实行“混合所有制经济改革”的专题研讨（2017 年 4 月），应邀在黑龙江省委党校为东北三省干部专题班作“东北振兴战略新论”的报告（2017 年 7 月），还参加了分别在哈尔滨（2016 年）、长春（2017 年）、沈阳（2018 年）、沈阳（2019 年）举行的东北振兴论坛。

其中，在哈尔滨举办的东北论坛的发言，引起了一场小风波。那是 2016 年 8 月，第二届东北论坛在哈尔滨新区大剧院举行，笔者在会上就东北国企

图2-19　在哈尔滨（2016）东北振兴论坛发言曾引争议

改革发言。依据笔者的调查，直言：东北的国有企业资产比重已经很高（相关数据见本书第一章），因此，建议不宜笼统再提"做大国企比重"的口号；至于全域国企，情况复杂，应分三类：优质国企可"做优"，中间国企需"提升"，劣质国企应"淘汰"，因此不宜不分优劣，笼统地提"做大比重"。从东北的实际出发，笔者建议提出："国有经济，增强活力；民营经济，做大做强。"

图2-19为2016年8月，在哈尔滨举办的第二届东北振兴论坛（主题为"破题发力：东北全面振兴的新体制与新机制——2016东北振兴论坛"）上的发言照片，在此笔者提出东北国企重在"增强活力"而非"做大比重"。报告全文，可见中国改革论坛网《常修泽：东北改革四点具体建议》（上网时间：2016-09-02）。

这一发言，引起争议。会上既有热烈的鼓掌，也有公开的批评。发言第二天，此论经中国新闻社现场报道后，引起国内外关注和争议，网上一阵喧闹，笔者看到跟帖五花八门，一时间各种"帽子"满天飞。

到中午时分，媒体传来在奥运会上郎平率领的中国女排胜利夺冠的喜讯，一下子网上舆论转到欢呼的浪潮中。笔者也松了一口气，"郎平姐姐掩护了我……"

四、2018年长白山论坛：提两个系列之"两变"

2018年9月中旬，笔者应邀出席由长白山管委会主持的长白山国际论坛，主题是"美丽中国新图景之吉林实践"。主办单位提出希望就长白山地区如何"以混改促发展"提出意见和建议。

基于自己近 40 年对"广义产权理论"和"人本体制理论"的双线研究，笔者在会上提出了两个系列的"两变"理论及构想。

第一个系列：产权系列的"两变"理论。

考虑到长白山的实际，建议立足于长白山的资源优势，走"增量变革"之路。怎么增量？

第一变，资源变资产，即经过评估、作价、折股，把合适的资源变成资产，与其他性质的资产可以搞"混合"；

第二变，资产变资本。让这一部分资产参与市场运营，使之成为能带来剩余价值的价值。这是一条产权经济学的思路，是一种工业文明的思维。

另一个系列是超越工业文明，试图从传统的工业文明迈向一种新的文明，即生态文明，是以"天地人命运共同体"为宗旨提出的。这是一种新的人本经济学的思路，即第二个系列：人本系列的"两变"理论。

第一变，把"山水林田湖草资源体"变成"天地人生命共同体"；

第二变，由"天地人生命共同体"变成"人类生存发展条件的环境人权"。

这样就突破了"物本主义"的思维，不仅把绿水青山看成"金山银山"，而且更看成"环境人权"，从而内在地与在 2008 年出版的拙著《人本体制论》一书中讲的"每个人的自由发展"挂起钩来了。笔者感到这是"思想上的一个突破"。

对于论坛的上述发言，会后，第一个系列的"两变"，在媒体上发表并引关注。至于第二个系列的"两变"，涉及绿水青山也是"环境人权"这一敏感而又深层的问题，在媒体上简单几句说不清楚，拟在本书生态文明这一章（即第九章）展开论述。

以上用一章的篇幅简要叙述了笔者的"悠悠 40 年：殷殷东北情"。

正是在这些亲历与感悟中，进一步认识了东北，形成了本书的一些观点，可以说是本书基调——突破"三重锈带"的深厚思想来源。这也算是对东北人民的一种回报吧。

第三章

中国东北转型通论

用"大三观"重新审视东北：
转型突破的宏观背景

上一章，阐述了笔者从 1979—2019 年 40 年间观察和探索东北问题的历程，读者可以看到，"东北病"由来已久，且长期难以治愈，真可称为"痼疾"。

以 2018 年 12 月中央召开庆祝中国改革开放 40 周年大会为标志，中国改革开放的"上半场"大体已经过去，现在实际上已经进入"下半场"，应当深入研究"下半场"中的东北转型问题。

而要真正搞透中国改革开放"下半场"中的东北转型问题，就必须沉下心来（而不是像现在社会这样心浮气躁），用大历史观（而不是急功近利的"短镜头观"）、大格局观（而不是局部"那疙瘩"的"小格局观"）、大角色观（而不是沾沾自喜的"小角色观"）来重新审视东北在全国经济社会发展中的战略地位问题。

基于此，笔者在本章着眼于"新阶段"，依据自己 40 年来对东北的了解，用"三大观"重新审视东北的战略地位，请读者慢慢品味，心灵沟通。

第一节　纵向：用"大历史观"重新审视东北

说起东北，有一种偏见，误以为东北地区似乎是开发较晚的"蛮荒之地"，此言差矣。

笔者从 20 世纪 80 年代始，先后阅读了有关东北通史问题的书籍，参观了辽吉黑三省"省博"以及相关地市州博物馆[1]，特别是现场考察了东北地区多处著名的历史遗址，深深感到东北地区是中华文明的发祥地之一。

---

1. 笔者先后参观的历史博物馆，除辽吉黑三省的"省博"外，相关地市州博物馆主要有：辽宁：沈阳、丹东、锦州以及抚顺新宾历史博物馆等；吉林：长春、延边、通化、集安历史博物馆等；黑龙江：哈尔滨、黑河瑷珲历史陈列馆等。

笔者在黑龙江省博物馆看到一张东北地区与中原地区朝代对应表，由此表比较对照和其他历史资料得知，东北历史源远流长。经多年调研和学习，笔者印象深刻的，用大历史观审视，东北可分为四个阶段。

一、古代：从"楛矢石砮"到大清"龙兴地"

谈及东北历史，当然应首推红山文化，它把中华文明史前推约 1000 多年。可惜，笔者未到现场调研、体悟，所以只能在此简略。以下所谈，不是按照本书讲"东北史"，而是笔者在东北做经济调研过程中，顺便考察或了解到的情况，结合经济转型来谈（笔者毕竟不是历史学家）。

（一）春秋时期："楛矢石砮"此肃慎之矢也

在笔者的居住地——吉林省安图县二道白河镇有一个长白山历史文化长廊。近几年来，凡有到长白山与笔者"论道"者，都带他们参观此历史文化长廊。从该历史长廊及相关史料得知，早在商周时期，东北地区就有肃慎、东胡、濊貊、华夏等民族。到春秋战国时期，与中原地区的人员物品往来进一步密切。

笔者曾在黑龙江省博物馆看到《孔子世家》记载的一个"楛（hù）矢石砮（nǔ）"的历史事实：楛是桦木，"楛矢石砮"是用桦木制作的箭杆、用石头制作的箭头。孔子时，"有隼集于陈庭"（有大雁被箭射中落于陈国庭前），"楛矢贯之，石砮长尺有咫"，陈国的"陈湣公使问仲尼"，子曰："隼来远矣，此肃慎之矢也。"从孔夫子回答可见：在遥远的中国北方，有个使用"楛矢石砮"的古老民族——肃慎族（近年有人提出在长白山建"矢石"古文化园）。

此后，在历史长河中，东北先后建立扶馀国、高句丽国、沃沮国、渤海国等多个地方政权，且疆域曾跨越今天的中国东北和俄远东地区以及朝鲜半岛北部，值得研究。

（二）对"扶馀国""高句丽国""沃沮国""渤海国"历史的实地考察

这里依据笔者的实地考察，就在东北历史上发挥过重要作用的四个地方政权——"扶馀国""高句丽国""沃沮国""渤海国"做个简要论述。

第一个，"扶馀国"。

"扶馀国"是东北地区第一个少数民族地方政权。建立于公元前2世纪（大体相当于中原的秦和汉初期），纵越中原的西汉—东汉—三国—西晋—东晋，到南北朝时期的公元494年结束，存续约700年。出于好奇，20世纪90年代初期，参与在长春办研究生班时，曾到当时的"扶余市"（后升格，更名为松原市）寻找遗址，未果；后来，又到今天的"扶余县"（三岔河）寻找遗址，除在高速公路出口附近见到一座矗立的骑马武士形象外，也未见遗址。

后经专家指点，得知扶馀国前期王城即在今天的吉林市，后期王城在今天的长春市农安县。恰好，笔者的两位硕士研究生王宏伟和张俊先分任吉林市政府保健办主任和农安县原县委书记，关系密切，故多次前往两地"寻踪"，也算了却一段探秘心愿。一个少数民族政权竟能延续700年，这在中国历史上是颇为罕见的，其中有奥妙可寻，值得挖掘。

第二个，"高句丽国"。

后期的东扶馀国是被高句丽国所灭的。高句丽是个颇引人关注的地域名称。笔者曾沿扶馀国的历史脉络往下延伸研究，同扶馀国一样，高句丽也是东北地区又一个少数民族地方政权。而且，其创始者朱蒙就是扶馀人，建政地点在西汉时期的玄菟郡高句丽县（今天的辽宁省新宾满族自治县），故称"高句丽"。

前些年，笔者曾到抚顺市新宾满族自治县，参观努尔哈赤起家的后金政权都城——赫图阿拉（满语，汉语为"横岗"）和努尔哈赤的祖陵（永陵）时，得知"高句丽国"的发源地恰好也在新宾满族自治县的永陵镇，努尔哈赤起家的后金政权与朱蒙建立的高句丽政权，同建于一地永陵镇，可谓巧也。

高句丽政权在永陵镇创建后，经今辽宁桓仁满族自治县五女山，到今吉林省通化市所属的集安达到鼎盛。笔者曾几次前往位于中朝边境中国一侧的集安市调研。在集安郊区见到5世纪末期的"高句丽"掌权者"好太王"碑（系"好太王"之子长寿王所立），碑文历历在目。此时，乃"高句丽"鼎盛时期，其疆域东部濒临日本海，南部达汉江流域，西北跨越辽河，北部到辉发河、第二松花江流域。由于"高句丽"的特殊地理位置，所以容易发生认知上的混淆。

须知，历史资料是确凿的。在集安市历史博物馆内，笔者见到高句丽"王"向当时中央政府（晋朝朝廷）"称臣纳贡上缴税赋"的账册，以及朝廷赏赐的物品清单，充分说明此时的"高句丽国"是中国的地方政权。至于此"高句丽国"灭亡200年之后，朝鲜半岛出现的王氏"高丽"，并非朱蒙开创、国姓为高氏的"高句丽"的继承国，这一点我们在研究中国东北振兴时，必须予以澄清和明确。

第三个，"沃沮国"。

沃沮国是一个比较陌生的历史存在，莫说关里人多数不知，即使东北人，知者也寥寥无几。

笔者是在吉林省博物馆和延边博物馆参观时看到并引起重视的。从史料得知，沃沮国约在中原两汉时期，系"北沃沮"与"南沃沮（或东沃沮）"的合称。"北沃沮"与"南沃沮（或东沃沮）"的分水岭在哪里？清朝曹廷杰《东三省舆地图说》有云："当以长白山为限，在山南者为南沃沮，在北者为北沃沮，谓尽在高丽者非也。"

2014年，笔者在延边朝鲜族自治州调研期间，曾到延边朝鲜族自治州首府延吉市北边的汪清县调研（笔者的南开校友、上海知青徐绍史当年在此县插队落户），意外得知这里曾是北沃沮的故地，并参观了一处遗址，加深了对"沃沮国"的了解。

"理解了的东西可以更深刻地感觉它"。2013年，笔者第一次到长白山二道白河小镇并选择此地"隐居"时，见到街上有个"东沃"大酒店，周边即"东沃"商场，起初不解其意。2014年从北沃沮故地考察回到长白山，恍然大悟："东沃"是不是"东沃沮"的简称呢？这也更印证了清朝曹廷杰《东三省舆地图说》在讲了"当以长白山为限，在山南者为南沃沮，在北者为北沃沮"之后的那句话，"谓尽在高丽者非也"。谓"（说）沃沮"尽在高丽者"，确实"非也""非也"。史料证明，整个"沃沮国"（包括北沃沮和南沃沮即东沃沮）绝大部分地域在今天的中国境内。研究中国东北振兴的朋友，尤其研究中国东北沿边开放的朋友，不能不明了这段历史。

第四个，"渤海国"。

与"沃沮国"相比，人们对"渤海国"比较熟悉一些。

据笔者在黑龙江省博物馆和吉林延边博物馆看到的史料记载：渤海国始建于公元 698 年大祚荣始，传位 15 代王，至公元 926 年被契丹所灭，先后存世 229 年。

1979 年，笔者第一次参加东北（黑龙江）调查走到尚志县（靠近镜泊湖一带）时，首次听说唐朝时这里有个强大的渤海国，引起兴趣，也颇为纳闷："渤海"，明明在山东半岛和辽东半岛湾内（笔者的家乡山东滨州市惠民县 1948 年就属于"渤海行署"），怎么渤海国跑到千里之外的镜泊湖一带？不解。

后来查史料得知，原来，"渤海国"之名与原先唐朝皇帝所赐的"渤海郡王"封号有关，是由"渤海郡"演变而来。但，唐王朝为何把白山松水地区称为"渤海郡"呢？

再查，很复杂，三种解释：

第一种解释，"内属地"说。"渤海郡王"的封号与中原望族"渤海高氏"有关，而高句丽的国姓也是高氏，由于唐朝对降伏高句丽的艰难过程记忆犹新，而渤海国创始者大祚荣是"高丽别种"，加上有大量高句丽遗民追随他，所以唐王朝绝对不希望这个新藩属国与高句丽有任何的瓜葛，而且要从人们的意识中淡化它与高氏高句丽之间任何可能的关联。于是，唐王朝想到并选中了另一个高氏、汉代以来的名门高氏及其郡望——"渤海"。公元 713 年，唐玄宗册封大祚荣为"渤海郡王"，开始以"渤海"为号。762 年，唐朝诏令将渤海升格为国，通过将大祚荣政权与渤海高氏一体化，从而将实为唐之藩国的渤海视作其"内属地"并周知天下。可见，称"渤海"为"内属地"之意，这里有深邃的国家安全战略考虑。

第二种解释，"泛称"说。属于对同一地理概念的内涵认知不同。这里的"渤海"一词，是对中原"东方大海"的泛称，唐朝以其东濒大海而命名为"渤海"，并非特指山东半岛和辽东半岛湾内的特定海域。从"泛称"

角度解释也好理解。

第三种解释，"近音"说。认为"渤海国"是以"靺鞨族"为主体的政权，"渤海"是"靺鞨"的音近变音。

"渤海国"盛时设5京（上京和东、西、南、北京），四次迁都，初都即在今天的敦化市敖东城。2014年，笔者在吉林调研期间，曾考察了敦化市的敖东制药集团、大蒲柴河农村和六鼎山大佛，目睹敦化市大打"渤海国首都"牌之标记，体育馆和商场也以"渤海帝都"命名。除敦化敖东城外，在延边朝鲜族自治州的和龙市及珲春市的八面城也见到"渤海国都城"的遗址。渤海国辖域北至今黑龙江境内、西至吉林西部、南至辽宁开原丹东一线与唐朝相接，还包括朝鲜半岛的东北部和俄罗斯的南滨海地区，史书记载"方五千里"，被中原誉为"海东盛国"。由于渤海国"崇尚华风""革故维新""万里寻修""繁荣贸易"，在安图县二道白河镇天福街上，就有铭记"大唐王朝通往渤海国的丝绸之路"新修碑文，虽是"新修"，但也反映当年唐王朝与其藩属国渤海国同期创造的北国辉煌。

（三）大清帝国的"龙兴地"

公元926年，渤海国被契丹所灭。此后东北进入辽金时期，后经元朝、明朝，直到努尔哈赤在新宾赫图阿拉建立后金政权，1636年皇太极改国号为清。东北乃大清帝国的"龙兴之地"也。[1]

对这些，《中国通史》有详细记载，在此不再赘述。

二、近代：列强争夺的"肥肉"——瑷珲忧思录

鸦片战争后，中国东北成为帝国主义列强争夺的一块肥肉。2012年7月，笔者考察黑龙江省黑河市时，顺便到了当年沙皇俄国强迫清政府签订《瑷珲条约》之地——瑷珲城，看到中俄签订的第一个不平等条约《瑷珲条约》，痛楚不已。正是这个《瑷珲条约》和此后的《北京条约》，使沙皇俄国强占了中国黑龙江以北、乌苏里江以东100多万平方公里的土地，以致

---

1. 本节四阶段历史部分资料，源自辽宁、吉林、黑龙江三省博物馆相关文字资料和相关东北史书。

百年过后，东北人民至今难以释怀。2014年，笔者由珲春长岭子口岸出境，前往海参崴。坐在大巴上，看到沿途昔日列祖列宗留下的土地已经易主，心中颇不是滋味。

为防止沙俄进一步蚕食东北，咸丰帝决定"开禁放垦"、移民实边（1860年），形成东北历史上第一波"闯关东"潮（笔者故乡山东不少乡亲闯此），东北人口迅速膨胀，打下了日后发展的人力资源基础。

此后，经中日甲午战争、日俄战争等，造成东三省"纵横千里，几同赤地"。进入20世纪后，东北地区工业开始启动，外国资本竞相进入设厂开矿，近代科学技术、生产设备和经营手段也传入东北。1907年，清政府分设奉天、吉林、黑龙江三省[1]，"东三省"建制至今已逾百年。

三、现代：中国"十四年抗战"标志地

辛亥革命后清朝覆灭，军阀混战，东北进入以张作霖为首的奉系军阀统治时期。此时东北工业化水平有所提高，20世纪20年代末超过长江流域。后九一八事变爆发，东北进入长达14年的抗日战争时期。

2017年初，教育部下发通知，要求各级各类教材原"八年抗战"说法不再出现，新教材改为"十四年抗战"。依据何在？东北即是中国"十四年抗战"的标志之地。2020年9月3日，习近平在纪念中国人民抗日战争暨世界反法西斯战争胜利75周年座谈会上讲道："九一八事变后，中国人民就在白山黑水间奋起抵抗，成为中国人民抗日战争的起点，同时揭开了世界反法西斯战争的序幕。"[2]抗战中出现众多可歌可泣的英雄事迹。东北民主抗日联军是其中杰出的代表。黑龙江省的尚志县、吉林省的靖宇县，哈尔滨市的一曼街、尚志大街、兆麟街等名字，无不寄托着东北人民对抗日英

---

1. 1907年4月20日，光绪帝颁诏：改盛京将军为东三省总督兼管三省将军事务；奉天、吉林、黑龙江各设巡抚；以徐世昌为东三省总督，兼管三省将军事务，并授为钦差大臣；以唐绍仪为奉天巡抚；朱家宝署吉林巡抚；程德全署黑龙江巡抚。

2. 习近平：在纪念中国人民抗日战争暨世界反法西斯战争胜利75周年座谈会上的讲话，《人民日报》2020年9月4日02版。

雄杨靖宇、赵一曼、赵尚志、李兆麟等先烈的崇敬和怀念（近年，东北几个地方如长白市的靖宇县、通化市和长白山管委会等，均提出效法井冈山学院和延安学院，兴办"东北抗联学院"，但井冈山和延安均是具体地名与精神的结合物，东北这几个地方不完全相同）。

同时，为战争需要，日本侵略者也把重工业作为东北的主导产业，全力扩大生产，使重工业急剧膨胀。1945年日本无条件投降，中国共产党控制东北大部分地区。据统计，1945年，东北城市化水平达到23.8%，而全国城市化水平1986年才达到23.7%，东北比全国早41年。1945年，东北工业总产值占全国的比重达到85%，区域产值超过日本。

这就是二战结束后的东北，也是笔者出生那年的东北。

四、20 世纪 50 年代："计划经济的大本营"

1949 年之前，东北即先行解放，故谋划发展最早。建政伊始，中央选定东北作为新中国第一个重要工业基地。苏联援建的 156 个项目，三分之一以上在东北三省，形成了辽宁以钢铁、机械制造为主，吉林以化学工业为主，黑龙江以机械、电力工业和军事工业为主的产业格局，被称为"新中国的工业摇篮"。与此同时，因当时没有经验可依，便把苏联的体制和结构模式最早移植，东北逐步成为"计划经济的大本营"。

资料记载：1952 年，东北地区的主要领导人离沈进京，组建国家计划委员会，当年 11 月被任命为中央人民政府计划委员会主席并兼东北行政委员会主席。其"一身二任"虽然只是一种巧合，但资料显示，"国家计划委员会"与东北的计划体制确实有关联，此后全国计划经济体制首先在东北创建并推行，使东北与计划经济结下"不解之缘"。

就在这个"新中国的工业摇篮"和"计划经济的大本营"里，摇出了"共和国的长子"，成就了往日之辉煌，同时也积累下今日的矛盾。[1]关于东北成

---

1. 上述历史资料源自辽宁、吉林、黑龙江三省博物馆，并参考《1860 年以来的东北简史》（《国家人文历史》，见凤凰号 2017-01-17）。

为"计划经济的大本营"及其影响问题，国内外有大量文献，本书不再重复。

五、"大历史观"观察的几点新结论

本节之所以比较详细阐述东北的古代史、近现代史（含部分当代史），是试图从中国大历史角度审视东北的战略地位。通过以上纵向分析，特别是对古代史中发挥过重要作用的四个地方政权——扶馀国、高句丽国、沃沮国、渤海国的分析，得出几点简要结论：

第一，民族大家庭。尽管扶馀国、高句丽国、沃沮国、渤海国当时都冠以"国"名，但他们都是少数民族地方政权，他们与中央王朝的关系是"称臣纳贡"的关系。任何割裂这种血脉关系的言论都是与历史不符的。必须确立基本理念：东北地区自古以来就是中华民族大家庭的重要组成部分，任何时候不能动摇。

第二，文明发祥地。东北历史源远流长，曾经创造出灿烂的白山松水文明。认为东北地区是开发较晚的"蛮荒之地"是不正确的。东北的白山松水文明与中原文明以及其他地区包括新疆维吾尔地区以及西藏等各边疆文明一起，共同铸就了灿烂的中华文明。必须确立中华民族多元一体的理念，这是笔者在《包容性改革论》中特别论述的[1]。今天，一亿多东北人以中华文明的创造者之一的子孙后代引为骄傲。

第三，"来者"开新局。中国东北地区在历史上与朝鲜半岛北部和俄罗斯远东地区有千丝万缕的联系。古代扶馀国、高句丽国、沃沮国以及渤海国等，都已经成为历史，不必为历史问题争执不休。近代史上，由于清政府的腐败，我们曾失去大片土地，实在令人痛惜不已。但"往者已矣"。现在需要从历史的密切联系中寻找光明，让昔日的东北亚"丝绸之路"成为多国合作的新纽带，开拓新时代东北亚六国进一步合作的新局面。

第四，走出"大本营"。中国东北地区的现代史和当代史上确实有过辉煌的过去。从萧军 20 世纪 30 年代的《八月的乡村》到 20 世纪 50 年代

---

1. 常修泽：《包容性改革论》，经济科学出版社 2013 年版。

的《五月的矿山》，从女作家萧红的《呼兰河传》到另一女作家草明的《乘风破浪》，无不反映了东北人民抗击日本侵略者的家国情怀和新中国建设过程中"共和国长子"的几度辉煌。这些人民不会忘记。另一方面，东北作为"计划经济的大本营"的影响根深蒂固，"死人"仍在"抓住活人"（马克思语）。东北如果不能从昔日"计划经济的大本营"的体制下解放出来，所谓振兴、所谓发展、所谓崛起、所谓腾飞云云，无不是"忽悠"老百姓的空话。

第二节 横向：用"大格局观"重新审视东北

东北所在的东北亚地区，一直以来是大国博弈的重要区域。近年来，东北亚大国关系变得更加复杂。这些新变局、新情况无疑会对中国东北地区的战略地位产生新的影响。当前，一方面，东北地区面临着与之相联系的国际范围内几股势力博弈；另一方面，也要看到某些新的缓和迹象，强化中国东北不可替代的战略地位。

特别值得关注的是以下三种缓和的迹象。

一、朝鲜半岛出现些许缓和迹象

朝鲜半岛包括南北两个国家。我们先看半岛北部应该弃"核"与开放并行的朝鲜。

自 1993 年以来，笔者在沿图们江和鸭绿江中朝边境地区数度考察中体会到，朝鲜与中国东北山连山、水连水。

朝鲜人口 2500 万左右，与吉林省人口数量相仿，是韩国人口的一半。

朝鲜矿产资源丰富，已探明矿物 300 多种，主要矿产资源储量占整个半岛储量的 80%—90%，其中铁矿石储量位居世界前十，煤炭探明可开采储量 147.4 亿吨，菱镁矿储量 65 亿吨，占全球储量的 40%—50%。

朝鲜半岛 1910 年被日本吞并，到 1945 年日本投降，曾经被日本帝国主义侵占长达 35 年。二战以及 1950—1953 年的朝鲜战争曾使半岛经济遭受严重破坏。

笔者在长白山小住七年间，先后多次到丹东、集安、长白、龙井、图们、珲春等地实地观察对岸。

2016 年越过中朝边境，从集安进入满浦，直接考察朝鲜的工厂、农村、学校，特别是参观了朝鲜战争期间，金日成将军撤到满浦的人民军司令部，对"唇齿相依、休戚与共"有了更新的感受。

在考察中，了解到朝鲜核试后经济发展的一些动态。此前，笔者从地图上找寻以往核试验位置，发现朝鲜核试集中于咸镜北道一带，与笔者居住的长白山小镇距离较近。朝核问题具有很大的不确定性。2017 年夏天，笔者前往长白山小镇写书，受到朋友劝阻："会不会发生战争？会不会出现难民问题？"当时这些问题很难预计。"核"字当头的朝鲜对东北的经济社会发展战略确实造成麻烦。

2018 年 3 月 25 日，朝鲜领导人金正恩第一次访华，中朝关系趋于热络。接着，4 月 27 日半岛南北时隔十一年举行首脑会谈。朝鲜宣布将分阶段全面弃核，随后又宣布实行革新开放，出现局势缓和迹象。

笔者认为，通过对话和外交手段，让美朝找到平衡点，互作退让、达成妥协，进而实现半岛无核化和持久和平，依然是可期的。朝鲜局势的变化对东北振兴关系颇为直接。

朝鲜半岛，除朝鲜之外，还要考虑韩国。从近年来看，朝韩关系有缓和迹象。同时，韩国采取双轨并行政策，即政治上与美国结盟（部署"萨德"即是一例）；经济上则与中国交往。这种"双轨"策略，既对我国东北产生压力，也会带来机会。总之，整个朝鲜半岛局势的缓和对中国东北振兴是有利的。

二、俄罗斯某种程度的"战略东移"趋向

笔者曾对俄罗斯远东地区进行过考察。从考察中了解到，俄罗斯民族作为一个有"弥赛亚（救世）文化"精神底蕴的民族，一直渴望重振其大国雄风，甚至想重返世界中心舞台。

在经历了苏联解体产生的阵痛之后，俄罗斯经济增长波动，人民生活遇到困难，经济实力地位落后于世界主要经济体。看几个数据：

2017 年，俄罗斯国内生产总值（GDP）1.58 万亿美元[1]。而同年，世界第一大经济体美国 19.4 万亿美元，第二大经济体中国 12.2 万亿美元，第三大经济体日本 4.8 万亿美元，俄罗斯远远落后于世界前三大经济体。由中国人民大学—圣彼得堡国立大学俄罗斯研究中心编撰出版的《俄罗斯经济发展研究》（2018—2019）报告称，俄罗斯 2018 年国内生产总值约为 1.6468 万亿美元。与刚刚解体那一阶段相比，总的看已走出低谷，这是肯定的。但仍受到美国和北约的挤压。

笔者认为，为了应对西方制裁，避免腹背受敌，俄罗斯将会选择"睦中"方略，这给东北地区带来某些商机，如中俄天然气管道、中俄原油管道输送等。

三、中日韩自贸区谈判与中日关系趋缓

观察东北亚大局，既要看到美日韩同盟存在，又要看到中日韩自贸区谈判进展，对东北来说，尤其要关注后者。

2018 年以来，中日关系出现缓和迹象，先是 2018 年 10 月，时任日本首相访华，拉开了中日关系改善的序幕。继之，2019 年 6 月，中国领导人出席大阪峰会，并与日本首相会谈，表明中日关系逐步趋向缓和。这对东北也是利好消息。

---

1. 2018 年，俄罗斯 GDP 约为 1.6468 万亿美元。中国国家统计局 2019 年 3 月 1 日公布了中国 31 省份 2018 年 GDP 数据。其中广东省 GDP 逼近 10 万亿元人民币。广东省的 GDP 直追俄罗斯全国。

中国自身更是东北亚的一股重要力量。这里涉及与六国之间关系（加上美国是"非常六加一"），本书研究的东北三省和内蒙古的东五盟，恰好位于东北亚的核心地带，临俄罗斯、朝鲜、蒙古国、日本、韩国，处于"非常六加一"错综复杂的关系之中，战略地位非常重要。只有全面转型，方能为其战略地位提供全面的支撑。[1] 应站在全球角度，看待东北的战略问题。

第三节 用"大角色观"重新审视东北

从东北在整个国家所处的战略地位角度看，东北振兴正处在一个关键的时刻，担任重要的"大角色"。

2015年8月7日，笔者在辽宁所作的报告和回京后形成的内部研究报告《"再振兴"东北战略思路探讨》（2015年10月）中指出，从国家发展改革和开放的大局来审视，形成三个观点，即"从发展看东北，东北是短板；从改革看东北，东北是难点；从开放看东北，东北是前沿"[2]。后来，在进一步研究中，又增加一个国家安全的视角。现依据新的动态资料，从四个维度做进一步的分析，这就是笔者提出的"发展是关键""改革是难点""开放是前沿""安全是中坚"四论。

一、从发展看东北：东北是关键

（一）东北：发展的良好基础

前面讲过，1945年，抗战胜利那年，东北工业总产值占全国的比重曾

---

1. 上述分析所用资料源自新华社系《参考消息》和人民日报社系《环球时报》等。
2. 常修泽：《"再振兴"东北战略思路探讨》，《人民论坛》2015年第11期。

达到 85%，这是至今仍令东北人民引为自豪和关内人民曾经羡慕的事情。

从发展的基础和前景来看，东北作为中国的重要工业和农业基地，确实拥有一批关系国民经济命脉和国家安全的战略性产业。而且，无论在资源、产业、科教、人才乃至技术设施方面，都具有相当的支撑能力，有的能力还比较强。

在东北多次调研中，笔者认识到：东北已经不再是待开垦或待发现的处女地，而是国家经济发展的一个重要基地。笔者曾想，经过若干年艰难的改革和创新发展后，东北是否有可能成为继珠三角、长三角、京津冀之后又一个新的重要的经济增长极呢？不是没有这种可能。虽然现在的东北是整个中国经济发展的"短板"（这是无法回避的严峻事实），但从发展看东北：东北这一"关键"是不能否定的。

（二）隐秘的"水涨船高"：短板已在"水下"

其实，东北沦为国家经济发展的"短板"也并非从近年开始，早在 21 世纪初就已经显露端倪，只是由于依靠国家的大量投入，把这一矛盾掩盖并延续下来于近几年集中爆发而已。值得研究的是，至今一些论著和政府报告仍将 2003 年至 2013 年列为东北改革开放以来的"十年黄金阶段"[1]。在根深蒂固的体制"锈带"、结构"锈带"和文明方式"锈带"没有根本触动，只是靠国家增加投入的情况下，怎么能把表象化的东西称为"黄金十年"呢？

2016 年 2 月 17 日，笔者在参加全国政协关于东北问题的座谈会时，听一位朋友说，他在东北某省发改委担任副主任十年，认为这十年成绩辉煌，取得胜利，然后在一个最佳的时间点（2013 年）回京。笔者在发言中说，您这可称"胜利大逃亡"，引得全场大笑。2003 年到 2013 年，这十年东北发展确有成绩，2003 年东北三省的地区生产总值约 1.3 万亿元，人均不足 2000 美元；2015 年，三省地区生产总值达到 5.8 万亿元，人均 8000 美元，成绩不能忽视。但对成绩不能估计过高，尤其是潜伏的问题不能忽视。当时与现在的情况比较起来有很大的差异：前十年叫作"水涨船高"，现在叫作"水落石出"。

---

1. 这种认识不只是东北三省某一省或市县的认识，而是一种普遍的认识。

笔者当时说，2003—2013 年"水涨船高"，有三股"水"涨：第一股，是整个世界经济 2003 年以后增长不错，虽然 2008 年有个金融危机，但总的来讲前十年世界经济处于稳定时期。第二股，2003 年以后，全国经济处于高速的涨势期，也是"水"涨。第三股，在东北振兴这个大背景下，中央与地方政府和企业对东北的投资大幅度上升。2003 年，东北三省全社会固定资产投资总额只有 4211 亿元（辽宁 2076 亿元，吉林 969 亿元，黑龙江 1166 亿元）；而 2014 年全社会固定资产投资总额达到 45900 亿元（辽宁 24731 亿元，吉林 11340 亿元，黑龙江 9829 亿元），超过 10 倍。据反映，上面的数据中有些"水分"，但即使扣减，水量也很可观。如此海量的"水"注进来以后，自然东北也"水涨船高"。[1] 矛盾就这样被掩盖下来。

（三）"天下回落东北先落"与"天下平落东北大落"

2014 年以后，世界经济放缓，中国经济回落，这是大背景。但是有两点值得注意。一是"天下回落，东北先落"，二是"天下平落，东北大落"。2014 年全国 GDP 增长率平均 7.3%，各省上报加总平均 8.3%，但辽宁 5.8%，吉林 6.5%，黑龙江 5.6%，下滑迹象开始显露。

到 2015 年，问题更加明显，当年 GDP 增长率全国平均 6.9%，各省上报加总平均 7.8%，辽宁 3.0%，吉林 6.3%，黑龙江 5.7%，三省增幅均居全国后五名之列。

2016 年是国家第十三个五年规划的第一年，但东北问题更加突出。笔者调研发现，开局很不理想：2016 年一季度，辽宁的工业增速是 -8.4%，在 31 个省份中垫底；黑龙江虽然是正的，但是增速微乎其微（0.3%），排名倒数第四；吉林稍好一点，增速 5%，但后来又说其中数据有水分。

至于 2016 "全年" GDP 增长率，从 2017 年初国家初步统计结果和相关各省人代会《政府工作报告》披露的数据来看，各地经济增速中东北呈现最弱的特征。

---

1. 常修泽：在全国政协"东北转型专题调研专家座谈会"上的发言，《关于东北经济转型的四点建议》，中国改革论坛网 2016 年 2 月 27 日；《改革内参》2016 年第 11 期。

表3-1 2016年全国31个地区GDP按增速排序

序号	省份	GDP规模（亿元）	增速（%）
1	西藏	1150.1	11.5
2	重庆	17558.8	10.7
3	贵州	11734.4	10.5
4	江西	18364.4	9.0
5	天津	17885.4	9.0
6	安徽	24117.9	8.7
7	云南	14867.0	8.7
8	福建	28519.2	8.4
9	湖北	32297.9	8.1
10	河南	40160.0	8.1
11	宁夏	3150.1	8.1
12	青海	2572.5	8.0
13	湖南	31244.7	7.9
14	江苏	76086.2	7.8
15	四川	32680.5	7.7
16	山东	67008.2	7.6
17	陕西	19165.4	7.6
18	新疆	9617.2	7.6
19	甘肃	7152.0	7.6
20	广东	79512.1	7.5
21	浙江	46485.0	7.5
22	海南	4044.5	7.5
23	广西	18245.1	7.3
24	内蒙古	18632.6	7.2
25	吉林	14886.2	6.9
26	河北	31827.9	6.8
27	上海	27466.2	6.8

续表

序号	省份	GDP 规模（亿元）	增速（%）
28	北京	24899.3	6.7
29	黑龙江	15386.1	6.1
30	山西	12928.3	4.5
31	辽宁	22037.9	−2.5

资料来源：2017 年初各省政府工作报告，国家初步统计结果

从表 3-1 可以看出，2016 年全国国内生产总值增长率平均 6.7%，而东北三省 GDP 增长率简单平均为 3% 左右，但三省情况不尽相同，已经出现分化，吉林超全国平均水平，黑龙江比全国低一些，主要问题是辽宁（−2.5%，且板块大）。据称辽宁有"挤水分"的因素，但是即使如此，下滑依然很严重，在 31 个省份中辽宁垫底是不争的事实，三省确实是整个国家经济发展的"短板"。[1]

东北平均增长率如此下滑，是"非常态"，还是"新常态"？2017 年、2018 年是否会有明显改观？这涉及能否让东北滑向"贫穷的孤岛"的大是大非问题。

（四）能让东北滑向"贫穷的孤岛"吗

我们看一下 2017 年和 2018 年全国 31 个地区 GDP 按"总量"而不是按"增速"排序的最新数据。

表 3-2　全国 31 个地区 GDP 按总量排序（2017 年、2018 年数据）

排名	省份	2018 年 GDP（亿元）	实际增速	2017 年 GDP（亿元）	实际增速
1	广东	97300	6.80%	89705	7.5%
2	江苏	92595	6.70%	85870	7.2%

1. 本文所引东北三省有关数据源于有关年度《中国统计年鉴》。其中地区加总、东北合计等的绝对量为地区直接加总数据，增长速度为加权平均数。由于全国和地方在指标数据核算上存在的差异，部分指标各地加总数不等于国家统计局公布的全国数，因此本书在计算相关省份占全国比重时，统一使用了各地加总数。

续表

排名	省份	2018 年 GDP（亿元）	实际增速	2017 年 GDP（亿元）	实际增速
3	山东	76470	6.40%	72634	7.4%
4	浙江	56197	7.10%	51768	7.8%
5	河南	48056	7.60%	44553	7.8%
6	四川	40678	8.00%	36980	8.1%
7	湖北	39367	7.80%	35478	7.8%
8	湖南	36426	7.80%	33903	8.0%
9	河北	36010	6.60%	34016	6.7%
10	福建	35804	8.30%	32182	8.1%
11	上海	32680	6.60%	30633	6.9%
12	北京	30320	6.60%	28015	6.7%
13	安徽	30007	8.00%	27018	8.5%
14	辽宁	25300	5.70%	23409	4.2%
15	陕西	24438	8.30%	21899	8.0%
16	江西	21985	8.70%	20006	8.9%
17	重庆	20363	6.00%	19425	9.3%
18	广西	20353	6.80%	18523	7.3%
19	天津	18809.6	3.60%	18549	3.6%
20	云南	17881	8.90%	16376	9.5%
21	内蒙古	17289	5.30%	16096	4.0%
22	黑龙江	16362	4.70%	15903	6.4%
23	山西	16818	6.70%	15528	7.0%
24	吉林	15075	4.50%	14945	5.3%
25	贵州	14807	9.10%	13541	10.2%
26	新疆	12199	6%	10882	7.6%
27	甘肃	8246	6.30%	7460	3.6%
28	海南	4832	5.80%	4463	7.0%
29	宁夏	3705	7.00%	3444	7.8%
30	青海	2865	8%	2625	7.3%
31	西藏	1400	10.00%	1311	10.0%

根据国家统计局发布的经济数据，2017年中国国内生产总值同比增长6.9%。这是自2011年以来全国经济增速首次回升。从表3-2分省情况可以看出，2017年，东北三省有所改变：曾经在2016年为-2.5%的辽宁已经"转负为正"4.2%（且23409亿元，居全国第14位）；黑龙江虽比全国平均水平低一些，但在三省"矬子里拔将军"，名列首位6.4%；吉林比黑龙江低一些，为5.3%。在31个省份中，辽吉黑三省"由低到高"呈现4.2%、5.3%、6.4%三个台阶。

2018年全年国内生产总值90万亿元，按可比价格计算，比上年增长6.6%，从表3-2分省情况可以看出，2018年，东北三省增长格局继续有所改变：曾经在2017年居"第三台阶"的辽宁已经跃升到"第一台阶"为5.7%（且总量超2.5万亿元）；黑龙江由"第一台阶"落到"第二台阶"为4.7%；吉林比黑龙江稍低一点，为4.5%。在31个省份中，辽黑吉三省"由高到低"呈现5.7%、4.7%、4.5%三个台阶。

从全国经济发展态势看，2017年平均经济增长速度6.9%，2018年为6.6%，东北平均经济增长速度对应为5.3%、5%，均比全国低1.6个百分点。

以上只是从增长角度来分析，但发展不限于增长，还有更深层的结构问题和发展方式问题。以解决产能过剩为例，2017年1月，国务院报告指出，2016年全国分别压减了6500万吨和2.9亿吨以上的落后过剩钢铁和煤炭产能。其中，辽宁省化解钢铁产能602万吨，化解煤炭产能1361万吨[1]；吉林化解钢铁产能108万吨，化解煤炭产能1643万吨[2]；黑龙江化解钢铁产能610万吨，化解煤炭产能1010万吨[3]。从全国看，计划在3至5年内，钢铁、煤炭产能分别压减1.4亿吨和8亿吨[4]。在这当中，东北三省将面临各自压缩几千万吨过剩煤炭和可观的钢铁产能的任务。

发展的内涵还有民生等。倘若站在发展全方位角度看，富饶的东北绝

1. 2017年辽宁省人民政府《政府工作报告》。
2. 2017年吉林省人民政府《政府工作报告》。
3. 2017年黑龙江省人民政府《政府工作报告》。
4. 李克强：《开放经济造福世界》，《彭博商业周刊》2017年1月。

不能滑向"贫穷的孤岛"，这是全国发展的关键之所在。

二、从改革看东北：东北是难点

（一）中国改革"下半场"已"开球"：东北准备好了吗

中国的体制改革已经超过 40 年。笔者把它视为改革的"上半场"[1]。以 2018 年 12 月 18 日庆祝改革开放 40 周年大会为标志，中国改革已进入"下半场"。

"下半场"，在经济领域应继续坚持向社会主义市场经济体制转变的方向。从 2018—2019 年中美贸易谈判的艰巨进程和症结性问题看，向市场经济迈进尚有诸多"沟沟坎坎"，至于要完成"更加成熟、更加定型"的社会主义市场经济任务更加繁重。

与此同时，根据笔者在《人本体制论》一书（2008 年）中的"人本体制型改革"的观点[2]，新阶段的改革应是包括政治、经济、社会、文化和生态环境在内的"五环式"改革，经过长期努力，争取"在各方面"（不仅经济体制，而且政治、社会、文化和生态环境体制）都能形成一整套邓小平当年提出的"更加成熟、更加定型的制度"[3]。

从全面改革的战略高度来审视，东北地区是整个中国改革的难点。中国改革"下半场"已经"开球"：东北准备好了吗？

（二）从政治生态和政治体制改革角度观察

东北的政治生态一直令国人关注。改革开放初期（1979 年），第一个揭露当时东北贪腐大案（黑龙江省宾县王守信贪污案）及其所依存的社会条件和复杂政治生态的报告文学《人妖之间》，震惊全国。此后沈阳的"慕马案"，黑龙江的"田韩案"，吉林的"米案"，直到近年三省的其他案件相继爆发，更凸显此地政治生态污化严重。

---

1. 常修泽：《对中国改革 40 年若干规律性问题的认识》，《学术界》2018 年第 11 期；中国人民大学《报刊复印资料》2019 年第 3 期全文转载。
2. 常修泽：《人本体制论》，中国经济出版社 2008 年版，第 4 页。
3.《邓小平文选》第 3 卷，人民出版社 1993 年版，第 372 页。

笔者 2016 年 12 月在辽宁沈阳调研中得知，仅 2016 年前 10 个月，该省省级干部落马 5 人，地（市、厅、局）级落马 165 人，党纪政纪处分干部 11099 人。新华社评出的 2016 年国内十大新闻中，"严肃查处辽宁拉票贿选案"名列其中，这是中华人民共和国成立以来查处的第一起发生在省级层面、违反党纪国法、破坏人大选举制度的重大案件。

东北长期在国内外积累的良好形象，客观上存在被"拉票贿选案"毁坏的危险[1]。在东北地区净化政治生态、推进政治体制改革，任务相当艰巨。

（三）从经济体制改革角度观察

当年学习苏联经验东北一马当先，时至今日，计划经济残余影响仍在。鉴于东北计划经济体制及思维根深蒂固，由计划经济向市场经济转型十分艰难。

中共十九大报告提出："经济体制改革必须以完善产权制度和要素市场化配置为重点，实现产权有效激励、要素自由流动、价格反应灵活、竞争公平有序、企业优胜劣汰。"[2] 这个重点，尤其值得东北地区把握和落实。

在完善产权制度方面，结合东北实践，如何在促进"国有经济和民营经济相得益彰、共同发展"的基础上，确立"国有民营都是执政的经济基础"[3]？东北基本上没有"破题"。

在资源配置方面，如何真正使市场在资源配置中起决定性作用及政府发挥更好作用？至少应从五个方面来寻求突破：（1）政府与市场的关系；（2）非国有经济的发展；（3）产品市场的发育程度；（4）资本、土地、劳动力、知识、技术、管理、数据等各种要素市场的发育程度；（5）市场中介组织的发育和法律制度环境。

特别是涉及深层的"结构性改革"，东北传统的经济体制面临四个"症

---

1. 如果对"拉票贿选案"进行深入的挖掘，会发现中国社会深刻的矛盾。一方面，某些权贵势力利用国家由计划经济向市场经济转变的机会，异化为他们的"伪市场化"改革，以至于形成严重的贪腐和对全民财富暗地的掠夺；另一方面，政经改革的不协调也难以运用民主的力量和机制对政治权力形成有效的制约。

2. 习近平:《决胜全面建成小康社会　夺取新时代中国特色社会主义伟大胜利》，人民出版社 2017 年版，第 33 页。

3. 常修泽:《产权人本共进论》，中国友谊出版公司 2010 年版，第 4 页。

结性"问题：

第一个，"国有资本如何做强做优做大"问题。

2018 年 9 月，有关方面视察东北，新华社客户端即时现场报道："国有企业做强做优做大"。第二天新华社发的通稿，删掉了"国有企业做强做优做大"。估计与中共十九大报告未再使用"国有企业做强做优做大"一语、而改成"国有资本做强做优做大"有关。但需深入研究的是，中共十九大报告提出"推动国有资本做强做优做大"之后，在东北该如何操作呢？至今并未有完全"破题"。

第二个，国企"补贴"问题。"补贴"到底存在不存在？有关部门在记者招待会上说："我们没有制度性的特殊安排给国有企业额外补助"（2019 年 3 月 9 日），回应很坚决，但这句话令人费解，也令人产生联想：没有"制度性的"，没有"特殊安排"，没有"额外补助"，有什么呢？

以 2015 年为例，三省国有企业 7076 家，利润总额 –52.7 亿元，盈利面分别只有 48%、45%、55%。实践中，这些亏损企业怎么过的？倘若没有"补贴"，在大刀阔斧地淘汰"僵尸企业"之前，三省国有企业员工日子该怎么过呢？

第三个，由"管企业"改为"管资本"，东北三类国资如何进一步"资本化"问题。首先是，经营性国有资产如何进一步"资本化"？其次，金融性国有资产如何进一步"资本化"？最后，东北大量的资源性国有资产要不要以及在多大程度上"资本化"？在这一特定的范围内，如何由"资源"变"资产"，又如何进一步由"资产"变"资本"？

第四个，放宽垄断性行业市场准入问题。东北央企很多，垄断性也较强，尤其在石油、天然气、电力、电信、铁路、民航等领域。根据 2019 年全国人大通过的《中华人民共和国外商投资法》，如何放宽市场准入，消除各种隐性壁垒？其实不仅涉及外商投资，还涉及民商投资，如何鼓励民营企业和外资企业一起扩大投资、参与国有企业改革？

这些问题，全国各地都存在，但与珠三角、长三角地区相比，东北的这些症结性问题尤其突出。

（四）从社会、文化和生态体制改革角度观察

1. 从社会稳定和社会体制改革来看

与经济体制改革和结构调整相联系，东北还有自身更沉重的问题。例如，实施"去产能"，如何安置数以万计甚至更多的钢铁、煤炭等行业下岗人员成为难题。如工作不慎就会酿成社会事件。

2016 年"两会"期间，因有关负责官员因未区分"下井工人"与"未下井工人"，笼统误称某集团"不欠工人一分钱"而酿成的"双鸭山事件"，在国内外造成影响。这只是其中一例。在新阶段，如何推进社会管理体制创新，包括如何培育和创新社会组织，如何推进社区自治，如何建立公民利益表达协调机制（用对话代替对抗），特别是如何落实保障劳工权益为标志的公民权利问题，这在东北都有待面对。

2. 从文化体制改革来看

东北文明悠久，特别是内蒙古赤峰（属于中央文件东北振兴范围）的红山文化，值得高度重视。据《世界史》和其他书籍的排序 [1]，有的把中华文明排在世界四大文明之四（前面是两河文明、埃及文明和印度文明），虽然也有把中华文明列为第三的，但真正有可能被国际认定为第三名的直接证据，则是因赤峰红山文化的考古成果 [2]。另一方面，东北文化虽厚重，但也有一些负面的东西，这些东西积重难返，需要长期的改造。就体制而言，由于东北的行政权力过于强势，加之国有文化产业比重较大，文化体制改革任务艰巨。

3. 不可忽视东北的生态环境体制改革

东北三省均是我国的自然资源大省，水资源、矿产资源、土地资源、森林资源、草原资源等颇为丰富，相应地，自然资源资产产权制度改革任务繁重。例如，森林资源资产产权方面，笔者曾四次前往伊春调研林权制度改革进程。从 2004 年伊春成为国有林改试点算起迄今已近 16 年，但这

---

1. ［美］威廉.麦克尼尔：《世界史——从史前到 21 世纪全球文明的互动》（被看作是当代全球史学的开山之作），中信出版社 2013 年版。
2. 唐加文：《中华文明基本脉络》（2014），百度网。

项改革的进展极为迟缓[1]。如何按照中共十八大的精神，建立自然资源的资产产权制度，把"绿资源"变成"绿资产"（甚至有一部分变成"绿资本"），建立自然资源资产有偿使用、流转、补偿制度，尚未"破题"。

三、从开放看东北：东北是新前沿

（一）中国开放的"盲肠末端说"，可以休矣

中国开放有几个前沿地带？改革初期，中央决定以广东、福建作为开放前沿地带，特别是创办深圳经济特区。1984 年春，笔者曾跟随谷书堂老师到深圳调研[2]，回南开后写了《从蛇口工业区开发得到的启示》，并提交 1984 年莫干山会议[3]。

此后，再经过多省调查得出结论：单纯实行沿海地区对外开放，有可能形成外向型的沿海经济和内向型的内地经济不协调的局面。为避免中国陷入区域"板块碰撞"境地，笔者主持提出《"四沿"（沿海、沿江、沿边境、沿铁路干线）——渗透型开放战略》，并通过新华社上报有关方面参考。[4] 这实际是一个全方位开放的战略。

就东北开放而言，1989 年笔者及合作者提出以大图们江地区为基点《积极创建"远东跨国经济特区"》[5]，但因多种原因（主要是国际原因），并未在实践中展开。

（二）2015 年提出："从开放看东北，东北是前沿"

按照笔者的思路，偌大一个中国，不应只有一个开放前沿。从全局考虑，东西南北应各有开放前沿才是：南部应以珠三角为开放前沿，东部应

---

1. 常修泽：《国有林权改革：森林生态保护的制度探索——关于伊春国有林权制度改革的研究》（提交伊春国际生态论坛论文，2007 年，见本书第九章第二节）。

2. 谷书堂主编，杨玉川、常修泽副主编：《深圳特区调查和经济开发区研究》，南开大学出版社 1984 年版。

3. 常修泽：《从蛇口工业区开发得到的启示》，《经济日报》1984 年 9 月 28 日（1984 莫干山会议论文摘登）。

4. 新华社：《常修泽等建议实行"四沿——渗透型"开放战略》，《国内动态清样》1988 年 5 月 4 日。

5. 常修泽、戈晓宇：《积极创建"远东跨国经济特区"》，香港《经济导报》1989 年 5 月 7 日。

以长三角和环渤海地区为开放前沿，西部应以新疆为开放前沿，北部应以东北为开放前沿。从这个意义上，笔者不赞成所谓东北是全国开放的"盲肠末端说"。在 2015 年《"再振兴"东北战略思路探讨》中，提出"从开放看东北，东北是前沿"的观点。详细内容请见《人民论坛》杂志 2015 年第 11 期。

（三）中国"向北开放"与"东北新前沿"

2018 年 12 月 22 日，在"2018 东北振兴论坛"上，笔者作了《中国向北开放的战略构思及其实施意见》的学术报告，引起重视，主办单位遂将报告要点刊发《中国东北振兴研究院简报》（总第 82 期），上报国家有关部门。2019 年 1 月 9 日，新华社发出《常修泽：抓住有利时机推动向北开放》的公开报道[1]，获得国内和国际经济界的关注。为什么要提出"中国向北开放战略"？基于一种什么战略考虑？如何实施"中国向北开放战略"？有什么具体构思？2019 年 5 月系统推出《中国向北开放的战略构思》，结合东北的情况做了进一步的分析。该文将在本书第六章展开详细论述，这里简要提及。

当前世界出现新变局。2017 年 1 月，美国政府宣布退出 TPP（跨太平洋伙伴关系协定），东亚经贸面临新的格局。即使不考虑美国因素，东北亚现在是"五加一"的关系。中国与其他五国经济贸易情况如何？笔者了解了一下，据中华人民共和国商务部的数据计算，2016 年中国与俄、日、韩、蒙、朝东北亚五国贸易额合计 6059 亿美元，占中国外贸进出口总额 16.4%。按海关数据，2017 年同口径数据为 6700 亿美元，占比进一步提高。2018 年中国与东北亚相关五国最新贸易数据笔者采用"联合国数据库"数据，见表 3-3。

---

1. 汪伟：《常修泽：抓住有利时机推动向北开放》，新华网 2019 年 1 月 9 日。
2. 常修泽：《中国向北开放的战略构思》，《哈尔滨市委党校学报》2019 年第 3 期（5 月出版）；中国战略研究会"爱思想"网站 2019 年 5 月 24 日，中国改革论坛网 2019 年 5 月 28 日，国务院发展研究中心中国智库网 2019 年 6 月 8 日等媒体相继转载。国家发改委宏观经济研究院"国宏高端智库"将此文刊载并上报。

表 3-3　2018 年中国与东北亚五国对外贸易规模（单位：亿美元）

对日本出口	1470.8
从日本进口	1805.8
对韩国出口	1087.9
从韩国进口	2046.4
对朝鲜出口	22.2
从朝鲜进口	2.1
对蒙古出口	16.5
从蒙古进口	63.4
对俄罗斯出口	479.8
从俄罗斯进口	590.8

资料来源：UN COMTRADE 数据库

根据以上联合国数据库数据分析，中国与日、韩、蒙、俄、朝五国贸易额合计约 7582.7 亿美元，占全部贸易额的 16.4%。从中国与五国双边贸易关系来看，中国已经成为东北亚区域内各国最大的贸易伙伴。具体分析：中国是日本第二大出口贸易伙伴，占比约 17%，是日本的第一大进口贸易伙伴，占比 25%；中国是韩国第一大出口和进口贸易伙伴，分别占比 25% 和 21%；中国是俄罗斯第二大出口贸易伙伴，占比约 10%，是俄第一大进口贸易伙伴，占比 20%；多年来，中国一直是朝鲜和蒙古国的第一大贸易伙伴。根据本章第二节趋势分析研判，尤其是下一步在俄罗斯出现一定程度的战略东移、美欧遭疫情冲击下，东北作为中国开放新前沿的作用将会进一步发挥。

2019 年 8 月 26 日，中央领导同志主持中央财经委开会，第一次明确提出东北要"打造对外开放新前沿"，这是中央给东北下达的最新任务。本书拟在第六章系统论述。

四、从国家安全看东北：东北是中坚

中共十九届五中全会在研究中国中长期发展战略时，特别提出统筹发展和安全的关系问题。就东北来说，国家安全视角，可从粮食安全以及生态、能源、国防安全等几方面来把握。

（一）粮食安全："中国的大粮仓"

东北三省特别是黑龙江、吉林是中国产粮大省。先看种植面积，见表3-4。

表3-4　2018年中国31省份粮食种植面积表

排名	地区	播种面积（千公顷）	排名	地区	播种面积（千公顷）	排名	地区	播种面积（千公顷）
1	黑龙江	14215	12	云南	4175	23	浙江	976
2	河南	10906	13	江西	3721	24	福建	834
3	山东	8405	14	辽宁	3484	25	宁夏	736
4	安徽	7316	15	山西	3137	26	天津	350
5	内蒙古	6790	16	陕西	3006	27	海南	286
6	河北	6539	17	广西	2802	28	青海	281
7	四川	6266	18	贵州	2740	29	西藏	183
8	吉林	5600	19	甘肃	2645	30	上海	130
9	江苏	5476	20	新疆	2220	31	北京	56
10	湖北	4847	21	广东	2151			
11	湖南	4748	22	重庆	2018			

资料来源：国家统计局：2018年全国各省粮食面积的统计，2019-01-10 www.chachaba.com

从这份榜单中可以看到，黑龙江全年的粮食播种面积为14215千公顷，高居全国31省份榜首。

再来看看粮食产量，见表3-5。

表3-5　2018年全国各省粮食产量的统计

排名	地区	总产量（万吨）	排名	地区	总产量（万吨）	排名	地区	总产量（万吨）
1	黑龙江	7507	12	辽宁	2192	23	浙江	599
2	河南	6649	13	江西	2191	24	福建	499
3	山东	5320	14	云南	1861	25	宁夏	393
4	安徽	4007	15	新疆	1504	26	天津	210
5	河北	3701	16	陕西	1380	27	海南	147
6	江苏	3660	17	广西	1373	28	上海	104
7	吉林	3633	18	陕西	1226	29	西藏	104
8	内蒙古	3553	19	广东	1193	30	青海	103
9	四川	3494	20	甘肃	1151	31	北京	34
10	湖南	3023	21	重庆	1079			
11	湖北	2839	22	贵州	1060			

资料来源：国家统计局：2019-01-10 www.chachaba.com

从以上两表可以看到，无论在种植面积还是总产量方面，黑龙江都是高居榜首的位置，吉林种植面积和总产量分别居于第8位和第7位，辽宁作为工业发达地区，总产量也居于全国第12名。

综合分析，2018年，全国粮食总产量65789万吨（13158亿斤），三省粮食总产量13332万吨（2666亿斤），占全国31个省的20%以上。所以，东北一直有着"中华大粮仓"的美誉。难怪2018年9月下旬国家领导人亲临视察，这是中国粮食安全的"压舱石"啊！

（二）生态、能源、国防：东北大屏障

除粮食安全外，在生态安全方面，东北三省均是我国的自然资源大省，土地资源、森林资源都颇为丰富，是我国绿色屏障。

尤其在能源安全方面，东北有全国最著名的大庆油田、辽河油田、吉林油田。笔者第一次"出关"大庆（1977年），第一天，就参观了著名的1205钻井队，后又几次去大庆油田、辽河油田和吉林油田以及龙煤集团等调研、讲学或开会，更感东北的能源是一张王牌。

此外，在国防安全方面，东北都有不可替代的作用，一个基本判断：涉及生态能源国防安全问题：东北是国家大屏障之一（限于本章篇幅，国防安全未展开论述）。

第四节　全面转型与精准发力

一、东北振兴的要义在于"全面转型"

以上三节，分别从大历史、大格局、大角色三个维度看东北，应该得出结论，东北的战略地位十分重要。正如 2016 年《中共中央　国务院关于全面振兴东北地区等老工业基地的若干意见》开篇所言："东北地区区位条件优越，沿边沿海优势明显，是全国经济的重要增长极，在国家发展全局中举足轻重，在全国现代化建设中至关重要。""要充分认识推进东北老工业基地全面振兴的重要性和紧迫性，坚定不移地把这项宏伟事业推向新阶段。"[1]

这里需要强调指出：中央在新阶段提出的东北振兴，不是单向度的振兴（或单方位的振兴），而是全面的、全方位的振兴，即包括经济、政治、社会、文化、生态等方面的振兴内容。从历史长河来看，这也是一场历史性的大转型，是整个中国第三波历史大转型的一部分。2010 年，笔者在新华社《经济参考报》曾系统阐述了《中国正面临第三波历史大转型》的见解。这里将 10 年前的访谈全文实录如下，作为一个【相关链接】，供研究东北转型的朋友参考。

1.《中共中央　国务院关于全面振兴东北地区等老工业基地的若干意见》（新华社，2016 年 4 月 26 日）。

【相关链接】　学术访谈：中国正面临第三波历史大转型

·提要

从历史纵深大视野审视，中国现在面临第三波历史大转型。第一波，社会制度转型；第二波转型，经济体制转型，还没有完成；第三波转型，经济政治社会文化和资源环境制度的全方位转型。由边缘到前沿，由隔阂到融合，由不可持续到可持续。

下一个30年，历史赋予我们中国的，应该是类似奥运"五环"的改革，包括经济体制改革、政治体制改革、社会体制改革、文化体制改革、生态环境制度改革。

"五环一体"的改革，环环相扣，融为一体。每个环的中心在于：经济市场化、政治民主化、社会和谐化、价值先进化、生态文明化。

本文原为2009年11月在海南国际论坛的报告，《经济参考报》（2010-03-12）以访谈形式发表，记者田如柱。

经济参考报：读常修泽教授的学术论著，可以发现，他的研究一直以来基本上是围绕着制度创新和发展转型来展开的，且主要是沿着三条线路进行：第一条线是人本经济理论；第二条线是产权经济理论；第三条线是发展转型理论。在人本经济理论和产权论研究方面，他已先后出了《人本体制论》和《广义产权论》。在转型理论方面，他正研究的课题，题目为《中国第三波转型》。

中国正处在历史性的经济社会转型中。当前被人们热议的经济发展方式转变问题正是现阶段转型的焦点。常修泽教授此次与本报记者的访谈，就是从中国第三波转型的话题出发，进而探讨发展方式转变问题的。

·关于中国第三波转型

经济参考报：您在《北京日报》发表的《中国面临第三波转型》一文中说，从中国历史纵深大视野审视，我们现在面临第三波历史大转型。为什么叫作"第三波转型"？

常修泽：第一波是社会制度转型，是从1919年开始，这个转型是以1949年为标志，转型已经完成。中国人民站起来了。但是我在书稿后面加了一个小注，中国人民是站起来了，但是站在哪里呢？并未站在世界的前沿。当时要建立新民主主义社会，但是非常遗憾，并没有按照新民主主义社会构思去做，很快就抛掉了新民主主义。所以我说，新民主主义社会在人类历史上、中国历史上是"流星"，很快闪过去了，闪过去之后很快坠入了"斯大林模式"。

第二波转型，叫作经济体制转型，是以1978年为标志开始的，至今社会主义市场经济体制的这个雏形应该说已经建成，但是改革仍然在攻坚的过程中，第二波转型远远没有完成。

经济参考报：就是说，第一波转型和第二波转型都是不彻底的，都还没有完成。在这样的基础上再次转型，是不是意味着社会经济文化的多向度转型？

常修泽：不仅如此。作为一个理论研究人员，应该着眼于未来，所以我现在思考，在经济体制转型的基础上，从更大的视野、更高的层次思考中国转型的问题，下一波转型，就是第三波转型，应该转哪里呢？我列了三条。

第一，由边缘到前沿。中国现在虽然站起来了，但还是站在世界的边缘上。考察当代世界，从经济领域上看，经济格局中最重要的是货币体系格局，虽然中国现在是世界上第三大经济体（访谈时的数据——编者注），经济总量仅次于美国、日本，有可能一两年后变成第二大经济体，但是在世界货币体系里面，人民币基本上没有地位，还是被边缘化，这很不相称。下一步，中国应该由边缘向前沿转移，这是中华民族复兴的期待。

第二，由隔阂到融合。中华文明和世界上的其他先进文明之间有些隔阂。最近有很多事例给我心灵上的撞击。比如前不久网上对中外混血青年的议论，反映出目前社会对这样一种现象接受程度不高，有些甚至是排斥。我们的现代文明跟人类的进步文明还是有隔阂。去年故去的人类文明理论家亨廷顿先生有一本著作叫《文明的冲突》，我没有用"冲突"，我用的是"隔阂"。我个人认为，按照世界和谐的期待，中国的文明应该和世界其他的先进文明逐步交融，虽然现在还很难融合到一块儿，但是应该通过交融，最终达到"融合"。现在世界上，有亨廷顿的"文明冲突论"，有斯宾格勒的"活力论"，有汤因比的"成长论"，有列维·斯特劳斯的"均衡论"等。我想探索的是"文明融博论"，因为，我们国家要在这个世界上崛起，就要由隔阂走向融合（当然，在交融过程中，会有博弈）。

第三，由不可持续到可持续。这是对文明的一种期待。我这本书的基本理论，也就是"告别边缘，告别隔阂。走向复兴，走向融合。兴而不肆，融而不阿"。中国要振兴，要复兴，但是不应该傲慢，尤其不能够独霸天下；要融，但是要自我约束、要不卑不亢。要保持冷静的头脑，共同打造人类文明。这是在为未来十年、二十年甚至更长时间的国家发展，提供理论参考。

·人本：促进人的自由全面发展

经济参考报：那么，现阶段包括"十二五"期间，中国如何转型？

常修泽：我认为，中国的转型发展方略应该是八字方针："人本、绿色、创新、协调"。

经济参考报："人本"在您的方略里排第一位。以人为本，在我国的历史上一直被高度倡导，但一直位居边缘。如果人本思想真的能落实到我们的执政理念和发展政策当中，贯彻在社会治理和法制建设当中，那将是历史性、突破性进步。

常修泽：人本，首先是促进人的自由全面发展。我把关于人本的问题归纳为四个方面。

第一，从横向、纵向和内核三个层面准确把握"人"的含义。

从横向来说，这里的人不应指某一部分人，甚至也不应指多数人，而应指"全体人民"。近年来，有一个流行的话叫作"让多数人共享改革发展成果"，这个理论出来以后引起我的思考。我觉得不应提某一部分人或所谓多数人共享改革发展成果。中国共产党现在是一个执政党，理念上不应该停留在某一部分人和所谓"多数人"，而应该指"全体人民"。后来，决策层在这方面提法有改变，改成"让全体人民共享改革发展成果"。可谓"不谋而合"。

就我们实际工作来说，在人的问题上没有延伸到边，两边都有一些遗忘，尤其是弱势群体，比如城里的下岗职工、农村的贫困农民、几千万残疾人，这都属于容易被忽略的一些角落。因此横向辐射到边，实际上是一种边缘关怀，或者叫底层关怀。中国现在两极分化比较厉害，贫富差距比较大，要想法改变这种格局，尤其需要边缘关怀、草根关怀。

贫富差距大已经令人可怕，但最可怕的是这种贫富差距大的格局制度化、定型化、固化。只要不固化就有办法调过来。一旦贫富格局固化，那么这个国家就很危险。要给草根阶层、弱势群体、边缘人群提供一个上升的管道。这个问题在中国很严重，但只要管道通，即使有阶层分化也可调过来。

从纵向来说，这里的人不应仅指当代人，而应包括后代人，是"多代人"的概念。

最近的哥本哈根联合国气候会议，就是一个涉及人类跨代发展的问题。当前，人类一年向大气中排放的二氧化碳是272亿吨，中国排放60亿吨，占20%多一点。大气变暖，冰川融化，海平面上升，小岛屿国家面临灭顶之灾、沿海城市再往后几十年也面临威胁。眼下看沿海城市问题不突出，但是考虑后代发展，人类要应对严重威胁。

从内核分析，这里的人不应是"单需"之人，而应是"多需"之人，包括物质需要、精神需要、参与政治生活和社会生活需要。特别是发达地区，老百姓进入小康之后，政治要求也日益增多，所以我们应该把人看成多需之人。

第二，抛弃"人本工具论"，树立"人本实质论"。

我发现，现在虽然都讲以人为本，但我听着有两种不同的以人为本观：一种是工具论的以人为本，一种是实质论的以人为本。而且这两点都有鲜明的表现，我想我们要抛弃人本工具论，特别是对于各级领导层来讲这个问题非常重要。

第三，由"不完全的、基础性人本"，向"全面的、高端性人本"渐进式提升。

因为我们现在处在社会主义初级阶段，因此现在讲的人本还属于基本面上的，要解决一些例如就业、减贫、社保等的基本需求，再发展到使全体人民"共享"四个方面高端的成果：共享改革发展高端的物质成果；共享改革发展高端的文化成果；共享改革发展高端的社会成果；共享改革发展高端的政治成果。所以这里讲究一个"渐进性"。

第四，"双线均衡"：寻求经济市场化与社会公正之间的最佳均衡点。

"十二五"期间乃至"十三五"，这个问题都是至关重要的。市场化和公正化这两条线不是水火不容的，是可以兼容的——搞市场化未必不公正，寻求公正也未必抛弃市场化，尽管兼容难度很大。我们在未来发展、转型当中，要学会在社会公平和市场化这"两个鸡蛋上跳舞"（拉美谚语），而不是把两个鸡蛋打破，这是领导驾驭能力的体现。如果打破市场化，这个国家肯定要倒退，我们不是没有看到这种类似的迹象。

2008年，特别是2009年以来，在有的地方，用各种名目把民营企业挤出来。本来，国有资本的配置包括"进""退"是有原则的，但是近年来国有资本却出现了不合理的扩张倾向，有些竞争性领域，比如竞争性比较强的房地产行业，近来国有资本进入较多。这就使国有资本的配置出现了一定程度的变局。围绕"进""退"问题，在两种力量——国有资本、民营资本之间出现"资本博弈"。这是2009年出现的部分现象。当前这种"变局"如何发展，会不会演变成更大范围的"大变局"？值得关注的是，在权贵资本假借行政权力的干预之下，经济的托拉斯倾向出现。这是按照市场化的思路来办的吗？

同样，要是打破公正化这个"鸡蛋"，这个国家也很麻烦。这里我引用老子《道德经》里的六个字"知常容、容乃公"。我们怎么做到公平公正呢？决策者的胸怀要宽广，有容乃大嘛，容量大了你才能做到公平；然而，怎么做到容量大呢？老子讲"知常"，关键要掌握这个"常"，了解这个"常"，这是画龙点睛的地方。这个"常"是常规、是规律，经济规律、自然规律、社会规律。掌握了客观规律的人，胸怀就会宽广，胸怀宽广、容量大以后，才能够公平公正。后面还有一句，"公乃王"，办事公道才能做领导，才能被选为"王"。

·绿色：由"环资启蒙"向生态社会

经济参考报：您对人本的诠释，我觉得应该很全面了，很理性，也很有感性色彩，我很受教益。接下来，我迫不及待地想听您对"绿色"的精辟见解。

常修泽：精辟未必，但一定要理性。感性也要为理性服务。

中国已经有了环境资源的意识，下一步要向生态社会转型。怎样绿色发展？我提四个管道。

第一个重要管道，向技术要绿色。通过提高技术水平、改进技术装备、研发新技术来节能减排。从这个意义上说商机是很大的，新能源、环保设备行业会有一个相当大的发展。

第二个重要管道，向结构调整要绿色。（本书作者拟在第三篇专题研究"结构调整"问题——编者注）特别是产业结构，一个是二、三产业之间要调结构，一个是第二产业内部也要压缩耗能污染产业、门类，向结构要绿色。

第三个重要管道，向政策要绿色。向政策或者政府的制度安排要绿色。政府要有所作为，比如说提出一些相关政策，应该及时推出，或者至少形成一个方案，就是环境税，国家应有这个举措。环境税背后不是市场力量，是政府的力量，我觉得可能会成为整个节能减排的重要管道。

第四个重要管道，向市场力量要绿色。市场的力量关键就是环境产权制度。二氧化碳，千百年来，甚至千万年来都不是商品，都不是资产，没有产权，它虽然也是一种物质，但是没有产权关系。现在世道变了，自从京都议定书框架有了以后，人们就开始思考这个问题，一旦达成一种协议，就出现一个新的情况，就是各国承诺减排，假如超过了指标怎么办？反过来通过节能减排，有富余指标怎么办？于是出现碳产权交易。原本碳不是商品，可变成商品；不是产权，会变成产权。所以我建议大家研究环境产权，给每个企业、每个人身上都安上一个环境产权的"马达"，逼每个地方自动减排，这是用经济手段、市场力量。

我现在非常担心：提出节能减排、环保友好型社会，提出绿色经济、绿色发展以后，又搞计划经济那套东西。一提节能减排，政府就采用惩罚、奖励、强制手段；我们国家计划经济根深蒂固，惯性很大。怎么用市场这只无形的手，怎么用产权，这在中国没有这个经验。在国际上有这样的先例，像伦敦、澳大利亚、芝加哥有几个碳交易所。中国也应该有这种新的产权关系，这里涉及四个方面，就是产权界定、产权配置、产权交易、产权保护。

·创新：由"中国制造"向"中国创造"

经济参考报：说到创新，其实很尴尬。中国是一个"加工大国"，但又是一个"创新小国"。这说起来像个技术问题，但稍微深究一下，就发现原来并非如此。它涉及我国的教育体制、科研体制和产业制度、产权法律制度等一系列深层问题。这是个难题。

常修泽：既然是个难题，我们另找时间专门谈。我想说，我们起码应该有一个战略目标，然后围绕这个目标，奔着这个目标，逐个解决那些阻碍创新的体制制度问题。这是下一步改革的一大任务。

最近，中国在美国推出一个大的国家广告，叫作"中国制造"。为什么做这个广告呢？中国一些产品在世界上受到非议和责难，质量不好，三聚氰胺案对我们创伤很大。从这个意义上，商务部和国新办打广告是有用的，是有价值的，我是赞成的。但是这个广告给世界传递的信号还是"中国制造"。面对"十二五""十三五"，其实应该转型了。过去30年，我们给人家一个印象是"世界工厂"，下一步应该向创新高地转变，由制造向创造转变，这才是转型升级的一个关键战略。

这一点对中国来讲非常重要。全国经济"块头"现在搞得比较大，去年（2009年）国内生产总值33.5万亿人民币，今年（2010年）如果按9.5%的速度计算的话，中国将成第二大经济体。但是，为了这33.5万亿，是非常辛苦的，其中加工制造占较大比重，现在我们要研究向创新转型。

我看了 2007 年世界专利的数据，三方专利，美国是 5.2 万件，中国是 5400 件，恰好是美国的 1/10（2012 年在世界 PCT 国际专利申请 50 强企业中，美国有 14 家，中国只有 2 家——作者补充）。但是我们有 13 亿人，美国才 2 亿多人，这样一比，两个国家的差异就更明显。而且更使我心里痛楚的是，排在中国之前的有韩国。韩国地域小，人少，但是他们专利比我们多。下一步，我们要加快创新转型。

·协调：内外、产业、区域、城乡四方面协调

经济参考报：方略之四：协调。您选择这样一个看起来给人感觉似乎比较泛泛的词，放在转型方略里面，一定有您的道理。需要协调的事太多了，协调什么，谁来协调？

常修泽：中国经济社会结构不平衡的矛盾，主要包括内外的矛盾，产业的矛盾，地区不平衡的矛盾，城乡不平衡的矛盾，因此，要协调。

先说内外协调。要由出口导向向内外联动转变。不应过分批评出口导向型，外需也是一驾马车。这次金融危机暴露我们过度依赖出口。2009 年一季度，出口下滑很严重；二季度好一点；到了四季度已经起来了，所以过度依赖外需，确实有风险。下一步要挖掘内需潜力，中央经济工作会议的一个亮点就是扩内需，而扩内需里边关键是扩私人消费内需和私人投资内需，而不是政府投资内需。我接受新华社的访谈，提出"调整收入分配是扩大内需的一个重要因素"，过去，把收入分配看成公平的问题，是对的，但现在应该研究收入分配怎么跟增长、跟内需挂钩。

其次是产业结构协调。要由工业立国向产业协同转变。2007 年我应邀第四次访台。我比较了两岸产业：一产，大陆 11.3%，台湾是 1.45%；二产，大陆 48.6%，台湾 27.5%；三产，大陆 40.1%，台湾 71.05%。两个经济体，处于不同发展阶段，有差异。这给我们一些启发。经比较，感觉大陆下一步发展第三产业的紧迫性很强，我很赞成几年内第三产业比重提高到 45% 这么一个追求，现在看来有望实现。除了产业之间，二产本身也要调整。整个国家要由工业立国向产业协同转变。

其三是区域结构协调。要由"板块碰撞"向区域协调转变。核心问题是避免"板块碰撞"。转变要重视几个因素：地缘、民族宗教、生产力的差异。要注意协调东、中、西、东北这四个板块。现在有一个新的动向，各个省都在打自己有特色的一张牌，让国家发改委乃至国务院批准经济区或者说示范区。2009 年以来，已经批准了 10 个左右，由省里面提出来的省内或者跨省经济区，纳入国家规划。如江苏打出了"江苏沿海经济区"牌，福建打出了"海西经济区"牌，安徽打出了"产业转移示范区"牌，江西要打"鄱阳湖"牌等，等于迫使各地必须出牌。一方面从地方说要打出自己的特色，另一方面，从中央说也要掌握"度"，适可而止。

其四是城乡结构协调。要由城乡二元向城乡一体转变。这是一个大的转型。扩内需，特别是扩消费内需，一个动力源就是居民消费；另一个动力源就是中国的城镇化，这是一个很大的动力源。要推进这个浪潮，就可以带来很大的社会需求。但对中国的城镇化要有深刻的把握：城镇化的核心问题是社会结构问题。

根据我对人类文明的理解，城市文明跟乡村文明最大的区别不在于城市的市容市貌，不在于高楼大厦，关键在于城市是按照"市民社会"这一思想来构建社会结构。所以不可避免地要贯彻人本主义，自由、平等、民主、法治，这条理念在这里要实现。要搞城镇化，搞城市发展，公民社会是题中应有之义。公民社会这个范畴早晚要走进我们的生活。

城市化还有一个重要问题，城市这样一个社会架构，要求"社区自治"。目前城市的组织结构是按照行政系统组织的。真要搞城市化，真要按照市民社会发展，城市里就没有必要搞多级政府。一个城市可以就搞一级政府，下面是功能区，而不是现在的行政区；功能区下面是社区，市政府、功能区、社区，然后到居民那一层。现在，深圳已经开始摸索，有的功能区面积可能跟原来行政区差不多，但是人大、政协这套系统没有了，管委会是派出机构。功能区下面是大社区，是群众自治的组织，社区下面还有小区。

·由单向度的经济转轨转向"五环改革"

经济参考报：如果总结一下您的谈话，我觉得九九归一，都离不开"改革"两个字。

常修泽：是的。转型的根本在于体制的转型；体制的转型根本在于改革。

中国改革的第一个30年已经过去，新阶段的第二个30年已到来。前30年，中国关注的重点是经济改革，我有三句话：前30年重点是经改，经改重点是国企，国企重点是竞争性领域。意味深长的是，虽然推进竞争性领域改革，但是结果竞争性行业并不尽如人意，2009年争议大的恰好是竞争性领域改革问题。接下来30年，不仅仅搞经济体制改革，而应有新的追求。

去年（2009年），我发了一篇论文，题目叫《中国下一个三十年改革的理论探讨》（常修泽：《中国下一个三十年改革的理论探讨——基于人本体制论的思考》，《上海大学学报》，2009年第3期；《新华文摘》，2009年第20期），提出，下一个30年，历史赋予我们中国的，应该是类似奥运"五环"的改革，包括经济体制改革、政治体制改革、社会体制改革、文化体制改革、生态环境制度改革，这"五环一体"的改革，环环相扣，融为一体。每个环的中心在于：经济市场化、政治民主化、社会和谐化、价值先进化、生态文明化。

要把握"五环改革"之间的"交扣性"，使之交融一体。同时，要增强改革的动力。这几年改革动力有一些衰减，这个问题不光是局部问题，也是全局问题。改革动力衰减，这是一件很令人忧虑的事情，怎么解决动力的问题，把人民群众中所蕴含的积极性、创造性再呼唤出来、激发出来，这从一定意义上说，需要新一轮的思想解放，需要一场更广阔更深刻的改革。

资料来源：新华社《经济参考报》，2010年3月12日

二、行动策略：对症下药　精准发力

（一）振兴的立意：力求更"特"一些

恩格斯在谈到研究问题和创作时，曾提出"这一个"原则。"这一个"就不是"那一个"。本书研究的是中国东北，不是中国西北，也不是中国华北，更不是中国东南或华南。东北，你是谁？你从哪里来？你要到哪里去？你现在怎么样？这些都有特殊的矛盾和问题。本书按照"这一个"的立意，着力研究东北特殊性的东西，而不是那些人云亦云、千篇一律的东西。

例如，拿国有工业企业资产占总资产的比重来说，全国比重大约23%，而东北三省算数平均54.86%，相当于全国比重两倍以上。

不仅比重高，而且效率低。《中国会计年鉴》表明，2015年东北三省国有企业7074家，经营一年，没有一分钱盈利，反而整体亏损。

面对这些冷酷无情的数据，我们是不是需要有些独特的思维呢？不能说那些标准的、冠冕堂皇的"普通话"，而是用豪爽的"东北话"讲出自己的理论主张。

（二）采取的"行动策略"应有可操作性

本书第一章阐述了笔者东北转型的新思维："三重锈带"说，强调东北振兴是全面、全方位的振兴，是一场历史性的大转型。在此战略导向基

图 3-1　2017 年 8 月，在长春举办的第三届东北振兴论坛作关于国有经济精准改革报告

础上，提出突出重点，精准发力。其中，"精准发力"含有"私人定制"之意，为下面各章埋下"伏笔"。

基于"突出重点，精准发力"的考虑，本书下面各章将会有针对性地围绕在新阶段我们该振兴出"什么样"的东北，系统阐述笔者的几个"精准发力"点：

（1）在所有制上，针对东北"国有经济 缺乏活力 民营经济 不大不强"的实际，精准提出打造"国有经济 增强活力 民营经济 做大做强"的东北（第四章）；

（2）在资源配置上，针对东北"'婆婆'干预过多、市场化程度低"的实际，精准提出打造"'婆婆'减少干预，让市场经济'媳妇'当家做主"的东北（第五章）；

（3）在外向结构上，针对东北"封闭、狭隘"的实际，精准提出打造"面向东北亚及世界：全方位开放特别是向北开放"的东北（第六章）；

（4）在内力结构上，针对东北新动能"板结"的实际，精准提出实行"大四新"方略新旧动能转换，打造"凤凰涅槃"的东北（第七章）；

（5）在社会文明方式上，针对东北"官本位"严重和"契约淡薄"的实际，精准提出契约精神"补课"和创办"现代文明交融试验区"，以"打造'人本型'社会"的东北（第八章）；

（6）在生态保护和可持续发展上，针对东北"竭泽而渔、后患已见"的实际，精准提出以"天地人产权"为理论依据，打造"天地人生命共同体"的东北（第九章）。

这几个"精准发力"点，是本书的核心部分。至于是否精准，是否对症下药，有待读者评论。

第二篇　体制转型篇

第四章

中国东北转型通论

突破所有制"锈带"：
国有与民营"比翼齐飞"

第一节　从四个维度新探"多种所有制共同发展"

前面在第二章，曾提及笔者于 1980 年在《人民日报》发表的《长期并存　比翼齐飞》、1996 年发表的《在困境中寻求突围》和 2010 年在《产权人本共进论》一书中提出"国有民营都是共产党执政的经济基础"等理论观点，这都是多年前（40 年前，20 多年前，10 年前）的往事了，虽然"往事并不如烟"，上述观点依然具有学术生命力，但笔者不想重复、赘述。

这里说一个比较新的情况。2020 年初，有关部门酝酿撰写（起草）《中共中央　国务院关于新时代加快完善社会主义市场经济体制的意见》。其间安排笔者写一篇专题文稿。经过一段时间考虑，在以往研究的基础上，撰写并内部上报（2020 年 4 月 2 日）了这篇题为《四维度把握多种所有制经济共同发展》的研究文稿。5 个月后，即 2020 年 9 月 1 日，新华社《经济参考报》加"编者按"，公开了这篇研究文稿。现将上报的文稿结合本节内容论述如下。

报告开宗明文指出，当前，包括所有制结构改革在内的整个经济体制改革正处在十分关键的时刻。仅就所有制结构改革而言，近年来，曾出现某些颇不和谐的、违背甚至动摇"公有制为主体、多种所有制经济共同发展"的言论，诸如"消灭私有制论""第二次公私合营论""民营经济离场论"等。

针对此，2018 年 11 月，在中央召开的民营企业座谈会上，中央领导同志明确提出："民营经济是我国经济制度的内在要素"，"民营企业和民营企业家是我们自己人"[1]，之后情况有所好转。但根据笔者调查，问题并未完全

---

1. 习近平：《在民营企业座谈会上的讲话》，《人民日报》2018 年 11 月 2 日 02 版。

解决（特别是在东北似乎更严重一些）。在这种背景下，新阶段加快完善社会主义市场经济体制，重申和强调公有制为主体、多种所有制经济共同发展，势在必行。

鉴于当前东北主要是在"多种所有制经济共同发展"方面存在问题，因此，围绕"突破所有制结构'锈带'"的新命题，结合东北所有制实际，重点对"多种所有制经济共同发展"，从四个维度做有针对性的新探。

一、理论维度的新探

所有制理论是社会主义经济理论的基石和重要组成部分。在中国今天的社会，到底合理的所有制结构是什么？传统理论认为，社会主义只能是单一公有制（特别是国有制），而非公有制经济则被无理又无情地排斥在社会主义经济制度之外，这一点在东北影响比较深远。此种带有排斥性的理论，就是为什么改革开放前经济发展缓慢和人民生活难以相应改善的理论根源之一。

改革开放40多年一个重要的突破，就是国家提出了"公有制为主体、多种所有制经济共同发展"的理论。这是依据社会生产关系必须适应于生产力发展的规律、社会主义社会劳动的谋生性质带来的物质利益差别以及人类文明包容发展的趋势所决定的。

第一，生产关系一定要适合生产力性质和发展的要求——这是一条不以人的意志为转移的客观规律。我们国家是超越了资本主义的完整发展阶段，从半殖民地半封建社会通过革命直接进入社会主义阶段的，总体上说生产力水平比较低。虽然经过几十年的发展，生产力水平有了很大提高，但是，冷静判断一下：至今，"我国仍处于并将长期处于社会主义初级阶段的基本国情"变了没有？没有。"世界最大发展中国家的国际地位"变了没有？没有。生产力发展依然是不平衡、多层次，特别是不充分，这种生产力的性质和状况，决定了在生产关系方面必须实行"多种所有制经济共同发展"。

第二，这样说，是不是意味着生产力不平衡、不充分问题缓和之后，"多种所有制经济共同发展"就改变了呢？不会。因为，按照马克思主义原理，在整个社会主义社会，劳动具有"个人谋生手段"的属性，不同的劳动能力仍然是各自的"天然特权"[1]，从而带来物质利益的差别。这种因劳动能力的"天然特权"而带来的物质利益多元化，也必然导致"产权关系的多元化"[2]。

第三，应该如何科学对待"产权关系的多元化"即"多种所有制经济共同发展"呢？是排斥，还是包容？这涉及人类文明发展的趋势问题。中国古典哲学是强调"包容"的。老子《道德经》第16章中的9个字"知常容，容乃公，公乃王"，包含了只有"容"才能公平公正（"公"）从而获得拥护（"王"）的深刻政治哲理。马克思也是强调"包容"的，他认为世界"千姿百态"，"不要求玫瑰花和紫罗兰散发出同样的芳香"，他问道："为什么却要求世界上最丰富的东西——精神只能有一种存在形式呢？"[3]

基于上述理论分析，可以得出这样一个结论：在整个社会主义社会，所有制结构应该"包容'国有'与'民营'"[4]，以实现多种所有制经济共同发展。这是我国新时代所有制改革与创新的根基。

二、历史维度的新探

从历史上看，早在新中国成立之前，以毛泽东为代表的中国共产党人最初谋划"建政准则"时，就颇有远见地指出："有些人怀疑中国共产党人不赞成发展个性，不赞成发展私人资本主义，不赞成保护私有产权，其实是不对的。……在现阶段上，中国的经济，必须是由国家经营、私人经营和合作社经营三者组成的。"[5]在中共七届二中全会上，毛泽东更是严厉批评了两种"糊涂思想"："在发展工业的方向上，有些糊涂的同志认为主要地不是帮助国营企业的发展，而是帮助私营企业的发展；或者反过来，认为只要注意国营企业就够了，私营企业是无足轻重的了。我们必须批判这些

1. 马克思：《哥达纲领批判》，《马克思恩格斯全集》第19卷，人民出版社1963年版，第22页。
2. 常修泽：《广义产权论》，中国经济出版社2009年版。
3.《马克思恩格斯全集》第1卷，人民出版社1956年版，第7页。
4. 常修泽：《包容性改革论》，经济科学出版社2013年版，第190页。
5. 毛泽东：《论联合政府》，《毛泽东选集》第3卷，人民出版社2009年版，第1058页。

糊涂的思想。"[1] 基于此，作为中国共产党执政条件下的纲领——《中国人民政治协商会议共同纲领》中明确写道："调剂国营经济、合作社经济、农民和手工业者的个体经济、私人资本主义经济、和国家资本主义经济，使各种社会经济成分在国营经济领导之下，分工合作，各得其所，以促进整个社会经济的发展。"[2]

改革开放之后，1997年召开的中共十五大第一次把非公有制经济从社会主义经济"制度之外"纳入"制度之内"，明确指出"公有制为主体、多种所有制经济共同发展，是我国社会主义初级阶段的一项基本经济制度"，"非公有制经济是我国社会主义市场经济的重要组成部分"。2002年，中共十六大报告明确强调了"两个毫不动摇"的方针，即"必须毫不动摇地巩固和发展公有制经济""必须毫不动摇地鼓励、支持和引导非公有制经济发展"。2013年，中共十八届三中全会《中共中央关于全面深化改革若干重大问题的决定》进一步指出，"公有制为主体、多种所有制经济共同发展的基本经济制度，是中国特色社会主义制度的重要支柱，也是社会主义市场经济体制的根基"。这就将"公有制为主体、多种所有制经济共同发展"提升到了社会主义基本经济制度的战略高度。这是我国改革开放形成的"传家宝"。

三、现实维度的新探

从现实看，多种所有制经济共同发展是客观存在的。笔者在《所有制改革与创新》一书中提出，应该用"两只眼睛"看中国现阶段所有制结构：一只眼睛看"经济流量指标"，一只眼睛看"资产存量指标"[3]。

从经济流量指标看，我国现在所有制到底是什么格局？2018年11月中央民营企业座谈会公布了"56789"，即50%以上的税收，60%以上的GDP，70%以上的技术创新成果，80%以上的城镇劳动就业，90%以上的

1. 毛泽东：《在中国共产党第七届中央委员会第二次全体会议上的报告》，《毛泽东选集》第4卷，人民出版社2009年版，第1427页。
2. 中央档案馆编：《中共中央文件选集》第十八册，中共中央党校出版社1992年版，第590页。
3. 常修泽主笔：《所有制改革与创新》，广东经济出版社2018年版。

企业数量，都是民营经济提供的。这反映了什么？反映了中国经济运行和发展的"经济流量"的格局。

除了这个经济流量指标以外，另一个是资产存量指标。据笔者调研和估算，中国的民营企业存量资产大约是 100 万亿元。而国有资产的存量是多少呢？2018 年，国务院向全国人大报告，包括四个板块：经营性国有资产、金融性国有资产、非经营性的行政事业性国有资产以及资源性资产，但资源性资产用的是实物指标，即有多少土地、石油天然气、淡水，等等。资源性资产价值总量没有公布。拙著《所有制改革与创新》粗略估算四类国有资产存量总值，应该是数倍于民营企业存量资产总值[1]。

从两类指标总体来讲，可归结两句话："经济流量指标——民营经济超半壁江山；资产存量指标——国有资产仍然占大头。"[2] 总之，现实社会多种所有制是相得益彰、共同发展的。

四、前景维度的新探

把握新阶段多种所有制经济共同发展，离不开对前景的认识。近年来在对前景的认识上出现了含混不清、似是而非的言论，特别是"消灭私有制"之类的言论，造成了整个社会（特别是民营经济人士）的预期错乱、信心大跌，对此应该予以澄清，从而让悬在人们头上的那把"达摩克利斯之剑"彻底落地，在这个问题上不能采取回避态度。

邓小平指出："不要离开现实和超越阶段采取一些'左'的办法，这样是搞不成社会主义的。我们过去就是吃'左'的亏。"[3] 为防止"超越阶段"，须分清三个阶段命题：其一，作为远大理想目标的"未来共产主义社会"；其二，"社会主义社会整个历史时期"；其三，中国现在所处的"社会主义初级阶段"。

170 多年前，马克思、恩格斯在《共产党宣言》里，确实有过如下文

1. 常修泽主笔：《所有制改革与创新》，广东经济出版社 2018 年版。
2. 常修泽主笔：《所有制改革与创新》，广东经济出版社 2018 年版。
3.《邓小平文选》第 2 卷，人民出版社 1994 年版，第 312 页。

字："共产党人可以把自己的理论概括为一句话：消灭私有制。"[1]但是，第一，从语义上说是"消灭私有制"还是"扬弃私有制"，翻译界有不同看法，笔者不懂德文，没有发言权；第二，这只是一句完整话的后半部分，其前面还有个重要限制词——"从这个意义上说"[2]。这个限制词十分重要，它针对什么？它是针对"阶级对立"和"阶级剥削"而言的。笔者查了2018 年 2 月最新出版的《共产党宣言》，原文是："现代的资产阶级私有制是建立在阶级对立上面，建立在一些人对另一些人的剥削上面的产品生产和占有的最后而又最完备的表现。"[3]丢掉"从这个意义上说"这个重要前提，断章取义，是不准确的。第三，就阶段而言，《共产党宣言》这里讲的是"未来的共产主义社会"（作为一种设想），不是指"社会主义社会整个历史时期"，更不是指中国现在所处的"社会主义初级阶段"。

在初级阶段，一切都要从这个实际出发。多种所有制经济共同发展正是社会主义初级阶段的客观要求。中共中央不是一再讲"坚持党的基本路线一百年不动摇"吗？同样，"巩固和发展公有制经济"，"鼓励、支持和引导非公有制经济发展"也必须坚持"两个毫不动摇"。

至于"社会主义社会整个历史时期"，时间更长。邓小平有句名言：社会主义"需要我们几代人、十几代人、甚至几十代人坚持不懈地努力奋斗"[4]。请大家想一想，几代人、十几代人、几十代人是什么时间概念？远着呢。在这样一个相当长的历史时期内，根据本书理论维度的分析，多种所有制经济共同发展将长期存在，谈不到什么"消灭私有制"的问题。

上面的分析还主要是从"物力资本产权"角度分析的。而未来还有一个非常大的问题，就是"人力资本产权"问题。将来人类社会的第一资本是什么？拙著《广义产权论》及相关文章指出：随着科技革命和人的自身

1.《马克思恩格斯文集》第 2 卷，人民出版社 2009 年版，第 45 页。

2.《共产党宣言》，人民出版社 2018 年版，第 42 页。

3.《共产党宣言》，人民出版社 2018 年版，第 42 页。

4.《邓小平文选》第 3 卷，人民出版社 1993 年版，第 379 页。

发展，下一步，人力资本将成为"第一资源，第一资本，第一财富"[1]。从这个角度来说，不妨提出一个问题，在劳动能力存在"天然特权"的社会主义社会，人力资本产权能像某些人说的那样"被消灭"吗？不会的。[2]

通过以上四个维度的分析，多种所有制经济共同发展不仅是社会主义初级阶段，而且是社会主义社会整个历史时期内一条不以人的意志为转移的客观经济规律。中国古语道："天行有常""应之以治则吉"（《荀子·天论》）。只要我们"应之"这条客观规律（"常"）的要求来"治国理政"，中国经济社会一定拥有吉祥、光明的前景，本书探讨的东北经济社会也一定拥有吉祥、光明的前景。

第二节　东北地区所有制存在的突出问题与改革思路

一、问题：国有企业缺活力，民营企业更显"弱项"

东北地区存在国企比重过高的问题。从 2003 年第一轮东北振兴始，历经十年，截至 2013 年，东北地区规模以上国有工业企业占全部规模以上工业总资产的比重，黑龙江为 64.69%，吉林为 54.09%，辽宁为 45.8%。与全国规模以上国有工业企业占全部规模以上工业总资产的比重平均水平（23%）相比，超出 20—40 个百分点。比较而言，辽宁在东北三省中稍低些，但也超出 20 多个百分点，国企比重过高的问题比较严重。

---

1. 常修泽：《人力资本产权总值会超过物力资本产权总值》，《中国经济导报》2019 年 7 月 12 日。
2. 常修泽：《四维度把握多种所有制经济》，新华社《经济参考报》2020 年 9 月 1 日（编者按及全文）。

考虑到东北国有工业企业中，制造业服务业剥离程度不够，笔者使用另一个指标——"非金融国有资产占非金融企业全部总资产比重"这一指标进行计算，全国平均值为 30.2%，而东北平均则达到 54.86%，也高出 24 个百分点。即使比重较低的辽宁也高出全国平均值 15 个百分点，进一步证明东北国企比重过高的问题颇为突出。

国企经济效益不佳。根据 2016 年公布的《中国会计年鉴》2015 年度各省财务指标的分析，本书在第一章第一节分析"体制锈带"时，曾用多张图表来透视东北国企效益不佳这一问题的严峻程度（不再重复，略）。

从第一章所列多张图表可以看出，东北国企效益低下不是一个"伪命题"，而是一个"真命题"。

除国有企业缺乏活力以外，还存在民营企业不大不强、更显弱项的问题。上面提到的第一章第一节也列举了大量数据，东北朋友都很知晓，不再赘述。

二、笔者近五年若干探索与建议

围绕东北所有制结构存在的上述突出问题，笔者从 2015 年开始举办东北振兴论坛以来，连续几年进行探讨，并提出相关建议。为节省篇幅，这里仅仅把笔者若干探索与建议的要目，按时间顺序列在下面，具体内容不再重复。

2015 年 9 月，在沈阳举办的第一届东北振兴论坛上，笔者提交的报告中，建议国家设立"东北国企改革试验区"。可参阅笔者 2015 年公开发表的报告《"再振兴"东北战略思路探讨》，见《人民论坛》杂志 2015 年第 11 期。

2016 年 2 月 17 日，笔者在全国政协关于东北转型问题的座谈会上，提出四点意见，其中之一，"着力啃国企改革的硬骨头"，可见中国改革论坛网《常修泽：在东北转型座谈会上的发言全文》（上网时间：2016-2-27）。

2016 年 8 月，在哈尔滨举办的第二届东北振兴论坛上，笔者提出东北国企重在"增强活力"而非"做大比重"。此论经中国新闻社现场报道后，引起国内外关注和争议。报告全文，可搜中国改革论坛网《常修泽：东北改革四点具体建议》（上网时间：2016-09-02）。另见本书第二章第三节"应邀东北振兴院：'郎平姐姐掩护了我'"。

2017 年 4 月 7 日，在沈阳举行的"国有企业改革——东北振兴的重头戏"研讨会上，笔者以《东北国企如何浴火重生、增强活力？》为题作了报告，见图 4-1。其中，阐述国企改革的方向是发展混合所有制经济，强调混合所有制改革要以"异性恋为主旋律""同性恋为协奏曲"。

图 4-1

图 4-2

2017 年 8 月，在长春举办的第三届东北振兴论坛上，笔者提出"所有制改革更放开些，国企与民企'两翼齐飞'"。会后，《经济日报》以《东北经济需"两翼齐飞"》为题，刊发了发言内容。而有意思的是，《经济日报》文章标题与 1980 年《人民日报》发表的标题《长期并存　比翼齐飞》竟然主题相同，改革难矣，读来令人唏嘘。

三、三线推进：东北所有制改革的基本思路

针对东北所有制存在的问题，2016 年，《中共中央　国务院关于全面振

兴东北地区等老工业基地的若干意见》的文件中，鲜明提出三点。第一，深化国有企业改革"切实增强企业内在活力、市场竞争力和发展引领力"；第二，"支持民营经济做大做强"；第三，"支持探索发展混合所有制经济"。这个文件是实事求是的，是符合东北实际的。

因此，研究东北的国企改革与民营发展，必须咬定"增强活力""做大做强"和"发展混合"这三个关键词，实施"两翼三线"战略：（1）国有企业"一翼"如何"浴火重生""增强活力"？（2）民营经济"一翼"如何"摆脱依附""做大做强"？（3）在"两翼齐飞"同时，如何促进国企与民企的相互交融，发展混合所有制经济？下面分三条线就东北所有制结构改革的基本思路展开分析，并提出笔者的具体方略。

第三节　第一条线：国有企业如何增强活力

本节重点探讨国有企业"一翼"如何"浴火重生""增强活力"问题。

2015 年 7 月，中央领导同志在吉林省考察时指出："国有企业是国民经济发展的中坚力量。""我们要向全社会发出明确信息：搞好经济、搞好企业、搞好国有企业，把实体经济抓上去。"[1]

笔者认为，东北经济困境，不是依靠上多少基建项目或资金扶植就能解决的。根本问题是体制问题，而其要害在国有企业体制问题，是东北沉重的"翅膀"。多年来，从上到下一直致力于国有企业的改革，并试图在困境中突破。前面第二章所述 1996 年，笔者曾对吉林省调研，并撰写了《在困境中"突围"》一文，但是从现在来看，东北国有经济依然没有突围

1.《习近平：中央领导是人民的大勤务员》，新华网 2015-07-17。

成功。

多年来，东北改革的"攻坚"之战打得十分艰苦，至今在一些方面改革仍处于"胶着"状态。要走出困境，寄希望于实质改革。正如2019年8月26日中央财经委会议关于东北改革发展指出：东北地区"要加快国有企业改革"，并重申中央2016年关于东北文件强调的：必须以"壮士断腕"之气魄，啃国企改革"硬骨头"。针对本书第一章所揭示的国有经济活力不足、效益不佳的问题，下面就国有企业"一翼"如何"起飞"提出四点意见。

一、改革基点：激发市场主体活力

为什么提出把国有企业改革的基点放在成为真正的市场主体，进而增强活力上？1994年，笔者在主持完成的国家哲学社会科学重点科研项目成果《现代企业创新论》中曾提出："社会主义经济体制改革的实质，就是在以公有制为主体的条件下，由原来排斥市场的'社会巨型科层'组织转变为社会主义市场经济新体制，具体到微观运行层次，就是把国有企业从庞大的行政机构的附属物塑造成真正的企业组织。"[1] 今天，中国国企面临的最大课题，依然是如何适应社会主义市场经济新体制的要求，将自己打造成为真正的市场经济主体。如果打造不成市场主体，社会主义市场经济体制就不可能确立。

东北地区作为我国的老工业基地，从20世纪50年代以来，所有制结构一直以国有企业为主。改革开放以来，为探索国企改革，多年来三省走过了从企业租赁制、资产经营责任制（辽宁创造）、企业破产制，到实行公司制、股份制改造（沈阳金杯曾率先探索）的道路，虽然取得了一定成效，但国企至今并未将自身打造成真正的市场主体。鉴于此，必须紧紧咬住"市场主体"这个核心命题，切实增强企业内在活力、市场竞争力，使其成为东北老工业基地振兴的重要支撑力量。

---

1. 常修泽等：《现代企业创新论》，天津人民出版社1994年版。

有论者主张东北必须以"做大国有比重"为核心命题，也许动机是好的，但与中央精神并不相符，更与此地的实际完全不符合，要实事求是分析。

前面曾提供数据：东北三省规模以上国有工业企业资产占规模以上工业企业总资产比重：三省算术平均 54.86%。[1] 不仅远远高于国有工业企业资产占全国规模以上工业企业资产总额的比重，而且远远高于全国非金融国有企业资产占非金融全部企业总资产的比重（注：见本书第一章）。在这种特殊的经济区域中，国有经济比重已经不低了，应重在"增强活力"，而不宜以"做大国有比重"为主要目标。

对此观点再做三点说明，以免引起误解，以讹传讹：

第一，这里讲的是"国企"，不是"国资"。范畴上有个"国企"和"国资"的关系问题。同时这里讲的是"东北地区国有企业"问题，并非讲的全国"国资"。而就改革来讲，中共十九大已经改成"国有资本做强做优做大"的提法。特别是，本书这里不谈全国面上（普遍性）问题，而讲特殊性问题，即东北三省的问题。

第二，笔者是指某一区域国企集聚的"片区"而非指某一个特定的"国有企业"。这里有个"片"与"点"的关系问题。千千万万个国有企业情况复杂。如果就其中的"优质国企"而言，该"三做"（做优、做强、做大）就"三做"；但对于"僵尸企业"，就是清理的问题。具体问题具体分析。

第三，此处讲的是"比重"而非"控制力"。"比重"与"控制力"有关系，但是两个概念。在中国，国有企业是国有经济的微观基石，与国民经济命脉有关。在东北地区重在"增强活力"，并不意味着失去国有经济的控制力和带动力，相反能提高国有经济的活力。

笔者这样说，与东北国有企业自身的内在矛盾有关。国有资产比重如此之高，经济发展却持续走低，甚至出现整体亏损，为什么？表明东北国有企业的内在矛盾是活力不足、效益不佳（具体情况见本书第一章的数据

---

1. 常修泽：《"再振兴"东北战略思路探讨》，《人民论坛》2015 年第 11 期。

和分析）。只有增强国企活力才是根本出路。

中共中央、国务院专门给东北下的 2016 年 7 号文件，"经"很好，但实际"念得不准"。文件下达后，笔者 2016 年 5 次到东北调研（5 月、7 月、8 月、9 月、12 月），转年，2017 年、2018 年、2019 年又连续多次实地调研，从了解的实际情况看，一些地方政府和企业仍旧沿袭传统思维，并未全面贯彻落实 7 号文件。政令虽然出了"中南海"但是没有落地，这种惯性运作应该纠正。要突破其中传统理念和既得利益的掣肘[1]，切实确立国有企业的市场主体地位，让企业按照市场规律（而不是靠别的规律）来获得"起飞"。

二、按功能和经营状况分三类：再造重建

中共十八届三中全会决定将国有企业界定为商业类和公益类两大类。其中，商业类又分成：（1）"主业处于充分竞争行业和领域的商业类"；（2）"主业处于关系国家安全和国民经济命脉的重要行业和关键领域（即主要承担重大专项任务的商业类"和"处于自然垄断行业的商业类"）；而公益类则是指以保障民生、服务社会、提供公共产品和服务为主要目标的企业类别。据此，经济界一般把国企归纳为三类，即公益性国企、垄断性国企（包括自然垄断性国企和稀缺资源垄断性国企）、竞争性国企。[2] 以上是功能类别系列。

还有一个是按照经营状况，特别是盈利亏损情况分类，大体分为"优质""中间"和"劣质"企业。应按照国有企业功能类别和经营状况两个系列分类推进改革。鉴于三省地方国企主要是竞争性国企（垄断性国企主要在央企），可按照"做优、祛劣、提升中间"的分类思路推进"再造重建"：所谓"做优"，就是把优质企业"做优、做大、做强"；所谓"祛劣"，就是

---

1. 有关"突破既得利益集团的阻挠和掣肘"的详细分析，参见常修泽：《包容性改革论——中国新阶段全面改革的新思维》，经济科学出版社，2013 年版，第 372 页。

2. 常修泽主笔：《所有制改革与创新——中国所有制结构改革 40 年》，广东经济出版社 2018 年版。

祛除劣质的企业；至于中间状态的企业，要提升素质和市场竞争力。[1]

三、当前焦点：以《产权人本共进论》处置"僵尸企业"

"僵尸企业"是指已停产或半停产、连年亏损、资不抵债，主要靠政府补贴和银行续贷维持经营且无望恢复生机的企业。据查，"僵尸企业"一词是经济学家彼得·科伊提出的一个经济学概念。"僵尸企业"这个提法，可以意会，但不可深究，因为它不太准确，不太严格。如果所说"僵尸企业"真的成了"尸体"，真的"寿终正寝"，不再吞噬国家资源，不再吞噬人民血汗，那倒也是"不幸之幸"。但现在的问题是，它没有成为"尸体"，而是继续以活体存在，需给它"输血""输氧""输液"，它继续"吞噬"人民的财富和血汗（即"吸血"的长期性和依赖性）。笔者认为它不是"僵尸"的"尸"，而是"吞噬"的"噬"，把它叫作"僵噬企业"更贴切。

中国有多少"僵噬企业"？据国务院国资委报告，三年内要清除345家"僵尸企业"（其中，相当一部分分布在东北三省，这里都是国有企业，因为民营企业无人给它"输血""输氧"，有一种自我淘汰机制）。目前，东北地区国企问题的聚焦点，在如何对待国有经济中的某些"僵尸企业"上。2015年7—8月，笔者在东北调研时获知，仅东北地方国企就有好几百家企业处于亏损状态，其中不少属于"僵噬企业"。这些"僵噬企业"已成经济的毒瘤，它过去已经吞噬、现在正在吞噬，可能将来继续吞噬大量的宝贵资源。我们不能只重视"显性"的国有资产流失，而忽视这种"隐性"的国有资产流失。严峻的现实是，东北三省干部和民众中，重视"显性流失"者众（这是对的），重视"隐性流失"者寡（这是不对的）。其实"显性流失""隐性流失"，流失的都是人民的血汗。应该警惕隐性流失。

如何处理"僵噬企业"？笔者于2010年出版了《产权人本共进论——

1.这个问题，笔者曾做过具体详细分析，参见常修泽：《东北振兴战略新论》，《战略与管理》2017年
第1期。

关于国有制改革》一书。书中所提到的"产权人本共进论"的思路可以用于处理"僵噬企业"问题，一则解决"产"，一则解决"人"。具体来说，10个字："保人不保企""淘企不淘人"。第一，对于"僵噬企业"坚决不保，该拔掉"输血管"的拔掉"输血管"，该撤掉"呼吸机"的撤掉"呼吸机"，不能再优柔寡断。第二，对于"僵噬企业"里的员工，要采取"保人"的方针。笔者从1986年起研究人本经济学。[1]按《产权人本共进论》观点，对员工一定要保护、要尊重，多种渠道实现再就业或社会保障[2]。

四、根据新情况创建国企新治理模式

中央领导同志2014年底在分析国企存在的问题时指出，特别是有的国企内部管理混乱，侵吞、贪污、输送、挥霍国企资产现象大量发生，从近期揭露出来的一些国企的腐败案件看，问题触目惊心![3]东北问题尤甚，为此，必须根据新的情况创建国有企业新的治理模式。

一是按《中华人民共和国公司法》规定完善公司治理结构。需要认识到，公司治理结构既非资本主义特有，也非社会主义特有，而是一个"中性"的经济范畴，是人类共同的文明价值[4]。东北因受苏联模式影响，企业内部传统思想根深蒂固，对公司治理结构不适应甚至有抵触情绪。笔者在调查中发现，虽然国有企业已经建立由股东会、董事会、监事会、经理层等形成的组织架构，但董事会的决策作用和经理层的管理作用发挥不够，随着下一步引进战略投资者、员工持股等改革的实施，企业治理结构的改革突出出来，建立公司现代治理结构迫在眉睫。

二是建立企业经理人员市场化选拔任用机制。东北地区受传统"官本

---

1. 常修泽：《人本体制论》，中国经济出版社2008年版。
2. 至于如何具体实施"保人不保企，淘企不淘人"，参见常修泽主笔《所有制改革与创新——中国所有制结构改革40年》，广东经济出版社2018年版。
3. 习近平2014年底在中央经济工作会议上的讲话。
4. "除'股份制中性论'外，公司治理结构也是'中性'范畴。……把这一'中性'范畴拿来为社会主义服务。与公司治理结构类似，现代企业制度也是中性范畴。"参见常修泽：《中性、理性、包容性——经济理论研究的一种思维方式探讨》，《学术界》2020年第1期。

位"体制的影响，不少地方"错把经理当官员"，尚未形成企业家市场选择和配置机制。可采取党组织"管资格"、企业家"参加竞聘"、董事会"择优选聘"的办法，实行企业家与企业双向选择。

三是寻求企业党组织建设与完善公司治理的统一。如何统一得更好，情况十分复杂，需要继续摸索。

第四节 第二条线：民营经济如何做大做强

民营经济是东北经济发展的短板。从民营经济角度来说，东北存在的问题是依附性太强，这是自身的弱点（即如东北朋友王宏伟同志所说，习惯于"抱着政府的大腿不放"，自己飞不起来），民营企业应该摆脱对政府的依附。从社会角度来说，则需要体制性扶持。《中共中央国务院关于全面振兴东北地区等老工业基地的若干意见》指出："支持民营经济做大做强，使民营企业成为推动发展、增强活力的重要力量。"请注意"民营经济做大做强"这句振聋发聩之语，这本是过去戴在国企头上的，这次中央文件明确"脱帽加冕"，把这顶桂冠戴到了民营经济的头上，这是所有制结构改革思想的重大转变。问题是东北的乡亲们明白这个重大转变、适应这种变化吗？

如何促进东北民营经济起飞呢？

研究这个问题，不能从狭隘的视野出发，而要从当今世界大势、中国改革开放大局来审视。中央领导同志 2019 年 4 月在中央政治局会议上说："用高水平的开放倒逼深化改革。"这是一个重要思想[1]。从经济全球化趋势及中美贸易谈判情况，以及从开放倒逼改革来看，新形势要求，必须促进

---

1. 转引自常修泽：《开放倒逼下的中国经济体制改革"双突破"论》，《改革与战略》2019 年第 8 期。

东北民营经济以及外资经济有一个大的发展，突出的有这样三大方面"倒逼"而相应的改革举措。

一、两平一同：为民营经济起飞开拓跑道

这是首先要确立的"竞争平等论"。所谓"两平一同"：一是平等使用生产要素，包括资本、土地、劳动力、知识、技术、信息（或称"数据"）、管理。民营企业家普遍反映融资难、贷款难，拿土地也难，应在使用生产要素上平等。二是公平参与市场竞争。做到起点一样、环境一样、负荷一样（现在东北企业举办的社会机构仍近千家，负荷大不同）。[1] 一"同"是同等受到法律保护，这里面的问题最多，民营企业的资产应同等受到法律保护。实行"两平一同"，从而为民营经济起飞开拓跑道。

二、市场准入：为民营企业起飞开放行业领域

2019 年已经颁布新的《中华人民共和国外商投资法》，重大变化就是扩大和放宽市场准入。而根据国民待遇规则，凡是向外商开放的，当然也应该向国内民营企业开放。

放开市场准入，应遵循"非禁即入"的原则，即凡是法律法规没有明确禁止的行业和领域都应该鼓励民间资本进入，商机恐怕就在这里。目前，在东北有些基础设施部门，民营资本投资微乎其微。在国家加大力度支持东北地区振兴的形势下，应大力吸引民间资本投资基础设施领域和其他垄断性行业领域，尤其是中央已经放开的电力、电信、交通（铁路、公路、航空、港口）、石油、天然气、市政公用等领域，消除各种隐性壁垒，鼓励民营企业扩大投资。否则，一味地片面地追求国家加大东北投资，可能还会"复制"原体制，惯性运作而已。

---

1. 从现有资料看，较早提出"竞争中性"原则的是澳大利亚《竞争原则协定》文件，后来 OECD（经济合作与发展组织）对此进一步拓展。笔者认为"这是人类应普遍遵循的一个原则"。参见常修泽：《中性、理性、包容性——经济理论研究的一种思维方式探讨》，《学术界》2020 年第 1 期。

三、稳定预期：保障民营企业安心飞行

现在，东北不少民营企业出现"预期"和"信心"问题，这与国内其他地区的民营企业是一样的，原因固然很多，但与缺乏产权保护的安全感有一定的关系。产权保护制度不完善，已经成为当下经济发展的一个主要制约因素。尤其在近年经济增速下降的情况下，这个制约力更加突出，引发的后果比较严重。

2016年11月，中共中央、国务院发布《关于完善产权保护制度 依法保护产权的意见》，这是中华人民共和国成立以来第一个由中央颁发的系统性产权保护文件。强调依法保护产权，有利于"稳定民营企业家信心""引导形成良好社会预期"[1]。下一步必须严格保护企业家的产权和其他合法权益，以便保障民营企业安心飞行。

保护民企产权对稳定心理预期、增强人们的信心具有重要意义。《孟子·滕文公（上）》曰："民之为道也，有恒产者有恒心，无恒产者无恒心。苟无恒心，放辟邪侈……"孟子在此提出"恒产"与"恒心"的关系，从正反两个方面说明："有恒产者有恒心，无恒产者无恒心。"而没有恒心，人们就会"放辟邪侈"——放荡、怪僻、邪恶、奢侈。事实确实如此：人们拥有一定数量的财产并得到保护，是稳定社会秩序、维持"善良习惯"的必要条件。完善的产权保护制度，对稳定心理预期、增强人们的信心具有重要意义[2]。完善保护产权制度三大要点：

（1）完善保护产权制度，应以公平为核心原则。从主体方面分析，公平性体现在：第一，在不同所有制的关系上，体现"两个毫不动摇"，即毫不动摇巩固和发展公有制经济，毫不动摇鼓励、支持、引导非公有制经济发展，公有制经济财产权不可侵犯，非公有制经济财产权同样不可侵犯。

---

1. 引自中央经济工作会议公报，新华社，2016年12月16日。
2. 参见"新华社记者对国家发展改革委宏观经济研究院教授常修泽的访谈"："有恒产者有恒心，无恒产者无恒心。完善产权保护制度，对于矫正并稳定社会预期，给社会提供'定心丸'和'定盘星'具有重要作用。"新华社，2016年9月2日。

第二，在法人与自然人的关系上，不论法人和自然人的财产权，都同样保护。第三，在境内与境外产权主体的关系上，实行国民待遇原则，同样受到保护。从内容方面分析，公平性体现在：第一，权利平等；第二，机会平等；第三，规则平等。尤其是强调废除各种违反公平原则的不合理规定，这点十分重要。[1]

（2）坚持问题导向，聚焦产权保护方面的突出问题。一是公权力对产权保护不到位，政府违约和政策不稳定，侵害企业特别是民营企业以及个人的合法产权和权益；二是不同所有制产权保护不平等，对非公有产权的保护弱于对公有特别是国有产权的保护；三是公有产权保护制度仍不完善，例如国有企业"内部人控制"和国有资产流失的问题仍然存在，农村集体资产产权保护不到位；四是侵犯知识产权的行为易发多发，侵权违法成本低，维权成本高等。针对此问题，应提出"管用有效"的改革措施。

（3）严格依法保护，长短结合，标本兼治。按照中共十九届五中全会通过的《中共中央关于制定国民经济和社会发展第十四个五年规划和二〇三五年远景目标的建议》，中国到2035年"基本建成法治国家"，依法产权保护涉及最高层面的依法治国问题。我们可以看到，从完善产权保护制度体系看，应贯彻全面推进依法治国的宗旨，并把推进产权保护的法治化作为"根本之策"。尤其强调，在事关产权保护的立法、执法、司法、守法等各个领域、各个环节、各个方面，均应体现法治理念，贯穿严格依法保护的精神。

---

1. 常修泽：《包容性改革论》，经济科学出版社2013年版。

第五节　第三条线：如何产权交融发展混合所有制

东北的所有制结构改革，不仅要分别促进国企改革和民企发展，而且还要探索国企与民企的交融发展，这涉及混合所有制改革与发展问题。

一、由多元"包容"走向产权"交融"

前面分析的国有与民营，还是按两个板块"包容"在一起展开的（是一种"物理式的结合"），在新阶段，不仅要包容，而且要走向"交融"。包容是互不排斥，各自独立；交融是互相渗透，你中有我，我中有你。这是一种"化学式的结合"。在包容基础上进一步交融的形式之一就是发展混合所有制经济。

21世纪初的2003年，笔者曾发表一篇《发展混合所有制经济：完善市场经济体制新课题》的文章，主要针对产权结构的"三性"：一是"单一性"，即把中国经济看成"纯而又纯"的单一的公有制经济，将非公有经济视为与公有制经济格格不入的"异己力量"；二是"封闭性"，即把社会所有制结构和企业产权结构看成是一种封闭的系统，排斥不同所有制之间的相互渗透，更谈不到彼此之间的相互融合；三是"凝滞性"，上述单一性和封闭性的结果导致产权流动和交易的僵滞。[1]

10年后，中共十八届三中全会《中共中央关于全面深化改革若干重大问题的决定》（以下简称《决定》）进一步讲到"积极发展混合所有制经济"时，强调的是"国有资本、集体资本、非公有资本等交叉持股、相互融合

---

1. 常修泽：《发展混合所有制经济：完善市场经济体制新课题》，《21世纪经济报道》2003年10月16日。

的混合所有制经济"。从宏观层面审视，混合所有制不仅在经济体制方面是公正的市场经济新体制的产权基础，而且从社会体制改革分析：混合所有制经济是"社会共生"体制的经济支撑。尤其是从东北分析：发展混合所有制经济，是寻求由"包容"走向"交融"的突破点。

2017年以来，辽宁、吉林、黑龙江三省着手进行混合所有制改革，特别是辽宁的力度更大些，这是所有制结构方面改革的新迹象，值得深入研究、积极推进。

二、发展混合所有制经济的四个立足点

如何发展混合所有制经济？笔者认为应从以下"四个立足点"切入。

第一立足点，立足于国有企业，吸引民营资本、外资与国有资本融合。包括央企在内的国有资本是东北最重要的资本力量。建议把混合所有制经济作为东北经济微观基础的实现形式来构造。[1] 按相关规定，国企应集中于安全类、公共产品生产和服务类、命脉类和特定任务类等主要经营业务，其他非主营业务领域，特别是商业类即竞争较充分的领域，应集中向民营资本全面开放。明确提出"三可"：国资"可控、可参、可退出"，让民营资本进入从而组成混合企业。对此，东北民营企业家多有疑虑，唯恐出现"关门打狗"之事，应采取措施，予以疏导，研究怎么改变"混改"环境，防止堕入"混改"的陷阱。[2]

第二个立足点，立足于民营企业，让国资、外资与民营资本融合。《决定》提出"鼓励发展非公有资本控股的混合所有制企业"，这是一个新的命题。笔者深入三省调查发现，东北对此重视不够，实践中也比较罕见。建议从一些大型或较大型民营独资企业入手，吸引国资、外资与其他民营资本，逐步将其改造成混合所有制企业。但注意，无论如何不能搞成"新一

---

1. 常修泽：《混合所有制经济的价值再发现和实现途径》，《学术前沿》2014年3月（下）。
2. 关于国有企业如何改造成混合所有制企业，笔者有主笔著作论述，参见常修泽等：《混合所有制经济新论》，安徽人民出版社2017年版。该书中列举了吉林一家混合所有制企业的案例。

轮公私合营运动"[1]，要让"非公有资本控股"，否则民营企业缺乏积极性。

第三个立足点，立足于外资企业，让国资、民资与其他外资融合。总的来说，外资在东北总量较小，比重很低，估计下一步外资企业资本可能到东北扩张，2019年德国宝马集团到沈阳第三工厂增资30亿欧元，以及沙特阿美公司投资石化企业，已显示这一动向。需要研究如何利用跨国并购方式发展混合所有制问题。

第四个立足点，立足于企业员工，实行员工持股。中共十八届三中全会《决定》重新提出："允许混合所有制经济实行企业员工持股。"东北可在以下三类企业率先推进：第一类是人力资本和技术要素贡献占比较高的转制科研院所；第二类是高新技术企业；第三类是科技服务型企业。在开展员工持股试点中，除员工以货币资本投入外，技术可以评估作价持股，人力资本也可以评估作价持股。[2]

三、国企混改："异性恋"主旋律，"同性恋"协奏曲

国企"混改"的一个重要命题，是关于"异质产权多元化"与"同质产权多元化"命题。

对于国企"混改"实行"产权多元化"，在东北大家意见是一致的。但是，是侧重搞"异质产权多元化"（比喻为"异性恋"），还是侧重搞"同质产权多元化"（比喻为"同性恋"）？在侧重点上，意见并不完全一致。形象地说：国有企业的"混改"，到底是以"同性恋"为主，还是以"异性恋"为主？

近年来，有经济学家主张"不同的国有资本"参与改革（"同质产权多元化"），并将其作为"一个非常重要的制度建设"。例如，在2017年4月7日"东北振兴论坛"上，就有专家强调指出，"所谓多元化，是国有资本本身不同的股东来作为出资人代表，这样在决策方面就避免了所有决策只

---

1. 关于反对所谓"新一轮公私合营运动"的论述，参见笔者专论《开放倒逼下的经济体制改革"双突破"论》，《改革与战略》2019年第8期。
2. 常修泽：《关于要素市场化配置改革再探讨》，《改革与战略》2020年第9期。

有一个股东的弊端，提高了决策的科学性，这是国有企业能够市场化运行的一个非常重要的制度建设"。[1] 其他一些学者也强调从务实推进的角度看，在混合所有制改革中，推进国有资本多元化（"同质资本多元化"），比吸引非国有资本（"异质资本多元化"），"更具可操作性"[2]。

这里有两个问题：一个是"混改"的主调问题；一个是"混改"的操作问题。

从"混改"的主旋律来看，到底是"推进国有资本多元化"，还是引入社会资本实行"异质资本多元化"？有必要把握中共十八届三中全会《决定》讲的"发展混合所有制经济"的内涵。

《决定》在讲到"积极发展混合所有制经济"时，强调的是"国有资本、集体资本、非公有资本等交叉持股、相互融合"的混合所有制经济。特别指出"允许更多国有经济和其他所有制经济发展成为混合所有制经济。国有资本投资项目允许非国有资本参股。允许混合所有制经济实行企业员工持股，形成资本所有者和劳动者利益共同体"。按照上述内涵，笔者认为这里的"产权多元化"，主旋律是"异质产权多元化"，即"国有资本、集体资本、非公有资本等交叉持股"的多元化。

对于"同质产权多元化"，也并不排斥。中共十八届三中全会特别针对国有资本继续控股经营的自然垄断行业中的部分企业，"实行政企分开、政资分开、特许经营、政府监管为主要内容的改革，根据不同行业特点实行网运分开、放开竞争性业务，推进公共资源配置市场化。"为此，在2015年12月，国务院、国资委、财政部、国家发展改革委联合印发了《关于国有企业功能界定与分类的指导意见》中明确要求，"对需要实行国有全资的企业，也要积极引入其他国有资本实行股权多元化"。

可见，在特殊条件下（即"对需要实行国有全资的企业"），"推进国有资本多元化"，由"国有资本本身不同的股东来作为出资人代表"，也是有

---

1. 许善达：《国有资本多元化让辽宁国企改革弯道超车》，中国网2017年4月8日。
2. 《学者：国企改革担纲东北振兴"重头戏"》，《中国经济导报》2017年5月12日。

意义的。但笔者认为，发展混合所有制经济"异质产权多元化"是"主旋律"；"同质产权多元化"只是"协奏曲"而已。

正是在这个意义上，笔者认为，不仅要一般地讲"投资主体多元化"，而且要讲"投资主体的所有制属性多元化"。

至于"混改"的操作问题，考虑到一些地区（例如东北），由于国有经济比重很高，推进"混改"十分艰难，在具体操作中可以成立国有投资运营公司经营国有资本，使其成为参与其他国有企业"混改"的一种力量，也可以划拨一部分国有资产给社保基金，通过股权多元化，既可以形成企业管理的制衡局面，也会为民营资本进入打下基础。比较起来，这种"同性恋"相对容易些，而且实践表明，在混合所有制经济中搞"同性恋"也是有意义的，可以作为混改的一种方式。

但是不能强调过分，尤其不能绕着问题走。正因为一些地区（例如东北）国有经济比重很高，所以更需"异质产权多元化"，不宜把"同质产权多元化"作为"一个非常重要的制度建设"。笔者同意这样一种看法："同质产权多元化"是"策略"问题。"策略"问题虽"具可操作性"，但是不宜用"策略"手段替代"战略"考虑。

由此，使笔者想到当今世界通行的"Public-Private Partnership"（缩写为PPP，"公私伙伴关系"）机制，第一个P是Public（公共），第二个P是Private（私营），第三个P是Partnership（伙伴关系）。在混合所有制改革中，应主要是Public（公共）与Private（私营）相混合（Partnership），而主要不是Public（公共）与Public（公共）相混合（Partnership）。

四、把住四关：防止混合所有制被异化

在"混改"过程中，会不会有人借此侵吞国资或者民资？在东北确实出现过侵吞的问题，也出现过被错扣"侵吞"帽子而造成"混改"失败的案例。考虑到目前社会情况，建议采取措施，提前预防和遏制。尤其要警惕党内腐败分子"假借改革以营私"，然后"倒打一把"，把"异化"的责

任扣在混合所有制经济的制度设计上。[1]

具体来说，要严格把好"四关"：（1）资产评估关，评估要科学，既不能高值低评，也不能低值高评；（2）价格确定关，在资产科学评估基础上，制定底价，然后在竞争中形成均衡价格；（3）交易透明关，在产权交易所公开进行，防止内幕交易；（4）资金到位关，产权交易后，资金及时到账，不能悬空虚置。[2]严格把好"四关"，防止把"混改"变成个别人"浑水摸鱼"的机会，不仅国有资本不能被侵吞，民营资本、外商资本、员工股本都不能被侵吞。对此，要规范运作、一视同仁。

五、混合所有制改革案例及点评分析

【相关链接】混改案例分析
——哈尔滨马迭尔食品股份有限公司案例

（2020年春，本书作者在北京听取了马迭尔食品股份公司的情况介绍；而后，深入哈尔滨新区对该公司进行实际考察。综合了解和考察情况如下。）

（一）混改前国有企业——哈尔滨马迭尔集团股份有限公司基本情况

马迭尔集团股份有限公司前身是著名的"马迭尔旅馆"，影视剧《夜幕下哈尔滨》《马迭尔旅馆的枪声》《悬崖》《远东马迭尔1932》等故事原型地。

旅馆始建于1906年，建成于1913年，是由原俄籍犹太人约瑟·开斯普（后加入法籍）聘请欧洲建筑大师阿·洛·尤金洛夫设计建造的典型法国风格的路易十四式建筑。因集住宿、餐饮、电影院三位一体而被称为"远东名店"，是犹太人聚集、活动中心，也是哈尔滨最早的一家豪华旅馆。

中国近代的第一支冰棍即诞生于此，据传，制作冰棍建造的冰窖与故宫冰窖相齐名，该店拥有"中华老字号""中国著名品牌""中国名小吃""省级非物质文化遗产"等多项荣誉。

1946年，哈尔滨解放后马迭尔被收归为国有，作为中共中央东北局招待处；1949年由哈尔滨市政府接管，更名为"哈尔滨市政府招待所"；1953年改为"哈尔滨旅社"；"文革"中更名为"哈尔滨市革委会第二招待所"；1986年经哈尔滨市旅游局批复更名为"马迭尔宾馆"。资料显示，宋庆龄、郭沫若、李顿、斯诺、茅盾、徐悲鸿等

---

1. 常修泽：《混合所有制：产权结构创新的主要着力点》，《北京日报》2014年3月3日。
2. 常修泽主笔：《产权交易理论与运作》，经济日报出版社，1995第1版、1998第2版。

中外名人均曾下榻于此，此地见证了"李顿调查团""马迭尔绑票案"等重大历史事件，也见证了1948年召开三次新政协筹备会议从而为新中国诞生共聚一堂的筹划过程。

1993年，中共十四届三中全会做出《中共中央关于建立社会主义市场经济体制若干问题的决定》后，在市场导向改革的推动下，哈尔滨市批准马迭尔宾馆以定向募集方式成立股份有限公司，隶属于市国资委，注册资本4372.5万元。股权结构为国有优势控股、职工少量参股的股份制企业。

自2005年起，马迭尔宾馆被评为四星级酒店，拥有标准间、家庭房、欧式套房、复式套房等各类客房141间，其中名人房18间。现已形成集宾馆服务业、食品加工业及休闲旅游度假为一体的产业格局，主业涵盖宾馆住宿、中西餐饮、精酿啤酒、冷饮面包肉灌产品制售、旅行社服务、婚庆服务、出租车营运、旅游度假服务、物业管理、广告招商演艺等，可以为在此下榻的宾客提供优质的吃、住、行、游综合服务。

马迭尔西餐多次获得中国饭店协会颁发的"中国十大俄式西餐品牌""中国十佳西餐名店"称号。其中，与这次"混改"相关的马迭尔食品部分，其工艺源起于1913年建店初期引进一系列古典欧洲宫廷配方制作的食品，特别是冰品"甜而不腻、冰中带香"，具有欧洲纯正口味。马迭尔作为一家百年老店，马迭尔品牌是其重要的资产，因此企业方一直在探索"品牌经营"的路子。

（二）参与国企混改的民营企业——北京奥奇乐公司情况

此次参与马迭尔国企混改的民营企业，全称为北京奥奇乐工贸有限公司。该公司成立于2000年6月22日，注册地址为北京市密云区滨河经济开发区，注册资本1000万元人民币，该公司是一家以实业为主导的综合性企业。

据了解，该公司法定代表人、董事长李永清先生与哈尔滨有深厚渊源。该董事长1964年8月15日出生。早年在黑龙江省哈尔滨市五常创办了木材加工企业——华欣木器厂，曾任两届五常市人大代表，被评为松花江地区青年企业家。1994年初到北京发展，在太阳宫创建新海特种木材厂，2000年兼并密云县台上汽车配件厂，成立北京龙泰货运有限公司，为北汽福田提供汽车运输服务，后又先后创办了北京市华捷工程监理公司、北京奥奇乐工贸有限公司、北京朝来龙泰工艺礼品市场有限公司。任北京哈尔滨企业商会常务副会长、北京黑龙江企业商会常务副会长，具有较敏锐的市场洞察力。

（三）民营企业北京奥奇乐参与国企混改的步骤与做法

自2013年8月以来，北京奥奇乐参与国企混改走了两步：

第一步，"品牌租赁"经营。

2013年8月，经多轮协商、谈判并报请哈尔滨市国资委批准，奥奇乐公司与哈尔滨马迭尔集团股份有限公司签署了"商标使用许可合同书"，奥奇乐公司获得了在京津冀地区特许生产经营"马迭尔"牌冷饮食品的权限，约定按照含税收入的5%向马迭尔集团缴纳年度商标许可使用费。

截至 2015 年初，奥奇乐公司先后投资数千万元，在北京密云按照 GMP 标准建设了日产 36 万支冰棍和 2 吨冰激凌的北京马迭尔食品有限公司。同时，为提升品牌形象，聘请意大利米兰商学院马克·帕罗教授领导的团队完成了"马迭尔"食品整体视觉外观设计，给原有的"裸体"冰棍穿上时尚的外衣。当年即陆续在北京前门、南锣鼓巷以及世纪城等繁华区位开设自营门店 20 多家，受到消费者喜爱。

在 2014 年中国冰激凌行业发展论坛上，"马迭尔"食品崭新产品形象获得了行业认可。至此，成功将百年来局限在哈尔滨的"马迭尔"冰棍正式从本地的"手工作坊制作加零售"模式带入到国内一线都市经济圈进行"标准工厂化生产营销"模式，登上了京城十大口碑冰淇淋冷饮店排行榜。

第二步，正式产权"混改"。

2015 年 4 月 11 日，双方尝试"混改"。具体做法：由国有控股的哈尔滨马迭尔集团（以下简称"马迭尔集团"）与民营的北京奥奇乐工贸有限公司（以下简称"奥奇乐公司"）共同出资成立股份制公司——马迭尔食品股份有限公司。

其中：奥奇乐公司以现金 6666 万元出资，马迭尔集团以持有的"马迭尔"食品全部注册商标知识产权出资，折 3334 万元。新公司注册资金 1 亿元人民币，股权结构：民营奥奇乐公司控股 66.66%，哈尔滨马迭尔集团占总股本 33.34%。

公司注册地址位于哈尔滨市松北区，属国家级高新区（也是国家 2019 年在黑龙江省划定的自贸区哈尔滨片区）。2015 年 6 月 1 日，马迭尔食品股份有限公司正式取得营业执照，哈尔滨马迭尔食品股份有限公司宣布正式成立。 企业成立，实现了国有持股、民营控股，是哈尔滨一例成功进行混合所有制改革的企业，也是全国首例"中华老字号"混改企业。

（四）混改后情况如何

"马迭尔食品"的混改，通过引入民间资本，释放市场主体活力，有力促进企业发展。"混改"之前，马迭尔集团的冰棍生产仍然局限在马迭尔宾馆地下 100 多平方米的车间里，产品销售也仅限于哈尔滨市。由于市场供应能力不足，"马迭尔"冰棍饱受假冒伪劣产品的侵扰。"混改"以后，马迭尔集团主要出品牌和专利，奥奇乐公司出资金和管理团队，双方优势互补，在品牌运营、产品线开发、营销渠道建设等方面跨越式布局，高起点推进，迅速提升京津冀地区业务，并很快把产品扩展到全国。

截至 2020 年初，马迭尔食品股份有限公司共有北京、衢州、哈尔滨、五常生产基地 4 个，管理、研发、生产、销售等团队拥有专业人员近 300 人，旗下直营店 39 家，加盟店 260 家，地市级以上经销商 220 个，零售终端 12000 个。生产销售品种从原有单一的原味老冰棍发展为涵盖六大类 20 多个系列食品的综合性食品企业，市场覆盖全国 26 个省、自治区及直辖市，销售额突破 3 亿元，累计纳税 3600 多万元。

【相关链接】案例点评分析
——基于在人民论坛网"深化混合所有制改革"座谈会上的发言而形成的访谈

人民论坛国是厅　专家访谈：（实录）

以深化混合所有制改革为突破口振兴东北
——访经济学家常修泽教授

采访人：人民论坛网总编辑　陈阳波

对话背景：2020 年 5 月 22 日，第十三届全国人民代表大会第三次会议开幕，国务院总理李克强作政府工作报告，强调要"深化混合所有制改革"。当天，人民论坛"两会国是厅"邀请常修泽教授作为嘉宾对话访谈，他结合哈尔滨马迭尔食品股份有限公司"混改"案例，对"混改"这一"两会"热点问题进行了深入分析。

"马迭尔混改"：北京奥奇乐公司以资本方式投资（占股 66.66%），哈尔滨马迭尔集团公司以食品领域品牌折价入股（占股 33.34%），共同成立哈尔滨马迭尔食品股份有限公司，运营哈尔滨百年品牌"马迭尔冰棍"，使"马迭尔冰棍"短短几年时间走出东北，迈向全国市场并取得突出成效。

人民论坛：今年的政府工作报告中提出"提升国资国企改革成效"、"完善国资监管体制，深化混合所有制改革"。您曾主笔著有《混合所有制经济新论》一书，且对东北改革发展有深入研究，请您结合东北"混改"案例——哈尔滨马迭尔食品股份有限公司的混合所有制改革谈谈您的看法？

常修泽：今年政府工作报告中提出了"深化混合所有制改革"，这是一项具有重要意义的部署。我认为这一部署给我们今天《人民论坛》"两会国是厅"的讨论提出了一个新的命题，就是"如何深化混合所有制改革"，关键词是"深化"。

在谈"深化"之前，我想先对现实案例——马迭尔食品股份公司混合所有制改革做一个简要的评价。对这个案例，我谈四条有价值的东西：

首先，"混改"双方——马迭尔集团和北京奥奇乐公司注重从实际出发，循序渐进。

混合所有制改革是一项相当复杂的工作，绝不能简单从事。今天讨论的"马迭尔样本"改革，就不是一步到位的，而是采取"分步走"的方针，试探性前进。当前已经走了两步：

第一步是试探性地用"品牌租赁"的形式进行探索。从理论上说，可以叫"经营权混合"改革，没有涉及公司的所有权问题。2013 年，双方经报请哈尔滨市国资委批准，签署了商标使用许可合同书，奥奇乐公司获得了在京津冀地区特许生产经营"马迭尔"食品品牌。通过"品牌租赁"，增进了解，加深感情，得以"热身"。

2015 年的 4 月 11 日迈出第二步，双方共同出资成立了马迭尔食品股份有限公司。这一步是真正的企业产权改革，是国有企业和民营企业共同出资，属于规范的混合所有制改革，符合中共十八届三中全会《决定》提出的国有资本与非公有资本等"交叉持股，相互融合"内涵的界定。

当然，根据我的研究，马迭尔集团的"混改"还应该有"下一步"，后面再谈。

其次，"马迭尔样本"的意义重在"异质产权多元化"。

我在《混合所有制经济新论》这本书中，提出了一个观点，就是国企的混合所有制改革，主旋律应该是"异质产权多元化"，而"同质产权多元化"只是协奏曲而已。

2017年4月，我在参加东北国企改革论坛的时候，听到有学者讲："所谓多元化……是国有资本本身不同的股东作为出资人代表"，认为这种"不同的国有资本"混合，是"一个非常重要的制度建设"。这种观点在东北很有市场。一些地方朋友也从"方便推进"的角度，提出在混合所有制改革中推进"国有资本体系内部的多元化"，主张进行国有企业资本之间互相混合，比如，北方某一国有企业资本与南方一个国有企业资本混合、中央国有企业资本与地方国有企业资本混合、国有企业资本与社保基金会的资本混合，等等。

我认为，这种观点和倾向值得商榷。并不是说国有企业资本与另一个国有资本混合没有作用、没有意义，问题是，它是不是国企混合所有制改革的"主旋律"？我个人主张"异质产权多元化"是主旋律，"同质产权多元化"只是协奏曲。十八届三中全会《决定》指出的混合所有制经济，内涵特指的是"国有资本、集体资本、非公有资本等交叉持股、相互融合的混合所有制经济"。

这一点，我觉得哈尔滨马迭尔食品股份有限公司的改革是有典型意义的。这个案例的股权结构中，民营资本占到66.66%，对于一个完全竞争性的冰棍板块业务来说，"民营资本占大头"是可以的，也是值得借鉴的。

第三，这个案例表明，在"混改"过程中他们按照规范的程序来运作，注重兼顾各方面利益。

"混改"涉及各方利益，一定要慎重、小心。例如，在对国有资产的评估上，一定要科学要准确，不能评高，也不能评低。从理论上说，这涉及各种生产要素的作用。前几天（2020年5月18日）发布的《中共中央 国务院关于新时代加快完善社会主义市场经济体制的意见》和此前关于要素市场化文件中，都明确提出，当今生产要素有七个：土地、资本、劳动力、知识、技术、管理、数据。这七个生产要素，根据我的专著《广义产权论》的观点，"每一种要素都有产权"，而且，我强调"产权是生产要素的生命"。

这次哈尔滨马迭尔的"混改"是北京奥奇乐公司以现金（资本）方式投资，而哈尔滨马迭尔集团公司以食品领域品牌折价入股，"马迭尔"品牌属于知识产权，冰棍配方等是技术产权。"马迭尔"的品牌价值（冰棍食品部分）折为3334万元，是可观的。根据我了解的情况，在对这些生产要素进行评估作价折股以及整个"混改"

过程中，确实照顾到了各方面的利益，包括维护国有资产的利益、企业员工的利益和民营企业的利益，做到了"双赢"甚至"多赢"，这是很不容易的。

第四，这个案例的可贵之处，在于混合企业主体重视促进实体经济发展。

"实体经济"与"虚拟经济"的关系，是当前中国经济发展中的一个重要关系，一定要处理好。从今后企业发展来看，不排除将来企业上市是它的一个目标，但是整个发展战略还应以发展实体经济为本业。中国既需要"虚拟经济"的策划者，但相比之下，更需要干"实体经济"的实业家。

我高兴地看到，这个企业混合所有制改革以后，新公司——哈尔滨马迭尔食品股份有限公司在各地打基础，首先搞生产基地建设，例如在哈尔滨的总部（松北，即哈尔滨新区），甚至跨过长江到浙江衢州建设生产基地，还在大庆的安达建立自己可靠的奶源基地，还发展自己的自营店，这些都是基础性建设，都不是"玩虚"的。对他们在混合所有制改革中，注重发展实体经济（而不是"炒作"尽快上市），我认为应该给予肯定。

人民论坛：听说您正在写一部《中国东北转型通论》的新著，国企"混改"的"马迭尔样本"实践对东北改革发展的大局有哪些重要的启示？

常修泽：今年1月我接到人民论坛邀请，参加"国家治理创新经验（混合所有制改革）课题调研"，对哈尔滨"马迭尔样本"进行研究。很遗憾，由于当时我正隐在海南，集中精力写《中国东北转型通论》一书（已列入国家重点图书出版项目和国家出版基金项目，恰处于写作关键时刻）而没有成行。后来我对"马迭尔混改经验"进行了详细了解，着眼点是试图通过这一案例，来挖掘对东北改革发展大局的启示。

由点说到面，有哪些启示呢？我认为"马迭尔样本"三点启示比较深刻。

第一点启示，必须通过改革激发企业活力，来促进经济发展。

当前，辽、吉、黑三省经济发展相对困难，怎么样才能走出困境？我认为想走出困境，还是必须以改革促发展。今年政府工作报告第四部分的题目就是"依靠改革激发市场主体活力，增强发展新动能"。其中，第一句就是"困难挑战越大，越要深化改革，破除体制机制障碍，激发内生发展动力"。"马迭尔样本"体现了这一点。改革前，冰棍业务搞得不大，甚至未出哈尔滨，现在不仅火爆京城，而且到了江南，还建了几百个自营点和加盟店。2019年营收3亿元，税收也很可观。这再一次说明，企业自身潜藏着发展动力，问题是要靠产权制度改革以及其他制度创新，把它激发起来、挖掘出来。

第二点启示，混合所有制改革可作为东北国有企业改革的突破口。

东北的国有企业比较多，一则国有经济比重高，再则效益较差。因此国企必须要改革。但是改革的突破口选在哪里呢？

我觉得，东北国有企业改革的突破点就可选在从混合所有制改革这个"点"切入。我在《混合所有制经济新论》一书中专门设了一章，"第八章　区域'混改'研究：东北国企'浴火重生'的突破口"，东北走出困局真应以混合所有制改革为突破口。

第三点启示，东北整个所有制结构创新方略应从"两翼齐飞"拓展到"三线推进"。

第一条线，国有企业增强活力。鉴于目前东北国有经济比重已经较高，下一步的主要任务，不是继续"做大比重"的问题，而是应聚焦"凤凰涅槃，浴火重生"，真正增强活力。中央2016年专门发布的7号文件（东北振兴文件），没有提"国企做大比重"，而是提"国有企业，增强活力"。这是符合东北实际的。

第二条线，民营经济做大做强。东北的民营经济不发达，市场化程度低，民营企业比较薄弱，整个东北三省不及浙江省的十分之一。因此，东北要有针对性地做大做强民营经济。这也是2016年中央7号文件中的提法，是专门给东北的"私人订制"。

第三条线，国有资本和民营资本等交叉持股、产权融合，发展混合所有制经济。这个应引起重视。近几年，混合所有制经济有所发展。今天讨论的哈尔滨马迭尔食品股份有限公司，就是一个缩影。

总之，从东北整个大局来说，真要发展改革，在所有制方面就要"三线推进"：国有企业增强活力、民营企业做大做强、混合所有制扎实推进。现在重在开辟第三条战线——发展混合所有制经济。

人民论坛： 根据今年政府工作报告中关于"深化混合所有制改革"的部署，您认为具体应该如何深化混合所有制改革？

常修泽： 如何落实总理报告部署，深化混合所有制改革，国家有关部门专门颁发了文件，我不再重复，大家可以看。这里，我只针对类似马迭尔集团公司（不是哈尔滨马迭尔食品股份有限公司）这样的企业，提出四点具体意见。

第一点意见，深化混合所有制改革，建议由原来集团公司的下属板块向集团公司本部"深化"。我在《混合所有制经济新论》一书指出，近几年，混合所有制改革有一个存在的问题就是"绕着走"，例如绕着母公司（或集团公司）走，只搞下面的二级公司、三级公司改革。马迭尔集团还只是拿出一个业务板块，整个集团公司还是国有控股（据了解哈尔滨市国资委持股60%以上），总的来说还是一个国有控股的集团公司。按照李克强总理今天上午讲的"深化混合所有制改革"的精神，能不能继续向前走——在哈尔滨市委市政府的领导下，重点推进到集团公司这一层面，如何？

第二点意见，建议在混合所有制改革过程当中施行"员工持股"。在《混合所有制经济新论》一书中，就整体而言，我提出有四个与其他资本融合的立足点，就是：立足国有企业，与其他资本融合；立足民营企业，与其他资本融合；立足外资企业，与其他资本融合；立足员工持股，与其他资本融合。建议把"员工持股"（可由员工持股会代表）作为四个立足点之一。鼓励劳动者和管理者（企业家）持股。管理是很重要的生产要素，马克思《资本论》里说一个乐队需要指挥，管理者就是"乐队的指挥"。下一步，我建议研究如何"交叉持股、相互融合"，以更好地调动各方面的积极性，尤其是经营管理者的积极性。

第三点意见，我建议在改革过程中一定要对各方面的资产进行科学的评估。我说的"各方面资产"，既包括国有也包括民营，既包括有形资产，也包括无形资产。一要科学地评估；二要准确进行定价；三要规范透明交易。以往的经验表明，在评估、定价（在正规情况下，应通过产权市场来发现和确定价格）和交易的过程中往往会出现问题，因此我建议评估要科学，价格要合理，操作要阳光透明。

第四点意见，按照市场经济规律建立现代化公司治理结构。今天李克强总理讲了"依靠改革，激发市场主体活力"。我们面对下一步混合所有制改革深化到集团公司以后，如何建立一个现代化公司治理结构？东北"错把经理当官员"的现象很严重，必须明确，企业经理不是官员，经理是企业管理人员，怎么产生、怎么聘任等等，应该按照市场经济规律来办。党政部门可以对经营管理者的"资格"进行审查（"把门"），但具体选拔、聘任应该由公司董事会来决定。

人民论坛：您认为下一步东北深化混合所有制改革中可能会有什么困难？

常修泽：根据我对东北实际情况调查，可能至少会遇到以下三个改革难点，要有预判。

第一个难点，思想不够解放问题。在混合所有制改革向集团公司推进时，有些同志可能认为国有经济是中国共产党执政的唯一基础呀，混合所有制向集团公司，会不会"稀释"或"削弱"国有经济呀，甚至会不会"动摇国本"呀？这是一个根深蒂固的认识问题。这个问题如不解决，推起来很麻烦，即使搞了，今后也会遇到一些沟沟坎坎。所以必须要确立国有经济、民营经济和混合所有制经济都是我们的经济基础这一理念。我在《包容性改革论》一书中明确提出混合所有制是包容性体制的经济基础，要"包容国有、民营和混合所有制"，不要排斥（见拙著《包容性改革论》第190页）这个问题，一定要解放思想、实事求是。

第二个难点，干部"不作为"问题。据我调研，现在一些地方存在干部"不作为"问题，"多一事不如少一事"，"不求有功，但求无过"，尤其不敢担当，这个问题是存在的。今天，李克强总理在政府工作报告中指出要有担当的精神，很准。所以真的要深化改革，一则，要"让主事者敢担当"；二则，上级领导更要"为担当者多担当"。

第三个难点，在改革中可能会遇到某些形式主义干扰。就是只做表面文章，不解决实际问题，它不是真刀实砍地改革。所以我们要搞混合所有制改革，要在"深化"二字上做文章，不是"浅化"，不能"表面化"，要杜绝各种各样名目的形式主义。要立足于中国的现实，实实在在地搞改革，真刀真枪地搞改革。这样做，混合所有制改革就会得到深化。

　　预祝这场改革实践能够取得新的进展。

资料来源：人民论坛网，2020 年 5 月 27 日

　　此访谈（实录），首先刊发在人民日报社旗下的人民论坛网 2020 年 5 月 27 日"两会国是厅"专栏。后经笔者整理修订，作为署名文章发表在《人民论坛》杂志 2020 年第 7 期（下），题为《马迭尔混改样本的价值与启示》。2020 年 10 月 15 日，笔者在全国"双创"大会黑龙江分会场，应邀作的学术报告《要素市场化新趋势与激发企业活力》中，结合东北实际进一步分析了这一案例的价值和启示。

第五章

中国东北转型通论

突破运行体制"锈带"：
让市场经济"媳妇"当家做主

上一章，重点阐述如何突破体制"锈带"的第一方面：所有制结构"锈带"。本章阐述如何突破体制"锈带"的第二方面：资源配置体制的"锈带"。从东北的实际来看，这个"锈带"的"锈蚀度"也很高。读者还记得吗？在第一章中，笔者曾开门见山，列举了相关指数说明，东北市场化程度太低，政府干预过重。对此必须进行"脱胎换骨"的改造。

对东北来说，资源到底如何配置？是发挥市场的"决定性"作用，还是采取"政府主导型"模式？这是一个绕不过去的问题。虽然，前些年的改革中，国家提出了"社会主义与市场经济相结合"这个基本命题，然而，笔者深切感到，"结合论"这个命题在中国（尤其在东北）并没有真正解决。在此背景下，在资源配置方面，"婆婆"减少干预、让市场经济"媳妇"当家做主，是一个从政府到企业一直到民众需要"形成共识"的问题。

第一节　东北：市场经济"媳妇"当家何其难

东北作为中国"计划经济的大本营"，有"三个最"：（1）引入计划经济最早；（2）退出计划经济最晚；（3）受计划经济体制的影响最深。直到今天，东北面临的仍然是配置资源的市场短板。

这个问题十分复杂。因为，从理论的"根根"上说，马克思主义的"老祖宗"（也是社会主义理论的"老祖宗"），原本就不想让市场经济的"媳妇"进入社会主义经济之"门"。加之斯大林的集权体制，使问题更为严重。

一、"老祖宗"（马恩）不让市场经济"媳妇"进社会主义之门

资源到底如何配置？笔者先从"老祖宗"不让市场经济这个"媳妇"

进门说起。

这涉及中国经济体制改革的目标模式问题。

1979 年初，即笔者到东北第一次系统调查（70 天调查）的那年春天，国家改革开放开始启动。当时面临的首要问题是关于中国经济体制改革的目标模式问题：到底是继续按照传统的计划经济体制（或计划经济体制的变种"计划经济为主、市场调节为辅"）惯性运作，还是另辟改革新路？如果走新的体制之路，那么，其理论依据是什么？

此时笔者恰好参与国家重点项目"中国经济体制改革的理论依据研究"[1]（南开大学谷书堂教授主持），就遇到关于社会主义与商品经济（市场经济）的关系问题，即形象地说，社会主义制度让不让商品经济（市场经济）这个"媳妇"进门的问题。

从大量文献可以看到，我们的"老祖宗"是坚决不让商品经济（市场经济）这个"媳妇"进门的。他们有句名言："一旦社会占有了生产资料，那么商品生产就将被消除。"[2]这个"消除"论讲得斩钉截铁[3]。在"老祖宗"看来，商品经济（市场经济）不是一个"中性"范畴，而是一个资本主义范畴[4]，据此认为，公有制与商品经济，社会主义与市场经济是格格不入、水火不容的。

这种认为"社会主义与市场经济格格不入"的理念，及在此基础上建立的计划经济体制，在作为"计划经济的大本营"的东北，年深日久、根深蒂固，人们深受其制，也深受其苦，笔者感同身受。因已经多有论述，不再赘述。

---

1. 谷书堂、杨玉川、常修泽：《社会主义商品经济与价值规律》，上海人民出版社 1985 年版。

2. 恩格斯：《反杜林论》，《马克思恩格斯选集》第 3 卷，人民出版社 1995 年版，第 633 页。

3. 有的论者为了说明马克思主义的"老祖宗"有社会主义制度下商品经济（市场经济）的思想，挖出《资本论》中"价值规律"的个别词句。殊不知，马克思《资本论》这里讲的"价值规律"，不是"商品经济（市场经济）的价值规律"，而是"产品经济的经济效益规律"。这个问题经过 40 年讨论，学术界已经形成共识，这是需要特别澄清的，实际经济部门尤其值得注意。详细情况，参见谷书堂、杨玉川、常修泽：《社会主义商品经济与价值规律》，上海人民出版社 1985 年版。

4. 商品经济是一个"中性"的适应性很强的范畴，而不是一个资本主义范畴。参见谷书堂、常修泽：《社会主义与商品经济论纲》，《经济研究》1990 年第 6 期；《新华文摘》1990 年第 9 期。

二、改革开放：市场经济"媳妇"缝隙进门

包括东北在内的中国经济体制改革，是人类体制变迁史上的一个创举。它不拘泥于上述"老祖宗"这种"消除"商品经济—市场经济的体制模式，而是大胆地让商品经济（市场经济）"媳妇"进门，同时又不照搬当代某些发达国家排斥社会主义制度的模式，而是用中国人的世界观和高超智慧，把社会主义（中国制度之"特"）与市场经济（人类文明之"共"）结合起来，从而形成一个社会主义市场经济体制。

且看市场经济"媳妇"的进门之路：

（一）第一次突破：开"商品经济"之门

聚焦资源配置机制，第一个历史突破点是 1984 年中共十二届三中全会通过的《中共中央关于经济体制改革的决定》。

这一次历史突破，率先开了"商品经济"之门。《决定》提出了社会主义经济是"公有制基础上的有计划的商品经济"，强调指出："商品经济的充分发展，是社会经济发展的不可逾越的阶段，是实现我国经济现代化的必要条件。只有充分发展商品经济，才能把经济真正搞活。"[1]

请注意，这里揭示了人类社会"商品经济发展的不可逾越性"这一客观规律。同时，《决定》指出社会主义与商品经济完全可以结合在一起。考虑当时的条件，《决定》做出"社会主义经济是有计划的商品经济"的论断，虽然这里仍有"有计划"三字（有一定妥协成分），但落脚点还是放在"商品经济"上。特别是，邓小平说了一段意味深长的话："这个文件好……讲了些新话……老祖宗没有讲过的话"。并评价说，它"是马克思主义的基本原理与中国社会主义实践相结合的政治经济学"。[2]

随后，20 世纪 80 年代的经济改革迅速展开。辽宁、吉林和黑龙江三省改革的第一波浪潮就是在此背景下展开的，但，历史发展是曲折的，1989

1.《中共中央关于经济体制改革的决定》，见中共中央文献研究室：《三中全会以来重要文献选编》，人民出版社 1982 年版。

2.《邓小平年谱 1975—1997》，中央文献出版社 2004 年版，第 1006 页。

年下半年之后，中国理论界和社会上出现了一股怀疑甚至否定社会主义商品经济的错误思潮，有些经济学家主张回到"计划经济为主、市场调节为辅"的路上。笔者经历了这一次历史曲折，曾与谷书堂教授在《经济研究》1990年第6期发表了《社会主义与商品经济论纲》，强调中国改革"必须坚持社会主义商品经济的市场取向"，《新华文摘》同年第9期全文转载[1]。

（二）第二次突破：开"市场经济"之门

上文发表一年半以后，即1992年春天，邓小平南方谈话，强调市场经济不姓"资"，社会主义也可以搞市场经济。上述在《经济研究》发表的《社会主义与商品经济论纲》虽然讲的"商品经济"（还不是市场经济），不过从改革取向说骨子里是一样的，都是主张市场取向。邓小平南方谈话提出"社会主义市场经济"后，1992年10月举行的中共十四大报告《加快改革开放和现代化建设步伐，夺取有中国特色社会主义事业的更大胜利》中，做出战略认定：以建立社会主义市场经济作为经济体制改革的目标，此构成第二个历史突破点。

在这个时期，笔者在研究和撰写重点课题成果《中国："换体"的革命》过程中，撰写了一篇《由计划经济向市场经济转型问题的探讨》。恰好当时（1993年）笔者在长春为南开大学研究生班讲学。该文得到东北知名经济学家、吉林大学张维达教授的重视，遂在他主编的经济理论刊物《经济纵横》1993年第11期发表。这也是笔者与东北的缘分吧。

【相关链接】　常修泽：由计划经济向市场经济转型问题的探讨

当今中国正处在由传统的计划经济体制向社会主义市场经济新体制转换的过程中，这一带有历史性的转换，不是在原有经济体制框架内枝枝节节的修补或改良，而是对原有经济体制的根本性变革。从经济运行机制的角度来分析，这实际上是一场体制转换的革命。

一、推进体制转换需要解决的若干深层问题

（一）关于国家所有制企业产权制度的改革问题

传统的国家所有制企业制度是建立在"非商品经济"基础上的，它同原来的计划经济体制结合在一起并成为计划经济体制赖以生存的支柱。用社会主义市场经济

1.谷书堂、常修泽：《社会主义与商品经济论纲》，《经济研究》1990年第6期；《新华文摘》1990年第9期。

的眼光来衡量，这种企业制度存在三个矛盾：

一是市场经济要求的产权边界明晰化与传统国有企业产权关系不同程度的模糊之间的矛盾。

二是市场经济所要求的生产要素的流动性与国有企业资产封闭性、凝滞性的矛盾。

三是市场经济所要求的高效与某些国有企业效益低下的矛盾。

从中国的实际情况出发，针对国有制企业制度存在的上述矛盾，几年前我曾提出"分类改革，三线推进"的改革方略，现在我仍坚持这一方略。

第一条线：针对我国国有企业范围过宽的问题，积极稳妥地出售国有小型企业的财产所有权，实行非国有化。

第二条线：把相当多的国有企业改造成包括国家股、法人股和个人股在内的股份制企业，使企业容纳多种财产关系。

第三条线：对少数需要保留的国家所有制企业，要按照"资本化"的规则重塑国有资产的运营体系，使全民资产的经济所有权、占有权和经营权关系明晰化。

这可从以下三个层面来展开：

第一层：按照"资本化"的要求，实行"政""资"分离。

第二层：按照"资本化"的要求，建立国有资产经营的中介性组织——资产经营公司。

第三层：按照"资本化"的要求，对占用资产的企业实行委托经营。

（二）培育、建立社会主义市场体系

所谓市场体系，就是市场经济中的商品市场和其他生产要素市场及其运行机制构成的有机统一体。完整意义上的市场体系应当包括两个系统：（1）市场的"构成"系统；（2）市场的"机制"系统。

市场构成是指市场运行的"载体"或者简单地说"交易的场所"。

上述市场构成仅仅是市场体系的"躯干"，要真正建立市场体系还必须塑造其"灵魂"。这"灵魂"就是"市场机制"系统。市场机制具体化为三大机制，即供求机制、价格机制和竞争机制。这里需要指出的是，从商品经济的发展来看，市场机制的作用范围呈现逐步扩展趋势：（1）由一般有形商品市场向无形商品市场和特殊商品市场扩展；（2）由产出品市场向要素市场扩展；（3）由短期市场向长期市场扩展；（4）由国内市场向国际市场扩展。只有市场机制充分发挥作用，市场体系才谈得上完善。

基于上述分析，在今后一段时间内，培育社会主义市场体系应当从以下几方面着手：

第一，建立和发展多种形式的市场。

第二，要发挥市场机制的作用。

第三，要建立新型的市场经济秩序。

（三）推进分配制度改革与社会保障制度的建立

分配制度改革总的原则是什么？我认为，从发展社会主义市场经济出发，总的思路应当是贯彻公平与效果相结合的原则。当然在不同的领域有不同的侧重。在国民收入的初次分配领域，应当坚持效率优先的原则，多劳多得，尊重并鼓励一部分人先富起来。根据笔者的调查，在这一环节，总的说是差距尚未拉开，平均主义仍然有很大的市场。但到了社会再分配领域，情况则与之不完全相同：在这一领域，主要矛盾不是平均主义，而是社会分配不公。最近一段时间，由于多方面原因，社会成员收入高低悬殊的现象有所加剧。为此，在社会再分配领域，要适当考虑公平，解决收入差距过大问题。

随着向市场经济过渡，社会保障制度的建立迫在眉睫，主要包括失业保障、退休保障、工伤保障和医疗保障。近来，随着企业产权转让的展开，被兼并企业的劳动者的安置成了一个尖锐的问题；同时，随着企业财务关系的明晰化，一部分企业潜伏的矛盾暴露，部分职工特别是退休职工难以领到工资成为一个新的社会问题，这些都呼唤着尽快建立社会保障制度。

（四）大力推进政府职能的转换和政府机构的改革

现在要向市场经济过渡，经济活动要以企业为主体，原来通过指令的直接调控需要作根本性的转换，即由"直控型"为主转到以"间控型"为主的轨道上来。

随着政府职能的转换，往日庞大的政府机构需要作大的改革，要精简政府机构，疏导政府里多余人员。

二、向市场经济过渡的基本方式——整体渐进与局部突变相结合

可以从三方面考虑：

第一，在全国大部地区实行"总体渐进"的同时，在局部地域可以实行"突进"。

第二，在多数产业实行"总体渐进"的同时，在部分产业实行"突进"。

第三，在配套改革的同时，适时推出一些带有"突破性"的单项改革措施。

（其他略）

资料来源：《经济纵横》1993年文章（节选）

（三）第三次突破：打开"参与经济全球化"之门

如果把1984年《中共中央关于经济体制改革的决定》和1992年中共十四大确立社会主义市场经济作为目标模式，视为在国内打开"商品经济——市场经济"之门，那么，2001年中国加入世界贸易组织（WTO），则是向世界打开"参与经济全球化"之门。中国政府按照加入世界贸易组织的承诺，采取向国外投资者放宽市场准入等举措，中国经济逐步走上参与经济全球化的路程。而经济全球化则是更大范围、更深层次的市场化。不过，由于各种原因所致，一段时间内改革陷入胶着状态。

（四）第四次突破：提出"市场决定论"

2013年，中共十八届三中全会《中共中央关于全面深化改革若干重大问题的决定》做出战略认定："使市场在资源配置中起决定性作用和更好发挥政府作用。"这是中国共产党文献中第一次写入"市场在资源配置中起决定性作用"的论断，并强调"市场决定资源配置是市场经济的一般规律，健全社会主义市场经济体制必须遵循这条规律"[1]。

在2013年中共十八届三中全会过去七年之后，"市场决定论"的精神内核迄今在理论上仍存在争议，在实践中也未能得到很好的贯彻和落实。尤其在"市场决定论"无法否定的情况下，出现了与"市场决定论"相悖的"驾驭论"，即主张"政府驾驭着市场决定"。假如让"驾驭论"盛行，计划经济体制的变形"计划经济为主、市场调节为辅"就会重新回来，这样，商品经济、市场经济的"媳妇"即使进门，也难以"登堂入室"，最终可能沦为"婆婆"的"婢女"。这是与改革开放的大潮相背离的，也是与人类共同文明渐行渐远的。

这些倾向对东北是有影响的。人们很关注市场经济在东北的命运：会不会出现"媳妇"进门后沦为"婆婆"的"婢女"？

【相关链接】 常修泽：三阶段由"原则的例外"转入"原则的例内"
——在2020年春节莫干山论坛的发言（2020年4月28日）

我只谈一点意见：关于中国经济运行的基本规则问题。发言题目：《三阶段由"原则的例外"转入"原则的例内"》。

什么"原则"？市场的"决定性作用"和政府的"作用"这么一个原则，此为中国经济运行的基本规则。这是中共十八届三中全会《决定》提出来的，十九大报告只改了一个字，把"和"字改成了"逗号"，到今天，这个"原则"仍在。

问题是，在不同阶段，如何根据实际情况，适时地、灵活地加以运用，大有文章，我分三个阶段简说：

1.《中共中央关于全面深化改革若干重大问题的决定》，人民出版社2013年版，第5页。

第一阶段，从 2020 年 1 月"突如其来的疫情"到今天（4 月 28 日），这场人类历史上罕见的疫情暴发应急阶段。昨天（4 月 27 日）有个标志性事件——孙春兰女士率领的中央指导组"班师回朝"（消息称"经中央批准"），这是一个信号，表明湖北（武汉）之战大的困难阶段已经过去（当然，整个中国特别是全球的抗击疫情，还不好说，还有不确定性）。

我们现在看，从 1 月 3 日中国向世卫和美国通报疫情，特别是 1 月 23 日凌晨两点宣布"武汉封城令"以来，在这三个多月当中，为了应对这样一个非常的、特别紧急的公共卫生事件，我们更多地用的是什么机制、什么手段？我认为用的是类似于"战时经济体制"的一些手段，这是非常时期采取的非常举措，是对的，是应该的。这是战时经济时期的指挥官必须采取的办法，就像山火燃烧必须紧急灭火一样。对此，我们应该给予肯定。但从经济运行规则说，这是"原则的例外"，不是"原则的例内"。

从更广的视野总结分析，我认为抗疫措施中确有一些中国独特的东西（如紧急动员、生死阻击、群防群控以及中西医结合等），也有一些新的应对经验（如创建方舱医院等），但要拿捏得很准，有啥说啥，不要不切实际地把这些举措统统地、过度地往特性方面贴。我们不是讲人类命运共同体吗？要着眼于其他国家和民族。如果"特"偏得过分，那怎么与"共"协调？即使是好的"做法"，也应考虑我们的"说法"别人能否接受、能否借鉴，防止"自说自话""自我隔离"。这是第一阶段。

从现在开始中国进入"第二阶段"：一方面要继续战疫，外防内防，另一方面，更重要的是，我们将面对严峻的"国际环境危机"，包括全球疫情危机和国家面临的"前所未有的国际压力"，很严峻的。面对严峻的国际环境，中央提出"底线思维"，但中国的"底"在哪里呀？我今天还没有探到"底"，很可能是经济、政治、社会、外交、国家安全乃至台海等多方位的底线。

就今天讨论的经济而言，基于底线思维，"六稳"之外特别加了"六保"，"六保"是什么逻辑？我学了以后，感到"六保"中有一部分，比如"保市场主体"[1]，继续激发市场的活力，是市场逻辑；另外，保产业链和供应链稳定不至于中断，是国际化逻辑，市场化、国际化是一方面。另外，还有"保基本民生""保粮食能源安全"等。注意：不是一般的"保民生"，而是保"基本的民生"，我认为，这里边有很多文章，相当多的潜台词。

我在 4 月 10 日一内部视频会上提出"两个息"：一个"休养生息"，一个"自强不息"。这么大的疫情过去后，要让老百姓"休养生息"，不应该再沿着原来那样一

1.这里需要指出，"市场主体"这一概念不要狭隘化。须知，在中国现在，有三大类市场主体：（1）企业形态的，全国有 3858 万家企业（2019 年，下同）；（2）个体工商户形态的，全国有 8261 万户；（3）农民专业合作社形态的，全国有 181 万家。2020 年 8 月，笔者对黑龙江省五常市农民专业合作社作过考察。

个 GDP 至上的思维惯性运作，思路要调整。既然要休养生息，尤其让底层的民众能够过得去，就要"轻徭薄赋"，就要"兜底保障"，政府这只手就要发挥作用，像抒困惠民、财政补贴类似手段不可缺少。

除此以外，要讲"自强不息"。不论出现什么情况，中华民族的精神不能倒，建议要讲卧薪尝胆的精神。各级领导应该与民同甘共苦，有同志提出减少政府的开支，很好，建议"去民之所恶，补民之不足"（《国语·越语·勾践灭吴》）。危机当头，停止"内斗"，万众一心，谱写新的 21 世纪的"胆剑篇"。这个思路打开，可以借势用非常手段推进政府自身改革，这方面大有作为。

总之，在这第二阶段，可实行"原则内"和"原则外"相结合，努力化解国际环境的压力和危机。

第三个阶段，进入恢复正常秩序的阶段。我们应适时地转入"原则的例内"，经济运行还是要强调"市场决定性"作用和政府作用。现在有一种倾向，我提请各位领导和朋友关注，防止把疫情期间的一些做法凝固化、机制化、神圣化，我认为我们要冷静地思考，那是非常时期的非常措施，不应该把它凝固化。现在是第二阶段，我们多措并举抗击疫情和外部环境压力。同时，瞄准下一阶段，我建议要给高层提建议，未雨绸缪，促成出台一个"新阶段进一步坚持和完善社会主义市场经济体制的决定"，注意：我说的不是"意见"，也不是"指导性意见"，而是中央的正式决定，我们应该为此做出新的贡献。

资料来源：爱思想网，2020 年 5 月 4 日

三、市场经济"媳妇"在东北窘境：用新数据说话

（一）先提出一个问题：对市场经济，东北到底"爱她"还是"不爱她"

言及"媳妇"命运，笔者不禁想到鲁迅的"媳妇"朱安。虽然她是明媒正娶来的，但是因包办原因鲁迅并不爱她。鲁迅曾对友人说，朱安不是他的夫人，只是他母亲的夫人，是母亲抚养他送给他的"礼物"，朱安度过了孤苦伶仃的一生[1]。

在中国，允许商品经济、市场经济"进门"是有正式文件的（中共十二届三中全会《决定》和中共十四大报告），如"明媒正娶"一般，但是，要认真地问一句：对于社会主义市场经济，东北到底"爱她"还是"不爱她"？她是不是一件别人送的"礼物"？它进入东北后会不会也度过"孤

---

1. 乔丽华：《我也是鲁迅的遗物：朱安传》，九州出版社 2017 年版。

苦伶仃的一生"？

　　与全国一样，东北地区在新的历史条件下，社会主义市场经济的基本方向要不要坚持？要不要升级？这些问题都需要思考。笔者认为，改革开放的主调是打破传统的计划经济及其变形"计划经济为主、市场调节为辅"的模式，东北经济迄今为止取得的成就是社会主义市场经济带来的成果。在这个过程中存在的某些问题，是因改革不彻底、不到位带来某些"夹生饭"所致。

（二）市场经济：东北需要补哪些短板

　　本书第一章曾引用了王小鲁教授、樊纲教授等2017年1月出版的《中国分省份市场化指数报告》。该书是从五个方面来测算市场化程度的：（1）政府与市场的关系；（2）非国有经济的发展；（3）产品市场的发育程度；（4）要素市场的发育程度；（5）市场中介组织的发育和法律制度环境。[1] 2019年春，在本书撰写初稿之际，王小鲁教授发来他与樊纲教授和胡李鹏博士三人于2019年即将出版的《中国分省份市场化指数报告》（清样）。该书（清样）披露的中国分省份市场化指数相对数据（市场化程度最高的省份得分为10，最低的省份得分为0，然后确定某一省在0与10之间的得分及其位置，并且把报告期与基期相比），整个2019年版《中国分省份市场化指数报告》，对研究东北三省的市场化提供了新材料[2]。

　　从这些新材料中，笔者关注的是，东北的短板在哪里。

　　因为三省情况有差异，我们还是分省来说。

　　先看辽宁省，从2008年以来，市场化进展明显慢于全国平均水平，故排名从2008年的第9位下滑到2016年的第16位，居全国中游水平。

　　第一个短板："政府与市场的关系"方面，主要表现在"减少政府对企业的干预"，排在第27位，说明在现行同样的体制下，政府对企业的干预还是比较重的；同时，"缩小政府规模"排在第19位，说明在现行同样的体

1.王小鲁、樊纲、余静文：《中国分省份市场化指数报告》，社会科学文献出版社2017年版。

2.王小鲁、樊纲、胡李鹏：《中国分省份市场化指数报告》，社会科学文献出版社2019年版。

制下，政府规模还比较大。

第二个短板：非国有经济的发展滞后，尽管辽宁有万达等知名民营企业，但总体排名不佳，特别是非国有经济在工业企业主营业务收入中所占比例排在全国第 23 位，非国有经济就业人数占城乡总就业人数所占比例排在全国第 22 位，表明发展非国有经济需要急起直追。

第三个短板：资金、人才和市场中介组织发育和法制环境也比较滞后。如，信贷资金分配的市场化排在第 17 位；技术人员供应情况排在第 18 位；律师会计师等中介组织服务条件排在第 19 位。

再看吉林省，从 2008 年以来，市场化进程有所放缓，故排名从 2008 年的第 14 位下滑到 2016 年的第 17 位，居全国中游水平。

第一个短板："政府与市场的关系"方面，主要表现在"减少政府对企业的干预"位次呈大幅下降，排在第 23 位，同时，"缩小政府规模"排在第 23 位。

第二个短板：非国有经济也不发达，尽管吉林有修正药业等知名民营企业，但总体排名不佳，特别是非国有经济在工业企业主营业务收入中所占比例排在全国第 18 位，非国有经济就业人数占城乡总就业人数所占比例排在全国第 17 位。

第三个短板：资金、维护市场的法制环境和知识产权保护比较滞后。如，信贷资金分配的市场化排在第 19 位，知识产权保护排在第 22 位。

再看黑龙江省，从 2008 年以来，市场化进展不理想，排名从 2008 年的第 20 位下滑到 2016 年的第 21 位。

第一个短板："政府与市场的关系"，主要表现在"减少政府对企业的干预"，排在第 17 位，虽然政府对企业的干预度低于辽吉，但政府主导意味依然较浓。

第二个短板：非国有经济的发展排在第 25 位，明显落后于辽、吉，其中非国有经济就业人数占城乡总就业人数所占比例，竟排在全国第 31 位（最后一位），这与黑龙江省国有经济过高（东北三省最高）以及营商环境欠佳（如毛振华先生的"雪乡陈情"，见本章后面【相关链接】）似有直接关系。

第三个短板：金融业，金融业的市场化排第 24 位，金融业的竞争排第 26 位，都是很靠后的[1]，应引起黑龙江省特别注意。

从东北三省《中国分省份市场化指数报告》2019 年版来看[2]，同 2017 年公布的《中国分省份市场化指数报告》一样，一定程度上反映了市场化滞后的现状，与笔者在实际调查获得的一些案例材料，大体符合。

依据上述分析，笔者的结论是：

第一，总的来说，东北三省市场化程度不高，政府干预型模式仍在发挥较大作用。因此，提高市场分配经济资源的比重、减少政府对企业的干预，迫在眉睫。

第二，非国有经济（广义民营经济）的发展严重滞后。特别是非国有经济（广义民营经济）就业人数占城乡总就业人数所占比例，黑龙江省竟排在全国最后一位，令人唏嘘。这与民营经济五百强的分布（浙江省近 100 家，黑龙江省只有 1 家）是能相互印证的。

第三，金融业的市场化、人才和市场中介组织发育及法制环境也比较滞后。难怪一位省长如是说："讲农业讲一天，讲工业一小时，讲金融一支烟。"

四、下一步：市场"媳妇"进门后能否"登堂入室"

2018 年 11 月中国改革开放 40 年前夕，笔者在《学术界》杂志发表的《中国改革 40 年若干规律性问题认识》一文中，提出一个关于中国"由 1.0 版向 2.0 版即高标准的社会主义市场经济迈进"的命题。向"高标准的社会主义市场经济"如何迈进？笔者认为，虽然，商品市场和要素市场二者都构成现代市场经济体制的基本条件，也是发挥市场配置资源的重要媒介和载体，但考虑到经过 40 年的改革，商品端的市场关系基本已经理顺（97%

---

1. 上述辽吉黑有关数据参见王小鲁、樊纲、余静文：《中国分省份市场化指数报告》，社会科学文献出版社 2017 年版，第 84—98 页。
2. 新的辽吉黑有关数据参见王小鲁、樊纲、胡李鹏著：《中国分省份市场化指数报告》，社会科学文献出版社 2019 年版。

已经市场化），因此，提出下一步重点是"资本、土地、劳动力、技术、管理、信息（即数据）等各类要素市场化配置问题"[1]。没有新型的要素市场体系及其配置体制机制，就不可能有完善高效的市场经济体制机制。

着眼于全世界就会看到，中国要素市场体系建设、要素市场化配置体制机制仍不适应全球化、市场化、信息化、法治化发展的新要求。因此，顺应新时代深化改革的要求，必须建设高标准要素市场体系。

对于东北来讲，还有一个背景，就是近年东北经济运行和经济发展的质量不高，面临的突出问题是如何提高三省经济增长的"全要素生产率"。根据经济学原理，"全要素生产率"的提升，一则取决于劳动生产率的提升和技术进步效率；二则取决于资源配置效率。当前，东北经济发展面临结构性困境和失衡，这些问题根源在于"资源错配"。这就意味着，提高资源配置效率是东北摆脱发展困境的重要出路之一。本节"要素市场化配置"问题就是在这种背景下提出的。

2019 年 8 月，笔者在《改革与战略》杂志发表了《开放倒逼下的中国经济改革"双突破"论》。一个突破是"产权制度的创新完善"（关于"产权制度"，本书上一章已经论述）。另一突破是"要素市场化配置"[2]。2020 年 3 月 30 日，中共中央、国务院制定《关于构建更加完善的要素市场化配置体制机制的意见》（4 月 9 日发布）提出，完善要素市场化配置是建设统一开放、竞争有序市场体系的内在要求，是加快完善社会主义市场经济体制的重要内容。按照前面阐述的资源配置"由市场来决定"的原则，提高要素"市场化配置程度"，既是坚持市场化改革方向的重要体现，也是全面落实市场机制决定资源配置的现实要求。[3]

---

1. 常修泽：《中国改革 40 年若干规律性问题认识》，《学术界》2018 年第 11 期。

2. 常修泽：《开放倒逼下的中国经济改革"双突破"论》，《改革与战略》2019 年第 8 期。

3. 本节和下一节立论的基础是中共十九大报告指出的："经济体制改革必须以完善产权制度和要素市场化配置为重点，实现产权有效激励、要素自由流动、价格反应灵活、竞争公平有序、企业优胜劣汰。"东北尤其应这样做。

第二节　呼唤市场"媳妇"登堂入室：全方位要素市场化配置

　　谈及"要素市场化配置"，首先要确定"要素"的新内涵。100 多年前，在古典政治经济学家提出"劳动、土地"二要素基础上，马克思曾提出"资本"要素，从而形成"三大生产要素说"，即劳动、土地、资本。经过100 多年经济社会的发展，现今人们对生产要素的认识明显扩展。2019 年10 月，中共十九届四中全会通过的《中共中央关于坚持和完善中国特色社会主义制度、推进国家治理体系和治理能力现代化若干重大问题的决定》在讲到分配机制问题时指出，"健全劳动、资本、土地、知识、技术、管理、数据等生产要素由市场评价贡献，按贡献决定报酬的机制"，这里已经把"生产要素"拓展到"七大要素"。上述"七要素"中，知识与技术是两个独立要素，但在要素市场建设开始阶段，也可以暂时合在一起，"管理"则涉及经理市场或企业家市场问题，则应单独列出，不应回避。

　　下面结合东北的实际，就包括劳动力、土地、资本、知识技术、数据、管理（或企业家市场）在内的六大要素市场化配置深度分析。

一、劳动力要素市场化配置

　　劳动力要素流动涉及"人的自身解放"问题。在中国改革开放 20 年（1998 年）时，笔者在《独立的人格力量与自主的经济力量初露端倪》一文中写道："中共十一届三中全会开辟了解放生产力、解放生产关系、同时也解放人的自身的新纪元。""回顾 20 年的历程，最突出的，我认为就是独立的人格力量和自主的经济力量在中国大地的崛起。尽管这种力量还很幼小，还只是'初见端倪'，但是它的生命力和影响力是不可估量的。"[1]在中国改革开放 40 年后的今天，笔者依然坚持认为，首先应从这个视角审视和研究中国改革包括要素市场化问题。

根据笔者《人本体制论》所阐述的"人本至上"的观点[2]，在各生产要素中，劳动力要素（或称劳动力资源）是最活跃、最重要的要素。改革开放以来，劳动力市场迅猛发展，劳动力要素市场化配置程度也有所提高，但是在劳动力流动过程中"障碍人的自身解放问题"依然相当突出。故，与其他方面的排序不同，笔者这里把"劳动力要素市场"放在各生产要素市场之首来论述。

东北人口众多，人力资源比较丰富。尽管近年常住人口有所减少（例如，2019 年比 2018 年，黑吉辽三省常住人口分别减少 21.8 万、13.33 万、7.6 万人；三省常住人口自然增长率分别为 –1.01‰、–0.85‰、–0.8‰[3]）。

从最新"七普"人口数据来说，与"六普"相比有不少城市人口减少。如哈尔滨市由 1064 万下降到 933 万，减少 131 万；齐齐哈尔市由 537 万下降到 395 万，减少 142 万（其他略）。整个东北地区正增长大城市中，辽宁占三个，即：沈阳由 811 万增加到 855 万，+44 万；大连市由 669 万增加到 732 万，+63 万；盘锦由 139 万增加到 155 万，+16 万（吉林省长春市也由 768 万增加到 782 万）。但从整个东北地区总体来看，还是减少的城市多，应引起高度注意。

当然，从存量来看，东北地区劳动力资源依然潜力很大。据《东北振兴主要统计指标》（2003—2015）数据，黑吉辽三省 2010 年劳动就业人口5230 万人[4]，虽然近年劳动力也随人口有所流失，但也大体维持在 5000 万左右的规模。

---

1. 常修泽：《独立的人格力量与自主的经济力量初露端倪》（1998 年），转引自《人本体制论》，中国经济出版社 2008 年版，第 66—67 页。

2. 常修泽：《人本体制论》，中国经济出版社 2008 年版。

3. 新华社客户端：《31 省份常住人口数据出炉》，2020 年 4 月 16 日。

4.《东北振兴主要统计指标》（2003—2015）。

经过 40 多年的改革,从计划经济下的劳动力由国家统包统配(俗称职工吃企业"大锅饭",企业吃国家"大锅饭"),已经转变到企业有用人自主权、职工有择业自主权,尽管一度出现"买断工龄"的阵痛,但总的说,东北企业与职工之间以"劳动契约"为纽带的劳动力要素配置是有所进展的。但在城乡之间,劳动力要素市场化配置还存在诸多问题。针对此,引导劳动力要素合理畅通有序流动应着重抓住以下三大要点。

(一)深化户籍制度改革,畅通农民工城市落户渠道

现在,由于户籍、社会保障和基本公共服务等行政性分割,致使全国城镇 4.2 亿就业人员中,仍有 2.8 亿左右农民工没有城市户籍。如何解决这些农民工的城市户籍问题?

从大局看应采取"分类区别对待"的办法。"分类区别对待"涉及城市规模不同的类型划分。

根据 2014 年国家新的城市规模划分标准,以城区常住人口为统计口径,可将城市划分为五类七档:城区常住人口 50 万以下的城市为小城市,其中 20 万以上 50 万以下的城市为 I 型小城市,20 万以下的城市为 II 型小城市;城区常住人口 50 万以上 100 万以下的城市为中等城市;城区常住人口 100 万以上 500 万以下的 城市为大城市,其中 300 万以上 500 万以下的城市为 I 型大城市,100 万以上 300 万以下的城市为 II 型大城市;城区常住人口 500 万以上 1000 万以下 的城市为特大城市;城区常住人口 1000 万以上的城市为超大城市。按此标准,在东北地区,沈阳、长春、哈尔滨、大连等,城区常住人口超 500 万,应为特大城市,其他多数属于大城市或中小城市。

表 5-1 中国城市人口规模分布及预测

城市类型＼年份	2006	2010	2015	2035 预计
超大城市	3	4	5	12
特大城市	4	4	8	13

年份 城市类型	2006	2010	2015	2035 预计
Ⅰ型大城市	10	10	12	17
Ⅱ型大城市	51	51	60	85
中型城市	92	98	113	127
小城市	495	489	464	

资料来源：《城市建设统计年鉴》，中国宏观经济学会课题组测算

按照国家新的政策，个别超大城市仍采取"积分落户"（或许特大城市暂时也采取）。笔者在 2015 年出版的《人本型结构论》曾阐述了"积分落户"办法。[1] 今后，个别"超大城市"虽然采取"积分落户"办法，但也可以放活——例如，国家提出，可以"探索推动在长三角、珠三角等城市群率先实现户籍准入年限同城化累计互认"。按此思路，即使东北地区特大城市（沈阳、长春、哈尔滨、大连等城市群）也可"率先实现户籍准入年限同城化累计互认"，这有网开一面的意义。

除个别超大城市外，其他城市打破落户限制，试行以经常居住地登记户口制度，建立城镇教育、就业创业、医疗卫生等基本公共服务"与常住人口挂钩"机制，推动公共资源按常住人口规模配置。按此思路，东北地区绝大多数大城市或中小城市不再采取"积分落户"办法，而直接实行以经常居住地登记户口制度。如此打破限制，将加快农民工市民化进程，有利于建立城乡统一的劳动力市场。

（二）畅通劳动力和人才社会性流动渠道

这涉及"平等就业"或者用理论语言"建立健全统一规范的人力资源市场体系"问题。针对现实生活中普遍存在的身份、性别等歧视现象，应营造公平就业环境，保障城乡劳动者享有平等就业的权利。同时，打破壁垒，切实疏通企业、社会组织人员进入党政机关和国有企事业单位的渠

---

1. 常修泽：《人本型结构论》，安徽人民出版社 2015 年版，第 217—218 页。

道，让人才流动起来。尤其是要"拆掉藩篱"。现在"篱笆墙"太多，要采取"削藩策"，优化国有企事业单位面向社会选人用人机制，国有企业一定要公开招聘，使人才之"颖"（锥子尖）能够顺利"脱"（露）出。

2000 多年前，姜太公立齐国，周天子问："何以治齐？"太公曰："举贤而上（尚）功。"（引自《汉书·地理志》）这种不计出身，唯贤是举，不重名分、以功为尚的方针，打破了世卿世禄制的藩篱，把入仕的门户向血缘贵族以外的广大人群敞开。两千年前办到的，今天我们更应办到才是！

（三）完善技术技能评价制度

现在技能评价问题甚多，应发扬 1984 年莫干山会议开创的"英雄不问来路"的选人精神[1]，打破户籍、地域、身份、档案、人事关系等制约，尤其要畅通非公有制经济组织、社会组织、自由职业专业技术人员职称申报渠道。"民间自有高手在"[2]，应完善技术工人评价选拔制度，给一线劳动者提供通畅的"上升管道"。2020 年 8 月，笔者在民营企业——东华教育集团创办的长春科技学院调研中了解到，学校"不拘一格降人才"，把32 岁的全国技术能手刘洋引进学校，聘为正教授级专家，并为之设立专家工作室。该工作室的墙上写着 8 个大字："一技之长，能动天下"，颇有启发。

二、土地要素市场化配置

东北地域辽阔，土地资源丰富。土地按用途来说，有俗称"三块地"之说。第一块地，农用地（包括国有和集体的农用地，从全国来说，国有的农用地大约占 10%，东北因国有农场较多，国有农用地比重会超过10%）；第二块地，是农村宅基地；第三块地，农村宅基地以外的城乡建设

---

1. 1984 年莫干山会议的选人标准是"五不讲"，即，不讲学历，不讲职务，不讲职称，不讲职业，不讲名气，强调"以文选人"，"英雄不问来路"。多年来一直被传为佳话。参见常修泽：《史料版 1984 年莫干山会议》，《学术月刊》2012 年第 11 期。
2. 笔者在东北调研期间见到诸位"东北奇人"，如延边州卫健委专家古怀明先生，致力于朝医朝药研究，被誉为"白山之子"。

用地。受计划经济体制影响,"三块地"作为要素配置都很僵化。近年来,因集体的"农用地"(耕地)已经实施了"三权分置"改革,即所有权是集体的,承包权和经营权是农民的,承包权的经营权可以交易。在此情况下,深化土地要素市场化配置改革,新的重点应该瞄准城乡建设用地和农村宅基地,使之走向"市场化配置"。重点有三:

(一)建立城乡统一的建设用地市场

中国的城乡二元体制,主要体现在城乡居民"土地权利"上的身份差异。目前土地市场是"城乡分治"的:在城市实行国有经营性用地"招、拍、挂"制度[1],而在农村,集体建设用地使用权的流转却受到较多限制[2]。由于农地非经政府征用不得转为非农用途,造成了农地变为建设用地过程中的"国有化"倾向。

这种"两种权利体系、两个市场、两种土地利益分配"的二元土地市场格局,实质上是对农村集体土地的"所有制歧视"。由于集体建设用地不能进入建设用地市场,从而使得土地市场价值无法显化;不能通过市场化交易也就不能真实反映地价,这样建设用地供需矛盾也就不能通过市场机制得到有效平衡,进而造成土地大量浪费。

基于此,需要建立健全城乡统一的建设用地市场。国家将加快修改完善《中华人民共和国土地管理法》实施条例,完善相关配套制度,制定出台"农村集体经营性建设用地入市"指导意见。东北应密切关注此项改革,在此基础上,建立公平合理的集体经营性建设用地"入市增值收益"分配制度。

---

1. 据笔者实际调研,从 20 世纪 80 年代中期开始,在城市逐步推行"土地有偿使用"制度,并尝试性引入国有土地使用权招标拍卖制度;90 年代中后期开始,加快推动土地要素的市场化配置进程,逐步扩大市场形成土地价格范围。2004 年,在全国范围内确立了"招标、拍卖、挂牌"(简称"招、拍、挂")制度。2006 年后,东北也把工业用地纳入"招、拍、挂"范围。

2. 对于农村集体土地进入建设用地市场,最初是允许的。比如,1985 年的中央农村工作文件就允许"农村地区性合作经济组织以土地入股方式参与(小城镇)建设,分享收益或者建成店房及服务设施自主经营或出租"。但进入 90 年代后,集体建设用地的市场逐渐关闭。1998 年施行修订后的《中华人民共和国土地管理法》对土地转为非农用途做出了非常严格的规定。"建设占用土地,涉及农用地转为建设用地的,应当办理农用地转用审批手续"。"农民集体所有的土地的使用权不得出让、转让或者出租用于非农业建设"。除了农民使用集体土地从事建设外,"任何单位和个人进行建设,需要使用土地的,必须依法申请使用国有土地"。

（二）深化"产业用地"市场化配置改革

对东北来说，此"产业用地"，主要是"工业用地"（也有"服务业用地"）。产业用地市场供应体系包括：（1）长期租赁；（2）先租后转让；（3）弹性年期供应；（4）作价出资（入股）等。应推动不同产业用地类型合理转换，探索增加混合产业用地供给。

（三）努力"盘活"存量建设用地

由于历史原因，东北有大量存量土地（其中也包括不少低效甚至闲置用地，据反映，除国企外，不少政府办的工业园区也有闲置土地）。要充分运用市场机制盘活存量土地和低效用地，利用好国家有关盘活存量建设用地的税费制度。尤其以多种方式盘活东北现有国企的存量用地。这是一条线。

"盘活"存量另一条线，是深化农村宅基地制度改革试点。现在，一则"超标"。根据国务院发展研究中心对 2749 个村庄进行的一项调查，户均宅基地面积为 0.59 亩（393.33 平方米），人均面积为 106.67 平方米，被认定"超标"。二则"闲置"。随着大量农民进入城市，某些地方甚至出现了所谓的"空心村"。有数据显示，目前全国农村空置宅基地最低约 3000 万亩。中国社会科学院农村发展研究所《中国农村发展报告（2017）》则指出，全国"空心村"闲置宅基地的综合整治潜力约为 1.14 亿亩。以北京为例，农村目前近八成村庄有闲置农宅，共约 7.5 万套，其中六成左右为整院落闲置。应鼓励村集体和农民盘活并利用闲置宅基地和闲置住宅。

2019 年 9 月，笔者在《盘活闲置农宅，应保障农民财产性收入》中指出："盘活闲置农宅，使得农村闲置资源发挥社会效益，免于闲置和浪费，是有利的事情。""对于宅基地，千百年来有产权关系，但并没有产权的概念。现在虽然有了明确的产权概念，但依然还有人把所有权当作产权的全部"。这篇文章指出，按照笔者的《广义产权论》，现代产权是"多权能"的，除了所有权之外，还包括所有权派生出来的各种权利[1]。盘活闲置宅基地，要讲"'三权分置'；所有权是集体的；资格权和使用权是农民的，过

---

1. 常修泽：《广义产权论——中国广领域多权能产权制度研究》，中国经济出版社 2009 年版。

去只能出租，不能出让，也就是说只能转让使用权，而现在可以出卖、出租，意味着资格权也可以转让、交易了"。"这是一场深刻的变革，让闲置的宅基地真正变成农民的财产性收入"。[1]

土地制度通过以上三大改革，有利于乡村振兴和城乡融合发展提供土地要素保障。

三、资本要素市场化配置

东北市场化配置一个突出短板是金融业。从上一节数据看到，金融业的市场化和金融业的竞争指标三省在全国位次排得都很靠后。应补上金融业的短板并设法走在国内前列。除对外要推进金融业的开放（包括对外稳步而"艰难"地推进人民币国际化和人民币资本项目可兑换，以及逐步推进证券、基金行业双向开放）以外，对内要推进资本要素的市场化配置。重点有三：

（一）完善股票市场基础制度

从 20 世纪 80 年代沈阳金杯汽车率先发行股票以来，在中国，股票市场经过 30 多年的发展，已经形成包括主板市场、科创板市场、中小企业板市场、创业板市场和全国中小企业股份转让系统（号称"新三板市场"）等多层次体系。其间，各类股票市场跌宕起伏，几度风雨。基于现实，从国家来说，要在市场化、法治化的轨道上健全完善几个重要方面的制度：（1）股票市场的发行制度、交易制度、退市制度等制度；（2）投资者保护制度和证券民事诉讼制度；（3）主板市场等多层次股票体系建设。

（二）加快发展债券市场

这方面，要稳步扩大债券市场规模，丰富债券市场品种，推进债券市场互联互通，并探索对公司信用类债券实行发行注册管理制等。

（三）继续发展并完善产权市场

现在不少论著讲的"资本市场"当中不提"产权市场"，是不全面的。

---

1. 常修泽：《盘活闲置农宅，应保障农民财产性收入》，《新京报》2019 年 9 月 27 日。

产权市场也是资本市场的重要组成部分。现代产权制度的第三要义是产权"流转顺畅"，目的是通过一定程序的产权运作（交易）使产权各种权能的所有人获得产权收益。中共十九大报告提出"要素自由流动"，而产权流动就属于要素自由流动的核心或实质内容。

据笔者实际调查，辽吉黑三省对产权市场都做了大量工作，在全国产权交易机构（共126家，其中省级副省级46家）中，辽吉黑三省的产权市场是走在全国前面的。[1]

图 5-1　2017 年 7 月作者（中）考察黑龙江产权交易所　　图 5-2　2017 年 8 月作者（右）考察吉林股权交易所

下一步，一是要规范化，确保产权市场依法决策、合规经营；二要市场化，提升产权市场的资本市场功能；三要信息化，构建全国"互联网＋产权市场"网络生态体系；四要多元化，产权市场既要为国资国企改革服务，也要为民企和外企服务。

完善产权市场制度，当前要重点解决交易前资产评估不准确、交易过程不透明、交易价格不合理、交易后资金不到位等问题，既要有效防止国有资产流失，也要防止有人借机在交易中侵吞民资。此外，自然资源资产有偿使用、农村产权交易流转机制也都需要进一步探索。

除建立健全上述三类市场外，针对东北金融业的滞后，应增加有效金融服务供给，构建多层次、广覆盖、有差异、大中小合理分工的银行机构

---

1. 笔者分别于 2017 年 7 月和 8 月，前往黑龙江和吉林两家产权市场调查。见中国改革论坛网 2017 年 7 月和 8 月"专家学术动态"。对于辽宁，则在产权会上直接听取产权市场负责人王琳琳女士的情况介绍。应该说，在产权市场建设方面辽吉黑三省的产权市场是走在全国前面的。

体系，尤其增加服务小微企业和民营企业的金融服务供给。

四、知识技术要素市场化配置

技术要素也是重要生产要素，它与劳动要素有关，可以说是复杂劳动的派生产物。2003 年笔者给中共十六届三中全会起草组提供的内部报告《论建立与社会主义市场经济相适应的现代产权制度》中，曾建议中央"从广义上"把握产权内涵，即除了人们熟悉的"物权、债权、股权和技术产权"等权利之外，还包括劳动力产权、管理产权等，"从而使要素产权体系完整化"[1]。继之，笔者在《广义产权论》第十六章，专门分析了"技术产权及其产权的技术创新效应问题"，将技术要素列入要素市场化配置行列论述。[2]

针对当前技术要素配置存在的主要问题，促进"两个激活"：

（一）激活技术产权激励

怎样激活？首先要确立并健全"职务科技成果产权制度"。笔者在《广义产权论》（2009）曾提出：一分为二：一部分归公家，一部分归研发团队所有。现在这方面问题是，包括职务科技成果在内的人力资本的产权界定不清晰。一项科研成果出来，科研创新的研究者、创新者团队及个人的贡献多少？单位的资金设备和无形资产贡献多少？在这个问题上界定不清晰。这些年出了很多的冤案，值得研究。

在产权界定的基础上，下一步应深化科技成果使用权、处置权和收益权的改革。东北地区特别是沈阳、大连、长春、哈尔滨等科技发达城市，可率先开展"界定"科研人员职务科技成果所有权或长期使用权的试点工作，切实落实以增加知识价值为导向的收入分配政策，尊重科研、技术、管理人才，体现技术、知识、管理、数据等要素的价值。建议用"界定""承认""尊重""确立"用语，不用"赋予"用语[3]，因为科研人员职务

---

1. 常修泽：《论建立与社会主义市场经济相适应的现代产权制度》，《宏观经济研究》2004 年第 1 期。
2. 常修泽：《广义产权论》，中国经济出版社 2009 年版。
3. 包括职务科技成果在内的人力资本产权，是哪里来的？是研究者、创新者个人固有的、内在的，不是政府或上级"赋予"的。在此不能用"恩赐"的观点，而应用"尊重"的观点。建议不用"赋予"二字。

科技成果的所有权是内在的、固有的，不是某人或机构"恩赐"的。

注意：在激活技术产权激励的同时，要强化对知识产权的保护和运用，尤其是推进东北具有优势的重大技术装备、重点新材料等领域的自主知识产权市场化运营。

（二）激活中介服务活力

从东北大学创办东软集团、哈尔滨工业大学创办哈工大集团等案例的发展历程可以得到启发，科技中介服务十分重要。要培养一批技术转移机构和"技术经理人"，支持科技企业与高校、科研机构合作建立技术研发中心、产业研究院、中试基地等新型研发机构。现有的科研院所应该分类改革，其中应用技术类科研院所应大胆地走市场化、企业化发展的路子。为了激活中介服务活力，建立国家技术转移人才培养体系势在必行。

五、数据要素市场化配置

笔者在《广义产权论》等著作中讲到"要素产权体系完整化"时，曾把数据（或称信息）与技术放在一起研究。直到2017年6月16日，笔者在国家行政学院所作的《用新思维推进新旧动能转换》的报告中提出："我们说要寻找新的动能，很大程度上要找这个新技术。当然现在还有一种就是信息，信息将来有可能变成一个新的资源，跟技术并立。"

现在根据互联网大数据时代发展的新趋势，国家已经把数据（或称信息）作为一种生产要素单独列出。2020年4月9日，中共中央、国务院发布《关于构建更加完善的要素市场化配置体制机制的意见》，明确把数据作为一种生产要素单独列出，称之为"数据要素市场化配置"。

（一）准确把握"数据"内涵和"数据要素"方面存在的问题

首先要界定"数据"的内涵，防止狭隘化。笔者认为，"数据"作为信息的总称，它不只是国家统计部门为国家宏观调控提供的数据，而是国家（政府）、企事业单位、社会组织、公众（自然人）等各行为主体以及自然界客体，在互联网上或网下提供的全部信息的总和。

从中国经济、政治、社会、文化、生态全面治理角度来审视，现在很多基础数据尚不完善，存在两方面的问题：一方面，缺乏及时、快速、全面、真实、透明的官方权威数据（或称信息）；另一方面，也缺乏社会或民间的更为丰富、深邃、准确的数据支撑，即使有民间的数据，但其权责利体系很不完善[1]。例如，对于数据所涉及的公民个人隐私权保护得不好，网上侵害公民个人隐私权乃至把信息变成变相"大字报"的事时有发生[2]。如何在数据保密及隐私保护前提下，进一步拓展数据的开发利用领域，有待进一步探讨和发展。

（二）针对这些问题，需要建立健全"数据权利"体系

数据要素作为互联网时代形成的创新要素形态，如何提升其资源价值并保护必要的数据安全，是一个全新课题。应根据数据性质予以分类"确权—护权"：第一，对于有主体信息的数据，应明确该主体的所有权，完善个人信息授权制度，允许授权使用；第二，对于主体信息不明、采用"脱敏"技术处理或深入分析挖掘的数据，可明确数据开发主体的所有权，"界定"并"承认"企业对这些数据信息自主使用、共享、开放和交易，并要求企业采取措施防止"脱敏"后数据被追溯或者被复原。这对于探索建立统一的数据标准规范、支持构建多领域数据开发利用场景，全面提升数据要素价值，具有重要现实意义。

（三）政府数据与社会数据"双轨运行"

对于政府数据（例如企业登记、交通运输、气象等公共数据），应推进开放共享。这就要优化经济治理的基础数据库，加快推动各地区各部门间数据的共享交换，国家将会制定出台新一批"数据共享责任清单"。东北应关注并遵循上述公共数据开放和数据资源有效流动的制度规范。对于社会数据，应挖掘开发其资源价值。比如，培育数字经济新产业、新业态和新模

---

1. 应该说明，数据作为现代经济社会治理的基础性平台，目前其权责利体系尚不够完善。例如，在数据"密级层次设置"及"公民个人隐私权保护"等方面还很不完善，如何在数据保密及隐私保护前提下，进一步拓展数据的开发利用领域，有待进一步探讨和发展。
2. 以至有人说："经历或没有经历过'文革'的人，可能其中就有'文革'的无症状感染者"，一有合适条件就发作，包括在网上发作。

式，支持构建农业、工业、交通、教育、安防、城市管理、公共资源交易等领域规范化数据开发利用的场景。这当中，要注意发挥行业协会商会作用，推动人工智能、可穿戴设备、车联网、物联网等领域数据采集标准化。

（四）做好数据的整合优化和安全保护

国家将会建立统一规范的数据管理制度，提高数据质量和规范性，丰富数据产品。地方、企业与公民要树立"数据产权"概念，尤其对于政务数据、企业商业秘密和个人数据，要遵守数据隐私保护制度和安全审查制度，以保障数据要素市场的安全运行。

六、企业家（管理）要素市场化配置

中共十九届四中全会通过的《中共中央关于坚持和完善中国特色社会主义制度、推进国家治理体系和治理能力现代化若干重大问题的决定》在讲到生产要素时提出，"劳动、资本、土地、知识、技术、管理、数据"七大要素，"劳动、资本、土地、数据"前面已经单独论述，知识、技术两个要素，也合并分析，现在唯一缺的是管理要素（或称企业家要素）。有关方面在要素市场化配置体系文件中，未提企业家（或称管理）要素市场，不知何故。本书主张把此列入要素市场体系中。

按照社会分层理论，在中国特色社会主义的社会群体中，企业家是一个重要的群体，虽然人数不多，但他们是与先进生产力和先进文化相联系的社会力量。特别是在当代中国融入世界经济体系、逐步携手登上世界发展舞台的时代，企业家群体具有重要作用。东北地区总的来说企业家群体数量不足，尤其是缺乏知名企业家。实践中一些人对企业家群体的社会认知度不高，也有一些企业家背负了本不该属于他们的负面形象，甚至有人将企业家群体视为一种"异己力量"。笔者在东北调研发现，侵害企业家财产权和其他权益的问题时有发生，而且颇为复杂：既有在近年改革发展现实中出现的一些产权案件，也有一些是过去改革历史进程中形成的积累产权案件。人们呼唤，一则要依法保护企业家合法权益，二则要建立健全企业家（或称管理）要素市场。因此，除以上五大要素市场外，还应有个企业家（或称管理要素）市场化配置问题。

2017 年 5 月，笔者在《上海大学学报（社会科学版）》第 3 期发表的《企业家阶层新论》中，曾提出"建立企业经理人员市场化选拔任用机制"，认为"这个问题实际是关系到企业家作用能否充分发挥的一个现实问题"。文中指出："现在在国企以及一些新型的农村合作社和城镇企业中，受传统官本位体制的影响，'错把经理当官员'，尚未形成企业家市场选择和配置机制。按照改革开放 30 多年形成的规矩和相关法律，董事会依法选择经营管理者、经营管理者依法行使用人权。""实行这种有管理的市场化选择机制，有利于促进社会的'层际流动'，以给社会各层的企业家提供施展通道，也更有利于实现人才资源的优化配置"。[1] 此问题因涉及国企和高管管理比较复杂，本章后面【相关链接】之《关于要素市场化配置改革再探讨》[2] 关于企业家部分，拟继续展开阐述。

以上阐述了六大要素市场化配置要点，这里要强调指出，核心命题是推动"要素价格市场化"形成机制。1984 年莫干山会议上，讨论的是"商品价格"的改革问题。30 多年后，这里讨论的是"要素价格"改革问题。与一般"商品价格"不同，它是资本、土地、劳动力、技术、数据、企业家（或称管理要素）等各类要素的价格。资本要素的价格就是利息与汇率，土地要素的价格就是地价与地租，劳动力要素的价格就是工资与薪酬，技术要素的价格就是技术成果收入，数据要素的价格就是"数价"和信息使用费，管理要素的价格就是管理者（企业家）的"身价"。原则上说，各类要素的价格都是由市场机制来形成和决定的，说透了，就是两句话：第一句，"要素自身价值、市场供求和竞争形成价格"；第二句，"价格变动引导资源配置"。

目前，我国部分要素市场定价机制仍然不够完善，市场化价格形成还有很多体制机制障碍，这不利于市场化配置资源，也无法实现资源高效配

---

1. 常修泽：《企业家阶层新论》，《上海大学学报（社会科学版）》2017 年第 3 期。
2. 常修泽：《关于要素市场化配置改革再探讨》，《改革与战略》2020 年第 9 期。

置。因此，需要深化要素市场价格体制机制改革，具体说就是：（1）推进资本市场的利率市场化机制和人民币汇率弹性形成机制；（2）完善土地市场价格形成机制；（3）完善企业劳动者报酬和工资收入形成机制、事业单位绩效工资形成机制以及机关公务员工资收入形成机制；（4）完善技术成果的转让价格形成机制；（5）完善数据"数价"和信息使用费形成机制；（6）完善管理者（企业家）的"身价"形成机制等。通过这些，以切实提高资本、土地、劳动力、技术、数据、管理者（企业家）等资源要素的市场化配置效率。

【相关链接】　关于要素市场化配置改革再探讨 [1]
——在中央党校（国家行政学院）出版网络中心的报告
常修泽

【内容提要】生产要素是随着时代的发展而不断丰富发展的，应从大历史观把握"七要素"体系的发展进程。推进要素市场化，不仅应着眼于经济改革和经济发展，而且应着眼于人的发展和社会治理改革。"要素"和"产权"虽是两个范畴，但在"很大范围内"是交叉的，凡是要素都有产权。建议不采用"赋予"要素产权的表述，而采用"承认""尊重"或"维护"的提法。产权是"生产要素的生命"：范围全覆盖、过程全贯通、生命全周期。要素市场化配置实则是"产权配置"，要素价值实则是"产权价值"。应把完善产权制度和要素市场化看成是"形神兼备"的有机整体，在实践中紧密结合按六大市场配置一起推进。这是一场深刻的社会变革，实际上向权力部门提出了某种挑战。面对历史，需要拿出"自我变革"的勇气。

产权制度和要素市场化改革是中国经济改革和发展中的重大理论和实践问题，也是作为一位研究者关注并致力于探讨的课题。2019 年 8 月笔者曾在《改革与战略》杂志发表过一篇论文，题为《开放倒逼下的中国经济改革"双突破"论》[2]，其中着力探讨的即是产权制度和要素市场化配置改革"突破"问题。论文发表后，引起理论界和新闻界的重视。中国人民大学报刊复印资料《体制改革》转载此文，并有相关

---

1. 本文是笔者于 2020 年 6 月 5 日在中央党校（国家行政学院）出版网络中心的报告（整理修订稿）。该文在《改革与战略》杂志 2020 年第 9 期作为头篇文章发表，部分有删节订正，为保持原味，保留学术发言的语言风格。
2. 常修泽：《开放倒逼下的中国经济改革"双突破"论》，《改革与战略》2019 年第 8 期。

媒体报道。[1]

但是，反思这篇论文，现在看有两个明显弱点：其一，相对于产权制度而言，对"要素市场化改革"分析论述较弱；其二，对产权制度和要素市场化改革二者之间的内在联系探究和揭示不够。因此，考虑需要对中国经济改革的这个"重点问题"进行再探讨。

2020 年 5 月 18 日，《中共中央 国务院关于新时代加快完善社会主义市场经济体制的意见》公布。导语部分，进一步明确"以完善产权制度和要素市场化改革作为重点来推进经济体制改革"，特别是其中第四部分，题目即是"构建更加完善的要素市场化配置体制机制"。继之，2020 年 5 月 22 日李克强总理的《政府工作报告》，在改革部分里做出了"推进要素市场化配置改革"的部署。这就从理论到实践提出了一系列值得研究的问题。下面结合自己这些年的研究，就关于要素市场化配置改革作以下"再探讨"。报告分三部分。

一、关于生产要素的内涵以及如何从大历史观维度把握要素体系的发展过程

"生产要素"是学术用语，一般也可把它简化成"要素"。什么是生产要素？根据《政治经济学大词典》给的定义，"生产要素是生产某种商品时投入的各种资源"[2]。这样一个界定基本上能揭示"生产要素"这个概念的实质内容。

当今人类有多少生产要素？从人类社会发展的长河来看，"生产要素"的内涵是随着时代的发展而不断丰富发展的，人类对生产要素的使用及其认识也在不断进步之中。从大历史观维度把握要素体系的发展过程，梳理如下。

（一）马克思之前：劳动、土地二要素论

在马克思之前，人类在很长的时期内，生产商品所使用的资源比较简单，相应地对要素范围的认识也比较有限，如生于 1623 年的英国古典经济学家威廉·配第，提出"二要素论"：一个是劳动，一个土地。"劳动是财富之父，土地是财富之母"成为他留给后世的著名格言。虽然威廉·配第没有分清价值和使用价值，不了解一件商品作为"使用价值"是由劳动和自然共同创造的，而作为"价值"则是由劳动创造的（不包含任何自然因素），但是，他明确提出"二要素论"是有贡献的。

（二）马克思：确立"资本"要素并提出科技与管理的某些思想

到了马克思时代，随着工业革命的推进和资本主义生产关系的发展，资源的范

---

1. 中国人民大学报刊复印资料《体制改革》2020 年第 3 期转载了此文；此前 2020 年 1 月 20 日，《浙江日报》理论版《之江会客厅》专栏以"用高水平开放倒逼深化改革"为题，用近一半的篇幅刊登了就此问题的长篇访谈；此后 2020 年 5 月 3 日，凤凰网曾报道了笔者和王小鲁教授应邀在民生研究院讲解"要素市场化配置"的要点。
2. 张卓元主编：《政治经济学大词典》，经济科学出版社 1998 年版。

围明显扩展，人们的认识也有突破性跃升。在马克思出版的著名著作《资本论》中[1]，他发现并揭示了能够带来剩余价值的价值——资本，即经济活动中表现为生产要素投入能够增殖的价值。这样，在要素问题上，除了威廉·配第说的劳动和土地以外，增加了"资本"要素，这是带有突破意义的。

马克思不仅揭示并提出了"资本"要素，而且还提出了"科技"和"管理"要素的某些思想。如在《资本论》和《经济学手稿》中，马克思指出："生产力中也包括科学。""科学的力量也是不费资本家分文的另一种生产力。"[2]同时，马克思《资本论》也有一句话，"一个单独的提琴手是自己指挥自己，一个乐队就需要一个乐队指挥"[3]。

虽然马克思讲到科技、管理的作用，但是给后世留下深刻印象的，还是"资本"要素。"科技"和"管理"只是思想，尚没有提出系统的"创新"理论和"企业家"理论，因此，"科技"要素和"管理"要素没有被后人提到与"资本"要素并列的地位和程度。"科技"和"管理"作为要素完整而清晰的确立是以后的事情。

（三）马克思之后的发展及中共十五大和十六大增加技术要素和管理要素

马克思之后，特别是进入 20 世纪以来，人类科学技术加速发展急剧变革，与此相应，　现代科学技术要素明显发展，人们越来越清醒地认识到科学技术已经成为新资源。1978 年 3 月 18 日，邓小平在全国科学大会上，论述"科学技术作为生产力，越来越显示出巨大的作用"[4]，并鲜明提出"科学技术是第一生产力"[5]。中共十五大报告，在"把按劳分配和按生产要素分配结合起来"部分，第一次加了"按生产要素分配"。这里的"生产要素"包括什么呢？报告明确提出，"允许和鼓励资本、技术等生产要素参与收益分配"，这就十分清晰地写明了"技术"要素。

与此同时，进入 20 世纪以来，"管理"（企业家）的作用也日益凸显。尤其是1912 年在《经济发展理论》中系统阐述"创新"理论的熊彼特，更是明确提出"企业家"理论，使人认识到"管理"要素成为发展生产力的新资源。中国改革开放后，以"企业家"为代表的管理者队伍应运而生并茁壮成长。2002 年 11 月 8 日中共十六大报告明确载入："确立劳动、资本、技术和管理等生产要素按贡献参与分配的原则"，这里增加了一个新的要素——"管理"（具体指企业的经济管理者，以企业家为代表）。11 年后，2013 年中共十八届三中全会《中共中央　关于全面深化改革若干重大问题的

---

1. 马克思生前出版了《资本论》第一卷。去世后，恩格斯帮助整理出版了《资本论》第二卷和第三卷。后来考茨基又整理出版了《资本论》第四卷（《剩余价值学说史》，包括三个分册）。

2. 马克思：《机器。自然力和科学的应用》，人民出版社 1978 年版，第 190 页。

3. 马克思：《资本论》第 1 卷，《马克思恩格斯选集》第 2 卷，人民出版社 2012 年版，第 208 页。

4.《邓小平文选》第 2 卷，人民出版社 1994 年版，第 87 页。

5.《邓小平文选》第 3 卷，人民出版社 1993 年版，第 274 页。

决定》提到"健全由要素市场决定的报酬机制"时，重申了"管理"要素。

从这里可以看出，中国共产党人对于"技术"和"管理"两大要素的重视程度，不仅继承了马克思以及熊彼特等思想家的思想，而且在新的历史时期将其理论更加明晰化。

（四）信息时代："数据是新的生产要素"

随着社会发展，特别是进入 21 世纪后，以互联网为代表的信息革命汹涌澎湃，一种新的资源产生，这就是信息资源，包括大数据、5G、云计算等。信息用什么来代表呢？就是"数据"。欧美学者书中指出，数据也是一种新的资源，而且是非常宝贵的资源。

对于信息或者数据，笔者有一个认识过程。2016 年 5 月 26 日在接受访谈时，曾说："生产要素有老有新，但基本上就是资本、土地、劳动力、技术（包括信息）和管理"，这是 2016 年讲的[1]。在这里，虽然把信息提出来了，但是是与"技术"放在一块的。

翌年，即 2017 年，在给国家行政学院所作的《用新思维推进新旧动能转换》报告[2]中，开始把信息（数据），作为一个"独立的要素"论述。在那个报告里讲："我们要寻找新的动能，很大程度要找新的技术。当然，现在还有一种信息，信息将来有可能变成一个新的资源，跟技术并立。"在这里讲的是"将来"，实际上这种预计还是滞后了——不久之后，即 2017 年 12 月 8 日，中共中央政治局组织主题为"实施国家大数据战略"的集体学习，中央领导同志主持会议时强调，在互联网经济时代，数据是新的生产要素，是基础性资源和战略性资源，也是重要生产力。要构建以数据为关键要素的数字经济。这就明确地把"数据"也作为一种新的生产要素。

（五）结论：新时代把握"七要素论"

2019 年 10 月中共十九届四中全会，讨论国家治理体系现代化问题，通过了《中共中央关于坚持和完善中国特色社会主义制度、推进国家治理体系和治理能力现代化若干重大问题的决定》，其中讲到要素时，在知识和技术要素中间加了一个顿号，那就变成了两个要素，再加上前边五个，那就形成七要素论[3]。

2020 年 4 月 9 日发布的《中共中央 国务院关于构建更加完善的要素市场化配置体制机制的意见》文件，延续了中共十九届四中全会文件的要素范围，即不仅把"数据"正式列入，而且把"知识"和"技术"分成两个独立的要素，从而形成这么

---

1. 冬柏：《民营企业应立足于创造而非单纯分享市场——访经济学家常修泽教授》，《辽宁日报》2016 年 5 月 26 日。
2. 常修泽：《用新思维推进新旧动能转换》，在国家行政学院作的报告（2017 年）。
3. 《中共中央关于坚持和完善中国特色社会主义制度、推进国家治理体系和治理能力现代化若干重大问题的决定》（2019 年 10 月）。

完整一段："健全劳动、资本、土地、知识、技术、管理、数据等生产要素由市场评价贡献。"[1] 至此，到 2020 年时，"七要素论"形成。

二、为什么要推进要素市场化配置改革，特别是为什么必须要与完善产权制度共同作为"新阶段的改革重点"一体推进

先讲今天为什么要强调要素市场化配置改革，然后重点讲为什么要素市场化必须要与完善产权制度一体推进的问题。这涉及如何理解和把握中共十九大报告指出的"经济体制改革必须以完善产权制度和要素市场化配置为重点"的战略实施问题。

（一）要素改革的三大着眼点：经改、经发、人的发展和社会改革

为什么在 2020 年 4、5 月份，中国决策层接连三次出台相关文件——4 月 9 日文件、5 月 18 日文件和总理政府工作报告——来部署"推进要素市场化配置改革"呢？简要说，这是由中国经济改革、经济发展和人的发展大局所决定的。研究这场改革的着眼点，建议不仅着眼于经济改革和经济发展，而且着眼于人的发展和社会治理改革。这是我的一个基本构思。

第一个逻辑，是经济改革本身的逻辑。中国经济改革走到今天，向要素市场化领域推进是必然的趋势和国家战略选择。中国"改革上半场""下半场"，大体以 2018 年改革 40 年为界。前 40 年改革主要还是在商品市场领域。经过多年努力，商品市场化程度已达 97%，除极个别的、极端重要的，政府计划还控制外，绝大部分已经放开。但是，在要素市场化改革、放开方面相当滞后，距离目标很远，有的要素市场还没有"破题"，这是中国经济体制改革的一个短板。基于此，新阶段应该把要素市场化作为经济改革的"重头戏"。至于要改革多少年，现在不好预测，因为商品市场化 97% 用了近 40 年，要素市场化需要多少年，不好确定，要看改革进程。这是一个逻辑。

第二个逻辑，经济发展的逻辑，这是在面临国内外新形势下促进经济发展，特别是促进创新发展的重大举措。现在我们的发展遇到了体制性矛盾和结构性矛盾，怎么解决？需要挖掘内部潜力，其中要素市场化蕴藏着极大的发展潜力。以上两点，已有论者论及，这里不再重复。

需要补充提出的是第三个逻辑，就是新阶段促进人的自身发展和社会治理改革的逻辑。

我比较关注与此相关的人的发展和社会改革。马克思说新社会的本质、最核心的命题是："每个人的自由发展是一切人的自由发展的条件"（见马克思：《共产党宣言》，人民出版社，2018 年版，第 51 页）。2008 年我出版了《人本体制论》[2]。在这部

1.《中共中央 国务院关于坚持和完善中国特色社会主义制度、推进国家治理体系和治理能力现代化若干重大问题的决定》，人民出版社 2019 年版，第 19 页。

2. 常修泽：《人本体制论》，中国经济出版社 2008 年版。

书里曾写有这样一个观点：中共十一届三中全会开辟了"三个解放"的新纪元：第一，解放生产力；第二，解放生产关系；第三，解放人的自身，把人从旧的体制、旧的精神束缚下解放出来，促进人自身的发展。

要素市场化有助于促进人的自身解放和发展，是寻求社会公平的制度建设。比如说，劳动力市场，一个很重要的内容是户籍制度的改革，虽然一千万人以上的超大城市还要"积分入户"，但是其他的城市将逐步全部放开。我觉得，这个改革涉及人、特别是两亿九千万农民工兄弟的自身解放和发展问题，因为旧的户籍制度造成对人的束缚。再比如说技术要素市场化，涉及技术人员、知识分子的"身价"问题；还有管理市场涉及企业家和管理者的"价值实现"问题，等等。

把这些涉及人的方面聚合起来，会得出一个新的结论：这样一个要素市场化配置改革无疑会促进人在新的条件下一种新的解放和发展。中共十九大报告提出"保护人民的人身权、财产权和人格权"。这"三权"中共十九大已经明确写上，现正在落实中。从这个意义上，要素市场化配置改革有助于实现人民的"三权"。

与这个相关的是社会治理改革。如土地市场里面打破城市和乡村这样一个"两种权利体系、两个市场、两种土地利益分配"的格局，劳动力流动也可缓解城乡二元结构，等等。总之，要素市场化有助于破解中国存在的"二元结构"，这既是个经济问题，也是社会问题。破解这个社会问题，无疑会进一步促进社会公平和公正。因此，我今天提出谋划要素改革一个新视角，从人的解放和发展及社会治理改革方面着眼，把握这场改革的历史必然性。

前面分析了为什么要推进要素市场化配置改革。下面重点探讨为什么要素市场化配置改革必须与完善产权制度作为"新阶段经济改革的重点"一体推进。基本的看法：不要把产权制度和要素市场化"完全"看成是割裂的"两个板块"，而要在"很大范围内"看成是"形神兼备"的有机整体。这涉及如何理解和把握中共十九大报告提出的"经济体制改革必须以完善产权制度和要素市场化配置为重点"的深层问题。

（二）产权与要素改革共进的理由："三全"论

生产要素与产权这两者关系怎么样理清？怎么摆布？这与下一步要素市场化配置有很大的关联。这个问题很复杂，简单说两点基本看法：一是"要素"与"产权"是两个范畴；二是在"很大范围内"彼此是交叉的。不是"两个凡是"，而是"一个凡是"：不可以说"凡是有产权的都是要素"（这句话不成立），但是可以说"凡是要素都有产权"。

在此前提出的"生产要素生命论"[1]的基础上，这里进一步提出产权对要素的"三全"论。

---

1. 常修泽、何亚斌：《要素市场化配置与产权市场命运——产权"生产要素生命论"研讨》，《产权导刊》2020年第6期。

1．"三全"之一："范围全覆盖"

先简要说说我的论据。应客观把握产权内涵，认识应该到位，应该扩展。2003年，我有个基础性研究报告上报有关方面[1]，建议"从广义上"来把握产权概念。为什么要做这样一种探索？有感于当时（2003年）人们的产权概念是狭义的。

狭在哪呢？只看到经济物品的权利，而未包括其他产权权利。我在2003年报告说，"产权不仅是大家所熟悉的物权、股权、债权等"（这些无疑都是产权之一部分，但是远远不够），而且还有各种非经济物品的产权，包括各种各样的人力产权，等等。报告原文是："随着改革的深化和时代的发展，继资本、土地和技术等要素产权被确立之后，应将劳动者的劳动力产权和管理者的管理产权纳入产权范围，从而使要素产权体系完整化。"[2]注意：这句话："使要素产权体系完整化"这个理论主张，此与要素市场化配置直接有关。

比方说我是研究学问的，运用自己的知识，写了书，这有知识产权。而知识产权跟物权、股权、债权不完全一样，它不是一个经济物品，而是一种精神的东西。再比如，管理产权，企业家管理企业，即使没有物力资本投入，他管理的绩效，也可以作为一种人力产权投入。特别是普通劳动者，我的报告里写道："劳动力也有产权，劳动者有自己的产权关系。"这样思维就可打开。

后来又进一步探讨其他领域产权，2009年出版的拙著《广义产权论》[3]，第一要义即是"广领域"：（1）广到天——环境产权，环境产权有载体吗？碳排放权，它有一个产权关系问题。（2）广到地——各种资源产权，包括水资源、矿产资源、土地资源、森林资源、草原资源、海洋资源等，每一种资源都有产权。（3）广到人——人的劳权、知识产权、技术产权和管理产权等。

这样一来，天、地、人都有自己的产权，是不是？《广义产权论》第一要义"广领域"也可以称"天地人产权论"，《上海大学学报》2011年曾发表笔者的《天地人产权论》，新华文摘全文转载。[4]九年后，《上海大学学报》2020年第3期又刊登一篇长篇论文，题目：《广义产权论：为天地人共同体立命的探索》[5]。论文认为，只讲人与人之间的命运共同体是不够的，人固有生命，但天也有生命，地也有生命，从更广泛的意义上，应该是建立一个"天地人的生命共同体"。

它的制度经济学基础是什么？是"天地人产权论"。今天我们已经把"产权"推

1．常修泽：《论建立与社会主义市场经济相适应的现代产权制度》，《宏观经济研究》2004年第1期；收入《广义产权论》，中国经济出版社2009年版，第161—176页。
2．常修泽：《论建立与社会主义市场经济相适应的现代产权制度》，转引自《广义产权论》，中国经济出版社2009年版，第163页。
3．常修泽：《广义产权论》，中国经济出版社2009年版。
4．常修泽：《天地人产权论》，《上海大学学报》2011年第3期；《新华文摘》2011年第17期。
5．常修泽：《广义产权论：为天地人共同体立命的探索》，《上海大学学报》2020年第3期。

进到"广义产权"的新境地。按照广义产权论，前面讲的七个要素，每一种生产要素都有自己的产权，这就是说，产权是覆盖到七个生产要素的，无一例外。这是产权与要素改革共进理由之一。

2."三全"之二："过程全贯通"

《广义产权论》第二要义是"多权能"，不仅包括所有权，而且包括占有权、支配权、使用权，等等。如"土地三权分置"：所有权是集体的，承包权是农户的，土地经营权是可以流转的。宅基地也是三权：所有权是集体的，资格权是农户的，使用权是可以流转的。这些权能都是可以分拆的。

《广义产权论》第三要义是"四联动"，就是产权界定、产权配置、产权交易、产权保护"四个制度联动"，这就意味着，现代产权制度是贯穿于生产要素运动全过程的，包括界定过程、配置过程、交易过程、保护过程。

从这个意义上说，中共十九大报告讲的"完善产权制度"，在"很大范围内"就是完善要素产权的界定制度、完善要素产权的配置制度、完善要素产权的交易制度、完善要素产权的保护制度。这是第二点："过程全贯通"。

3."三全"之三："生命全周期"

《产权导刊》2020年第6期发表了这个观点："产权是生产要素的生命。"每一种生产要素里边都有产权，它是内在的，构成要素的生命。今天我们讲要素市场化配置，它的"命门"是什么？是产权。

具体来说，地权是土地要素的生命；劳权是劳动力要素的生命；资本权是股票、债权等资本要素的生命；技权是技术要素的生命；知权是知识要素的生命；管权是管理要素的生命；数权是数据要素的生命（当然，数据产权的界定比较复杂）。如同说人权是人的生命一样，这就把问题说透了。总之，一句话，所有的要素内在都有自己的产权，这是它的命根子，这个观点可称之为"产权是生产要素生命论"。

而且，产权作为生产要素的生命，是"全生命周期"。从生产要素的产生、发展到消亡，产权制度都相伴相随。我用了"形神兼备"一词，要素是"形"，产权是"神"，是生产要素的灵魂，构成其生命。如果把产权之"神"抽走了，要素就成了没有生命体征的"外壳"了。

"范围全覆盖""过程全贯通""生命全周期"——正因为生产要素与产权两者内在如此密切的联系，所以，需要作为一个统一体考虑。

（三）要素产权并非外部"赋予"而是"内在属性"：建议采用"尊重"的提法

产权是生产要素的生命，一则，范围全覆盖；二则，过程全贯通；三则，生命全周期。随之而来的问题是，这个"生命"是谁给的？这是需要着力探讨的问题。

最近，看了一些文章、报告，说到要素里边的产权，用的动词叫作"赋予"。"赋"和"予"组合就是给予的意思。把生产要素的产权说成是"赋予"的，可称为"赋予论"。

在中国，"赋予论"存在很长时间了。这些年我对"赋予论"一直是不理解、不认同、不接受、更不赞成。我们不妨想想，作为知识分子，其知识产权是谁赋予他的？作为技术人员，其技术产权是谁赋予他的？作为劳动者，其劳动力产权是谁赋予他的？作为管理者（企业家），其管理产权是谁赋予他的？其他如农村老百姓的土地产权，等等，是谁赋予他们的？诸如此类，都值得追问。

"赋予论"把关系弄颠倒了。应该很清晰地告白于天下——任何要素所有者，不论是土地所有者、资本所有者、劳动力所有者、技术所有者、知识产权所有者、管理产权所有者，还是数据所有者，所有的要素产权都不是别人"赋予"的，而是它本身就具有的"内在属性"。

注意：这句话十分关键，它是一个"内在属性"，不是外部某人"赏赐一个产权"。如果承认"赋予"产权，势必就承认有一个外部的"恩赐者"，既然"恩赐"给我们，就得要"谢主隆恩"，这就势必带来十分复杂的"感恩关系"问题。

我说要素的产权是要素本身固有的，如果要用准确的用语，建议用"承认""尊重"或者"保护"等概念，都行。实质问题是"内在属性论"，而不是"外部赋予论"。

（四）结论：要素市场化配置"实则是产权配置"，同为"改革重点"一体推进

基于上述分析，得出一个结论：要素市场化配置实则是"产权配置"，要素价值实则是"产权价值"，由此，找到了产权制度与要素市场化内在的"相通性"。

回过来再看中共十九大报告关于经济改革部分开头那句非常重要的话："经济体制改革必须以完善产权制度和要素市场化配置作为重点。"[1]这意味着，经济体制改革林林总总，方方面面，但重点是啥？一面是产权制度完善，一面是要素市场化配置。这两面是什么关系？在"命题"上，产权制度要"完善"，要素配置要"市场化"，但在深层理论结构上，则不要把产权制度和要素市场化"完全"看成是割裂的"两个板块"，而要在"很大范围内"看成是"形神兼备"的有机整体，在实践中应紧密结合"一体推进"。

三、新阶段如何推进要素市场化配置改革：六大要素市场着力点分析

如何推进要素市场化配置涉及一系列问题。如，"六大"要素市场如何科学排序？劳动力市场和土地市场如何摆布？资本市场要不要把"非标资本"包括进去？技术市场如何与知识产权合并进行？数据要素如何处理好"国家安全"和"公民隐私"等一系列问题？特别是，如何为管理要素（企业家）市场争得"座次"弥补文件之欠缺？各个市场应把握哪些要害问题？本部分对此继续作进一步的探讨。

（一）劳动力市场着力点

关于生产要素市场的理论顺序，现在普遍是把土地市场放在第一位的，个人更

---

1. 习近平：《决胜全面建成小康社会　夺取新时代中国特色社会主义伟大胜利》，人民出版社 2019 年版，第 33 页。

倾向于主张把劳动力市场放在第一位。这与自己的"人本经济学"思想有关。虽然别的生产要素也从不同侧面涉及人的发展问题，但劳动市场更直接、更密切。劳动力市场建设，在实践中可把握三个着力点：

第一着力点，深化户籍制度改革。传统户籍制度束缚人的积极性、阻碍劳动力的流动，使城乡就业人员有身份的区隔。现在仍然存在着这种"二元"结构。其实，这不只是"农民工"的称呼问题，而是制度问题。大约两亿九千万"农民工"进城以后，没有完全解决户口问题。这些年虽然做了探索[1]，但好多问题未能解决。例如，买房、买车、孩子上学以及城市社保福利，等等。

怎么样让劳动力能够自由地流动？下一步要大力推进户籍制度改革。除极少数1000万以上的超大城市（全国5个，2015年数据）以外，其他城市落户的限制将逐步取消，包括特大城市（500万—1000万之间，全国8个）、大一城市（300万—500万人之间，全国12个），大二城市（100万—300万之间，全国60个）、中等城市（50万—100万人之间，全国113个）、小城市（50万人以下，全国489个）将逐步取消。这是一个很大的变革，将不仅促进劳动力流动，更重要的是对人的尊严的一种公正对待。

第二着力点，畅通劳动力和人才的社会性流动渠道，解决平等就业问题。现在有一些歧视，比如身份的歧视、性别的歧视等，此外到国有企业、事业单位就业还有某些壁垒。应畅通劳动力和人才社会性流动的渠道，建立健全统一规范的人力资源市场体系，克服"就业歧视"和某些壁垒问题，公开招聘、公平竞争。

只有公开招聘，平等竞争，才能够使真正的人才"脱颖而出"。"颖"是什么东西？"颖"就是"锥子尖"。怎么样把"尖"露出来？如果把"颖"放在铁罐子里，把它限制住，"尖儿"怎么能出来？如果把它放在一个"布袋"里，"锥子尖"就容易扎出来了。要给它一个"柔性"的宽松的环境，而不能给它一个刚性的、禁锢的环境。中国社会底层的人才很多很多，问题是怎么让他"脱颖而出"。

第三着力点，完善劳动技能评价制度。劳动技能，它的价值怎么评价？应该发扬1984年莫干山会议评价人才时的精神，"以文选人""英雄不问来路"[2]。今天要真正把劳动力市场搞活，就要打破条条框框。现在清规戒律太多，有很多有为的青年被这样那样的条条框框给束缚住了。本人接触了很多底层的朋友，说起来颇有感慨，"民间自有高手在"。要完善技术工人的评价选拔制度，真正给底层的劳动者提供一个上升的管道，这是劳动力市场必须要解决的问题。

（二）土地要素市场着力点

尽管威廉·配第提出"土地是财富之母"，但是与劳动力市场和人才社会性流动

---

1. 笔者在《人本型结构论》一书中，讲了广东中山市和上海市"积分入户"的探索（安徽人民出版社，2015年版，第216—218页）。

2. 常修泽：《史料版1984年莫干山会议》，《学术研究》2012年第11期。

相比，还是建议把土地要素市场放在第二位。这里的要害是啥？应该瞄准什么？

第一着力点，建立城乡统一的建设用地市场。建设用地城市和农村过去是两套体系。一套是城里的国家所有经营性土地（已经实行"招、拍、挂"），但是农村的集体建设土地没有实行"招、拍、挂"。过去一直是先是把农村的集体地征地，变成国家的地，再整理，然后土地部门"招、拍、挂"。这种"两种权利体系、两个市场、两种土地利益分配"，实则是因所有制差异而引发的社会问题的体制原因。

看到"城乡统一的建设用地市场"表述令人高兴，是"统一"而不是"分割"（一个"招、拍、挂"，一个行政征用）。中国正在克服这种"两种权利体系"的格局，摆脱一个旧的范畴："两元中国。"当然，改起来比较难。因为许多人都知道，这是一些地方政府的财源之所在。

第二着力点，产业用地市场化配置改革。不论是工业也好，服务业也好，都要有一个产业用地的市场供应体系，其方式包括租赁、先租后让、弹性年期供应以及作价出资入股等，这些都可以。促进产业用地要素市场化配置是"题中应有之义"。

第三着力点，盘活存量建设用地。存量用地与农民家庭有直接瓜葛。现在土地存量流动不起来，在那里僵滞着，带来要素效率低下。要把闲置的、僵化的土地盘活，使那些低效的地高效运转起来。

2亿多农民进城了以后，有些宅基地在那荒着。宅基地怎么搞活？怎么能发挥这些地的潜力？看到最少的数据估计，空置的宅基地大约3000万亩，《中国农村发展报告》（2017年）载，全国的"空心村""闲置宅基地综合整治潜力"约1.14亿亩，包括一些闲置的整个院落。

怎么样搞活宅基地？用"三权分置"这个思路：宅基地的所有权是集体的；宅基地的"资格权"是农户的；资格权的使用权是可以流转（在一定范围）。注意三条底线：土地公有制性质不变；耕地红线不突破；农民利益不受损。如果农村的宅基地能够得到盘活，将充分发挥土地的效益，有利于保障农民的财产性收入[1]。

（三）资本要素市场着力点

一是完善股票市场。这是一个基础制度。现在股票市场包括主板、科创板、中小企业板、创业板和全国中小企业股份转让系统（"新三板"）。这些年股票市场起起伏伏，受到风雨冲击。下一步进一步完善股票市场。

二是债券市场。包括各种债。例如，2020年发了一个特种国债，称"抗疫特别国债"。李克强总理在《政府工作报告》中讲了特别国债发一万亿元，由中央财政发行，全部转给地方，这是特殊时期的特殊举措。另外还发"地方债"，可以上债券市场交易，当然要规范运作。

---

1. 常修泽：《盘活闲置用地，应保障农民财产性收入》，《新京报》2019年9月27日。

　　三是平常说的"产权市场"。这个市场很微妙，与我在第二部分阐述的"广义产权"内涵不尽相同。此俗话说的"产权市场"（属国资委的中国产权协会联系管理）起源于 1988 年，最初称企业兼并市场。1995 年主笔出版的《产权交易理论与运作》曾专门论述此类产权交易市场的理论与运作问题[1]。当前，在发展混合所有制经济中，仍需要发挥此类产权市场的作用[2]。此类产权市场到现在发展到多少家了？全国 200 多家，它应该放到哪里？我和产权市场界朋友主张放在资本市场之内[3]，因为，在我看来，"此类产权市场是一种非标的资本市场"，虽然它与资本市场尚有点差距，但在发展资本市场时，应一并考虑进来并健全完善。

（四）技术要素市场着力点

　　前面，从理论上把知识要素与技术要素作为两个独立的要素提出分析，但是在现阶段实践上，可以把知识与技术合并为一个技术市场来推进。技术市场着力点抓什么？

　　第一着力点，激活技术产权的激励。怎么激活？注意技术产权与很多知识分子与技术人员的"血肉关联"。单位的科研人员、各类专家，在职务发明方面知识产权如何界定清晰？其中给单位界定多少？给科研人员个人界定多少？近年因界定不清出现了一些产权案件。

　　拙著《广义产权论》中曾写道："还应将这部分'知识'产权的一部分分配给具体创造该'知识'产权的技术人员。也就是说，由单位集体所有的'知识'产权，其股份也应分为两部分，一部分为该单位所有，另一部分由技术人员持有。"[4]这就是说，一项科研创新结晶中，应界定研究者、创新者的个人职务发明贡献，当然也应界定单位的资金设备和无形资产的贡献。实践中一系列类似案件，涉及职务科技成果产权制度，实则涉及怎么样激活技术产权的"产权激励"问题。

　　下一步，就要确立并且健全"职务科技成果产权制度"，这是一个很大的突破。"职务科技成果产权制度"，不仅意味着对科研人员"财产权"的承认和激励，而且意味着对科研人员"人格权"的尊重和新的解放。当然鉴于事情的复杂，要先试点，通过试点，切实落实以"增加知识价值"为导向的收入分配政策，这将极大地促进整个社会对科研人才的尊重度，特别是激发科研技术人才的创新创造的积极性，让知识价值充分涌流。

　　第二着力点，严格实施非职务成果的知识产权界定。"职务科技成果产权制度"

---

1. 常修泽主笔：《产权交易理论与运作》，经济日报出版社 1995 年版，1998 年版。

2. 常修泽主笔：《混合所有制经济新论》，安徽人民出版社 2017 年版。

3. 常修泽、何亚斌：《要素市场化配置与产权市场命运》，中国产权协会网 2020 年 5 月 18 日；《产权导刊》2020 年第 6 期全文公开发表。

4. 常修泽：《广义产权论》，中国经济出版社 2009 年版，第 206—207 页。

要进行试点，"非职务成果"的知识产权如何界定得更清晰、更准确？[1] 这里提供一个最新的品牌价值案例。

东北哈尔滨马迭尔宾馆有个 100 多年品牌的马迭尔冰棍。北京某民营企业与国有马迭尔集团搞混合所有制改革。马迭尔集团以冰棍的"马迭尔"品牌合资。这个品牌评估多少钱？且不提马迭尔宾馆整个品牌，只说冰棍的"马迭尔"品牌，价值评估 3334 万元。北京这家民营企业以现金投 6666 万元，合计一亿元，成立马迭尔食品股份有限公司，北京民营企业持股 66.66%；国有马迭尔集团用品牌作价持股，占 33.34%。[2]

这个案例说明，品牌（包括品牌内的技术配方）是很有价值的。搞混合所有制改革，有的可以以现金作资本，有的可以用品牌投入。品牌就是知识产权，有技术含金量，应进行界定量化：评估、作价、折股。[3] 当然，按照规范的要素市场机制，市场价格应在资产评估基础上，在产权交易市场上竞争形成。这涉及要素市场的价格机制问题。

第三着力点，激活中介服务的活力。如何把技术市场的供给方与需求方对接起来，需要新的中介组织。这头连着技术创新者，那头连着技术需求者，促进双方对接者称"技术经理人"（如同演艺界的"演艺经纪人"一样）。要建立技术转移中介人才的培养体系，大学应设技术经理课程，从而逐步建立中国自己的"技术经理人"队伍。

（五）数据要素市场着力点

把数据作为新的生产要素，是新生事物，这里有一些属于"未定之天"，值得探讨。

第一点，准确把握数据的范围。"数据"的范围要科学把握，扭转狭隘的"数据观"。确立数据不仅仅是统计部门为宏观调控提供的数据，而是国家（政府）、企事业单位、社会组织、公众（自然人）等各个行为主体以及自然界客体，在互联网上或者互联网下提供的全部信息的总和，不可简单化。

第二点，探讨"国家安全"和"个人隐私"两条红线之外的"数据双轨制"。研究中国的数据，我认为要时刻守住两条红线：一条是涉及"国家安全"的机密数据红线；另一条是涉及"公民隐私"的机密数据红线。两条红线如同两把"达摩克利斯之剑"一样，必须牢牢把握。不论是"国家安全"，还是"公民隐私"，无论如

---

1. 2020 年 5 月 22 日下午，笔者在《人民论坛》两会"国是厅"，曾分析过一个"马迭尔冰棍"品牌案例。参见常修泽：《马迭尔混改样本的价值与启示》，《人民论坛》2020 年第 7 期。

2. 有兴趣可以上网搜，人民论坛网率先刊出《两会国是厅》访谈，题目《以混合所有制改革为突破口振兴东北》。参见常修泽：《马迭尔混改样本的价值与启示》，《人民论坛》2020 年第 7 期。

3. 常修泽：《马迭尔混改样本的价值与启示》，《人民论坛》2020 年第 7 期。

何都触碰不得！怎么解决？从法律层面来说，国家应制定"数据安全法"来确定数据安全的保护制度，不允许利用数据危及国家安全或利用数据损害公民隐私及对人控制。

数据这种情况不同于1984年提的"商品价格双轨制"[1]。根据以上研究，可以得出一个结论，从整个社会来说，将来中国的数据，是在排除"国家安全"和"公民隐私"之外的"双轨运行"。

第一条轨，免费向社会大众、各行业提供的公共信息（"国家安全"以外）。比如，气象预报信息、交通运输信息、企业登记的信息等，因为这些都是公共信息，属于公共品，不需要交易，也不应该收费的。国家应出台数据共享责任清单，让这些数据得以共建、共享。在这个问题上，现在存在的问题是，需要的公共数据不够完备、不够及时，有的也不够准确。人民要求及时、全面地了解准确数据，这是满足人民知情权所必须。这是公共轨。

另外一轨，就是企业或事业法人的有关信息、公民的有关信息（"公民隐私"之外），等等。这些信息是非公共品，不可无偿共享，必须要严加保护。现在有些数据存在较多漏洞，存在窃取他人信息，甚至买卖个人信息。除去公民隐私不得泄露外，一般信息，则按"要素市场化配置"原则，需要进行市场交易、按质付费，这是另一轨。今天要从"要素市场化配置"角度来深入研究这条"市场轨"。

第三点，从产权角度建立数据权利体系。从与要素市场化配置相关的产权角度来说，数据只有在实操和使用中才能产生价值，它涉及数据采集、数据传输、数据存储、数据处理、数据交换等过程。复杂在哪里呢？从产权看，数据权利体系很不清晰、完整。

有一组好一点，对于有主体信息的数据，应该明确该主体的所有权。就是说，相关数据能清晰地表明是谁的数据，通过确权、护权，防止权利被损害。但，另外一组比较复杂，主体信息不明，客观上不知道应该是谁的。当然，为了搞清信息主体，可以借助于技术手段来明晰。但仍然找不到明确的原始所有者怎么办？挖掘者、开发者挖出来的数据是否有一部分产权？这很复杂。"数据产权"有极大的探索空间。

（六）补上管理要素（企业家）市场：不可或缺

现在已经明确开列上述五大市场，但是，有关文件没有正式把管理要素（企业家）市场列入市场体系之内，有点遗憾。怎么样发挥中国成千上万管理者的作用，非常重要。建议补上管理要素（企业家）这个市场。

中共十六大报告和十八届三中全会、十九届四中全会都列有管理要素（企业家）

---

1. 1984年莫干山会议，曾提出"商品价格双轨制"即一个计划定价、一个市场自由定价。数据的特殊性在于，它是"国家安全"之外的"运行双轨制"。

市场。现在，中国完善管理要素（企业家）市场是"很迫切"的问题（不是不"迫切"），而且面临"诸多新问题"（不是没有"新问题"）。例如，不少人仍然"错把经理当官员"，统统认为国有企业经理是任命的，不应该由市场来配置。这个问题可能比较复杂。

但是，我们能不能理出个头绪来？例如，在中国特定条件下，国有企业的管理者可由组织部门来考核鉴别，某人适合不适合当管理者，资格由有关组织来掌握，可以发"资格证书"，没有资格证书就不能进管理者市场，有合格证书的人，可以进来"管理市场"。民营企业的管理者更应该自由进入。经过市场平等竞争，由企业董事会来聘用，即在大框架内还是应该是由市场来配置。

究竟如何建立符合国情的管理要素市场？不能回避问题绕着走，需要做进一步的探讨。

（七）结论：一场深刻的社会变革

本报告一开始指出：要素市场化是一场深刻的社会变革。通过上述六大市场着力点分析，就会看到里边确有不少"硬骨头"，可以说已经碰到了各个要素市场的"硬核部分"。而每一个"硬核"都跟权力连着。所以，要素市场化配置改革"改到深处是权力"，只要要素市场一放开，就意味着某些权力的削弱、跌落甚至旁落。其阻力可想而知。

实际上已经向权力部门提出了某种挑战，可能是一个静悄悄的权力调整，势必要碰到既得利益群体的干扰。估计阻力、掣肘将会不小；但是，不管多大，面对历史，需要拿出"自我变革"的勇气。按照中共十九大的精神，把要素市场化配置与完善产权制度作为经济体制改革的重点，坚定地一体推向前进。

本文原为笔者在中央党校（国家行政学院）出版网络中心的报告（整理修订稿）。该稿在《改革与战略》杂志2020年第9期作为重点文章发表，部分有删节订正，为保持原味，保留学术发言的语言风格。

第三节　处好"婆媳"关系：纠正政府的"越位"与"缺位"

在资源配置上，基本原理是两句话：一句是"更好发挥市场在资源配置中的决定性作用"，一句是"更好发挥政府作用"（2013年11月中共十八届三中全会《决定》语）。上一节，深入分析、论述了市场在资源配置中的决定性作用（重点是要素市场化配置）。从理顺政府与市场关系的角度研究，也不能忽视发挥政府的作用，但是从东北的实际情况看，不能泛泛而谈，而要特别界定和厘清政府的作用。

一、界定现代社会政府的职责和作用

政府作用与市场作用的职能是完全不同的。在现代社会中，政府到底承担什么样的职能？这个问题在中国特别是东北迄今并没有解决好。从理论上说，政府的职责和作用主要是弥补"市场失灵"。

据此，针对存在的问题，2002年10月中共十六大曾对政府的职能作了四项界定：经济调节，市场监管，社会管理，公共服务（但，这里的"经济调节"是指"宏观调节"，绝不能理解为对微观经济的干预）。

2007年10月中共十七大强调政府的职能更加着重于社会管理和公共服务，把公共服务的职能进一步地凸现。

2013年11月中共十八届三中全会形成的共识（《中共中央关于全面深化改革若干重大问题的决定》）有这样六条：（1）宏观调控保持经济稳定；（2）加强和优化公共服务；（3）优化营商环境、保障公平竞争；（4）加强市场监管（维护市场秩序）；（5）推动可持续发展；（6）促进共同富裕。

在过去长期的经济运行当中，中国实行的是计划经济体制。在此体制条件下，政府基本上是一个"经济干预型"的机构，这一情况由来已久，根深蒂固。改革开放 40 多年来，虽然发生很大的变化，但还有一些惯性在运作。仔细分析一下东北的情况，存在政府职能"越位"和"缺位"的复杂情况。

第一种是严重的"越位"，主要表现为超越了"宏观调控"的边界，政府对企业微观活动"干预过多"。在现代市场经济中，宏观调节不可否定，但是不能把宏观调节搞成微观经济干预。改革 40 年后，有些地方和部门仍然不恰当地干涉微观经济活动。

另一种是严重的"缺位"，其中，在公共服务、可持续发展、促进共同富裕方面的"缺位"，是与全国一样的（对于此类问题，笔者拟在涉及全国性的论著中解剖）；东北在营商环境和市场监管方面的"缺位"，则是比较严重的。

在整个资源配置制度的建设过程中，欲更好地发挥政府作用，重点是创造公平竞争的环境，包括完善公平竞争审查制度、加强各项政策的协同以及市场监管等。结合东北实际，笔者认为，应紧紧地抓住三个突出问题，争取逐步解决。其一，解决政府对企业微观活动"干预过多"问题；其二，解决政府对市场"监管不力"的问题；其三，解决营商环境问题。下面深入分析。

二、根治政府"对企业干预过多"顽疾

针对"政府对企业干预过多"问题，在 21 世纪初，彼时温家宝总理即在政府工作报告里明确提出"三不"：第一，政府不干预微观经济活动；第二，政府不包办企业的决策；第三，政府不代替企业去招商引资。"三不"的提出实际上就是力求摆脱过去"经济干预型政府"，凸现政府的公共服务职能。

2019 年 6 月，李克强总理在主持召开国务院振兴东北地区等老工业基地领导小组会议时强调，全面振兴东北要靠改革开放。要切实转变观念，

加大力度刀刃向内转变政府职能。过去，政府过多采取行政许可、审批制度，在很大程度上导致政府权力的任性以及与市场的边界不清。如何使政府有权而不任性？就要推进权力系统内部的结构性改革，推动政府由"管制型"向"中立型和服务型"转变。

本来，中共十八届三中全会决定资源配置是由市场（企业）自己决定（市场决定），政府不应该干预的，但是有人不放心，提出政府驾驭着"市场"来决定，就是政府在后边驾驭着企业——而后由企业来决定。这实际上是拐弯抹角地否定中共十八届三中全会的市场决定论。按照"政府驾驭着企业决定论"，市场决定论的突破性理论势必打折扣。

这种"政府干预"思想根深蒂固。所以，2018年12月21日，在沈北新区大会报告中笔者坦言："对今天在座的朋友，我说句忠告的话，计划经济这种思想在东北是根深蒂固的，我们一定要从计划经济这种思想中解放出来，让企业自己根据商品经济的规律、市场经济的规律去决定，好不好？"同时，介绍了"浙江的政府是怎么对待企业的，八个字：不叫不到，随叫随到"[1]。

"第一句，'不叫不到'，企业不叫你，你别去。我们现在很多的地方，政府热衷于去企业视察，前呼后拥，一大帮，企业生产经营没有事，你去视察啥？建议各位领导别去了。企业不叫你别去，你要相信公司的同志，他们会把自己的企业干好。再说，你也不大懂那些专门技术，那些具体业务啊。你去视察，比你官小一级的都得屁股后面跟着你，给企业添多少麻烦？我劝各位，不要去了，同志们。"

"第二句'随叫随到'。企业遇到困难、遇到问题、遇到障碍、遇到挑战，你帮着解决解决。例如，资金有困难，你政府能帮着解决解决？我今天到了壮龙公司，张黎同志告诉我，公司有困难，要发展无人机，公司没那么多钱，自己一共凑了几千万，但钱不够，能不能政府帮着解决解决？

1.常修泽：在沈北新区大会的报告（2018年12月21日），见《东北全面振兴 解放思想如何先行》，《中国民商》2019年第3期。

随叫随到——沈阳市委组织部在人才计划项目下，通过沈阳农商行给解决了几百万资金，不错，这个例子挺好，随叫随到，帮着人家解决难题。"[1]

"经济活动，资源配置，谁说了算？是企业说了算，是市场说了算，不叫不到，随叫随到。我们政府工作人员是服务员，是社会公仆，是'仆人'。马克思在《法兰西内战》论述巴黎公社的经验时，提出工人阶级政权一定要防止由社会'公仆'变成社会'主人'。现在掉回去了，我们一些政府工作人员不是社会'公仆'，而变成社会'主人'了。什么时候我们东北的政府工作人员真能成社会'公仆'，这样，企业就有希望了。"[2]

上面的思想和言论是笔者 2018 年 12 月 21 日（亦即新冠肺炎病毒疫情前一年）讲的。2020 年之后，出现了不加分析地"集中"体制的声音。笔者认为，在全球性大疫这样一个极端的特大型公共卫生事件面前，需要采取某些非常的、类似"战时经济"的体制，这是"战时经济"体制的指挥官想到并会采取的举措。

但是，笔者认为，要分清"原则的例外"与"原则的例内"。全球性大疫这样一个极端的特大型公共卫生事件属于"原则的例外"，而"大疫"之前和"大疫"过去之后正常状况的举措，属于"原则的例内"，不应把"原则的例外"当成"原则的例内"。笔者担心"大疫"过去之后，误把"集中"体制凝固化、外溢化。

这种担忧并非杞人忧天。实际上，"大疫"之前就有"集中"的声音，只不过没有那么大张旗鼓罢了。就在"大疫"之前的 2019 年 12 月，笔者在写的一篇文章（2020 年 1 月发表）中讲道："近来出现了一种观点，认为'计划集中办大事，市场决定办小事'，此"大事""小事"论观点不符合中共十八届三中全会通过的《中共中央关于全面深化改革若干重大问题的决定》和中共十九大关于'使市场在资源配置中起决定性作用和更好发挥政府作用'的精神。如不及时纠正，可能会回到'计划经济为主、市场调节

---

1. 常修泽：在沈北新区大会的报告（2018 年 12 月 21 日），见《东北全面振兴 解放思想如何先行》，《中国民商》2019 年第 3 期。

2. 同上。

为辅'的模式上去。而这种模式是被中共十二届三中全会否定了的。"[1]

笔者这篇文章接着指出："中国改革开放的主调是打破传统的'计划经济为主、市场调节为辅'的模式，在开放倒逼改革的新阶段，社会主义市场经济的基本方向不仅不能动摇，而且随着国内外环境的变化还要进一步升级。未来十年，我们迫切需要排除干扰，把'市场决定论'落到实处。这就需要切实提高市场分配资源的指数。中国加入世界贸易组织已近20年，但欧盟和美国等还不承认中国的市场经济地位，这里固然包括一定程度的成见，但也从另一个侧面倒逼中国提高自身的市场化指数。"[2]经过2020年全球大疫的考验，在处理好市场和政府的关系、推进资源配置体制改革上，笔者仍然坚持上述看法。

三、解决政府"市场监管不力"问题

2017年7月，长春爆发了长生生物科技公司违法违规生产狂犬病疫苗事件。该公司严重违反《药品生产质量管理规范》，存在生产记录造假等不法行为，其生产的不合格"冻干人用狂犬病疫苗"，先后有25.26万支、40.052万支、19.052万支、21万支分别销往山东、武汉、重庆、河北等地，震惊全国。这件表面看是企业失信的个别案件，但是折射了不法企业造假和相关政府"市场监管不力"的问题。

在理顺市场和政府的关系上，笔者认为，现代市场体系（特别是类似药品生产这样的重要商品和各种要素市场建设），都离不开政府的有效监管。从中国"由1.0版向2.0版即高标准的社会主义市场经济迈进"的大历史视角分析，加强有效监管、完善市场运行机制，是推动建设高标准市场体系的重要组成部分。因此，本书一方面着力推动要素市场化配置体制机制（如上一节所述），另一方面，也着力强调"更好发挥政府作用"，特别是要加强对各类市场（商品市场和要素市场）的监督管理。重点有三：

---

1. 常修泽：《2020年代后中国改革的路子怎么走》，《群言》2020年第1期。
2. 常修泽：《2020年代后中国改革的路子怎么走》，《群言》2020年第1期。

加强对商品和要素"质量"的监督管理。质量是商品和要素的生命。长春长生生物科技公司违法违规生产狂犬病疫苗事件，严重违反的就是《药品生产质量管理规范》。2020 年全球抗疫战斗中，国内个别厂商出口的口罩质量不佳（虽后来有所改进，但不良影响已经流出），严重影响中国的国际形象。下一步根据"由 1.0 版向 2.0 版即高标准的社会主义市场经济迈进"的思路，不仅要对商品的质量加强监督管理，而且要对各种要素（包括资本、土地、劳动力、技术、数据、管理即企业家等要素）的质量加强监督管理，东北应该有这种思想准备，上这个台阶。

加强对商品和要素"价格"的监督管理。各类商品和要素的价格都应由市场机制来形成和决定，即"市场供求和竞争形成价格"。但是，不能不要监管。不仅要对商品价格监管，而且要对各类要素价格——包括资本市场的利率和人民币汇率、土地市场价格、劳动市场价格、技术成果的转让价格、数据"数价"和信息使用费、管理（企业家）"身价"等监管，要引导市场主体依法合理行使"要素定价自主权"，加强对市场价格的动态检测、信息发布以及"反垄断价格"法律法规等，真正维护要素市场价格秩序。

加强对商品和要素市场"交易"的监督管理。前面讲了六大要素市场体系，要健全各类商品和要素市场化交易平台，尤其应顺应大数据、云计算、平台化等发展趋势，推动要素市场体系上新台阶；还要不断完善和健全更加透明的市场交易规则、提升市场交易监管水平，确保商品和要素市场化配置高效有序，有效防止市场失序和不规范的问题发生。

第四节　特别要在优化营商环境上下功夫

一、营商环境决定着东北振兴能否成功

近十多年来，国内流传着所谓"投资不过山海关"的民谚，尽管其中有夸大成分，而且近年有一批"投资已过山海关"的项目，但是，东北地区营商环境问题仍然需要继续关注。从一定意义上说，营商环境建设如何，既是理顺市场和政府关系的重点，也在很大程度上决定着东北振兴能否成功。

笔者在研究东北振兴的过程中，欣喜地看到，辽宁省人大于 2016 年在全国较早以省级立法的形式制定并发布了营商环境地方性法规——《辽宁省优化营商环境条例》，凸显了该省优化营商环境的决心和力度。继之，2019 年 1 月和 7 月，黑龙江省和吉林省也相继发布了《黑龙江省优化营商环境条例》和《吉林省优化营商环境条例》，至此三省条例出齐。尤其是，辽宁省根据新情况，于 2019 年 7 月 30 日审议通过了《辽宁省优化营商环境条例》（修订版），从 2019 年 10 月 1 日起施行。上述条例实施以来，总的看，市场环境有所改善。当然，随着社会发展，也会面对一些新问题。

二、世界银行的营商环境十大指标分析

笔者对照世界银行的营商环境指标，发现很细。除总维度外，一级指标 11 项，包括：1. 开办企业；2. 办理施工许可；3. 获得电力供应；4. 产权登记；5. 获得信贷；6. 中小投资保障；7. 缴纳税款；8. 跨境贸易；9. 合同执行；10. 破产办理；11. 劳动力市场（即"劳动力市场监管"指标，但目前尚不包

括在营商环境便利度排名之中）。

按营商逻辑排列，十大指标（见下图）：

注：上图中"劳动力市场监管"指标，目前不包括在营商环境便利度排名之中

图 5-3

十大指标内涵及其维度，具体如下（值得借鉴）：

（1）开办企业（4个维度）。这项指标反映的是开办企业的难易程度，主要测评一家小型或中型有限责任制公司从注册到正式运营需要办理的手续、耗费的时间和费用。评价项目主要包括"程序"（企业登记所需办理的程序总数）、"时间"（企业登记所需的总天数）、"成本"（成本占经济体人均收入的百分比）、"最低实缴资本"（企业在登记时必须存入银行或经公证的资本数额）4个维度。

（2）办理施工许可证（4个维度）。这项指标反映的是企业建设标准化厂房的难度，主要测评企业建设一个仓库所需要的手续、时间和费用，包括获取必需的许可证和批文、提交所要求的通告、申请和接受一切检查及获得公用设施的整个过程。评价项目主要包括"程序"（新建厂房涉及的程序总数）、"时间"（办理所有手续所需的总天数）、"成本"（办理手续需要的费用占经济体人均收入的百分比）、"建筑质量控制"（这项指标涉及建筑法规质量、施工前质量控制、施工中质量控制、施工后质量控制、责任和保险制度以及专业认证指数）4个维度。

（3）获得电力（4个维度）。这项指标反映的是企业获得电力供应的难易程度，主要测评一个企业为了使其获得永久的电力连接而办理的手续、花费的时间和费用。除此之外，还要衡量电力供应的可靠性，电费及电价的透明度。评价项目主要包括"程序"（获得电力所需办理的程序总数）、"时间"（获得电力所需的总天数）、"成本"（成本占经济体人均收入的百分比）、"供电可靠性和电费指数透明度"（该指标考量一年当中停电次数和电费是否透明且易于获知）4个维度。

（4）登记财产（4个维度）。这项指标反映的是企业获得产权保护的程度，主要测评注册登记一件财产所需完成的步骤、花费的时间和费用。评价项目主要包括"程序"（登记财产所需办理的程序总数）、"时间"（登记财产所需的总天数）、"成本"（成本占登记财产价值的百分比）、"土地管理系统质量指数"（这项指标涉及设施可靠性、信息透明度、地理覆盖、土地争议解决、平等获得财产权）4个维度。

（5）获得信贷（4个维度）。企业获得信贷支持的法律保护力度及便利程度，主要测评有关信贷的法律基础，信用体系覆盖的范围、途径和质量等。包含"合法权利指数"（衡量法律保护借款人和贷款人并因此而促进贷款的程度）、"信用信息指数"（衡量信贷登记部门的信贷信息覆盖范围，以及信用信息获取的法制保障程度）、"公共信贷登记机构登记的个人和公司的数量"、"私营信用资料登记的个人和公司的数量"4个维度。

（6）投资者保护（4个维度）。反映企业股东权益保护的力度，包含"交易透明度"（披露范围）、"关联交易责任"（董事责任范围）、"股东起诉管理层及董事行为不当的能力"（股东诉讼难易程度）及"投资者保护力度"4个维度。

（7）纳税（6个维度）。反映企业所需承担的税负，以及缴付税款过程中的行政负担，包含"纳税"（年度纳税总额）、"时间"（编制企业所得税、增值税和社保缴费报表，将其归档以及缴纳这些税费所需的时间）、"利润税"（企业缴纳的利润税额）、"劳动税及缴付"（企业缴纳的劳动力税额和费用）、"其他税"（企业缴纳的、尚未纳入利润或劳动力税目录的税额和费用）、"应税总额"（应付的税额和费用占其商业利润的比例）6个维度。

（8）跨境贸易（3个维度）。反映企业在进出口贸易方面的便利程度，主要测评标准装运货物所涉及的成本和程序。包含"文件"（进出口货物所需的文件总数）、"时间"（办理所有必要手续所需时间）、"成本"（进出口货物必办的所有手续相关的成本）3个维度。

（9）合同执行（3个维度）。反映合同执行的效率，主要测评企业间案件从原告向法院提交诉讼，到最终获得解决所花费的时间、费用和步骤。包含"时间"（解决争端所需时间，即从原告提起诉讼到实际解决期间的时间，包括采取行动的天数和等待时间）、"成本"（法院费用和辩护律师费占债务总值的比例）、"程序"（执行合同平均所需办理的手续数量）3个维度。

（10）办理破产（3个维度）。反映破产程序的时间和成本，以及破产法规中存在的程序障碍，包含"时间"（关闭企业平均所需时间）、"成本"（办理破产手续平均所需成本占财产总值的比例）、"回收率"（债权人、税务部门和雇员从破产企业收回的款项占其投入的比重）3个维度。

三、辽吉黑三省《优化营商环境条例》要点

与世界银行营商环境评价体系相比，辽吉黑三省出台的《优化营商环境条例》，更具宏观性和针对性，主要是针对中国的实际，特别是东北的实际。例如，一般的立法是平衡管理者与被管理者之间的关系，对双方的责任、权利、义务都有明确规定，而辽吉黑三省这个《优化营商环境条例》则针对政府与市场关系中矛盾的主要方面，更多关注并明确了政府管理人员的责任，约束国家机关工作人员的行为（如辽宁省条例明确"省、市、县人民政府主要负责人是本行政区域优化营商环境的第一责任人"；"省、

市、县人民政府应当将优化营商环境工作纳入政府绩效考核；等等），这是有特色、有力度的。辽吉黑三省《条例》主要有以下五方面要点：

（1）优化市场环境。就打造公平竞争市场环境规定了依法平等保护各类市场主体、积极推进各省公共资源交易平台整合共享、建立完善市场主体产权依法保护制度等。

（2）优化政务环境。围绕推进"放管服"改革，规定了构建各省统一的一体化在线政务服务平台、建立健全首问负责制、否定备案制、限时办结制等工作制度、优化不动产登记办事流程、推动工程建设项目审批改革。

（3）优化法治环境。重点规范了对市场主体需要采取强制措施的司法行为、建立调解、行政复议、仲裁、诉讼相衔接的纠纷解决机制。

（4）优化人文环境。专门规定了加强政府诚信建设、县级以上人民政府及其有关部门应当积极构建亲清政商关系、建立完善人才培养制度等具体措施。

（5）明确法律责任。重点规定了对破坏营商环境的行为，除通报曝光外，还将视情节轻重按照党规党纪予以追责等。

四、建议：下一步东北优化营商环境三个着力点

第一着力点：努力推进政府"放管服"改革。除国家在简政放权上给予东北更大支持外，三省自身进一步放开放活市场，激发市场内在活力，这就要推进包括商事制度在内的多方面的"放管服"改革。

第二着力点：为所有企业缔造公平竞争的机制。现实情况是，国有企业确有某种特殊待遇，同时，非国有企业特别是非公有制企业遭到某种歧视。要确保各类所有制企业平等获取要素。按照《中共中央　国务院关于完善产权保护制度依法保护产权的意见》，以公平为核心完善产权保护制度，特别要严格保护非公有经济的产权。

第三着力点：推进产业开放。前些年，东北开放的重点在工业领域，服务业的很多领域尚未开放，特别是一些垄断性的行业（如电信、交通等）开放度不够。至于竞争性领域如大健康产业、文化产业、义务教育以外的

教育培训产业等更要开放。在这些领域，国企的混合所有制改革缓慢，民营资本投资比重很低。从提高东北"市场经济地位"的大局考虑，这些领域应该作为下一步发展混合所有制经济的重点。

【相关链接】营商环境问题—具体案例
中诚信集团董事长毛振华亚布力"雪地陈情"实录

一、"雪地陈情"的背景和主要内容

2017年12月31日，中诚信集团创始人、亚布力阳光度假村董事长毛振华根据度假村的土地产权被非法侵占、营商环境恶劣的情况，调研了解后表达不满并诉说，"雪地陈情"被录制了3分多钟视频，发布在网络上。

据《新京报》2018年1月3日载：1月2日，西藏德传投资管理有限公司董事长姜广策上传的一段视频显示，董事长毛振华站在雪地上，诉说亚布力管委会非法侵占土地、以各项检查为名干扰企业经营等。"他们非法侵占我们23万平方米土地，没有和我们道一句歉，拿走我们的土地""我们一个正常经营企业，动不动就有执法机构来威胁""有很多支持企业的政策，经过他们的手，从没有一个到过我们公司"。上述视频引发广泛关注，多名企业家转发，海外媒体大量评论。潘石屹在微博中表示，希望黑龙江省政府能调查处理，给企业一个公平公正的商业环境。《人民日报》、新华社、中央电视台新闻频道等官方媒体作了报道。

二、调查结果与处理意见

事发后，黑龙江省政府新闻办表示，省委省政府高度重视毛振华反映的问题，专门派出省委省政府环境整治办、省政府企业投诉中心赴亚布力开展深入调查。据《人民日报》2018年1月4日报道：当日下午黑龙江省政府新闻办披露，调查组认为亚布力管委会主要存在三个问题：一是占用阳光度假村12.6万平方米的土地，反映了管委会负责人缺乏法律法规意识；二是对企业采取行政处罚、责令整改、调查等方式，存在严重的违法违纪行为；三是对雪场之间存在的利益分配上的分歧，管委会没有正确履行协调职责。

鉴于以上问题的存在，根据省委省政府关于优化发展环境的有关规定，省委省政府环境整治办公室、省政府企业投诉中心做出如下处理：

（1）对亚布力管委会负责人给予处分，由亚布力管委会向阳光度假村道歉；

（2）对亚布力管委会下属机构和人员自2017年10月以来出现的严重违纪违规行为，干扰阳光度假村正常经营活动的相关责任人，责成省森工总局党委，按照干部管理权限，予以严处；

（3）由省国土资源厅公开选择第三方土地评估机构，依法依规对已占用的土地进行价格评定并依法处置；

（4）关于亚布力管委会体制，下一步将结合全省国有重点林区体制改革，做相应调整和进一步规范。

三、处理意见的执行情况

截至本书本章初稿写作之时（2019年6月底），上述处理意见中的关于土地产权问题和营商环境问题，正在协商执行中。

（此案例得到中诚信集团高级顾问何亚斌先生帮助，谨致谢忱。）

第三篇 结构转型篇

第六章

中国东北转型通论

面向东北亚及世界："东北开放前沿论"

面向东北亚及世界的"东北开放前沿论",既是关乎东北开放大局的战略构想,也是东北全面转型的重要组成部分。这里的对外"开放前沿"与对内"经济转型"是互为表里、连为一体的。

本章拟在前五章论述的基础上,以笔者1988年至2019年持续30年有关中国东北开放问题的探讨——特别是2015年提出的"东北开放前沿论"为根基,分五节进一步展开分析,并提出若干具体举措。

第一节 从"沿边开放"到"开放前沿":
笔者的"五波"探索

如何认识与把握东北在整个中国开放格局中的战略地位? 笔者进行了较长时期的探讨,大体经历了这样"五波"。

一、第一波(1988年):"四沿开放"战略中提"沿边开放"

笔者对这个问题的研究,是从20世纪80年代开始的。改革开放初期,中央决策层率先提出沿海开放战略,自己是支持并积极参与的。1984年,在深圳调研基础上,曾向莫干山会议提交了论文《从蛇口工业区的开发得到的启示》[1],并与会议第三组(对外开放组)的代表一起,提出《以沿海开放地带为先导 推动我国经济体制的全面改革》报告[2],成为莫干山会议第

---

1. 常修泽:《从蛇口工业区的开发得到的启示》,《经济日报》("莫干山会议"论文选登版),1984年9月28日。
2. "莫干山会议"内部简报第1期(杜厦执笔),参见常修泽:《史料版1984年莫干山会议》,《学术研究》2012年第11期;收入柳红编著:《1984莫干山会议——首届中青年经济科学工作者学术讨论会》,东方出版社2019年版。

1 期简报。

但是，后来经过对东北、西北和西南地区的调查（1984—1987 年），笔者发现实施沿海开放战略后，在调动沿海城市积极性的同时，也出现了严重的区域发展不平衡等问题。在调研基础上，自己有了新的认识——仅仅一个"沿海"是不够的，"为了防止新的二元经济结构对中国经济、政治的冲击，建议采用'四沿——渗透型'开放战略"。遂带领研究生戈晓宇完成了论文《论"四沿——渗透型"开放战略》。"四沿"即：一沿海，二沿长江（沿江），三沿边境线（沿边），四沿铁路干线（沿线，主要指陇海——兰新铁路这条干线）；"渗透"指由"四沿"向内地逐步渗透。[1]

1988 年 5 月 4 日，新华社《国内动态清样》（第 1182 期）以《常修泽等建议实行"四沿渗透型"开放战略》为题，刊发了内部报告并上报中央领导参考。[2] 1988 年 5 月下旬《瞭望》周刊（第 21 期）公开发表了这个报告摘要，"编者按"指出：常修泽等提出的"四沿"开放战略对中

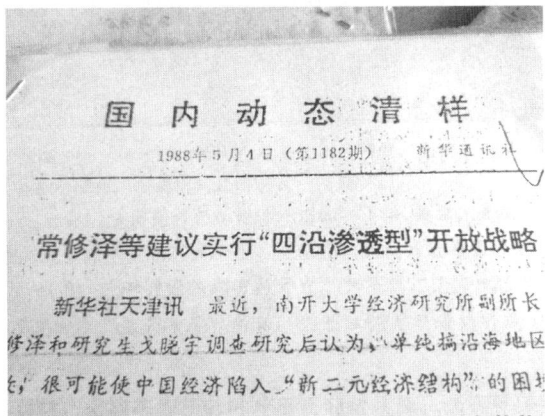

图 6-1　《国内动态清样》（第 1182 期）

央的沿海开放战略"提出了一些重要的补充和修正意见"。

这些"补充和修正意见"，与东北开放有关。三省中，辽宁既是沿海省也是沿边省，而吉林、黑龙江虽然"近海"（特别是吉林距离海只有 15 公里左右）但不"靠海"，只是"沿边"，所以"四沿"开放战略与东北有直接的瓜葛。

在 1988 年这个《论"四沿——渗透型"开放战略》中笔者指出："北

---

1. 常修泽、戈晓宇：《论"四沿——渗透型"开放战略》，《改革与战略》1988 年第 4 期。
2. 《常修泽等建议实行"四沿渗透型"开放战略》，新华社《国内动态清样》1988 年 5 月 4 日第 1182 期。
   详见《传承——南开经济百年百人》一书，商务印书馆 2019 年版（常修泽篇）。

部沿边地区建立开放带已势在必行。从近期来看，北部沿边开放带集两种功能于一身：既要发挥好沿海地区发展外向型经济的'二传作用'，又要不失时机地争当对苏（指苏联远东，现俄罗斯远东）贸易的'主攻手'。"[1]

1992年10月，中共十四大报告吸纳了"四沿"开放战略的思想，明确提出"对外开放的地域要扩大，形成多层次、多渠道、全方位开放的格局"的战略部署。中共十四大开过不久，应国务院研究室邀请，笔者参加了由该室副主任王梦奎先生领衔的《奔向21世纪的行动纲领——十四大报告录像辅导讲座》。其中，笔者就是以"四沿"开放战略为基础，主讲《关于我国进一步扩大对外开放问题》专题。[2]

2018年12月18日，在中共中央庆祝改革开放40周年大会报告中，中央领导肯定了"四沿"开放战略，但顺序有变化，原来笔者提的是一沿海，二沿江，三沿边，四沿线。中央报告把二和三调了一下，沿边放到了第二位，形成：沿海、沿边、沿江、沿线。这个顺序的变化意味着"沿边"开放的战略位置更加凸显，这对东北今天具有现实意义。

【相关链接】 论"四沿——渗透型"开放战略

常修泽 戈晓宇

（文章节选，原载《改革与战略》杂志1988年第4期）

从中国的实际情况出发，究竟应当采取什么样的对外开放战略？这是一个需要深入研究的问题。近来理论界有这么一种倾向：孤立地、片面地强调沿海地区发展外向型经济，并把这种"唯沿海开放"与整个中国的对外开放战略相提并论。在我们看来，这种倾向是值得注意的。这里谈一点我们的看法，以供决策者参考。

一、唯沿海开放：导致新二元经济结构

众所周知，工业与农业的二元经济结构长期困扰着我们。"唯沿海开放"的实施，有可能使原有的二元经济结构转变为外向型的沿海地区和内向型的内地这样一种新的二元经济结构，其后患不容低估：

（1）资源配置将继续失衡。中国的资源配置具有"双重错位"的特征：资源分布偏于中部和西部内陆地区，而主要生产能力则向长江一线和东南沿海倾斜。这

---

1. 常修泽、戈晓宇：《论"四沿——渗透型"开放战略》，《改革与战略》1988年第4期。
2. 《天津日报》报道：常修泽教授应邀进京主讲《关于我国进一步扩大对外开放问题》（1992年10月）。

种资源分布与生产能力"双重错位"的僵局理应逐步得到根本性的改变。唯沿海开放模式试图使资源配置的"双重错位"得以扭转，但其实施的结果很可能是南辕北辙，造成一种资源配置严重失衡的双重经济，即开放的沿海地区变成"黄金海岸"，而封闭的内地则加剧"富饶的贫困"。在这种情形下，即使沿海地区能够成为中国经济的"火车头"，但它得拖带着落后的内地这节越变越沉的"车厢"。从长期来看，中国经济现代化的进程反而会放慢，中华民族的"球籍"问题将显得更为严峻。

（2）"梯度传带"的功率明显不足。沿海地带成为中国经济的"火车头"尚需时日。就近期来看，其设备陈旧，亟待更新；资金缺乏，后劲不足；改造升级，自顾不暇。"梯度传带"难以有效运行的后果是使新二元经济结构的裂痕日益加深。这可以从两方面来分析：从国内市场来看，沿海企业"吃国际饭"，给内地企业留出一块国内市场的理想目标很难达到。这是因为内地工业相对落后，未必能填补国内市场的空缺，更何况沿海地区生活水平较高，内地的消费制成品恐怕难以适应，沿海地区的本地市场难免会变成进口货的天下，甚而伸展到内地市场，排挤那些由条件差的内地企业所生产的产品。另一方面，沿海地区赚取外汇之后，很可能投资海外以保障市场、原料和半制成品的供应。如此发展下去，有可能使沿海开放地区与内地在经济发展上失去有机的联系。

（3）差距拉大将日益严峻。资源配置的继续失衡，梯度传动的运转失灵，只能使沿海与内地之间的差距急剧拉大：在产值上，它表现为内地的比重将日益下降；在人才流向上，它表现为"孔雀东南飞，一去不复回"，内地"人才短缺症"将日显严重；在收入上，它表现为内地仍将摆脱不掉贫困的厄运；在体制上，它又表现为沿海地区社会主义商品经济与内地落后的自然经济的双向并行……沿着现在的开放思路，我们非但不能形成内地的"造血机制"，反而会使"补贴—输血机制"日益强化。这恰恰与我们的改革总方针背道而驰。

更令人忧虑的是，新二元经济结构的形成和发展，不仅将使沿海与内地之间处于相互对立的境地，使封闭－贫困的内地与开放－繁荣的沿海地带之间的离心力增大，而且也可能会影响民族的团结和政局的稳定。这一点必须引起决策层足够的重视！

为了防止新二元经济结构对中国经济、政治的冲击，我们建议采用"四沿——渗透型"开放战略。这一新构想可概括为"十六字"战略方针，即四沿联动，重点渗透，东西兼顾，多元开放。

二、四沿联动

所谓四沿联动是指不仅在沿海地区开放，而且要沿江开放、沿边开放、沿线开放，形成多沿开放、多沿竞争、多沿呼应、多沿发展的战略新格局。

（一）沿海开放（略）

（二）沿江开放（略）

（三）沿边开放

更为重要的是，中国 9 年来的对外开放，基本上是向东倾斜的：似乎只有沿海地区才具备开放的天时地利，似乎内地发展对外贸易非得经过沿海港口才能出口。由于中国东部与西部相距遥远，交通运输极为不便，这一方面致使"一江春水难东流"，另一方面又使得沿边地带 2 万多公里（大陆海岸线为 18000 公里）的边境线得不到应有的利用，沿边省区依然没能挣脱"封闭—落后—贫困—输血"的循环"怪圈"。难道沿边地带果真不具备对外开放的条件？只要我们站在世界经济的高度，对沿边地区进行历史与现状的全景观照，就能够粗划出西部与北部两大沿边开放带。

1. 先看西部沿边开放带。（略）

2. 再看北部沿边开放带

北部沿边开放带基本上是由内蒙古和黑龙江两大省区（以及辽宁和吉林—补注）组成的。

（1）地理位置、交通运输条件的便利，是这两大省区发展和扩大同苏蒙地方贸易的有利条件。例如内蒙古和苏联、蒙古国有 4000 公里边界线，有二连浩特、满洲里两个陆地口岸。黑龙江与苏联远东地区接壤，边界线长达 3000 多公里，其陆运口岸有绥芬河，水运口岸有黑河、同江，对苏进出口货物十分方便。目前，黑河口岸建设已初具规模，建成了长达 50 多米的码头岸壁，可同时停靠五艘千吨级驳船作业，日吞吐量可达 6000 吨左右，全年可完成 20 万吨货物的装卸。同江口岸曾是历史上中苏边境贸易的重要口岸之一，现已得到中央的批准，恢复使用。此外，苏联的伯力机场又是一个远东国际"航空港"。我们可与苏方协商开通哈尔滨经伯力去日本的航线，增强中、苏、日贸易的三角关系。

（2）互补的经济结构是建立北部沿边开放带的物质基础。苏联国内轻重工业比例长期失调，有不少重工业品面向出口，而人民日常生活品和食品却时常供不应求，只得靠进口来维持。就中苏北部边境贸易结构而言，进口的商品主要是内蒙古和黑龙江短缺的生产资料，占进口总额的 60% 以上，如钢材、木材、水泥、平板玻璃、化肥、纯碱、铜、铝等建材和机电产品、飞机、车辆。出口的主要是这两大省区的日用消费品、轻纺产品、农副土特产品和畜产品，如裘皮服装、羽绒服装、童装、保温瓶等。这些出口商品深受苏联人民的喜爱，成为抢手的俏货。遗憾的是，目前我方此类产品的出口额只占苏方此类产品进口额的 2%—3%，这说明我方对苏出口的潜力很大，完全能够采取"一头土"（国内供原料和产品）、"一头洋"（对苏要市场）的战略方针来发展北部沿边地带的外向型经济，以促进边区经济的繁荣。

（3）黑龙江和内蒙古的工业基础基本上是 20 世纪 50 年代苏联援建形成的。随着生产的发展，这些企业已经老化。劳动生产率跟不上技术前进的步伐，因为基础是苏联设备，所以进口苏联的技术设备有许多先决条件。例如，双方对技术设备都较熟悉，又可以通过记账贸易方式进行，能够节省外汇；再者，苏联一般工业技术水平属于中上等，也适合我国现有的工业状况。初步估计，若引进或购买苏联的机械设备要比购买日、美、西欧的同类产品合算。第一，可减少运费和运输途中的风险。第二，规格型号大致对路，容易衔接生产，培训技术和操作人员掌握设备性能相对时间短。第三，苏方很愿意提供技术设备，帮助我方进行老企业的技术改造。可见，实行“以进养出”的开放战略，有利于增强北部沿边地带的经济活力，使其尽快脱贫致富。

（4）北部沿边省区可以扩大横向经济联系，积极开展外贸货源采购业务，努力充当沿海地区、沿江地区对苏贸易的代理人，建立内外贸三角贸易关系。例如，几年来，支援黑龙江对苏出口的就有河北的鸭梨、山东的花生米、上海的手帕、江苏的罐头、辽宁的苹果和江西的蜜橘。这些商品对调整和补充黑龙江对苏出口商品的格局起了重要作用，使内外各方都能受益。

由上可见，北部沿边地区建立开放带已势在必行。从近期来看，北部沿边开放带集两种功能于一身：既要发挥好沿海地区发展外向型经济的“二传作用”，又要不失时机地争当对苏贸易的“主攻手”。经过开放—改革的艰苦奋斗，哈尔滨、呼和浩特就会变成远东国际贸易的中心城市。

（四）沿线开放（略）

成功之关键：统一认识、系统操作。

有效地实施“四沿——渗透型”开放战略，首先须统一认识，摒弃“唯沿海开放论”，树立全方位开放的战略指导思想，在此基础上，再进行系统操作：

（1）选取“两点法”。我们主张实行“两个面向”（面向国内、国际两个市场），“两个并举”（城市和乡镇工业并举），“两个密集”（劳动密集和技术密集），“两个并用”（旅游资源和矿产资源），“两个创新”（产品创新、技术创新）。这样，就须有步骤地在沿海、沿江、沿线的发达城市建立面向21世纪的高技术工业园区，改革现行的科技、教育、用人体制；组建中国对外贸易集团。

（2）运用“横向说”。即通过价格、投资、财政、税收、金融体制的配套改革，使现存的原料低价格、成品高价格、东部多上缴、西部多补贴的纵向运行机制，向着“东部减上缴、西部减补贴，横向互投资、要素再组合”的横向经济机制转变。

（3）采取“同步改革论”。即实行沿海与内地的同步改革方针，尽量减少沿海与内地之间的双重体制的掣肘。沿海地带实施的改革方案，内地也可采用。在某些方面，内地的改革还应超前进行。

（4）努力改善与边境邻国的外交和政治关系，为沿边开放创造有利的条件。诚然，“四沿——渗透型”开放战略的实施、操作的难度很大，但只要上上下下团结一致、励精图治，开放—繁荣的春雨必将滋润中国大地！

资料来源：《改革与战略》杂志，1988年第4期

二、第二波（90 年代初）：建议开放"以图们江地区为前沿"

1988 年提出东北作为"沿边"开放的"主攻手"之后，转年即 1989 年，笔者就东北开放继而提出"以大图们江地区"为基点，"积极创建'远东跨国经济特区'"[1]。当时联合国已提出一个大图们江开发计划，海外对此颇为关注，在此背景下，中国香港《经济导报》杂志于 1989 年 5 月 7 日发表此文。但"生不逢时"——因当时北京和香港的人们都关注于"政治运动"，而无暇顾及国家经济发展战略，故此文并未像"四沿"开放战略那样引起高层、学界及社会的重视。

1992 年邓小平南方视察后，中国改革开放新起高潮[2]。在时任吉林省委副书记（南开校友，后任安徽省委书记）王金山的安排下，由吉林省政府经济社会发展研究中心有关同志带领，笔者前往吉林省延边朝鲜族自治州考察，先后考察了延吉、图们、珲春等地（尤其是在珲春，实地调研了中朝圈河口岸和中俄山岭子口岸以及"一眼望三国"的防川）。后又考察了吉林市（得到时任吉林市委书记赵家治帮助）和长春市（得到时任长春市委领导、南开校友杜学芳帮助）。回省后，与王金山、杜学芳等同志交换看法，建议把以珲春为前沿的图们江地区作为吉林省的开放前沿和重点开放地带。

这个"以珲春为前沿的图们江地区重点开放地带"与笔者 1989 年在香港《经济导报》提出的"以大图们江地区"为基点，"积极创建'远东跨国经济特区'"的思路是有区别的。因为后者（1993 年）提的这个"以珲春为前沿的图们江地区重点开放地带"范围要小得多，它只涉及中国"境内"吉林或更大一些东北的开放问题，并未涉及跨国开放问题。至于"中俄朝跨国经济特区"的构思，因多种原因（主要是国际原因），未能实现，成为自己学术人生中的一件憾事。

---

1. 常修泽、戈晓宇：《积极创建"远东跨国经济特区"》，香港《经济导报》1989 年 5 月 7 日。
2. 参见《改革开放进程中的经济学家学术自传》丛书之《常修泽学术自传》，广东经济出版社 2020 年版。

【相关链接】 通过"手臂延长方略"，推进大图们江地区的开发和开放

20 多年前，联合国曾有一个大图们江开发计划。彼时，笔者与南开同学曾在香港《经济导报》发表过建议设立跨国经济特区构想，但实施并不理想。鉴于情况比较复杂，笔者主张，目前比较可行的办法，是采用"手臂延长方略"，扩大东北地区对外开放。

2015 年 8 月 5 日，笔者曾到中朝边境，了解中朝共同开发和共同管理的罗先经济贸易区的情况。通过双方合作共同管理，中国获得朝鲜罗先区若干码头 50 年的使用权。中国从中朝边境的圈河口岸到罗先区港口修建 50 公里公路，我称之为"手臂延长方略"："公路相当于手臂，港口相当于巴掌"。通过"手臂延长"，使"近海而不沿海"的吉林可以通往日本海和太平洋。其他口岸也可采用"手臂延长方略"。

资料来源: 常修泽，内部研究报告，提交 2015 年第一届东北振兴论坛

三、第三波（2015 年）：首提"从开放看东北，东北是前沿"

2013 年，笔者选定以吉林省安图县二道白河镇作为夏季的读书和调研基地后，转年即 2014 年夏天，遂以长白山为中心，沿长白山和图们江边境地带，重点调研珲春、图们、集安、丹东等口岸；还由珲春出境到俄罗斯符拉迪沃斯托克（海参崴），探讨了中俄经济合作对接点。

2015 年夏，中央领导视察吉林后，为了解实际情况，笔者带博士生从二道白河出发，依次考察延边（敖东制药）—珲春（防川）—路经吉林市—最后到沈阳（重点考察一机床、新松机器人公司等），而后在沈阳为辽宁省对外友协干部作考察报告[1]。

在东北调查基础上，回京后经深入研究，完成了研究报告《东北"再振兴"战略思路探讨》，先是提交 2015 年 9 月在沈阳（东北大学）召开的首届"东北振兴论坛"，后上报国家发改委。在这个研究报告里，明确提出"从开放看东北，东北是前沿"的观点。

此观点引起重视——《人民日报》旗下的《人民论坛》杂志，于 2015 年第 11 期全文发表了这个研究报告，其中"从开放看东北，东北是前沿"

---

1. 见《长白山论道简报》，中国改革论坛网，2015 年 8 月。

被列为文章中的一个标题。

【相关链接】 从开放看东北，东北是前沿

从开放看东北，东北是前沿。自 2014 年初爆发乌克兰危机以来，俄罗斯因为受到欧盟的阻遏，已出现"东进"迹象（当然也不会完全放弃西线），其"远东联邦区"开发升温，东方论坛与彼得堡论坛东西并起。随着美国"亚太再平衡"战略的实施，美、俄、日、韩等国之间也出现新的组合和博弈。中国"9·3 阅兵"，韩国总统朴槿惠不顾美国压力，毅然参加活动，是东北亚局势的最新动向之一。此外，伊朗核问题谈判取得突破性进展之后，世界的目光将转移到东北亚地区。以朝鲜建党 70 周年为标志，中朝关系似有升温迹象。东北三省和内蒙古的东五盟市，位于东北亚的核心地带，临俄罗斯、朝鲜、蒙古、日本、韩国，将是中国改革开放的前沿。要站在全球角度，看待东北的战略问题。

资料来源：《"再振兴"东北战略思路探讨》（节选），《人民论坛》2015 年第 11 期

四、第四波（2018 年）：纵论"中国向北开放战略构思"

继 2015 年在首届"东北振兴论坛"提出"从开放看东北，东北是前沿"后，在哈尔滨论坛（2016）、长春论坛（2017）、沈阳论坛（2018）三年期间，笔者扩大范围继续对东北进行调研。调研三大重点：其一，调研大型开放节点城市哈尔滨、长春、沈阳和新的通道（满洲里至集安）；其二，出国考察，重点考察中朝边境朝鲜一侧的满浦市，以寻找中朝经济合作新的对接点（2016）；其三，分别乘汽车和"绿皮火车"由通化到二道白河，实地调研日本殖民统治时期"满铁"拟议中的"东边道"经济带（笔者称之为"长白山西麓经济带"）。

在此基础上，综合各方面因素分析，于 2018 年 12 月 22 日，在第四届"东北振兴论坛"（东北大学汉卿会堂）上，作了《中国向北开放的战略构思及其实施意见》的学术报告，后引起重视。主办单位将报告要点刊发《中国东北振兴研究院简报》（总第 82 期），上报国家有关部门。2019 年 1 月 9 日，新华社发出《常修泽：抓住有利时机推动向北开放》的报道[1]。随后，

1.汪伟：《常修泽：抓住有利时机推动向北开放》，新华网，2019 年 1 月 9 日。

笔者的专题论文《中国向北开放的战略构思》于 2019 年 5 月在东北公开发表。[1]既然要向北开放，东北势必成为"中国开放的前沿"，这是顺理成章的。

这一战略构思，引起国内外重视。在国内，除新华社上报外，中国宏观经济研究院"国宏高端智库"转载上报。在国外，《中国日报》（英文版）向国外发出了《常修泽：抓住有利时机　推动向北开放》的报道。

【相关链接】　抓住有利时机　推动向北开放

新华网　沈阳 2019 年 1 月 9 日电（记者汪伟）经济学家、中国宏观经济研究院教授、博士生导师常修泽近日在接受采访时表示，随着国际形势的变化和国内迈向高质量发展的需要，我国向北开放的时机、条件日趋成熟，价值日益凸显，可依托东北地区构建向北开放的新格局。

常修泽表示，从国内迈向高质量发展角度看，向北开放将是未来我国扩大对外开放的重要组成部分，对于解决区域发展不平衡，拓展新的战略空间具有重要意义。

常修泽早在 20 世纪 80 年代就曾提出沿海、沿江、沿边、沿线的"四沿"开放理论。沿海开放是我国开放的主战场，为我国发展提供动力支撑。但沿海开放不能解决经济发展不均衡问题，因此需要其他"三沿"加以补充。对于北方地区，尤其是东北地区，要加大力度推动沿边开放，提升发展动力。

从国际上看，常修泽说，当前国际上出现的几大变化，为我国向北开放提供了有利时机。当前俄罗斯正在"向东看"，这与我国全面振兴东北老工业基地战略高度契合。此外，朝鲜半岛局势、中日之间关系都出现转暖，为向北开放提供了有利条件。

面对当前有利时机，常修泽认为，我国可以以东北地区为支撑区域，做好以东北亚为重点的向北开放工作。具体而言，一方面以完善轨道交通为基础，打造"四纵四横"大通道，同时以丹东、珲春、绥芬河等重点口岸城市为支点，尽快推动新一轮沿边开放；另一方面，以自贸区为平台，创新改革，全面优化营商环境，推动东北全面振兴。

资料来源：新华网，2019 年 1 月 15 日

---

1. 常修泽：《中国向北开放的战略构思》，《哈尔滨市委党校学报》2019 年第 3 期（5 月出版），中国战略研究会"爱思想"网站 2019 年 5 月 24 日，中国改革论坛网 2019 年 5 月 28 日相继转载，中国宏观经济研究院"国宏高端智库"同时转载上报。

五、第五波（2019 年）：对东北开放新前沿再探讨

2019 年 8 月，中央决策层在中央财经委第五次会议决定：东北地区要"打造对外开放新前沿"，这是中共中央的重大决策。

"新前沿"的关键词是"新"。为什么必须"打造东北地区对外开放新前沿"？"开放新前沿"新在哪里？特别是怎么"打造对外开放新前沿"？围绕此，2019 年 9 月 3 日，《辽宁日报》理论版以《努力打造对外开放新前沿——访经济学家常修泽》为题，发表了对笔者的访谈。

几天后，人民论坛杂志社副总编辑兼人民论坛网总编辑陈阳波先生独家与笔者对话。9 月 8 日，该社以《打造开放新前沿，东北转型纵深谈》为题，发表长篇对话录。"编者按"指出："2015 年 10 月，《人民论坛》刊发了常修泽教授的《"再振兴"东北战略思路探讨》一文，从国家大局看东北的地位，常修泽教授针对'开放末端说'，首次提出'从开放看东北，东北是前沿'的观点。"

对于中央财经委第五次会议提出的"打造对外开放新前沿"的决策，《人民论坛》编者按指出，"中外媒体密切关注"，认为这是"释放出的一个重大信号"。

对这一"重大信号"，实际上东北的领导干部已经关注到了。辽宁省政协主席夏德仁同志阅读了《辽宁日报》关于《努力打造对外开放新前沿——访经济学家常修泽》的访谈和人民论坛网关于《打造开放新前沿，东北转型纵深谈》之后，约笔者于 2019 年 10 月 10 日到沈阳作《打造东北开放新前沿之我见》的报告。报告后，与辽宁省政协几位常委现场互动，就打造对外开放新前沿过程中的一些重要问题交换了看法[1]。

两个多月后，2019 年 12 月 16 日，在第五届"东北振兴论坛"上，笔者作了《中国东北开放新前沿再探讨》[2]。报告要点刊发于《中国东北振兴研

---

1. 常修泽：《东北：打造开放新前沿之我见》，《辽宁政协》2019 年第 4 期。
2. 常修泽：《中国东北开放新前沿再探讨》，东北大学网、北京爱思想网等（2020 年 1 月 15 日）。

究院简报》(总第 99 期, 2019 年 12 月 17 日)。会后, 与中改院、东北院以及夏德仁等同志相约, 继续深入探讨"东北开放新前沿"这一重大课题。

第二节 打造开放新前沿的"三层"战略考虑

打造东北对外开放新前沿有何战略考虑? 笔者认为, 可从三个层面分析:

一、外向：从东北亚大格局看

研究问题, 首先要有大格局观, 而且要有"新棋局观"。

世界正处在百年未有之大变局中。这就要求人们, 要从新变局来考虑问题。以此考虑, 东北亚有三个新动向值得关注。

(一) 朝鲜半岛一定程度的缓和迹象

东北的同志比笔者熟悉, 尤其是与朝鲜接壤的一些地区的朋友, 更有"在场感"。朝鲜半岛近年确实出现一定程度的缓和迹象, 当然, 笔者现在说这个情况还有某些不确定性, 可能还有某些新的变数。

例如, 笔者于 2020 年新冠肺炎疫情前在出席 2019 年"东北振兴论坛"的飞机上 (2019 年 12 月 15 日) 看到新华社《参考消息》第一版, 头条是中美贸易谈判第一阶段协议将签, "让世界松口气", 但是在"松口气"的旁边还有"不松口气"的, 就是朝鲜宣布要进行重大的军事试验 (此为军方宣布)。至于朝鲜是否"放弃与美国摇摇欲坠的外交谈判", 并重启重大武器试验, 这是研究东北亚应特别关注的[1]。

笔者认为, 从大的趋势来说, 朝鲜半岛缓和的趋势是不可阻遏的, "人

1.《外媒紧盯朝鲜劳动党中央全会》,《参考消息》2019 年 12 月 30 日。

间正道是沧桑"。这是第一个迹象。

（二）俄罗斯的某些"东进"迹象

俄罗斯是一个"弥赛亚意识"（"救世意识"）比较强烈的国家，"救世主义思想和大国理念，丰富的经济资源和强势的民族依托，深厚的宗教基础，贯穿俄罗斯社会千年发展史"[1]。如某些俄罗斯问题研究专家所分析的那样，其心灵深处的东西：自认为是"第三罗马帝国的当然继承者"。

近年来，俄罗斯因为"西扩"受到欧盟和美国的强力挤压（包括在乌克兰一线受阻等），因而进行一定程度的调整是可能的。

笔者曾到俄罗斯东部地区考察过，得到两个80%的数据：论资源，俄罗斯远东地区（包括西伯利亚）占俄罗斯的80%；论经济，俄罗斯的欧洲部分占80%，资源与经济是两个不同的格局，错落明显。因此，一个圣彼得堡论坛，一个符拉迪沃斯托克（海参崴）东方经济论坛，将并驾齐驱，很难做出整个俄罗斯战略中心"完全东移"的判断，可能是像其国徽一样实行"双头鹰"战略，"东西并进"。

俄罗斯东边搞东方国际论坛，这样一个态势对中国是有利的。例如，一项标志性的工程——中俄东线天然气管道工程北段，已于2019年12月正式投产通气，来自俄罗斯科维克金气田及恰扬金气田的天然气越过中俄界河黑龙江进入中国，一路向南。这条能源通道投入运营，对于优化我国能源结构具有重要意义。东线天然气管道的"东线"二字，成为研究俄罗斯某些"东进"动向和中俄经济合作的最新案例。

（三）中日韩三国发出合作强音

总的看，中日韩关系出现和缓趋势。日本对华关系在做调整，2019年中国国庆节前夕，日本首相向中国人民用汉语问好，气氛融洽。中日韩自贸区的谈判进展顺利。2019年12月24日，在中国成都举行的中日韩三国领导人会上，中国总理指出，"三方要共同努力提升区域经济一体化水平。中日韩是区域全面经济伙伴关系协定（RCEP）谈判的坚定支持者，应当落

---

1. 郭小丽：《俄罗斯的弥赛亚意识》，人民出版社2009年版。

实上个月'曼谷共识'，一鼓作气，乘势而上，确保明年（2020）正式签署协议。三方应推动中日韩自贸区谈判尽快取得实质性进展，坚定维护多边主义和自由贸易"[1]。从会议通过的《中日韩合作未来十年展望》文件内容看，三国已经确定合作的方针，在推进 RCEP（区域全面经济伙伴关系协定）和中日韩自由贸易协定方面，互动良好。特别是 2020 年在应对全球疫情冲击的关键时期，中日韩三国"山川异域，风月同天"，成为世界抗击 2020 年新冠肺炎疫情中区域"守望相助"的典范。

以上三个变化，即朝鲜半岛的新情况、俄罗斯的新情况和中日韩的新情况，再加上中美贸易摩擦的情况，对中国对外开放有影响，需要有新的构思，这给我们讨论此问题提供了一个新的视角。当然，分析东北亚大格局，其中有喜也有忧，但是总的看，喜大于忧，特别是中日韩经济合作，笔者看好。

上面东北亚是一个大视角。

【相关链接】 东北亚经济合作为东北振兴提供新机遇
——来自"东北亚经济合作与东北振兴进程"座谈会的报道

近来，朝鲜半岛局势好转，东北地区发展的国际环境得以明显改善，这为重塑东北地区对外开放格局带来难得机遇。2018 年 10 月 28 日，由中国（海南）改革发展研究院、东北大学、中国东北振兴研究院共同举办的"东北亚经济合作与东北振兴进程"座谈会在海口举行。"推动东北亚经济合作与建设开放合作新高地""改善营商环境，激发各类市场主体活力"成为众专家的讨论焦点。

中国宏观经济研究院教授常修泽提出，可以以九大口岸为新支点，尽快推动新一轮的沿边开放，包括对朝、韩陆路重点口岸丹东、集安、临江、珲春，对俄罗斯陆路重点口岸珲春、绥芬河、抚远、同江、黑河、满洲里。他还提出打造连接 13 城市的东边道经济带，为东北沿边开放提供"二线支撑"，其中包括辽宁的丹东、本溪，吉林的通化、白山、长白山管委会、延边州和黑龙江的牡丹江、佳木斯、鸡西、双鸭山、七台河、鹤岗、伊春，从南向北实现基础设施互联互通。他还提出，可以以京沈高铁开通为契机，寻求东北和京津冀经济带的战略对接。这条高铁线路穿过河

1. 李克强总理在中日三国领导人成都会议的讲话，新华社报道；另参见《环球时报》2019 年 12 月 25 日，第一版：《推动构建亚洲自贸体系，展望合作未来十年蓝图：中日韩相约"新三国时代"》。

北省北部，北接内蒙古，既可以带动沿线经济发展，更重要的是将东北振兴和京津冀发展战略整合起来。

资料来源：中国经济导报—中国发展网，2018年11月9日

二、横向：从国内大布局看

从国内大布局这个视角来说，需要一种"大协调观"。

笔者在2015年出版的《人本型结构论》一书中写到，按照作者构思，陆上丝绸之路经济带（不说海上的），不只是向西一个方向，而是向东、向南、向北都有。而且，从深层来说，它只是一个倡议，不宜说成是中国的"一大战略"，尤其不宜用"撒币"或"区域扩张"等来表达，那样可能会引来诸多不必要的麻烦。

笔者在吉林省安图县二道白河小镇上天福街上看到一个估计是后制的石碑，上面写着："大唐王朝通往渤海国丝绸之路"。史料表明唐时就有这样一条丝绸之路，即从中原到辽宁，经辽宁到长白山，然后到大唐王朝所属的地方政权渤海国各地。

当时，渤海国是一个很大的东北地方政权。前后有五个都城，包括黑龙江宁古塔、吉林敦化、吉林珲春等，从五个都城可到当时渤海国的海参崴、库页岛等地。这是一条向东的丝绸之路。

今天，研究中国的大布局，必须着眼于中国内部的空间治理结构如何完善的现实，包括从京津冀、长三角、珠三角，一直到东北和海南等开放新前沿，要关注中央财经委讲的"推动形成优势互补、高质量发展的区域经济布局"问题。从此角度看，打造对外开放新前沿，更像是国家大布局的一个"棋子"，是促进区域协调发展、优化区域经济布局的战略之举。

三、内向：从东北自身角色定位看

从角色定位来讲，要有一种"大角色观"。

国家现在把"五个安全"锁定在东北振兴的战略里面。以"国家安全说"分析，东北涉及"五个安全"：第一个是国防安全，第二个是粮食安全

（特别是黑龙江、吉林粮食产量很高，辽宁各地粮食产量也很可观），第三个是生态安全，第四个是能源安全，第五个是产业安全。

这是国家给东北的战略定位，五大安全观。从这一角度来审视，打造对外开放新前沿有助于东北担负起这样一个大角色。

这么"三看"，从大到小：东北亚、中国、东北。

第三节　东北开放"新前沿"：新在哪里

打造"东北对外开放新前沿"，有两个关键词，值得重视：

关键词1："打造"。虽然笔者从东北未来承担的"大角色"出发，于2015年提出东北"应该"成为"开放的前沿"（注意：是"应然"而不是"已然"），但这只是基于学术研究对大趋势做出的战略判断而已。2019年，中央提出东北要"打造对外开放新前沿"，这个"打造"就更加明确，它不只是战略判断，而且是战略决策，这就给东北下达了如何"打造"的战略任务。

关键词2："新"。2015年，笔者给国家发改委上报的报告，只是说东北将成为中国对外开放的"前沿"。2019年，中央在"前沿"两字的前面加了一个"新"字，称"新前沿"。这就意味深长，寓意深远了。"新"，是相对"原"而言的。一个"新"字，包含相当丰富的内涵。到底"新"在哪里？笔者认为主要有三：一是新在"地域"上；二是新在"领域"上；三是新在"倒逼改革"上。

一、新在"地域"

40多年来，在中国对外开放进程中，曾先后形成多个前沿"窗口"或

"阵地"。从纵向来看，已有三个规模较大且影响深远的前沿——珠三角、长三角和京津冀。这就产生东北作为"中国开放的新前沿"与"三个中国开放老前沿"之间的关系问题，需要深入分析。

第一个开放前沿：20 世纪 80 年代，以深圳特区等为代表的珠三角开放前沿。1979 年，中共中央、国务院决定在深圳、珠海、汕头和厦门试办"出口特区"。1980 年，正式将出口特区改称为"经济特区"（2020 年 8 月 28 日隆重纪念四特区成立 40 周年）。以四个特区为代表的广东、福建开放前沿，开了中国风气之先，特别是珠三角更为亮丽。

第二个开放前沿：20 世纪 90 年代初，开发开放上海浦东。1990 年设立上海市浦东新区。上海和长三角成为新的开放前沿，并对全国产生影响。

第三个开放前沿：新世纪以来，天津滨海新区开发开放上升为国家战略。继之，2013 年，中央提出推动京津冀协同发展，成为新的开放前沿。

简单归纳：20 世纪 80 年代看"珠三角"，20 世纪 90 年代看"长三角"，21 世纪初看"京津冀"。

这次，21 世纪 10 年代最后一年，中央明确东北应该"打造对外开放新前沿"。就战略任务而言，应该属于"第四个前沿"。

从改革开放史上看，中国对外开放的这四大前沿，时间（纵向）上具有继起性，空间（横向）上具有并存性。注意：并不是后者否定前者，而是带有明显的"增量创新"的特征，四大前沿共同构成中国东部的开放前沿体系。以后，随着发展，中国西部和西南地区也可能会有新的开放前沿，要看形势发展[1]。

---

1. 2019 年 8 月，中央提出东北要"打造对外开放新前沿"，已在中国西北和西南地区形成连锁反应。2019 年 11 月，笔者曾参加有关方面组织的调研组，到云南省进行调研，在与云南省政府有关领导（常务副省长宗国英）交谈中，感到云南也希望中央"打造云南对外开放新前沿"。笔者在普洱市恰遇应邀到此调研的中国宏观经济研究院对外经济研究所叶辅靖所长等同事，他们承担类似进一步对外开放的课题研究。

二、新在"领域"

新的开放前沿，不仅新在地域，而且更是新的"领域"。在开放领域方面，东北应该上"三个台阶"。

第一个台阶，"五流"本身上台阶。

（1）资金流。资金的"双向流动"，既包括资金流入（引进外资，如辽宁省引进沙特阿美石油公司，引进德国宝马汽车等），也包括中资外投（如中资到西伯利亚建厂等）。但从当前东北实际出发，应以引进外资为主。

（2）技术与信息流。东北有技术基础，例如，2019 年国庆 70 周年游行队伍 34 辆彩车中，辽宁的机器人彩车造型新颖，威武雄壮，颇引人关注[1]。这显示了东北未来战略产业的苗头——人工智能产业。笔者曾经到辽宁新松机器人公司调研过。这是著名专家蒋新松先生当年领办的一家混合所有制企业，机器人应该是未来具有开发价值的技术。东北发展高新技术进口和出口大有前途。

（3）产品流。鉴于东北产业链中对生产性服务剥离不够，因此，产品流中包括"服务品流"。

（4）产业流。这是重点。笔者在 1988 年提出"四沿"开放战略时，曾表明"互补的经济结构是建立北部沿边开放带的物质基础"[2]。当时（1988年），其投资领域主要是加工制造业，而现在东北则瞄准高端装备制造业。与其他地区相比，东北在高铁车辆、核电装备、造船等领域产业力量雄厚。下一步从国际产业价值链的角度来看，有几个优势产业是可以作为"支点"的。如装备制造业，应由过去加工制造业转向瞄准高端装备制造业。再如，石化产业、医药产业等。建议抓住历史机遇，着眼于中国与俄罗斯、朝鲜、蒙古国、日本、韩国和其他国家发展产业流。

（5）人员流。重点是"引进"。如果说过去重在"招商引资"的话，21

---

1. 大型机器人彩车留在北京后，很多市民到"北展"与彩车、机器人合影。
2. 常修泽、戈晓宇：《论"四沿——渗透型"开放战略》，《改革与战略》1988 年第 4 期。

世纪 20 年代，应以"招才引智"为重点。

以上属于"五流"本身的变革问题。

第二个台阶，"五流"开放向"制度型开放"转变并提升。

从更大的战略层面讲，新领域新在哪里？考虑到下一步将开放过去未曾开放的经济领域（包括垄断性行业和领域），以打造中国参与国际产业分工为新支点，这就涉及规则、规制、管理、标准等"制度型开放"问题。因此，下一步应推动由商品和要素型开放向"制度型开放"转变和提升。这将成为新的看点。"制度型开放"是新前沿的新内容，对此，要有精神准备。

第三个台阶，上"中外文明包容"的大台阶。

这应该是更为新的内容。新在哪里？在 21 世纪 20 年代，中外文明关系，这个问题应引起高度关注。第一步是"包容"，第二步是"交融"，最后有一部分可能"融合"，当然交融中会有"博弈"，但前提是文明包容。

2013 年，笔者出版的《包容性改革论》一书引用了德国著名哲学家奥斯瓦尔德·斯宾格勒的一段名言，阐述了这个观点：每一种文明都有自己的"根"，每一种文明都有自己的"人"，每一种文明都有自己的"命运"。文明是平等的，文明是多样的，文明是可以包容的[1]。这是东北开放大门越开越大的"题中应有之义"和必然趋势，建议引起重视。

以上三个台阶，逐步攀登，逐步提升。

三、新在"倒逼"

2019 年 4 月 22 日中央财经委员会第四次会议指出，"善用高水平开放倒逼深化改革"。这对东北来说切中要害。2015 年，笔者在《"再振兴"东北战略思路探讨》中曾指出："从改革看东北，东北是难点。"打造对外开放新前沿，其中一个重要考量是对内形成倒逼作用，促进东北加快全面改革，解决（至少是缓解）这一难点问题。

---

1. 常修泽：《包容性改革论》，经济科学出版社 2013 年版，第 306 页。

2020 年 1 月 20 日，《浙江日报》理论版"之江会客厅"专栏发表了长篇访谈《用高水平开放倒逼深化改革——访著名经济学家常修泽教授》，详细谈了笔者的看法。关于如何"倒逼深化改革"，下面予以【相关链接】节选，供读者阅读。

【相关链接】　用高水平开放倒逼深化改革（节选）
——访著名经济学家常修泽教授

记者：2019 年 4 月 22 日，中央财经委员会第四次会议提出，要推动改革开放取得新的重大成果，善用高水平开放倒逼深化改革。您是专门研究体制变迁理论的经济学家，能不能重点就经济这个领域来谈谈这个话题？您认为当前经济领域的改革主要应从哪些方面入手？

常修泽：当今世界处于"百年未有之大变局"。在开放倒逼下的中国改革面临纷繁复杂的局面。党的十八届三中全会提出"全面深化改革的总目标是完善和发展中国特色社会主义制度，推进国家治理体系和治理能力现代化"。

在经济领域，开放倒逼下的改革怎么办？我在 2019 年曾发表了一篇《开放倒逼下中国经济改革"双突破论"》，即通过产权制度创新完善和要素市场化配置改革作为"突破点"来带动新阶段整个经济体制改革。

在创新完善产权制度这个"突破点"上，我认为，首先应该从"广义"角度把握产权内涵，既包括经济领域的物权、债权、股权等，又包括知识产权等各种人力资本产权，以及自然资源资产产权等。2018 年和 2019 年中美经贸摩擦涉及知识产权等各种人力资本产权以及其他产权。

其次是把握"民营经济内在制度要素论"。2018 年 11 月 1 日，中央领导在民营企业座谈会上明确做出两个判断："民营经济是我国经济制度的内在要素，民营企业和民营企业家是我们自己人。"一个是"制度的内在要素"，一个是"我们自己人"，这两句内涵很深刻，是个制度性判断。

最后是健全现代产权制度的四根支柱，即产权界定制度、产权配置制度、产权交易制度、产权保护制度。开放倒逼的新形势下，必然要求四个产权制度更要"界定清、配置准、流转畅、保护好"。

在要素市场化配置这个"突破点"上，一是要排除干扰，把"市场决定论"落到实处。党的十八届三中全会首次提出"市场在资源配置中起决定性作用和更好发挥政府作用"，这是中国经济体制改革理论的重大突破。但在实践中遇到干扰，也有一些悬空，所以，我说，要"排除干扰"，要"落到实处"。

二是要针对"短板"，切实提高中国经济的"市场化指数"。中国经济市场化的短板主要是"政府与市场的关系"。这里有三个要点:第一个是市场配置资源的比重,第二个是政府对企业的干预程度,第三个是政府机构的规模扩大指数。从我实际调查来看,这三个要点在地区之间的分布状况是不平衡的。浙江情况比较好,例如在"政府与市场的关系"上,政府提出企业"不叫不到,随叫随到",我在很多场合反复讲浙江这八个字:"不叫不到"就是不干预嘛,"随叫随到"就是为企业服务,当"店小二"嘛。浙江近几年大力推进的"最多跑一次"改革更是实实在在地为企业服务的有力举措。

三是要以中美经贸摩擦中的案例为鉴,"推进国企改革要奔着问题去"。首先要"奔着"确立国企市场主体地位和健全现代企业制度等"问题"去。其次,随着开放倒逼,三类国有资产如何资本化,即经营性的国有资产、金融性的国有资产、资源性的部分国有资产怎样进一步资本化,这些都是要素市场化配置需要从长计议的问题。

四是要放宽市场准入,着力清除市场壁垒。"着力清除市场壁垒"是中共十八届三中全会提出的重要提法,也是参与经济全球化绕不过的问题。传统的垄断行业,包括电力、电信、铁路、石油、天然气等领域,应按照《外商投资法》和《中共中央 国务院关于营造更好发展环境支持民营企业改革发展的意见》,切实放宽市场准入,消除隐性壁垒,鼓励民营企业和外资企业扩大投资。

我认为,以上四个问题是当前要素市场化配置框架之支点。

资料来源:《用高水平开放倒逼深化改革——访著名经济学家常修泽教授》节选"善用高水平的开放倒逼深化改革"部分,《浙江日报》理论版,2020年1月20日

第四节　打造开放新前沿的五项举措建议

近几年东北在对外开放方面做了不少努力,也取得了一定成绩。如,2019年6月下旬在沈阳了解到,辽宁出台了《关于加快构建开放新格局以全面开放引领全面振兴的意见》(也称"辽宁开放40条");辽宁和黑龙江两个自贸试验区作用日益彰显;德国投资的华晨宝马沈阳新工厂开工建设;沙特投资的华锦阿美石油化工公司挂牌成立等,这些都是可喜信号,但与打造对外

开放新前沿要求相比，还有差距，需要再上台阶。

对于开放举措，2018 年 12 月在东北振兴论坛上，笔者在《中国向北开放的战略构思》中提出建议，结合新情况，进一步阐述以下五条建议。

一、办好辽宁、黑龙江国家级自贸试验区

自 2013 年决策层决定在上海成立第一家自由贸易试验区以来，自由贸易试验区成为开放高地。这些自由贸易试验区并非地方的，而是国家的。自由贸易试验区是按照全球最新的规则来开展工作的，办事速度快、效率高，可以给企业提供制度和政策的空间。

2015 年，笔者在调研基础上，结合东北实际曾建议设立"中国（东北）自由贸易试验区"。在内部研究报告《"再振兴"东北战略思路探讨》中写道："考察中笔者发现，沈阳机床拟将全球总部设在上海，新松机器人公司也将研发总部设在上海。为什么东北优质企业将总部迁出东北？烦琐的行政审批手续是原因之一。建议国家在东北设立'中国（东北某地）自由贸易试验区'，以避免本土企业外迁到其他自贸区现象再度发生。"[1]

2016 年，二十国集团（G20）会议前，中央决定在辽宁、浙江、河南、湖北、重庆、四川、陕西新设立 7 个自由贸易试验区。辽宁被排在首位。当时，笔者在撰写的《东北振兴战略新论》中提出："从东北振兴全局来讲，辽宁已经成立自贸区，下一步，两点建议：（1）建议将辽宁自贸区内涵'外溢化''东北化'，即不仅在辽宁省内的沈阳、大连等设自贸区片区，也可考虑在长春、哈尔滨设自贸区片区，弟兄三个共用自贸区政策有何不可？（2）自贸区可以在上海基础上有所创造，更好地为东北地区振兴服务，促进东北区域经济发展。"

现在，继中国（辽宁）自由贸易试验区之后，2019 年 8 月 2 日，经国务院批准，中国（黑龙江）自由贸易试验区成立，已经呈"南北并立"之势。2020 年 8 月 14 日，笔者实地考察了黑龙江自贸区哈尔滨片区（79.9 平

---

1. 常修泽：《"再振兴"东北战略思路探讨》（节选），《人民论坛》2015 年第 11 期。

方公里），后收到他们的规划文本，感觉工作比较扎实。包括自贸区在内的哈尔滨新区拟办成"中俄全面合作重要承载区、东北地区新的经济增长极、老工业基地转型发展示范区，特色国际文化旅游聚集区"。

建议对中国（上海）自由贸易试验区经验"带土移植"的基础上，有所创造。具体说，除了推进贸易和投资便利化、金融服务业开放和金融创新，还应注重以外促内，倒逼东北地区的体制改革，包括倒逼行政管理体制改革、国有企业改革、区内服务业开放、社会体制改革等。

特别要申明，中国（辽宁、黑龙江）自由贸易试验区系国家设在辽宁和黑龙江的自由贸易试验区，而不能孤立地看。实际上，我们一直在提倡东北地区各省市要加强联动和协同性，建议扩大自贸试验区在东北的共建共享作用。

第一，自贸试验区可考虑扩容。如，辽宁自贸试验区现在有沈阳片区、大连片区、营口片区，都是辽宁的"里脊肉"，但是从前沿来说，辽宁要向朝鲜半岛开放，"前沿的前沿"应该是丹东。从丹东的战略地位分析，建议考虑增加"丹东片区"。

第二，建议辽宁和黑龙江自贸试验区"外溢化"。现在河北自贸试验区已向北京大兴国际机场"外溢化"，辽、黑两省的自贸试验区也可考虑向吉林"外溢化"，发挥自贸试验区的联动和协同作用。

第三，调查发现，黑龙江自贸区哈尔滨片区已与深圳前海蛇口自贸片区签订《战略合作框架协议》，协同开展制度创新。同时在哈新区内建有"深圳（哈尔滨）产业园"。这是一个有新意的举措，有助于缓解"中国：不容忽视的南北问题"[1]；建议辽宁自贸区借鉴，借助南方先行先试的力量，推进自身的制度创新。

二、打造"四纵四横"前沿战略大通道

东北打造新前沿，有几条战略性大通道，可作为重要抓手。简单概括

1.常修泽：《中国：不容忽视的"南北问题"》，《亚太经济时报》1991年3月24日第一版头条。

为"四纵四横"。

1. 四纵

第一纵，哈尔滨—长春—沈阳—大连线。这条线应该是主动脉，它勾连了整个东北的四个大城市，而且是国际型大城市。哈尔滨、长春、沈阳、大连这四个副省级大城市的优势可借助这条线路得以充分发挥。并且在"十四五"期间，将打造两大国家级城市群——沈大城市群和哈长城市群。

第二纵，大庆—通辽—锦州线。这条线能把黑龙江西部、吉林西部、辽宁西部和内蒙古东部连接起来。一般人们不太关注这条"边缘线"，应重视并积极打造这条线路。

第三纵，二连浩特—锡林浩特—乌兰察布线。这条线可以与北京线相连接，通过北京高铁可通到张家口，距离乌兰察布较近，这是一条西边线，一般人不把这条线列入，是不对的。大部分属于东北振兴地域的范畴。

第四纵，"东边道线"，这条线是重点。设想这条线的第一节点城市为丹东，它既是一个沿边城市，又是"东边道线"南边的节点，从丹东往西到本溪，再往北到通化市、白山市、二道白河（长白山管委会）、延吉（延边朝鲜族自治州州府所在地），再到黑龙江的牡丹江、佳木斯、鸡西、七台河、双鸭山、鹤岗、伊春（共13家节点城市）。笔者曾坐"绿皮火车"亲身体验过这条线及其周围地区，它恰好在哈长沈大中心线（主动脉）与中朝中俄边境线之间。这是一条具有潜力的纵线。如果能迅速打造"东边道线"形成一个"沿边二线经济带"，不仅对东北振兴自身，而且对东北亚发展都具有重要的战略支撑作用。鉴于这条"东边道线"基本处于长白山（这个长白山是一个"大长白山"的概念）的西麓，也可以称其为"大长白山西麓经济带"。在实施新前沿的战略中，这个经济带值得研究并精心打造。

2. 四横

第一横，满洲里—齐齐哈尔—大庆—哈尔滨（以此为中心）—牡丹江—绥芬河—俄罗斯符拉迪沃斯托克（海参崴）。主要是对接俄罗斯和蒙古国。这条线是"四横"中最长的线，也是向北开放的一个主横线。这条线的两端，西端可以对接满洲里，一直连接到西伯利亚大铁路，东端可以经符拉迪沃斯托克

（海参崴）与日本海相连。满洲里线曾是中国红色之路，当年中共领导人去苏联，大部分是经过这条线。符拉迪沃斯托克（海参崴）现在是俄罗斯"东方经济论坛"所在地。笔者曾从中俄边境线出发，乘汽车到达海参崴，感悟到中俄当局都对此寄予希望。建设好"第一横"对中国发展与俄蒙朝关系意义重大。

第二横，阿尔山—乌兰浩特—松原—长春（以此为中心）—吉林市—延吉—珲春—俄罗斯扎鲁比诺港和朝鲜罗津港。此线主要对接蒙古国、俄罗斯、朝鲜、韩国以及日本。以长春为中心，往东到延吉、图们、珲春；往西，到松原、内蒙古兴安盟的乌兰浩特、阿尔山动车已通（2017 年）。此线连接着两个大省（自治区），可以把内蒙古融进来，西端通过"两山"即阿尔山—乔巴山，联通上蒙古国，东端通过珲春既联通朝鲜又联通俄罗斯，这是一条值得深入研究的线路。

第三横，四平—辽源—通化—集安—对接集安对面的朝鲜满浦。哈长沈大这条中心线从吉林四平拐弯，往东经梅河口、柳河、通化、集安，经过新建的集安中朝跨境大桥到朝鲜满浦，然后由满浦可到平壤，主要对接朝鲜。对这条线人们重视不够，很可惜。集安曾是我国东北少数民族地方政权高句丽的政治、经济、文化中心，长达 425 年；朝鲜满浦是 20 世纪 50 年代抗美援朝时期金日成将军退到鸭绿江边的指挥部。2016 年，笔者曾实地考察过，这里经济社会基础较好。这条线应当作为关注的重点。笔者曾在 2017 年东北振兴论坛上提出瞄准"满浦线"。由四平到满浦这条线，甚至连上内蒙古的满洲里。由此，俄罗斯、蒙古国通过这条线跟朝鲜相连接。

【相关链接】 打造东北第二条对外开放大通道

在研究东北地区如何落实"一带一路"倡议时，还可以打造东北第二条对外开放大通道。今年 7 月，我到吉林南部做实地考察，从集安出境到达朝鲜的满浦。

建议打造一个满洲里到集安的通道，由中俄边境的满洲里经齐齐哈尔、大庆、哈尔滨、长春、四平、通化到集安（对面就是朝鲜满浦），形成一条"满集（或满满）经济带"，将俄罗斯、蒙古国、中国、朝鲜、韩国和日本等贯通起来，以此经济带为纽带，进一步将东北地区融入东北亚经济发展大思路中。

资料来源：节选自 2016 年 8 月 19 日在第二届东北振兴论坛（哈尔滨）报告，新华网摘要报道

第四横，北京—沈阳—丹东，主要对接朝鲜。这条横线是最具魅力的一条线，一旦开通，将会呈现一些新气象，即先由北京去河北兴隆，然后经河北承德，进入辽宁的朝阳、阜新、新民、沈阳，最后到丹东。它的经济意义，一则，作为一条横的线，由北京到丹东出海口，可与"东边线"在此交会，而丹东是向北开放的重镇；二则，这条新线，能把中国北方两大经济带——东北经济带和京津冀经济带结合起来协同发展，实现国内两大区域发展对接，从而给整个向北开放带来难得的发展契机；三则，这条新线打通了关外和关里，经河北省承德后，进入辽宁的朝阳、阜新，这些地方是河北和辽宁的贫困地区，且比邻内蒙古的贫困地区，使之集中连片，无论是从反贫困角度，抑或是从开放角度，这条线都具有重要价值。

三、创建沿边九大口岸新支点

打造开放新前沿要有支点，建议以下列九大口岸为新支点。

对朝鲜、韩国——建议以丹东、集安、临江、珲春四个口岸为支点。特别要关注辽宁省的丹东市，这将会成为一个新的亮点城市，下一步可在丹东建设"跨境自由贸易区"或"跨境经济合作区"。

对俄罗斯——建议以陆路口岸绥芬河、抚远、同江（正在修建大桥）、黑河（已经修建大桥）、满洲里五个口岸为支点。

九大口岸需要重点推进以下三个方面：一是跨境基础设施互联互通，二是贸易便利化，三是投资自由化。

四、加快节点城市与开放平台建设

节点城市可包括：黑龙江省的哈尔滨、齐齐哈尔、牡丹江、大庆等；吉林省的长春、吉林、延吉等（与长、吉、图经济带对接）；辽宁的沈阳、大连、鞍山、抚顺、本溪等。

对于开放平台建设，应抓好辽宁和黑龙江两个自贸试验区建设，这是两个大的平台，政策可以进一步放宽：向上海自贸区看齐，并与"海南自贸港"构思对标。

五、推进中外经贸结构互补共赢

笔者在探讨"四沿"开放战略和"北部沿边开放带"时，曾提出："互补的经济结构是建立北部沿边开放带的物质基础。"[1] 在新的时代，情况发生一些变化，但是，中国与俄罗斯、蒙古、朝鲜、韩国和日本等国"经济结构的互补性"依然很强，是打造新前沿的物质基础。

关于东北的产业结构转型问题，拟在下一章新旧动能转换中进一步阐述，这里只是从对外开放角度，就"经贸结构的改进"提出意见。基本思路要着眼于中国面对的五个国家，可在装备制造业、服务业、海洋产业等方面进行"中外打通"。

（一）发挥装备制造业开放优势

装备制造业是东北地区的一张"王牌"，曾被称作"共和国的装备工业部"。与其他地区相比，高铁车辆、核电装备以及造船等产业力量雄厚。2016年7月，中央领导到吉林调研，重点是考察装备制造企业——中车长客和东北工业集团长春一东离合器公司。前者是高铁生产企业。近年国内的高铁突飞猛进，海外市场也有很大需求，总理出访，首先推销的就是高铁。后者（离合器公司）制造配套的零件。随着中国下一步对外开放力度的加大，高铁、核电、其他装备将成热络商品。东北地区应抓住这个历史难得的机遇，成为整个国家参与新一轮国际产业分工的"新支点"。从沈阳中德工业园得到启发，东北除与东北亚合作之外，也要与德国、瑞士、以色列等国合作。

（二）5G与人工智能产业

5G网络是第五代移动通信网络，具有高速率、大连接、高可靠、低时延等特性。日前，工信部正式发放5G商用牌照，标志着中国从此进入5G时代。这不仅会催化芯片等产业链，对通信行业产生积极影响，而且还会赋能其他行业，让万物互联再进一步，给整个社会带来深刻变革。

---

1. 常修泽、戈晓宇：《论四沿——渗透型开放战略》，《改革与战略》1988年第4期；另见常修泽：《人本型结构论》，安徽人民出版社2015年版，第225—237页。

5G 会促进人工智能产业迅速发展。目前，大多数机器学习算法是基于大数据和深度神经网络，训练一个深度神经网络模型通常需要海量数据，这些海量数据的上传，会占用很多时间，这就对通信服务提出了更高的要求，而 5G 的高带宽、高可靠特性会解决这个问题。相比于训练阶段的时间消耗，推理阶段的时延更为关键。

时下，很多人工智能服务受限制于通信速度和时延，影响使用体验，不能大规模发展。5G 的到来，会让这一领域产生很大改变。以机器翻译机为例，进入 5G 时代后，会让实时口语机器翻译（语音识别 + 语音合成 + 机器翻译）得以普及，在 5G 高带宽和低时延的加持下，人工智能云服务将成为新的增长点。

（三）补足服务业开放短板

服务业开放是经济全球化的新趋势。据《二次开放》一书数据，"近年来，货物贸易增速明显下降，但服务贸易却较快增长。2008 年至 2014 年，全球服务贸易比货物贸易的年均增长速度约高 1 倍。2015 年，我国服务贸易占对外贸易的比重比全球平均水平低 8 个百分点左右，比发达国家低 10 个百分点以上，尽管 2016 年的这一比重提升了 3 个百分点，但仍与世界发达国家有明显差距"[1]。

前些年，东北开放的重点在工业领域，服务业的一些领域尚未开放（特别是一些垄断性的行业尚未开放），导致服务贸易滞后。据统计数据，2015 年东北全部进出口总额只有 1358 亿美元，占全国比重仅 3.44%。全部进出口总额中，主要是货物贸易，服务贸易比重微乎其微，因此服务贸易滞后已成东北产业开放和对外贸易的短板。

下一步东北开放应把服务业市场开放作为新的任务。重点抓三条：一抓服务业市场开放准入。首先是开放竞争性服务业，比如大健康产业（东北人参、鹿茸等中药资源丰富）、旅游产业（长白山、大小兴安岭以及新开辟的延边琵岩山等旅游资源丰富）、文化创意产业、教育培训产业等，同时

1.迟福林：《二次开放》，中国工人出版社 2017 年版。

推进垄断性行业（至少是垄断行业的竞争环节）开放，实现重点领域准入的突破。二抓服务业引资。一方面吸引国外资本（特别是东北亚资本）投资服务业；另一方面鼓励本地和关内社会资本进入服务业市场。三抓服务贸易。面向国际市场，在扩大货物贸易的同时，扩大服务贸易，逐步提高服务贸易占对外贸易的比重。

（四）不可忽视的海洋产业开放

在吉林珲春一带考察，深感沉痛的历史教训：黑龙江、吉林本有很长的海岸线，但通过《瑷珲条约》《北京条约》等，陆续丧失了通往太平洋、日本海的海岸线和出海口。未来国际竞争的重点在海洋。"国土"二字，不仅仅包括陆地国土，而且包括蓝色国土。好在辽宁有1443公里长的海岸线，发展海洋产业具有先发优势。

前些年辽宁曾提出"五点一线"，"五点"指大连长兴岛临港工业区、辽宁（营口）沿海产业基地、辽西锦州湾沿海经济区（包括锦州西海工业区和葫芦岛北港工业区）、丹东临港产业园区、大连花园口工业园区等；"一线"即滨海路。应以"五点一线"为依托，大力推进渔业、海洋资源、港口建设、临港产业、海上旅游等产业开放，使海洋经济成为东北特别是辽宁的一张开放"新牌"。

此外，东北还应加强能源、矿产、木材、农产品、轻纺产品等的互通；促进外资引进与中资外投（包括到外成片开发）；做好基础设施对接，包括边境口岸地区的公路、铁路、桥梁等。

以上，围绕打造"新前沿"，从对外开放角度提出"五举措"。而从对内深化改革角度来说，东北地区"打造对外开放新前沿"遇到的困难和问题，归根到底，是体制问题、结构问题和深层的"人"的问题。

（1）在体制方面，国有经济缺乏活力、政府干预比较严重、资源配置市场化程度低；

（2）在结构上，内力结构（动能）板结、产业结构失衡；

（3）在"人"方面，对企业家的社会尊重度不高、企业家精神不足、人才流失较为严重、民众士气有待提高。

中央财经委员会第五次会议触及了这些问题。（1）在体制方面，针对国有经济缺乏活力问题，中央强调要"加快国有企业改革"；针对政府干预比较严重、资源配置市场化程度低的问题，强调要"加快转变政府职能"。（2）在结构方面，针对封闭的外向结构，中央强调要"打造对外开放新前沿"，并要求"主动调整经济结构，推进产业多元化发展"。（3）在"人"的方面，中央强调要弘扬企业家精神、加强干部正向激励、树立鲜明用人导向。这三大问题如能改到位，新前沿打造就会取得新的进展。这些问题，已在相关各章论述，不再重复。

第五节　全球大疫：东北参与东北亚区域合作新思考

2020 年之后的新形势下，探讨东北打造"新前沿"问题，离不开全球抗疫后的大格局变化，尤其离不开东北亚国际合作体系。本章增列此节，从这个视角就如何拓展东北亚合作机制进一步探讨。

一、全球大格局：东北亚合作须拓展

此次全球疫情是第二次世界大战后罕见的全球公共卫生事件。从全球抗疫情况看，东北亚几国，中、日、韩、俄等实践令人关注，其中，日韩被人称为"东亚模式"；朝鲜情况笔者了解不多；蒙古国在中国抗疫最紧张的时候，其总统来京，体现彼此之间的密切关系。

2020 年新冠肺炎疫情之后，世界格局有没有可能发生一些新的变化？需要冷静观察，方能做出结论。但，从现有迹象看，一则，全球化和"逆全球化"两种趋势的博弈可能呈加剧态势；二则，原有的某些大区域合作将受到重创。在此背景下，不同区域力量对比将发生变化。相对于其他地区而言，东北亚域内和域外关系，特别是东北亚的国际地位可能得到进一步强化。这是一方面。

另一方面，科学界有报告显示，随着气候变暖，北极与南极及周边相关地区，冰山融化加快，一些长年冰封的动物尸体显露，有可能造成某种潜伏的或变异的病毒侵袭。东北亚是人类毗邻北极圈和北冰洋的重点地区。客观情况也要求东北亚各国团结合作，在原有基础上，以新的思维拓展东北亚域内合作机制。

二、三线拓展东北亚合作机制的框架

（一）从"经发"方面拓展东北亚合作机制

经济合作是东北亚合作机制的基础。这方面已经做了大量工作。尤其是中日韩三国，积极推进"中日韩自由贸易协定（FTA）"谈判，并与东盟10国和澳、新等国于2020年11月15日签署"区域全面经济伙伴关系协定（RCEP）"，这是亚太合作的一件大事。另从《中日韩合作未来十年展望》文件内容看，三国已经确定合作的方针，目前正在落实2019年11月"曼谷共识"，争取2020年或稍后一段时间正式签署协议，互动前景良好。

全球大疫之后，根据新情况，东北亚应在更多国家和更多产业领域继续拓展。如：（1）域内国家的石油天然气合作；（2）矿产资源开发合作；（3）交通等基础设施合作；（4）粮食生产及其他农产品的合作等（石化产业和粮食生产，东北都有优势）。

（二）从"人发"方面拓展东北亚合作机制

确保每个人的生命健康和自身发展，是东北亚合作机制的核心。从抗击2020年新冠肺炎疫情的实践来看，东北亚六国相互帮助，已经形成较好基础，但是尚未机制化。

下一步应该以"人的生命健康和自身发展"为宗旨，建立东北亚"六国互保合作"机制，如：跨国预防与救治，包括疾病预防控制与重大疫情的救治体系等；再如，健康养老与养生，包括应对老龄化与少子化的保健养护体系等。近几年，中国一些研究机构和企业与日本、韩国相关机构等进行了合作，可以扩展到区域国家层面。

这里，突出的是"人文发展"问题。此次全球抗疫暴露了某些人群"文明素质低下（性恶）"和"文明不和谐（撕裂）"甚至出现极端的"反人类"问题，文明问题十分突出。因此建议：

第一，考虑到东北亚区内多数国家（如中日韩朝）属于"东亚文明圈"，对此，应该挖掘东亚文明中宝贵的"仁爱、正义和诚信"等优秀传统，补上客观存在的"不仁、不义、不诚信"的短板。

第二，考虑到东北亚文明的多样性，如俄罗斯的"弥赛亚文化"（救世文明）以及蒙古国的"草原文明"等，应该加强文明的包容性，建立"东北亚文明共同体"，使之成为"人类命运共同体"的先行示范区。

中国东北应强化"文明观照"。现在东北不少地方也在讲构建"人类命运共同体"，是好的，但欲参与"人类命运共同体"之建设，第一步是否先参与"东北亚文明共同体"之建设？

（三）从"环发"方面拓展东北亚合作机制

反思此次全球新冠肺炎疫情，一个重要教训，是人类在处理与自然界关系上出现失误，从一定意义上说，是自然界对人类的惩罚。"善待自然，天人合一"，从来没有像今天这样强烈。

现在提构建"人类命运共同体"是对的，特别是在疫情肆虐时，更为迫切。但是从长远上说，仅仅讲"人类命运共同体"又是不够的。痛定思痛，用中国哲学的语言，还应创建"天地人生命共同体"。现在，"人有生命"已经引起重视，如提出"人类健康至上"，很好；同时天也有生命，地也有生命，世上万种生物皆有生命，是否也可提出"天地人皆健康至上"？应有"天地人生命共同体"的理念。[1]

东北是中国的绿色屏障，也是东北亚的绿色屏障之一。从"经发"来说，绿水青山是金山银山；从"人发"来说，绿水青山是环境人权；从"环

1.常修泽：《广义产权论：构建天地人生命共同体的探索》，《上海大学学报》2020年第3期。

发"来说，绿水青山是"天地人生命权"。东北三省应与东北亚其他五国一起，从经济、环境与人的综合角度促进天地人共同发展，东北亚合作机制应增加这方面内容。

三、东北亚合作机制的现实启动点

基本思路是，建议以创建"大图们江合作核心区"为现实启动点，进而逐步推进"图们江—日本海"湾区建设。对此问题，本章第一节讲到笔者曾在中国香港《经济导报》发表《积极创建"远东跨国经济特区"》的文章[1]。下一步，建议以本章第五节"现实启动点"为话题，与日韩俄加强学术联系，在适当时机专门讨论深化、细化。

---

1. 常修泽、戈晓宇：《积极创建"远东跨国经济特区"》，香港《经济导报》1989 年 5 月 7 日。

第七章

中国东北转型通论

以"大四新"推动东北动能转换:"凤凰涅槃"

东北转型研究，关注结构问题，除针对对外封闭型经济结构（上一章所述）外，还要关注内力结构问题。

当前，东北经济正处在转换发展动力的攻关期。这是一个必须跨越的关口。东北如果不走新旧动能转换的创新发展道路，就不能真正振兴起来。基于此，2018年9月，中央领导在东北振兴座谈会上提出：推进东北振兴第一要求是以优化营商环境为基础，全面深化改革；第二要求就是"以培育壮大新动能为重点，激发创新驱动内生动力"。结构不合理，是造成老工业基地经济后劲不足、增长乏力的主要原因。结构调整，是实现东北振兴的另一关键问题。

前面，针对体制问题和"封闭的对外结构"，重点阐述了"优化营商环境，全面深化改革"和"东北开放前沿"问题。本章换一话题，针对"板结的内力结构"，重点阐述如何"以培育壮大新动能为重点，激发创新驱动内生动力"问题。用笔者自己的研究成果观点，就是用"大四新"推动东北新旧动能转换，促进其实现"凤凰涅槃，浴火重生"。

第一节　全国新旧动能转换：东北怎么办

新旧动能转换是全国性的命题，但对于经济结构"板结的东北"，加快新旧动能转换更为迫切。

一、从广度和深度两维度把握新旧动能转换的内涵

怎么把握新旧动能转换的内涵和实质？它的真谛是什么？笔者认为，应该从广度和深度两个方面来把握。

（一）广度：是2.0版而不是1.0版的新旧动能转换

现在人们讲的"新旧动能转换"，是无主语的。6个字，没有主语。到

底是什么的新旧动能转换？现在是个无主语的东西。从理论上说，主语可以有两个。第一个称之为1.0版的新旧动能转换，是指"经济增长"的新旧动能转换。第二个2.0版，是指"经济发展"的新旧动能转换。两个主语，指哪个？

我们看看下面两张图：

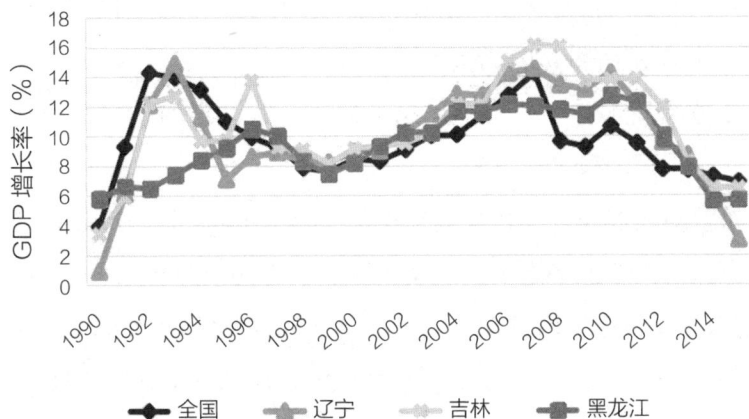

图7-1　全国及东北三省"经济增长"趋势图

这是一张1.0版的即全国及东北三省"经济增长"趋势图[1]，大家经常见到的。

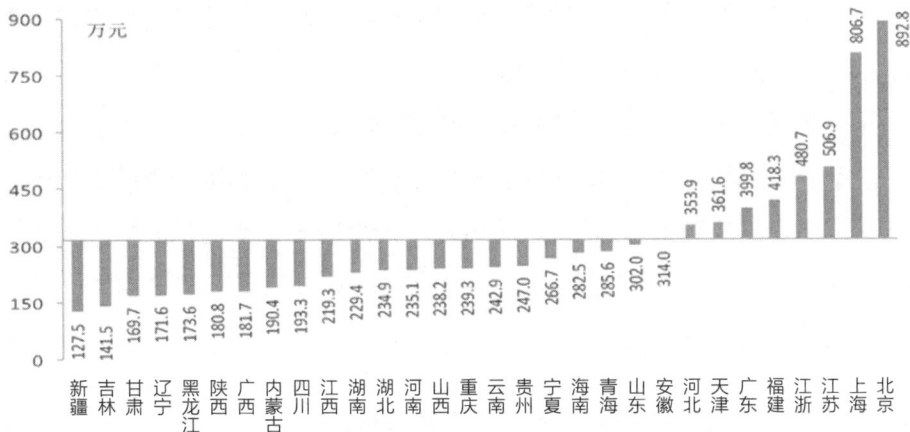

图7-2　东北地区居民家庭户均总资产与其他各省情况对比图

1.此"经济增长"趋势图，参见东北大学李凯在东北振兴论坛的发言资料（2016年）。

本想提供一张 2.0 版的即"经济发展"的趋势图，可惜未找到完整的图。只提供一张东北地区居民家庭户均总资产与其他各省情况对比图。

以上居民家庭户均总资产对比见中国人民银行调查统计司对 2019 年中国城镇居民家庭资产负债情况的调查结果[1]。表明在四大经济区域中，东北地区居民家庭户均总资产最低，为 165 万元，仅占东部地区居民家庭户均总资产（461 万元）的三分之一左右，比中部和西部地区居民家庭户均总资产也分别少 98.5 万元和 42.6 万元。

图 7-2 显示，吉林、辽宁、黑龙江的居民家庭户均总资产分别排在全国倒数第二位、第四位、第五位。

尽管东北地区居民家庭户均总资产图只是 2.0 版的即"经济发展"中的一小部分，但我们对照一下上面这两个图表，思路一样吗？

显然思路不一样。因此笔者主张，不应该限于 1.0 版的，而要 2.0 版的。2.0 版是什么？就是经济发展，包括人的发展的新旧动能转换观。[2]

先说经济增长的"增长"两字之局限性。"增长"与"发展"是两个有联系但有区别的概念——增长是增长，发展是发展。有人认为，增长等同于经济发展。不应这样看。增长不等同于经济发展，何况发展不仅仅是经济发展，还包括社会发展，特别包括"人的发展"[3]。

就"增长"与"发展"，联合国曾经专门有一段经典性的文字描述，强调说人类要防止五个有增长无发展的情况。

第一个是"无工作的增长"。增长是增长了，GDP 上去了，但是，经济增长未能制造足够多的工作岗位，甚至恶化了就业形势，这是第一个要防止的。

第二个是"无声的增长"。声是声音，无声的增长就是经济增长未能带来民众参与和管理公共事务、自由表达自己的意见和观点的可能性，就是听不到老百姓的声音。

---

1. 该调查涉及 30 个省（自治区、直辖市），共计 31100 户城镇居民家庭。结果载于 http://finance.sina.com.cn/money/lczx/2020-04-24/doc-iirczymi8099086.shtml。
2. 常修泽：《关于新旧动能转换的问题研究》，中国改革论坛网，2018 年 3 月 23 日。
3. 笔者特别强调"人的发展"，见拙著《人本体制论》，中国经济出版社 2008 年版。

第三个是"无情的增长"。情是情怀、感情,是指经济增长导致了收入分配格局的恶化,财富的扩大带来了新的贫困阶层,也就是说增长是增长了,但是收入差距扩大了,财富占有很不平等。

第四个是"无根的增长"。指经济增长对文化多样性造成破坏,特别是古老的文化积淀被破坏了。须知,人类不光需要物质生活的享受,还有精神生活的满足。

第五个是"无未来的增长"。指经济增长对生态资源和环境造成破坏,严重影响了经济发展的可持续性。

因此,东北推进新旧动能转换,首先要搞清"是什么的"新旧动能转换,把主语得给它补上,并且郑重澄清:不是经济增长的新旧动能转换,而是经济发展的新旧动能转换。

一讲发展问题,就涉及人民的"业"、人民的"声"、人民的"情"、人民的"根"和人民的"未来"。笔者认为,今天研究东北新旧动能转换,要从这样一个战略的高度,从发展的角度来把握其内涵。

(二)深度:从"能动的人"把握新旧动能转换的实质

新旧动能转换的实质是造就一代"能动的人"。关于人的问题,笔者曾在 1986 年向教育部申请一个科研项目——关于建立"人本经济学"的课题,后出版《人本体制论》[1]一书。在人本论者看来,人,本质上应是"人性"化的人,而不是"物化"的人;是能动的、全面的人,而不是僵化的、"单向度的人"。

《单向度的人》是马尔库塞给人类留下的名著。他所说"单向度的人"的定义,即"丧失否定、丧失批判、丧失超越能力的人",这"三个丧失"就是一个向度:只知肯定,不知否定;只知歌颂,不知批判;只知循规蹈矩,不知超越[2]。

这三个词中最重要的关键词,就是"超越"。因此新旧动能转换的真正实质,是要"超越",要创新,而不能因循守旧。所谓东北"腾笼换鸟",

---

1. 常修泽:《人本体制论》,中国经济出版社 2008 年版。
2. [美] 赫伯特·马尔库塞:《单向度的人——发达工业社会意识形态研究》,上海译文出版社 2014 年版,第 205 页。

就是要否定旧鸟，批判旧鸟，超越旧鸟。如果只知肯定不知否定、只知歌颂不知批判、只知循规蹈矩不知超越，那东北怎么实现新旧动能转换？

既然要超越，就要思想解放：从传统发展模式中解放出来；从单一的GDP增长速度中解放出来；从因循守旧中解放出来；甚至从机械的政策依赖中解放出来。思想不解放，难于超越。"能动"与"动能"，两个字一样，只是顺序颠倒一下，但内在联系密切。没有"能动的人"，不会有"动能转换"，这是新旧动能转换的实质所在。

二、新技术革命对动能的挑战："无问西东"

笔者认为，应从全球发展，特别是人类面临的矛盾和科技革命大势来把握新旧动能转换战略。

当下，人类正处在一个大发展、大调整、大变革的时代。新技术正在将实体物理世界和虚拟网络世界融合，在经济领域逐渐形成了资源、信息、物品和人之间相互关联的"虚拟网络——实体物理系统"（CPS），这向我们展现了不同于传统经济结构的全新生产方式。近几年一本反映新产业革命的新著在世间流传，这就是埃里克·布莱恩约弗森和安德鲁·麦卡菲合著的《第二次机器革命》。书中阐述"数字技术将会给我们带来难以想象的变革"[1] 笔者看到，新华社所属《经济参考报》曾用几块整版的篇幅，系统介绍此书的基本内容。有人称新生产方式"给我们找到了一条通往社会发展与繁荣的新路径"，从而引起较大的社会反响。

这种深刻变革将会对中国的经济结构和社会结构产生深远影响，正如美国学者马丁·福特所指出的，在这种"自动化革命"的基础上，"打造一个稳固的中产阶级，然后向服务型经济转型"[2]。

无论称"第二次机器革命"也好，还是称"第三次产业革命"也好，都将重构发达经济体与发展中经济体在国际分工中的利益分配格局。这无疑

1.［美］埃里克·布莱恩约弗森、安德鲁·麦卡菲：《第二次机器革命》，中信出版社 2014 年版。
2. 转引自《机器人倒逼中国经济升级转型》，《参考消息》2015 年 6 月 12 日。

会给中国带来挑战。伴随即将形成的全球分工体系的新格局，中国正面临一场尽快调整经济结构的国际竞赛。如何重塑中国在国际分工中的比较优势和竞争优势，尽快抢占先机，掌控制高点和主动权，关乎中国能否在新一轮国际竞争中获得有利位置；进而决定了中国能否抓住仍然存在但内涵发生变化的"战略机遇期"，以较高的质量实现国内经济结构的转型。

在经济领域，从全球角度来讲现在面临四个大的矛盾：一是资源要素的配置矛盾。整个人类资源要素（包括资本、土地、劳动力、知识、技术、管理、数据等），配置得很不合理（错位或缺位），这个矛盾比较突出。二是产业结构如何由资源密集向技术密集转变、由工业主导向服务业主导转变的问题日益突出。不只是中国东北，整个世界这些矛盾都突出。三是国际市场的需求有萎缩的趋势（尤其是 2020 年大疫之后）。四是全球金融风险有所积聚。这四个问题，是世界性的问题，也是中国的问题。

针对这些问题，人类怎么办？中国怎么办？东北怎么办？就是要把握当今世界新一轮科技革命和产业变革的大势，以探寻新的发展动力和发展路径。

产业变革的大势在哪里？普遍认为有以下四个亮点：

第一个，智能制造，或者说人工智能。2019 年新中国成立 70 周年大庆

图 7-3　辽宁省的机器人彩车图

检阅，在天安门广场上出现辽宁省的机器人彩车引起轰动，表明东北具有先进的智能制造能力。

埃森哲预测，人工智能将推动中国劳动生产率提高 27%，不可小觑。

第二个，"互联网 +"，或者说 "+ 互联网"。给原来的传统产业、传统业态，插上互联网的翅膀，带来革命性的变化。尤其是 2020 年新冠肺炎疫情期间，网上购物，网上会议，网上授课，网上医疗，读者已有体验。

第三个，数字经济。此为当今人类新技术革命里的一个重要亮点。根据中国数字经济白皮书数据，中国数字经济规模占 GDP 三分之一。

第四个，"区块链" 及其在产业中的应用[1]。

总之，在当今全球科技革命深入推进、国际竞争日益激烈的时代，原来那个格局正在变，而且这种挑战是 "无问西东"，就看谁抓住这个机遇。东北要获得新的竞争力，不能仅仅依靠原有的资源禀赋（土地、各种 "原字号" 资源）和要素成本的比较优势（特别是劳动力要素低廉）。必须适应当今世界新技术革命崛起的潮流，获取新的竞争优势，其根本和关键的一招是实行新旧动能转换[2]。

三、东北动能转换要有新理念：五点新意

东北要真的实现 "凤凰涅槃、浴火重生"，首先要进行理念转换。"什么理念"？要树立以下五大理念，这是领风气之先的关键。

对于 "五大理念"（创新、协调、绿色、开放和共享），几年来东北干部学习已知，但是经笔者调研，有些方面并未全部弄通。这里，结合新旧动能转换，就 "理念" 阐述几点笔者的思维。

（一）"四加 N" 的全面创新

现在人们把 "创新" 普遍解读成技术创新，是不妥的。本书讲的创新

---

1. 区块链 "自述" 说，他的 "爸爸" 叫 "去中心化"，他 "爸爸" 早有这种理想，但一直没有实现，后来遇见了他妈妈互联网，"一见钟情"。"去中心化" 是哲学根基，"互联网 +" 是技术手段或者实现机制，二者结合后，产生 "区块链" 等一系列创新 "产品"。
2. 常修泽等：《创新立国战略》，学习出版社、海南出版社 2013 年版，第 20—24 页。

是升级版的全面创新,其创新的定位是"四加 N"模型("四创加一等"),即理论创新、制度创新、科技创新、文化创新加一个"等"字。"新"在不只是技术创新。笔者调查了东北的情况,深感体制上的创新空间相当大。

有的城市提出搞新旧动能"转换试验区",很好,但不要狭窄化,建议搞"升级版的全面创新试验区",特别是要用改革的办法来解决深层的问题。即使是搞技术创新也要把握主体是谁,要分清:谁是"产妇",谁是"助产婆"。须知,企业以及企业里边千千万万个企业家、劳动者是"产妇",是他们孕育并产生创新"婴儿",而政府只是创新的"助产婆"而已,与上一章讲"媳妇与婆婆"一样,要把政府"助产婆"跟企业"产妇"关系理清楚。

(二)基于大格局的协调

现在一般讲的协调还是小协调。从宏观角度来讲,恐怕更多的要关注区域、城乡和产业等大格局的大协调。以区域协调为例,建议东北的干部,从整个区域的大视角角度,关注一下与东北有关的两个"大湾区":一个是国内的渤海湾大湾区,包括天津、北京、山东、河北、辽宁;一个是国际的,即从东北亚来看的大图们江——日本海大湾区(此问题在本书上一章结尾处已经提出)。

创新集中的地方,往往是大湾区,美国的旧金山大湾区,日本的东京湾大湾区,都是世界创新的闪光之地。借鉴其他国家的经验,现在可能要打造渤海湾大湾区和大图们江——日本海大湾区,要有大格局的协调观。

(三)基于"三发"("经发、人发、环发")的绿色

这里笔者提出个"三发"概念,即"经发、人发、环发"。因此,绿色不只涉及生态环境发展,而且涉及经济社会发展和人的发展。

笔者在《经发、人发、环发:三线拓展东北亚合作机制》一文中指出:"东北是中国的'绿色屏障',也是东北亚的'绿色屏障'之一。从'经发'来说,绿水青山是金山银山;从'人发'来说,绿水青山是环境产权和环境人权;从'环发'来说,绿水青山是'天地人生命权'。东北应从这个角度来拓展与东北亚其他五国的合作内容。"[1]同样，推进东北的新旧动能转换，要有"环境产权"和"天地人生命权"新理念。

2009年，笔者出版的《广义产权论》，提出对"产权"要拓宽思路。广义产权，广在哪里？第一，广在天上，天上有产权，就是环境产权；第二，广在地上，地下有产权，就是自然资源产权；第三，天地之间的人有产权。《广义产权论》的第一要义就是广领域，广到天，广到地，广到人，动能转换要有新的绿色观。

（四）"五流加一升"的开放

现在，对于开放的理解过于狭窄。上一章曾经阐述过，开放不只是商品贸易和投资问题。简言之，笔者把开放概括成"五流加一升"。"五流"即资金流、技术流（包括信息流）、产品流（包括服务品流）、产业流、人员流，五流全开放。所谓"五流加一升"即下一步将推动由商品和要素流动型开放"加一升"，升向哪里？向规则、规制、管理、标准等"制度型开放"提升。"制度型开放"，将成新的看点。

与此"制度型开放"关联，要讲文明包容。中外文明之间，第一步是"包容"，第二步是"交融"，最后有一部分将可能"融合"，当然交融中会有"博弈"，但前提是文明包容。这是我们应该谋划的地方。

（五）立足"社会共生"的共享

一提共享，人们就想到"共享单车"之类，这是肤浅的、简单的。绝不仅仅是这些服务方面的共享，更要考虑怎么样实现"社会共生"。2013年，笔者在《包容性改革论》中提出了一个理论——"社会共生论"，即社会成员都能够共生共存，要点是三句话"穷人不能再穷、富人不必出走、中产必须扩大"[2]。沿着"社会共生论"三句话的思路，有诸多可以谋划的地方。当然，"共享单车"之类服务方面的共享产业，也要拓展。

1.常修泽：《经发、人发、环发：三线拓展东北亚合作机制》，《哈尔滨市委党校学报》2020年第3期。
2.常修泽：《包容性改革论》，经济科学出版社2013年版，第236页。

第二节 东北"凤凰涅槃"须用"大四新"方略

一、从"小四新"到"大四新"：动能转换升级版

新旧动能转换到底该怎么操作？笔者在 2018 年提出超越"小四新"（新产业、新业态、新技术、新商业模式）而实行"大四新"的方略，即新体制、新供给（包括新产业和新业态）、新组合（新的要素组合）、新主体。

这里有个概念需要澄清：过去讲的"产业体系"四个字，经济学界一般解释成"一产+二产+三产"，即在"产业或业态"里兜圈子，此观点已经流行了多年。

国家对"产业体系"有新的界定，似乎没有引起东北朋友注意。对它新的界定是什么？见如下公式：

产业体系 = 实体经济 + 科技创新 + 现代金融 + 人力资源

这个公式是一种"四位一体观"。固然，过去讲的一产、二产、三产很重要，但是都装到第一个"实体经济"里边。这对我们颇有启发。同样，转换新旧动能，也不能局限在"小四新"（新产业、新业态、新技术、新商业模式）里，一定要树立"大四新"思路，即新体制、新供给（包括新产业和新业态）、新组合（新的要素组合）、新主体。下面结合东北实际，展开分析。

（一）寻求新体制

依靠体制改革，才能实现动能转换。在 2018 年 3 月习近平参加十三届全国人大一次会议广东代表团审议时强调，构建推动经济高质量发展的体制机制是一个系统工程。要全面推进体制机制创新，尤其要有优质的制度

供给[1]。请重视"制度供给"一词。新旧动能转换怎么操作，首要的还不是新产业、新技术、新业态，而是如何建立起一个新体制，提供"制度供给"。

要清楚了解东北新旧动能转换急需寻求的新体制在哪里，有哪些基础性的关键领域改革是迫不及待的。针对东北的短板，本书认为，下一步，新旧动能转换的经济"制度供给"，可抓三条：一是国企改革，二是民营经济发展，三是完善产权制度和资源要素配置。

第一个是国资国企改革。在这方面，东北有"共同的基因"。建议东北把这个放在整个改革的第一位。中央提出，国有企业要推进混合所有制改革，发展"国有资本、集体资本、非公有资本等交叉持股、相互融合的混合所有制经济"，这是我国基本经济制度的重要实现形式。须知，包括职工持股在内，"形成资本所有者和劳动者利益共同体"，这就意味着，在世界上搞大范围的"人类命运共同体"同时，在企业里边搞小的"资本所有者和劳动者的利益共同体"，这千千万万个"小共同体"，是支撑中国参与"大共同体"的微观基础。据调查，东北混合所有制改革进展迟缓，应当紧紧跟上（见第四章论述）。

第二个是促进民营经济发展。这是一个很大的短板。东北的民营企业，跟江浙比、跟广东比，不是小的差距，是很大的差距。支持民营经济发展，要有实际行动，要把中央的"两平一同"精神付诸实践。首先是"平等使用生产要素"，包括资本、土地、劳动力、技术等；其次是"公平参与市场竞争"，起跑线要一样，跑道也得一样，负重也应一样；再次是"同等受到法律保护"。让东北真正崛起，除了靠国有经济这一个"大儿子"以外，还得靠民营经济这个"二儿子"，"国有""民营"都是共和国的亲儿子[2]，都是心头肉。现在对民营企业"排斥性"的东西很多。

第三个是完善产权制度和要素市场化配置。中国下一步经济改革重点，是完善产权制度（包括产权界定制度、产权配置制度、产权流动制度、产

1.《习近平参加广东代表团审议》，央视网新闻频道 2018 年 3 月 7 日。
2. 常修泽：《国有与民营都该看成共和国的"亲儿子"》，《北京青年报》2013 年 11 月 22 日。

权保护制度），同时推进要素市场化（产权在第四章、要素在第五章，已分别论述，不再重复）

（二）创造新供给

创造新供给，就是通过创造以提高新的供给能力。美国学者托马斯1988年在《乱中取胜——美国管理革命通鉴》一书中提出："不是老想分享市场，而是要考虑创造市场；不是取得一份较大的馅饼，而是设法烙出一块较大的馅饼。最好是烘烤出一块新的馅饼。"[1]托马斯的话中，画龙点睛之笔是最后这句："烘烤出一块新的馅饼"，简称"烙新饼"。

这涉及竞争的三种境界：第一层是存量竞争，想法"多分饼"，企业界称为提高占有率；第二层是增量竞争，怎么样把饼做大，企业界称为做大蛋糕；第三境界是最高的，创新竞争，另辟蹊径，企业界称为"烙新饼"，包括产业上"烙新饼"，业态上"烙新饼"，产品上"烙新饼"。至于产业上如何"烙新饼"，或者比喻为"育新鸟"等，拟在下一节分析。

（三）探索新组合（新的要素组合方式）

第五章讲过，马克思是三要素论者，即资本、土地、劳动力。100多年之后人类又增加了四大要素：知识、技术、数据、管理，现在一般讲七大要素。怎么把这七个要素整合起来？需要进行重构、重组，要由过去那种粗放利用土地、粗放利用资本、低价利用劳动力以及污染环境（环境也是一种资源），转向主要依靠知识、技术、数据、管理，依靠高素质人力资本这种组合转变，这就是"要素新组合"。

（四）培育新主体

新旧动能转换的关键是在于培育新主体。新主体包括什么？笔者认为，对东北来说，至少三类人：一是企业家队伍；二是技术创新者和市场开拓者；三是各类工匠。这里，技术创新者和各类工匠，东北稍微多一些，但是企业家和市场开拓者，东北明显不足。此问题拟在本节第三题专门探索。

1.［美］托马斯·彼得斯：《乱中求胜——美国管理革命通鉴》，朱葆琛等译，科学普及出版社1988年版，第75页；转引自常修泽：《现代企业创新论》，天津人民出版社1994年版，第396页。

二、凤凰涅槃：你有"痛苦煎熬"的准备吗

提出东北要"腾笼换鸟"，要"凤凰涅槃、浴火重生"，意味深长。可以理解为：时代要求东北能领风气之先，至少是"对症下药"，走在全国前列。

什么叫"凤凰涅槃"？根据笔者了解，它是佛教用语。凤凰涅槃就是一个生命体经过痛苦的煎熬之后获得新生。这里关键词是经过"痛苦的煎熬"。"腾笼换鸟"加上"凤凰涅槃"，切合实施经济结构调整之需。

笔者认为，"腾笼换鸟"与"凤凰涅槃"，分别指向东北结构调整、创新驱动的两个层面：

（1）"腾笼换鸟"意指在腾挪空间中转型升级，重在"促转型"；

（2）"凤凰涅槃"则是指以浴火重生的勇气，抢占新产业、新技术的制高点，重在"谋创新"。

在当下东北所处的结构调整的阵痛期，既要激励"老鸟"涅槃，又要培育"新鸟"腾飞，切实打通"调结构"的任督二脉。

但是，"凤凰涅槃"需经"痛苦的煎熬"，东北做好准备了吗？

第一，寻求新体制须经"痛苦的煎熬"。

需要指出，与兄弟省市相比，东北近几年改革劲头小了，步子慢了，力度差了。这差距、那差距，最大的差距在体制机制上，落后的根子就在这儿。改革推进到今天，剩下的都是难啃的硬骨头，唯其艰难，才更显勇意，必须弘扬逢山开路、遇水搭桥的开拓精神，坚定不移破除一切顽障痼疾，打破利益固化的藩篱。利益固化的藩篱应该说比较牢固，打破它比较难。

2017 年 7 月 21 日，笔者在《人民日报》理论版发表了一篇长文，题为《用改革开放的新举措促进东北全面振兴》（《人民日报》还标上了"人民要论"）。里面提到整个东北三省国有企业 7076 户，2.8 万亿总资产，经营结果是亏损。这里边有不少是"僵尸企业"，而处理"僵尸企业"，能不经历"痛苦的煎熬"吗？

第二，创造新供给须经"痛苦的煎熬"。

东北须要"腾笼换鸟，凤凰涅槃"。但须知，"腾笼"不是"空笼"，关

键是要"换"，这有个"破与立"的关系，要解决"新鸟"进笼之前"老鸟"去哪的问题。例如，就工业来说，2016年中央7号文件（《中共中央　国务院关于全面振兴东北地区等老工业基地的若干意见》）没再提建设煤炭、石化和钢铁等原材料工业基地，反而果断提出要"提升原材料产业精深加工水平，推进钢铁、有色、化工、建材等行业绿色改造升级，积极稳妥化解过剩产能""严格控制高耗能、高排放和产能过剩产业发展"。据笔者调研，就在这一年（2016年），辽宁化解煤炭产能1361万吨、化解钢铁产能602万吨，吉林化解煤炭过剩产能1643万吨、化解钢铁过剩产能108万吨，黑龙江化解煤炭过剩产能1010万吨、化解钢铁过剩产能610万吨。作为东北的传统支柱产业，如此大规模地"化解"其"过剩产能"，伴随的就是大批工人下岗，以及可能的"拖欠工资"。这个过程没有"痛苦的煎熬"吗？

第三，打造新组合须经"痛苦的煎熬"。

所谓新组合，即新的资源组合方式。重点是由过去那种粗放利用土地、粗放利用资本、粗放利用低价劳动力以及污染环境（环境也是一种资源），转向主要依靠知识、技术、数据、管理，依靠高素质人力资本这种组合转变，这是新旧动能转换中的题中应有之义。

要素新组合中，要强化科技成果的转化工作。鉴于"转化率太低"的问题，建议加快建设"成果转化平台"，打通"研发—孵化—中试—产业化"的全链条通道。

与此资源新组合相适应，服务业将以势不可挡之势超过第二产业（成为三个产业中的最大产业），各种战略性新兴产业也将在信息技术推动下异乎寻常地增长——习惯于端坐东北"工业老大"地位将会如何？不仅宏观领域要进行资源重新组合，连微观工厂领域也要进行生产方式组合。例如，就工业生产模式来说，东北原来那种大规模、大批量、少品种的"集中控制型"工业生产范式，要逐渐向"分散控制型"工业生产范式转化，随着生产模式将呈现的"去中心化"趋势，过去习惯于端坐在"集中控制中心"的部门和人员，在被"去中心化"之后，经得起"痛苦的煎熬"吗？

第四，培育新主体更须经"痛苦的煎熬"。

在要素投入结构方面，千千万万个"创客"、技术创新者、企业家将成为东北经济新的驱动力量，这对过去那种在生产要素配置上旧的驱动力量来说，会不会有"痛苦的煎熬"？

总之，由"大四新"新旧动能转换研究下去，笔者得出一个结论：东北下一步将处在一个煎熬时期，这种煎熬将会是很痛苦的：有的要崛起——不可阻遏的崛起；而有的则要消失——不可挽回地消失。没有这种煎熬，动能转变不了。

东北应该急国家之所急，来破这个题，拿出一个"凤凰涅槃、浴火重生"的样本。破这个题就须冲破利益藩篱（而东北利益的藩篱是很重的），新旧动能转换，转到深处是利益。这是深层次的问题。东北振兴：你有挺住"痛苦煎熬"的韧性吗？

三、关键在于有一批"超限制的新人"

前面提到，新旧动能转换第四个"新"，是"培育新主体"或者"培育创新者"。"新主体"也好，"创新者"也好，这里的关键在于出"新人"。1997 年笔者在美国哈佛大学学术交流之后，了解到美国《旗帜》杂志的一篇文章，题为《无限制资本家》，作者是戴维·布鲁克斯。这篇文章讲到，伴随着信息经济的推进，在美国等发达国家，"新的技术力量正创造出一代新人"，这一代"新人"——Cosmic Capitalists，新华社译为"无限制资本家"。

1998 年，笔者在《21 世纪中国企业创新探讨》中提出：新技术革命不仅推动着经济的发展，同时也在重塑着人自身。[1] 该文引用了 1997 年上述戴维·布鲁克斯的分析，这批人的特点：第一，他们是技术专家，是商人，又是艺术家，三合一；第二，他们喜欢新概念、新思想、新的思维方式，喜欢变革，喜欢破除传统的东西；第三，他们不喜欢等级制，认为等级也好、

---

1. 此文被《新华文摘》1998 年第 12 期转载，并收入《别无选择——北京青年经济学家谈当前经济改革》，中国经济出版社 1999 年版。

职务也好、头衔也好，都是限制性的东西，已经过时，因为这些东西限制了一个人自由地发展。[1]

按照笔者的理解，似乎叫"超限制"更合适，即"超出"旧条条框框的限制的新人。在2009年出版的《人本体制论》里，笔者进一步发挥了戴维·布鲁克斯"无限制的新人"观点，提出在这批新人所体现的"突破原有限制"背后所隐含的思想，就是更富"独立性"和"开放性"。

这对我们颇有启发：今天不是研究怎么样增加新的动能吗？新动能在哪里呢？如果说，20世纪90年代关注"超限制的新人"还只是理论兴趣的话，那么，到了21世纪初期美国乔布斯的出现，使整个社会眼睛为之一亮，看到了一个当代"无限制新人"（笔者讲的"超限制的新人"）活生生的样板，对研究新旧动能转换、实施创新战略打开了思路。

东北如何造就这样一批"超限制的新人"呢？笔者提出这样三条：

第一，紧扣创新型科技人才，打造创新体系的智力基础。要采取与技术创新相匹配的人才措施，包括：（1）培养与引进；（2）配置与使用；（3）评价与考核；（4）激励与保障；（5）创新环境与创新文化的营造；（6）科技人才投入与公共服务体系建设等。

第二，挖掘真正的创意之源："心灵的放飞"。要适应一代新人"不喜欢等级制，认为等级、职务、头衔都是限制性的东西，已经过时"的思路，破除其思想的禁锢，鼓励其心灵的放飞，从深层次开掘创新之源。创办文化创意园区的地方，需要大手笔，特别需要思想的自由和开放。

第三，完备的合理的制度安排，包括技术产权、管理产权等。2016年11月27日和2017年9月25日，中共中央、国务院先后发布《关于完善产权保护制度　依法保护产权的意见》和《关于营造企业家健康成长环境　弘扬优秀企业家精神　更好发挥企业家作用的意见》两个文件，保护产权、保护企业家，导向很明确，都与一代"新人"有关。东北一定要营造一支创新队伍，以便使新旧动能转换能有牢固的人力支撑。

1.戴维·布鲁克斯：《无限制资本家》，《参考消息》1997年7月31日第7版。

第三节　东北产业结构转换："三份答卷"

一、传统优势产业"凤凰"如何涅槃重生

东北地区在全国排名前八位的工业支柱产业（占工业产值的60%以上）当中，重工业行业占据主导地位，按统计指标列：（1）黑色金属冶炼及压延加工业；（2）石油加工、炼焦及核燃料加工；（3）非金属矿物制品业；（4）化学原料及化学制品制造业；（5）通用设备制造业等。

东北地区传统优势产业，一般说，亮眼的有：钢铁（如鞍钢、本钢、北满特钢等）、石化（如吉化、辽化、大庆化等）、装备（如沈阳装备、长春一汽、哈尔滨三大动力等）、煤炭（如龙煤、辽煤、吉煤等）。传统优势产业如何"凤凰涅槃"？根据实际情况，不应一概而论，要分类对待。本着"凤凰涅槃"的精神，该"去产能"的"去产能"（同时改造），该"做大饼"的"做大饼"（同时"烙新饼"）。

对于部分产能过剩的行业，应该按照中央"化解过剩产能"的精神，扎扎实实"化解"其"过剩产能"。实际上，三省已经这样执行，与此同时下一步需要进行升级改造。这是"凤凰涅槃1"。

"凤凰涅槃2"，对于优势产业（例如装备制造业、汽车制造业等），也不能盲目乐观，要有清醒认识。请看下面4张表。

表7–1、表7–2[1]，从全国各产业主营业务排名前八位看东北产业情况（表7–1为绝对额，表7–2为比重）。

---

1. 表7–1、表7–2引自东北大学李凯在东北振兴论坛的发言资料（2016年），笔者对表中表述有修正。

表 7-1　全国主营业务收入排名前八位的行业中各地区所占块头比较（单位：亿元）

全国前八行业／各地区块头	1 计算机、通信和电子设备制造业	2 化学原料及化学制品制造业	3 黑色金属冶炼及压延加工业	4 汽车制造业	5 电气机械及器材制造业	6 农副食品加工业	7 非金属矿物制品业	8 电力、热力生产和供应业
全国	85486.30	83104.14	74332.77	67818.48	66977.77	63665.12	57436.70	57065.54
东北地区	1018.41	4905.74	6025.97	10531.47	2708.55	10073.99	5518.71	3834.83
辽宁	915.55	2743.49	5071.69	3133.66	2127.93	4243.15	3498.23	1669.18
吉林	77.95	1602.20	712.18	7227.21	338.76	3075.51	1498.09	903.12
黑龙江	24.90	560.05	242.10	170.60	241.86	2755.33	522.40	1262.53
江苏	17391.49	16158.44	10547.97	6104.48	15450.87	4190.02	4561.11	4361.44
浙江	2716.91	5928.60	2556.25	2833.98	5822.93	1049.01	2041.58	4262.82
广东	26757.51	5861.37	2422.46	5314.55	11837.52	2902.74	4503.64	6318.06

数据来源：《中国统计年鉴 2015》和各省 2015 年统计年鉴，表中数据为 2014 年当年价

表 7-2　全国主营业务收入排名前八位的行业中各地区所占比重比较

全国前八行业／各地区比重	地区GDP占全国比例	1 计算机、通信和电子设备制造业	2 化学原料及化学制品制造业	3 黑色金属冶炼及压延加工业	4 汽车制造业	5 电气机械及器材制造业	6 农副食品加工业	7 非金属矿物制品业	8 电力、热力生产和供应业
东北地区	8.40%	1.19%	5.90%	8.11%	15.53%	4.04%	15.82%	9.61%	6.72%
辽宁	4.18%	1.07%	3.30%	6.82%	4.62%	3.18%	6.66%	6.09%	2.93%
吉林	2.02%	0.09%	1.93%	0.96%	10.66%	0.51%	4.83%	2.61%	1.58%
黑龙江	2.20%	0.03%	0.67%	0.33%	0.25%	0.36%	4.33%	0.91%	2.21%
江苏	9.51%	20.34%	19.44%	14.19%	9.00%	23.07%	6.58%	7.94%	7.64%
浙江	5.87%	3.18%	7.13%	3.44%	4.18%	8.69%	1.65%	3.55%	7.47%
广东	9.91%	31.30%	7.05%	3.26%	7.84%	17.67%	4.56%	7.84%	11.07%

资料来源：引自东北大学李凯在东北振兴论坛的发言资料（2016 年）

表7-3、表7-4[1]，东北三省主营业务前八位的产业在全国产业情况（表7-3为绝对额、表7-4为比重）。

表7-3　东北地区主营业务收入靠前的行业与各地区所占块头比较（单位：亿元）

全国统一的行业序号　　各地区块头	4 汽车制造业	6 农副食品加工业	3 黑色金属冶炼及压延加工业	11 石油加工、炼焦及核燃料加工业	7 非金属矿物制品业	2 化学原料及化学制品制造业	10 通用设备制造业	8 电力、热力生产和供应业
全国	67818.48	63665.12	74332.77	41094.41	57436.70	83104.14	47016.78	57065.54
东北地区	10531.47	10073.99	6025.97	5892.39	5518.71	4905.74	4734.93	3834.83
辽宁	3133.66	4243.15	5071.69	4285.68	3498.23	2743.49	3879.58	1669.18
吉林	7227.21	3075.51	712.18	230.14	1498.09	1602.20	424.58	903.12
黑龙江	170.60	2755.33	242.10	1376.58	522.40	560.05	430.78	1262.53
江苏	6104.48	4190.02	10547.97	2371.47	4561.11	16158.44	8226.90	4361.44
浙江	2833.98	1049.01	2556.25	1535.75	2041.58	5928.60	4348.29	4262.82
广东	5314.55	2902.74	2422.46	3230.95	4503.64	5861.37	3406.94	6318.06

数据来源：《中国统计年鉴 2015》和各省 2015 年统计年鉴，表中数据为 2014 年当年价

表7-4　东北地区主营业务收入靠前的行业在各地区所占比重比较

全国统一的行业序号　　各地区比重	地区GDP占全国比例	4 汽车制造业	6 农副食品加工业	3 黑色金属冶炼及压延加工业	11 石油加工、炼焦及核燃料加工业	7 非金属矿物制品业	2 化学原料及化学制品制造业	10 通用设备制造业	8 电力、热力生产和供应业
东北地区	8.40%	15.53%	15.82%	8.11%	14.34%	9.61%	5.90%	10.07%	6.72%
辽宁	4.18%	4.62%	6.66%	6.82%	10.43%	6.09%	3.30%	8.25%	2.93%
吉林	2.02%	10.66%	4.83%	0.96%	0.56%	2.61%	1.93%	0.90%	1.58%
黑龙江	2.20%	0.25%	4.33%	0.33%	3.35%	0.91%	0.67%	0.92%	2.21%

1. 表7-3、表7-4，引自东北大学李凯在东北振兴论坛的发言资料（2016年）。

全国统一的行业序号　各地区比重	地区GDP占全国比例	4 汽车制造业	6 农副食品加工业	3 黑色金属冶炼及压延加工业	11 石油加工、炼焦及核燃料加工业	7 非金属矿物制品业	2 化学原料及化学制品制造业	10 通用设备制造业	8 电力、热力生产和供应业
江苏	9.51%	9.00%	6.58%	14.19%	5.77%	7.94%	19.44%	17.50%	7.64%
浙江	5.87%	4.18%	1.65%	3.44%	3.74%	3.55%	7.13%	9.25%	7.47%
广东	9.91%	7.84%	4.56%	3.26%	7.86%	7.84%	7.05%	7.25%	11.07%

资料来源: 引自东北大学李凯在东北振兴论坛的发言资料(2016年)

从表7-1至表7-4,可以看出三个问题,应采取相应方略:

第一,东北地区支柱产业中,有些工业品地位显赫,尤其是装备制造是优势产业(例如沈阳被称为"装备制造之都"),但存在比重仍不理想的情况。例如,表7-4所示,东北自己排名前八位的行业列表中,三省通用设备制造业所占比重仅为10.07%,而江苏一省为17.5%,浙江一省也占到9.25%。表7-2所示,计算机、通信和电子设备制造业,东北三省所占比重仅为1.19%,而广东一省为31.3%,江苏一省为20.34%;电气机械及器材制造业,东北三省所占比重仅为4.04%,江苏一省为23.07%,广东一省为17.67%,这都形成鲜明对比。

另外,东北有的优势产业虽然占全国比例高,但是在全国该产业门类序号本身排名靠后,市场规模相对较小,如"开采辅助活动"东北地区占全国比例最高(为30.46%),但其市场规模仅为2099亿元,此"开采辅助活动"产业在产业目录中仅排在第38位。

前面曾引了美国学者托马斯关于"多分饼""做大饼""烙新饼"的格言,对这些产业来说,恐怕应采取"多分饼"与"做大饼"相结合的方略:一要"多分饼",即提高市场占有率;二要"做大饼",即把产业"蛋糕"做大。

第二,东北地区支柱产业中,有的工业品占据主要地位,如汽车,东北三省占到15.53%。长春被誉为"中国的汽车城",沈阳上了"宝马三期"，哈尔滨也建有哈飞汽车，而且都曾提出要延伸汽车产业链条。据有关资料，"2018 年，全国汽车零部件市场有 4 万亿元规模，但最大的 6 家汽车零部件企业没有一家在东北"[1]。这意味着什么？意味着东北汽车产业的一体化进程缓慢，需要完善汽车供应链、产业链，提高东北汽车产业的一体化程度。对这些产业来说，恐怕应采取"一体化"的方略。

第三，最值得关注的问题，也是想重点谈一下的是，东北的"高端装备制造产业"，这是东北的"王牌"，也是未来东北产业的"拳头"之所在。

这里需要"砸核桃"式地进一步分析，作为制造业中的重要组成部分，装备制造业有高端、中端、低端之分。对于"中端""低端"部分，本书把它放在"一般装备制造业"行业，下面深入研究的是"高端"部分。

所谓高端装备制造业是指技术密集、附加值高、成长空间大、带动作用强的那一部分。发展高端装备制造业是抢占世界经济科技制高点的战略选择。这有两层含义：第一，发展它，本身属于培育战略性新兴产业的内容之一，属于下面一题要讲的"育新鸟"范围；第二，发展它，也是为其他战略性新兴产业提供"工作母机"，从而为促进产业转型升级提供坚实基础。

这里有一新情况值得关注：2008 年金融危机爆发之后，全球兴起一股"再制造"浪潮。一些国家（如美国）提出重新回归以高技术为基础的制造业，颁布了《重振美国制造业框架计划》（2020 年疫情之后此趋势更为明显，但展开并非遂其心愿）；德国也竭力守住在高端装备制造领域的优势地位。2015 年 5 月 8 日，中国公布了"工业 4.0"规划。按笔者调研的实际情况，未来 30 年内，中国制造业发展能否分三步走？第一步，到 2025 年，开始迈向制造强国行列（注意：此处笔者用了"迈向"，而不是那种"迈入"提法，是主张采取稳健方略，且低调行事。）；第二步，到 2035 年，整体达到世界制造大国阵营中上等水平；第三步，到新中国成立 100 年时，综合实力进入世界制造强国行列，个别进入"前列"？

---

1. 迟福林：《应对疫情冲击东北经济更应推动一体化》，《中国经济导报》2020 年 4 月 24 日。

就高端装备制造业这部分而言，近年来，东北地区的发展势头是不错的。其中，包括高端智能装备与基础制造装备、高速铁路装备、航空装备成为拳头产品，涌现出若干具有国际竞争力的龙头企业（如沈阳精密机械、长春高速铁路车辆以及哈电集团等）。

当然，东北地区高端装备制造业也还存在一些问题，例如，国民经济和国防建设急需的基础配套件发展滞后，与以色列、瑞士、德国等精密机械有较大差距。针对这种情况，未来一段时期，应着力形成具有国际先进水平的专业化研发和生产体系，促进装备制造业由大变强。从今后发展趋势来说，高端装备制造不是取得一份较大的"馅饼"，而是设法烙出一块较大的馅饼。最好是烘烤出一块新的"馅饼"。

二、战略新兴产业"新鸟"如何哺育成长

东北新旧动能转换的"新戏"是培育战略性新兴产业，可比喻为"育新鸟"。这里简要提及三只主要"新鸟"：

第一只"新鸟"：新一代信息技术及其引发的"互联网 +"。

信息技术产业是新兴领域的第一王牌。2014 年 11 月 19 日，世界首届互联网大会在中国浙江乌镇举行。从会议发表的消息看，互联网是人类最伟大的发明之一，它改变了人类世界的空间轴、时间轴和思想维度。中国接入互联网 20 年来，已发展成为世界互联网大国，不仅培育起一个巨大的市场，也催生了许多新技术、新产品、新业态。

在这里要关注"互联网 +"的产业发展新动向："互联网 + 商业"，就出了淘宝网等电子商务；"互联网 + 金融"，就出了支付宝、余额宝等；"互联网 + 出租车"，就出了滴滴、快的等；"互联网 + 媒体"，就出了若干新媒体如抖音、快手等；"互联网 + 教育"，就出了远程教育和"慕课"；"互联网 + 医疗"，就出了电子病历、远程诊疗，等等。尤其是 2020 全民抗击新冠肺炎疫情表明：在线教育、在线医疗、在线视频会议，更是大行其道。新一代信息技术与相关产业的渗透和融合从来没有像今天这样深刻。

在东北，以新一代信息网络为代表的信息产业正以快速增长的势头呈

现在国人面前。据笔者调研，以东软集团为代表的软件和信息服务企业名列前茅，未来应强调突破关键核心技术，力争迈入国际前列。

第二只"新鸟"：新能源汽车产业。

不是一般的汽车产业，而是新能源汽车，指采用新型动力系统，完全或主要依靠新型能源驱动的汽车，包括纯电动汽车、插电式混合动力汽车及燃料电池汽车。笔者曾实地考察过长春一汽、沈阳宝马三期等汽车企业，从比较中认识到，培育和发展节能与新能源汽车产业，关键在于突破动力电池、驱动电机和电子控制领域关键核心技术。当然，还要积极推进充电设施建设，以适应新能源汽车产业化发展的需要。

第三只"新鸟"：新材料产业。

21世纪初期，新材料革命迅猛崛起。为探讨新材料革命与中国经济发展的关系，笔者有幸应邀担任科技部所属新材料专家委员会委员，直接接触了中国科学院院士、新材料领域权威学者师昌绪等。通过与此领域专家请教、学习，深感新材料是材料工业发展的先导。针对东北的情况和问题，建议积极发展化工新材料、无机非金属新材料、黑色金属新材料、有色金属、稀贵金属新材料；同时开展高品质特殊钢、新型合金材料等先进结构材料以及纳米、超导、智能等共性基础材料研究。这些东北有一定条件。

除以上三只"新鸟"外，战略性新兴产业还有生物产业（包括生物医药、生物农业、生物制造、生物能源等）、新能源产业以及节能环保产业等，不一一列举。

三、生产型与生活型服务业如何补齐短板

现代服务业具有"轻资产、软要素"特点，是颇具前景的产业。先分析总体产业构成。

首先看看全国和东北地区三次产业构成情况。

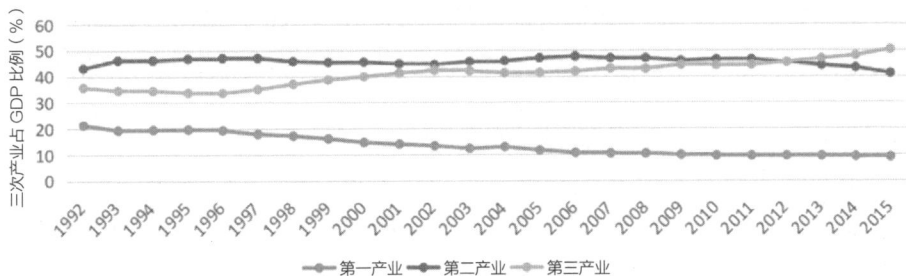

图 7-3　全国三次产业趋势图

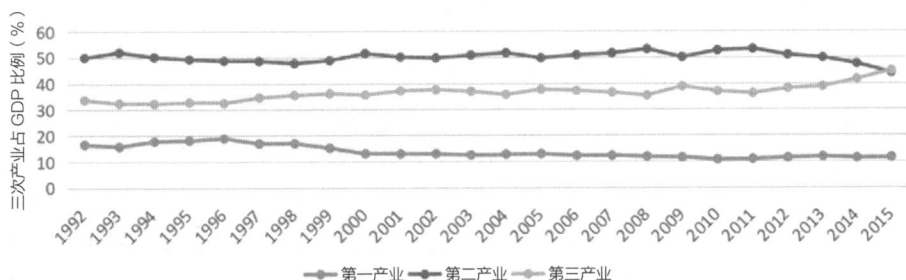

图 7-4　东北地区三次产业趋势图

数据来源：中经网统计数据库

（一）东北生产型服务业如何补短板

第一个短板：金融服务业。

金融服务业包括银行、证券、保险、基金公司、信托公司等。前面写到，东北金融业总的来说不够发达，有的省（如黑龙江）金融市场化程度居然排在全国最后。在这方面，应大力发展民间金融，重点是要培育草根性的金融组织。

同时，针对东北金融产品和金融服务缺乏创新的事实，设法运用各类新型金融产品服务，提高金融杠杆推动发展的能力，在金融制度创新、工具创新、经营手段创新、技术创新上补上短板。

第二个短板：现代物流业。

现代物流业是融合运输、仓储、货代、信息等产业的复合型服务业。东北物流服务体系有一定基础。例如，在与现代物流业相联系的交通运输业方面（包括铁路、公路、航空、海运等），现在有大连港、营口鲅鱼圈港、锦州港，以及前一章分析的"四纵四横"铁路运输网等，有一定优势，但与强大的工业相比仍很不适应，不是像过去想象的那么"长板"。

下一步，应加快物流基础设施建设，打造便捷高效的现代物流网络；加快建设现代物流公共信息平台，促进物流环节和行业区域物流信息交换和共享；积极拓展保税物流功能，推动保税物流园（中心）向分拨中心、配送中心和采购中心发展。

第三个短板：信息与技术服务业。

信息服务与技术服务业是生产性服务业的"新宠儿"。过去，东北工业与技术服务业剥离不够，不少技术服务业裹在工业中难以发展。[1]下一步，根据"微笑曲线"，作为处于基础环节的产前研发设计和产后销售，应独立出来。

在技术服务业方面：加快科技服务体系建设，逐步形成功能综合化、结构网络化、手段现代化的科技服务体系。

在信息服务方面，应加快发展基础性信息传输服务建设，尤其要重视"互联网+"相关产业。辽宁可以以东软集团为依托，培育物联网软件和技术服务业。

（二）东北生活型服务业如何补短板

生活型服务业与生产型服务业如"一鸟"之"两翼"。如果说后者在服务于生产过程中作用更大的话，前者则更为老百姓关注。

第一个短板：健康服务业。

笔者 2015 年出版的《人本型结构论》[2]，在生活型服务业方面提出 12 个字："悠悠万事，唯此为大，健康产业。"这应该作为生活型服务业里边第一张牌。尤其是经过 2020 这场前所未有的疫情，健康服务业前景非常之广阔。可以想想，在这场疫情冲击下，暴露我们健康服务业的短板在哪里？笔者在 2020 年 4 月 10 日东北发展战略视频研讨会上指出，痛定思痛，

---

1. 笔者 2016 年 4 月在对辽河油田调研时发现，在"企业办社会"问题剥离之后，仍有些多种经营业务裹在工业企业中，需要单独剥离出来。
2. 常修泽：《人本型结构论》，安徽人民出版社 2015 年版，第 110 页。

应加强国内的预防与救治体系（包括疾病预防控制与重大疫情的救治体系等）、健康养老与养生（包括应对"老龄化"与"少子化"）的保健养护体系等[1]。东北三省都存在这个问题，有共同需求。尤其是随着2021进入小康社会，老百姓想什么，盼什么，健康产业更为突出。在发展健康产业时，视野要开阔，要有"大健康"概念，尤其要在医疗服务、健康养老、智慧医疗、健康管理四大方面取得突破。即使医药领域，就东北来说，除了普遍性的中医中药外，还要关注和重视少数民族的朝医朝药、蒙医蒙药、满医满药，值得挖掘。可否依托森林资源，尝试"南病北治，北药南用"？

第二个短板：旅游服务业。

旅游业是生活服务业的重要组成部分。特别是东北具有白山、松水、冰雪资源、多元生态以及东北民俗和东北亚风貌等优势条件，为适应人民群众消费升级和产业结构调整的需要，须加快旅游业发展。

在写旅游业这一部分之前，笔者曾前往长白山、辽宁千山、黑龙江冰雪节等地考察过，收获颇丰，但从东北旅游产业潜力及其对中国旅游业的影响看，东北旅游有不少问题值得研究。一则，持续升温的国内旅游需求与东北旅游资源开发缓慢之间的矛盾；二则，高速发展的入境旅游需求（特别是韩国、日本、俄罗斯等游客）与东北旅游服务（特别是软件服务）之间的矛盾比较突出。笔者于2020年8月最新调查表明，情况有所改善。如吉林，继长白山后又依靠民营资本力量开发出琵岩石旅游风景区。而且，长白山旅游设施也将明显改善，到2021年8月，敦化到长白山高铁将通车；沈阳通长白山高铁也在建设中。机场也在扩建。

第三个短板：文化创意服务业。

文化创意服务业具有高知识性、高增值性和低能耗、低污染等特征。随着东北新型工业化、信息化、城镇化进程的加快，文化创意服务业应提上日程。现在东北"网上直播业"比较活跃（这似乎与东北人语言才能有关），但因文明积淀原因，文化创意服务业比较滞后。下一步，东北可以考

---

1. 常修泽：《经发、人发、环发：三线拓展东北亚合作机制》，人民论坛网2020年4月16日。

虑结合工业发展实际，以延伸文化产业链为重点，着力发展新媒体、工业设计、建筑设计、服装设计、广告、视觉与形象、动漫和网络游戏、音乐制作等，推进文化创意服务业发展，同时注重文化创意服务业与原有产业的融合。此外，还有培训教育服务业等，不再赘述。

如能抓住上面生产型服务业三个短板和生活型服务业三个短板切实来补，东北的现代服务业定会有个明显的提升。这是东北新旧动能转换的一场"好戏"。

【相关链接】从更宏观的视角推进新旧动能转换
（笔者在《人民日报》理论版文章）

2018年3月7日，习近平同志在参加十三届全国人大一次会议广东代表团审议时指出：中国如果不走创新驱动发展道路，新旧动能不能顺利转换，就不能真正强大起来。从国家"真正强大起来"的高度强调新旧动能转换的重要性，其含义深远，需要深入领会、认真落实。

当前，世界和中国都处在一个大发展大变革大调整的关键期。从世界看，新一轮科技革命和产业变革孕育兴起，世界经济格局正处于深度调整之中，与旧动能相关的资源要素配置矛盾和产业结构矛盾更加突出，世界经济虽有望继续复苏，但不稳定不确定因素很多。从国内看，我国经济发展进入了新时代，基本特征是经济已由高速增长阶段转向高质量发展阶段。受科技创新和制度创新双重驱动，原有经济格局正在发生变化，与新动能相关的智能制造、"互联网+"、数字经济、共享经济等迅猛发展，为高质量发展提供了更多支持；同时，经济发展也面临土地和劳动力等生产要素价格提高、资源环境约束趋紧、经济结构不合理、发展方式粗放等问题。总体看，我国经济正处在转变发展方式、优化经济结构、转换增长动力的攻关期，在探寻新的增长动力和发展路径方面面临重大机遇和挑战。走创新驱动发展道路，推动新旧动能顺利转换，才能抓住机遇、跨越关口，使我国经济在高质量发展上不断取得新进展，使国家真正强大起来。

如何推进新旧动能转换？人们一般比较关注发展新产业、新业态、新技术、新商业模式。这"小四新"对于新旧动能转换确实非常重要。但如果从更宏观的视角看，推进新旧动能转换还应当关注"大四新"，即加快形成新体制、新供给、新组合、新主体。

推进新旧动能转换需要构建新体制。习近平同志指出，构建推动经济高质量发展的体制机制是一个系统工程；要全面推进体制机制创新。推进新旧动能转换，首要问题便是创新体制机制。应针对实践中的短板，紧紧抓住党的十九大报告提出的完善产权制度和要素市场化配置这两个经济体制改革重点，深化基础性关键领域改革，以优质的制度供给、服务供给、要素供给和完备的市场体系，为新旧动能转换创造有利条件。

推进新旧动能转换需要创造新供给。新产业、新业态、新产品等都属于供给侧。应以供给侧结构性改革为主线，着力加快建设实体经济、科技创新、现代金融、人力资源协同发展的产业体系，推动新技术、新产业、新业态蓬勃发展，使创新成果转变为实实在在的经济活动，培育发展新动力。应加快产学研深度融合，让机构、人才、市场、资金都充分活跃起来，为新动能成长和传统动能改造提升插上翅膀，推动产业迈向中高端，促进实体经济转型升级。

推进新旧动能转换需要形成新组合。这是指发现新的资源要素组合方式。更好地整合资本、土地、劳动力、技术和管理等要素，比单一技术创新的作用更大、效果更显著。要深入理解习近平同志关于发展是第一要务、人才是第一资源、创新是第一动力的思想，推动经济发展由过去主要依靠土地、资本、低成本劳动力转向主要依靠创新、管理、高素质人力资本。这是推进新旧动能转换、实现高质量发展的一项核心任务。

推进新旧动能转换需要

图 7-4

培育新主体。人是生产力中最活跃的因素，是发展的主体。发展的根本动力在于人民群众创造力的发挥。因此，培育一大批具有创新精神和国际视野的企业家人才、各行业各领域技术创新的专家型人才和高级经营管理人才，建设知识型、技能型、创新型劳动者大军，是实现新旧动能顺利转换的根本。为此，要完善人才评价、保障、激励机制，激发和弘扬创新精神、企业家精神与工匠精神，营造鼓励探索、宽容失败、尊重创造的文化氛围，让创新愿望得到尊重、创新才能得到发挥、创新成果得到肯定。

资料来源：《人民日报》，2018 年 5 月 7 日第 7 版

第四篇　文明方式转型篇

第八章

中国东北转型通论

"官本位"突破、契约精神"补课"与新时代解放思想

第一节　突破"官本位"：东北过去、现在和未来

一、过去：长期计划经济酿成浓厚"官本位"

东北在经济和社会转型中，"官"的位置在哪里，"民"的位置在哪里，是笔者一直在思考并试图弄清的问题。

东北的文化积淀相当一部分来自笔者以及众多"闯关东者"的故土——山东。今天，一进入位于济南东部的山东历史博物馆，一楼展览厅内赫然耸立五个大字："周礼尽在鲁。"不错，古代的鲁国乃是典型周礼的保存者和实施者，故人称"周礼尽在鲁矣"。那时节，各国诸侯了解周礼也往往到鲁国学习，鲁俨然成为周朝在东方的文化中心。

全面审视，山东历史文化——齐鲁文化确有诸多优秀的思想传统，特别是齐文化中的变革精神十分突出。例如，齐国著名的《管子·正世》写道："古之所谓名君者，非一君也。其设赏有薄有厚，其立禁有轻有重，迹行不必同是，非故相反也，皆随时而变，因俗而动。"同篇另一处说得更晓畅："不慕古，不留今，与时变，与俗化。"[1] 同时，齐文化也富有开放包容思想，如《管子·牧民》说："毋曰不同生（姓），远者不听；毋曰不同乡，远者不行；毋曰不同国，远者不从。"（意思是，不要因为不同姓、不同乡、不同国就不听、不采、不从别人或别国的意见。真是开放包容）。再如读者熟知的"天行健，君子以自强不息"、"地势坤，君子以厚德载物"，以及讲究"忠孝""仁爱""信义""和平"等理念（中国台北市区的四条横向马路

1.《管子·正世》转引自《齐文化通论》，新华出版社 1999 年版。

就是以"忠孝""仁爱""信义""和平"命名，至今如此)，但是，齐鲁文化也确实有糟粕、有陈腐的东西，如"学而优则仕"以及"官本位"等。

本书第一章曾开宗明义指出：1949 年中国共产党建政伊始，决策层就选定东北作为新中国第一个重要工业基地，因当时没有经验可依，便把苏联斯大林时代 30—50 年代搞的那一套体制最早移植过来。而斯大林搞的那一套体制，即是"按照一个全国性的计划把全国所有经济活动最大限度地联合起来，使生产最大限度地集中起来"，东北成为中国"计划经济的大本营"，其结果导致东北"整个社会联系体制的官僚化"。这是"官本位"的体制根源。

综合上述的分析，我们看到，恰恰是千百年流传下来并一代代传播到东北的"学而优则仕"，把"仕"的地位抬到至高无上的地位，加之后来长期计划经济体制的熏陶，酿成今日东北根深蒂固的"官本位"，这是中国古代史与近现代史融合乃至延续的结果。

要正视东北的这个"过去"。

二、现在："官本位"阻碍人的自身发展

在这种"整个社会联系体制的官僚化"氛围下，以"官本位"为中心的行政依附甚至人身依附在东北依然存在，这在很大程度上阻碍人的自身发展。

笔者在 1986 年曾向教育部全国高校青年社会科学基金课题申请题为"建立人本经济学"研究项目，经过多年研究，出版"人本经济学"著作《人本体制论》，扉页题记："在传统的计划经济模式下，人的主体性被集权所压制；在原教旨的市场经济模式下，人的主体性被金钱所浸蚀。"这两句反映了笔者关于"双重奴役"的思想：传统的计划经济和原教旨的市场经济都是通向人的奴役之路。《人本体制论》书名中的"人本"二字，针对什么？第一针对"物本"；第二，深层的即是针对"官本位"。

提出"以人为本"之后，情况是否好了些？根据笔者的观察和研究发现，现今有两种不同性质的"以人为本"：一种是侧重于从执政者"本治"

角度出发的（如"夫霸王之所始也，以人为本"《管子·中篇·霸言》），笔者在书中称其为"人本工具论"；另一种是从"人"自身出发，实质在于人的自身解放和每个人自由的全面发展，笔者在书中称其为"人本实质论"。从执政者"本治"角度出发的，恰好是"官本位"的思路。因此，应抛弃"官本位"的变种——"人本工具论"，树立"人本实质论"。只有这样，才能摆脱现在存在的行政依附甚至人身依附。

要正视东北的这个"现在"。

三、目标："能动的人"而不是僵化的人

基于此，东北应当唱响"三个解放论"。其一，解放生产力，这是现代化之基；其二，解放生产关系，这是现代化之源；其三，解放人的自身，这是现代化之本，自然也是东北走向现代化之本。

关于人的现代化目标，基本思路是应成为"能动的人"而不是"单向度的人"。此处讲的"单向度"的人，来自马尔库塞《单向度的人》一书。按照马尔库塞的阐述，"单向度的人，即是丧失否定、批判和超越的能力的人。""发达工业文明的奴隶，是地位提高了的奴隶，但仍然是奴隶。因为决定奴役的'既不是顺从，也不是艰苦劳动，而是处于纯粹工具的地位，人退化到物的境地'"。现在，在东北，与"人退化到物的境地"相关的"官本"比较严重。研究走出"铁锈地带"所构建的"人本"基础，应该从"能动的人"这一战略高度考虑问题。

马克思、恩格斯在《共产党宣言》中曾提出，在新社会中，"每个人的自由全面发展是一切人自由全面发展的条件"，并称这是"新社会的本质"（1848）。1894年，恩格斯在去世的前一年，在给《新纪元》创刊号的题词中强调，除了摘录这句话（"每个人的自由全面发展是一切人自由全面发展的条件"）以外，"我再也找不出合适的了"（《致卡内帕》1894）。

马克思主义的道理千条万缕，恩格斯为什么唯独摘录这句话？这个题词，对于我们研究东北全面振兴的实质具有意义。东北全面振兴的根本是什么？笔者认为，从目标来说，是寻求一亿东北人新的解放和发展。

在 40 年的研究中,笔者对这个命题情有独钟。针对"官本位"这个传统经济体制的要害,尽力深挖了一下。

它从哪里开始的?据史料记载,2000 多年前封建专制制度建立"官本位"就已经确立,到今天连绵不绝。今天我们实行社会主义市场经济体制,必然向"官本位"提出挑战。为什么?这是由市场经济三大特征所决定的:

第一,市场经济的独立性。在市场活动中,每一个主体都是独立的,彼此间不存在依附关系,你是你,我是我,中间有一条"你我界线"。每一个企业都是独立的法人;每一个企业家和劳动者都有独立的人格,谁也不依附于谁。既不承认行政依附,更不承认人身依附,否则干不了市场经济。

第二,市场经济的平等性。市场当事人之间结成一种平等关系,交换中地位平等、机会平等,并实行等价交换。马克思说,从这个意义上说"商品是天生的平等派",市场原则不承认等级制,更不承认特权,在法律面前公平竞争。

第三,市场经济的开放性。市场活动是面向社会又依赖于社会的,它要求破除人为的分割和封锁,使人走向开放。[1]

总之,这里面蕴含深刻的文明内涵:独立性要求摆脱"官本位",平等性要求摆脱"官本位",开放性也要求摆脱"官本位",社会主义市场经济体制向"官本位"全面提出挑战。下一步瞄准什么?按照中共十九大的精神,应紧紧抓住落实"三权":一是人身权,前几年长春长生疫苗事件引起举国哗然,表明人们对人身生命权的关注何等强烈;二是财产权,特别是东北民营企业的财产权;三是人格权,保障"每一个"中国人人格的独立、平等和开放。这应是全国也是东北创新的落脚点之所在。

---

1. 以上"三性"分析,参见常修泽:《市场经济的发展意味着将使人获得一次新的解放》,《南开经济研究》1992 年第 6 期。

第二节　现代契约精神："补课"

一、契约精神的四个支点及其作用

契约就是我们常说的合同。契约精神是文明社会的主流精神。一般来说，契约精神有四个支点：（1）契约自由精神；（2）契约平等精神；（3）契约信守精神；（4）契约救济精神。其中，契约信守精神是契约精神的核心精神，也是契约从"习惯"上升为"精神"的伦理基础。我国社会主义核心价值观把"诚信"作为公民信奉的基本原则之一。可见，契约社会与诚信社会是紧密相连的。

契约蕴含的这四种精神在社会发展和进步过程中起着重要的作用：其一，契约精神促进商品交易的发展，为法治奠定基础；其二，契约精神为市民社会提供良好秩序；其三，根据契约精神行事，有利于控制公权力的滥用（避免公权力对私权的侵害）。无论从哪个角度看，都对我国社会主义法治社会的构建和社会主义市场经济的良性运转起着积极作用。

二、从历史到现实：工商文明和契约精神缺乏

从工商文明史角度研究，虽然中华民族曾是一个重视商业的民族（夏朝之后，中原曾以"商"为国号，今日河南商丘市的"商"表明乃殷商之源），但是，在世界进入了工业革命之后，中国的商人群体未能成为一支经营工商业的独立力量。此后，由于近代史上前所罕见的半殖民地统治、"官商勾结"与买办资本和官僚资本的双重打压，使民间资本和工商文明受到极大的限制和阻遏。

新中国成立后，在上面所述高度集权计划经济体制和"整个社会联系体制官僚化"（"官本位"）的双重压力下，工商文明一直没有顺利发展起来。其结果，导致那些工商经营者虽然能积累起物质财富，但是未能争取到相应的社会精神财富，这一点在东北表现比较突出。

现实如何？在东北，经常听到人们说东北是一个"熟人社会、人情社会"（这使人感到一种人情味），但还构不成"契约社会、法制社会"。并不是说东北乡亲没有对契约精神和法治环境的渴望与呼唤，而是说，由于计划经济体制和"整个社会联系体制的官僚化"，而使契约的自由精神、契约的平等精神、契约的信守精神和契约的救济精神相对薄弱。这个问题，如法国历史学家费尔南·布罗代尔在《世界史纲》中所说：可能与"政府的权力太大"有关。

三、借助《民法典》：实行全民"契约补课"

如何增强契约精神和打造诚信社会，一直是笔者思考的问题之一。

2020 年 5 月底，笔者正在修订本章书稿之际，即 5 月 28 日，第十三届全国人民代表大会第三次会议通过《中华人民共和国民法典》，由此标志着中国进入"民法典的时代"。作为国家治理所遵循的法律体系之中最重要的法律之一，《民法典》即将进入实施阶段，它当然要在政治、经济、法律和各种生活领域中发挥核心性、基础性的作用。

笔者通过这一段对民法典的学习和研究发现，民法典并不仅仅是"权利的宣言"，它更是包括打造诚信社会在内的国家治理的基本遵循和依靠。这就意味着，民法典所建立的各种法律规范和制度，都要实实在在地作用于社会的现实领域，都落实到我们每一个自然人、每一个团体的身上。

此前作为民法基本法的《民法通则》是 1986 年制定的，那个时候，宪法规定的还是"我国实行计划经济体制"，对于当时"计划经济体制的基本要求"，东北的同志是比较熟悉的。但，1993 年我国修改宪法确立建立社会主义市场经济体制，并先后制定《中华人民共和国合同法》《中华人民共和国物权法》《中华人民共和国侵权责任法》以及《中华人民共和国公司法》等后，市场经济体制基础上的《中华人民共和国合同法》成为新的遵循。

尤其是，这次民法典并不仅仅在"民商法的领域"里处于基本法的地位，而且在"全部涉及民事活动"的立法中都是基本法律，无疑为打造诚信社会等提供了基本依据。

正如民法典专家、中国社会科学院学部委员孙宪忠先生所指出的，民法典从第一条开始到最后一条，都是围绕着承认和保护民事权利、指引主体如何行使权利展开的。尤其是民法典在民事法律行为制度中关于充分承认当事人意思自治学说的规定，在民事权利部分关于人格尊严和人身自由的规定、关于所有权处分的规定、关于合同自由的规定，等等。可以说，不论是人身权利还是财产权利，不论是民事主体行使请求权的行为还是行使处分权的行为，民法典都是从行为的角度给予了充分的指引、规范和保障。

例如，在民事交易中，当事人都会先订立合同然后履行合同。虽然有些合同也有可能其中有无法生效的或者后来无法履行的，但是，无论如何，我们不能在实际工作中把合同的成立等同于合同履行，应增强合同履行观念。

总之，在中国进入"民法典的时代"，建议借助于贯彻《中华人民共和国民法典》，实行全民"契约补课"，十分必要，也比较可行。

第三节　东北新时代的思想解放与现代文明交融

一、东北面临又一场思想解放

40多年前，即1978年12月13日，在为中共十一届三中全会"定调"的中央工作会议上，邓小平发表了著名的《解放思想，实事求是，团结一致向前看》的讲话。为了研究东北面临的新一场思想解放，笔者找来此篇重新学习，感慨良多。

现摘录其中"解放思想"一段，与读者重温：

解放思想，开动脑筋，实事求是，团结一致向前看，首先是解放思想。只有思想解放了，我们才能正确地以马列主义、毛泽东思想为指导，解决过去遗留的问题，解决新出现的一系列问题，正确地改革同生产力迅速发展不相适应的生产关系和上层建筑，根据我国的实际情况，确定实现四个现代化的具体道路、方针、方法和措施。

在我们的干部特别是领导干部中间，解放思想这个问题并没有完全解决。不少同志的思想还很不解放，脑筋还没有开动起来，也可以说，还处在僵化或半僵化的状态。这并不是因为他们不是好同志。这种状态是在一定历史条件下形成的。

一是因为十多年来，林彪、"四人帮"大搞禁区、禁令，制造迷信，把人们的思想封闭在他们假马克思主义的禁锢圈内，不准越雷池一步。否则，就要追查，就要扣帽子、打棍子。在这种情况下，一些人就只好不去开动脑筋，不去想问题了。

二是因为民主集中制受到破坏，党内确实存在权力过分集中的官僚主义。这种官僚主义常常以"党的领导"、"党的指示"、"党的利益"、"党的纪律"的面貌出现，这是真正的管、卡、压。许多重大问题往往是一两个人说了算，别人只能奉命行事。这样，大家就什么问题都用不着思考了。

三是因为是非功过不清，赏罚不明，干和不干一个样，甚至干得好的反而受打击，什么事不干的，四平八稳的，却成了"不倒翁"。在这种不成文法底下，人们就不愿意去动脑筋了。

四是因为小生产的习惯势力还在影响着人们。这种习惯势力的一个显著特点，就是因循守旧，安于现状，不求发展，不求进步，不愿接受新事物。

思想不解放，思想僵化，很多的怪现象就产生了。

思想一僵化，条条、框框就多起来了。比如说，加强党的领导，变成了党去包办一切、干预一切；实行一元化领导，变成了党政不分、以党代政；坚持中央的统一领导，变成了"一切统一口径"。违反中央政策根本原则的"土政策"要反对，但是也有的"土政策"确是从实际出发的，是得到群众拥护的。这些正确政策现在往往也受到指责，因为它"不合统一口径"。

思想一僵化，随风倒的现象就多起来了。不讲党性，不讲原则，说话做事看来头、看风向，满以为这样不会犯错误。其实随风倒本身就是一个违反共产党员党性的大错误。独立思考，敢想、敢说、敢做，固然也难免犯错误，但那是错在明处，容易纠正。

思想一僵化，不从实际出发的本本主义也就严重起来了。书上没有的，文件上没有的，领导人没有讲过的，就不敢多说一句话，多做一件事，一切照抄照搬照转。把对上级负责和对人民负责对立起来。

不打破思想僵化，不大大解放干部和群众的思想，四个现代化就没有希望。

目前进行的关于实践是检验真理的唯一标准问题的讨论，实际上也是要不要解放思想的争论。大家认为进行这个争论很有必要，意义很大。从争论的情况来看，越看越重要。一个党，一个国家，一个民族，如果一切从本本出发，思想僵化，迷信盛行，那它就不能前进，它的生机就停止了，就要亡党亡国。这是毛泽东同志在整风运动中反复讲过的。只有解放思想，坚持实事求是，一切从实际出发，理论联系实际，我们的社会主义现代化建设才能顺利进行，我们党的马列主义、毛泽东思想的理论也才能顺利发展。从这个意义上说，关于真理标准问题的争论，的确是个思想路线问题，是个政治问题，是个关系到党和国家的前途和命运的问题。

实事求是，是无产阶级世界观的基础，是马克思主义的思想基础。过去我们搞革命所取得的一切胜利，是靠实事求是；现在我们要实现四个现代化，同样要靠实事求是。不但中央、省委、地委、县委、公社党委，就是一个工厂、一个机关、一个学校、一个商店、一个生产队，也都要实事求是，都要解放思想，开动脑筋想问题、办事情。

在党内和人民群众中，肯动脑筋、肯想问题的人愈多，对我们的事业就愈有利。干革命、搞建设，都要有一批勇于思考、勇于探索、勇于创新的闯将。没有这样一大批闯将，我们就无法摆脱贫穷落后的状况，就无法赶上更谈不到超过国际先进水平。我们希望各级党委和每个党支部，都来鼓励、支持党员和群众勇于思考、勇于探索、勇于创新，都来做促进群众解放思想、开动脑筋的工作。

资料来源：《邓小平文选》第2卷，人民出版社1994年第2版，第141—144页

40多年后，解放思想问题解决了没有？这里可用邓小平同志的这句话："在我们的干部特别是领导干部中间，解放思想这个问题并没有完全解决。不少同志的思想还很不解放，脑筋还没有开动起来，也可以说，还处在僵化或半僵化的状态。"

固然，"实践发展无止境、解放思想更无止境"，但现在的问题还不能泛泛而谈，而是因现实当中，"困扰和束缚实践发展的思想迷雾"仍然存在。2018年12月18日，习近平庆祝改革开放40周年大会的讲话中指出："我们坚持理论联系实际，及时回答时代之问、人民之问，廓清困扰和束缚实践发展的思想迷雾。"[1]这句话意味着，现在有些人思想上仍有迷雾，而且这些迷雾很重，它"困扰"着我们的发展，"束缚"着我们的发展，要廓清这些迷雾，并把它驱散。

2018年9月28日，中央东北振兴座谈会强调，要坚持新发展理念，解放思想、锐意进取，瞄准方向、保持定力，深化改革、破解矛盾，扬长避短、发挥优势，以新气象新担当新作为推进东北振兴。为了贯彻落实上述关于解放思想、廓清迷雾的讲话精神，2018年12月22日，由东北大学、中国（海南）改革发展研究院、中国东北振兴研究院共同举办的"解放思想 深化改革 推进东北全面全方位振兴"专家座谈会在沈阳举行。为摸

1.习近平：在庆祝改革开放40周年大会上的讲话，人民日报2018年12月19日。

准"解放思想"的实际情况,笔者参加座谈会之前,曾前往沈阳沈北新区实地调查。其间,先后调研了生产畜牧饲料的禾丰公司和生产无人机的壮龙公司,而后在沈北新区做了《东北振兴:解放思想要先行》的学术报告。

二、东北解放思想的三个指向

在沈北新区作的《东北振兴:解放思想要先行》和在东北大学举办的"解放思想 深化改革 推进东北全面全方位振兴"专家座谈会上,笔者提出了东北解放思想的三个指向:第一指向,从计划经济体制与观念中解放出来;第二指向,从行政依附甚至人身依附中解放出来;第三指向,从封闭和狭隘的眼界中解放出来。

【相关链接】

2018 年 12 月 22 日,东北大学、中国(海南)改革发展研究院、中国东北振兴研究院共同举办了"解放思想 深化改革 推进东北全面全方位振兴"专家座谈会。

中国宏观经济研究院教授、中国东北振兴研究院专家委员会副主任常修泽认为,解放思想是东北振兴发展的首要问题。东北地区解放思想的关键有三,一是从计划经济体制与观念中解放出来,由政府主导论向市场决定论转变;二是从"官本位"中解放出来;三是从封闭和狭隘的眼界中解放出来,坚持"两个毫不动摇",平等对待民营和国有经济,坚定不移扩大对外开放。

资料来源:摘自 中国东北振兴研究院"专家座谈会简报",2018 年 12 月

【相关链接】 东北全面振兴 解放思想如何先行
——常修泽教授访谈录

[《中国民商》杂志] 改革开放以来,中国各地在种试验田——体制改革的试验田。浙江那块"试验田"庄稼长得好,东北本来"土地"是最肥沃的,但是改革开放 40 年,东北不但没有"大丰收",反而成绩单很难看。2018 中国民营经济五百强,浙江一省就有 93 家,拔得头筹;而东北三省加一起才 9 家(黑龙江 1 家、吉林 2 家、辽宁 6 家)。

2018 年国庆节前夕,习近平同志用 4 天时间,行程 2000 公里,跨越东北三省,围绕深入推进东北振兴这一重大课题,实地考察调研,主持召开深入推进东北振兴座谈会并发表重要讲话,强调以新气象、新担当、新作为推进东北振兴,明确提出

新时代东北振兴，是全面振兴、全方位振兴。

事实上，进入新世纪，振兴东北就开始了。改革开放 40 年，东北应该反思什么？

一、解放思想必须先行

《中国民商》：在新时代，东北全面、全方位振兴，要从哪些方面破题？

常修泽：东北第一位的问题，是东北振兴的体制改革还没有"破题"。没有"破题"的原因之一，就是思想没有跟上。从 2003 年中共中央提出"东北振兴"，到 2018 年提出全面、全方位振兴，中央一以贯之，都是强调深化改革。这 15 年当中一些重要的提法、重要的思路，跟上中央的思路了吗？

2014 年，对于东北的深层"问题"，习近平同志就提出两个"归根结底"，第一个，"归根结底"是体制问题；第二个，"归根结底"是结构问题。这两个"归根结底"指出，东北第一个就是"体制病"，另一个是"结构病"。

2016 年，《中共中央 国务院关于全面振兴东北地区等老工业基地的若干意见》出台。这是中央专门给东北下的文件，这个文件有针对性很强的思路，就是提出建立新体制和新机制。新体制新机制中有两句话非常重要，一个是"国有企业"，重点是"增强活力"，还有控制力、影响力，但是把"活力"放在第一位。东北的国有企业比重很高。以国有工业企业资产占全部工业总资产的比重为例，黑龙江是 64%、吉林是 54%、辽宁是 45%，而全国平均 23% 左右。如果比重高、活力强也不能说是大问题，问题在于国有企业活力不强。中央文件针对这个问题，指出国有企业主要的功夫应放在"增强活力"上。

我认为，中央这个文件写得很好，是一个难得的好文件。这个文件指出"支持民营经济做大做强"。这个文件出台之后，我到东北调研过几次才知道，有些干部把这两个词给颠倒了，本来中央文件写的是"民营经济做大做强"，结果惯性地说成了"国有企业做大做强"了。

2016 年，我做了调查，东北三省一共有国有企业 7076 家，净资产 1.1 万亿元，银行贷款 1.7 万亿元，合起来总资产是 2.8 万亿元。这是整个东北 2015 年总资产数，2015 年创造多少利润？整个算下来是亏了 52.7 亿元。所以，关键问题是我们国有企业效益不好、活力不强，要"增强活力"。

大家注意，中央在提法上已经做了重大的修改，中共十九大报告，把那些大家说熟了、背熟了的话已经扩展到更大的"国有资本做强做优做大"了。要从国有资本角度考虑问题。至于具体到企业层面，则要分类：第一，真正好的国有企业做大做强，这没有问题；第二，国有企业还有很多中间的企业，不是做大的问题，而是要改造、要转型、要升级；第三，这里还有不少"僵尸企业"。"僵尸企业"是僵而没死，还"活"着，还要输液、输氧、输血。

中央把提法扩展成"国有资本做强做优做大"，是一项重大的战略性升级。但是，十九大报告我们学习那么长时间了，有些同志至今没有跟上中央的思想，还不理解"国有资本做强做优做大"。而"民营经济做大做强"这个思想一些地方并没有把它作为重点来贯彻落实。问题在下边，可能根子不在下边。所以，需要我们跟上中央的步伐。

在 2018 年 12 月 18 日举行的庆祝改革开放 40 周年大会上，习近平同志讲到"实践发展无止境、解放思想更无止境"。讲话中提到了一句有力度的话——"廓清困扰和束缚实践发展的思想迷雾"，这句话如果通俗一点理解，现在有些人思想上有迷雾，而且这些迷雾很重，看不清，它束缚着我们的发展，困扰着我们的发展。眼下的任务就是要廓清这些迷雾，把它驱散。

二、解放思想从哪儿解放出来

《中国民商》：解放思想要先行，问题是从哪里解放出来，解放什么，针对什么？

常修泽：我简要提三个方面。第一个方面，解放思想从计划经济体制与观念中解放出来。

根据东北的实际和中央的精神，我个人认为首先应该从计划经济的体制和观念中解放出来。这个体制根深蒂固，这种观念也是根深蒂固。我们虽然已经提了多年了，但这个问题迄今没有解决好。

中国改革的突破点在哪里？1984 年中共中央做出第一个改革的决定，当时是胡耀邦同志主持中央日常工作，第一个决定在起草过程中就有分歧，一派主张用商品经济理论来推进中国的改革，另一派主张用计划经济或者换一个提法叫"计划经济为主、市场调节为辅"这个思想来搞改革。起草班子拿出来的第一稿，改革的理论依据是"计划经济为主、市场调节为辅"。以这个思路起草的决定初稿报给了主持中央工作的胡耀邦同志，据我后来看到的史料记载，胡耀邦同志看了以后，很不满意，他说倘按照"计划经济为主、市场调节为辅"来搞改革，那还改什么呢？现在中国就是计划经济为主、市场调节为辅，退回去，重写。

1984 年，中共十二届三中全会提出商品经济以后，到 1992 年中共十四大正式提出社会主义市场经济，让市场在资源配置上起基础性作用。再到 2013 年，中共中央政治局常委会主持制定中共十八届三中全会决定，十八届三中全会把市场在资源配置中起基础性作用的"基础性"三字改成"决定性"，这就不是一般的说市场经济仅仅起基础作用了。

中国的资源配置谁说了算？谁来决定？按党中央的文件，整个经济活动资源配置是"市场决定"。这是在中国共产党建党 90 多年之后，第一次提出"市场决定"资源配置。

可惜，党中央这么好的文件——"市场决定论"的文件，到现在并没有被真正落实，尤其是在东北。后来又有人提出"驾驭论"，谁驾驭呢？政府驾驭，政府在后边驾驭着市场来作决定，这实际上是拐弯抹角地否定中央的市场决定论，这是中国经济界的迷雾。按照"政府驾驭着企业来决定",市场决定论的文件势必打折扣了。

可见,这种计划经济的政府干预思想根深蒂固,虽然说法千变万化,但万变不离其宗,还是计划经济那一套,政府干预、政府主导,不让市场、企业决定。我说句忠告的话,计划经济这种思想在东北是根深蒂固的,我们一定要从计划经济这种思想中解放出来,让企业自己根据商品经济的规律、市场经济的规律去决定。

前不久,为纪念莫干山会议34年,我到浙江做了些调研。浙江省的各级政府是怎么对待企业?八个字:"不叫不到,随叫随到。"

第一句,"不叫不到"。企业不叫你,你别去。我们现在一些地方,政府热衷于去企业视察,前呼后拥,一大帮,企业生产经营没有问题,你去视察什么?

第二句"随叫随到"。企业遇到困难、遇到问题、遇到障碍、遇到挑战,政府要帮着解决。我们政府工作人员是服务员、是公仆、是仆人。马克思在《法兰西内战》论述巴黎公社的经验时,提出"人民至上"的政治价值理念,提醒工人阶级政权一定要防止由社会"公仆"变成社会"主人"。现在我们一些政府工作人员不是社会"公仆",而变成社会"主人"了。什么时候我们东北的政府工作人员能真成社会"公仆",企业就有希望了。

第二个方面,解放思想从"官本位"的束缚中解放出来。

到今天,相比之下,GDP挂帅开始有所淡化,但是,"官本位"依然十分严重。"官本位"从哪开始?我看,从2000多年前专制制度就有了,到今天"官本位"连绵不绝。我们国家今天实行社会主义市场经济体制,必然向"官本位"提出挑战。

市场经济有什么特征?独立性、平等性、开放性。独立性不喜欢"官本位",平等性不喜欢"官本位",开放性也不喜欢"官本位",都要向"官本位"提出挑战。尤其是在东北,"官本位"还是比较严重的。所以,要从"官本位"的束缚中解放出来。

第三个方面,解放思想从封闭和狭隘的眼界中解放出来。

东北还有封闭性、狭隘性的问题。市场经济条件下,人和企业都是开放的,不是封闭的。

首先,各种所有制要"一视同仁、公平竞争"。2018年,我主笔出版了《所有制改革与创新——中国所有制结构改革40年》,在这本书中提出一个理论,"两朵花"理论。马克思讲,世界是"千姿百态的",玫瑰花和紫罗兰都是香花,各有各的香味,然后他又说,既然如此,"为什么只能允许一种形式存在呢?"我说公有和非公有经济,一朵是玫瑰花,一朵是紫罗兰,都是鲜花,都有香味。

2018年11月1日,中央召开全国民营企业座谈会,有两个非常重要的提法:"民营经济是我国经济制度的内在要素",注意:是"内在"要素,不是"外在"要素,是制度里边的内在要素。接着又一句"民营企业和民营企业家是我们自己人"。

其次,政府自身要改革,重在创造良好营商环境。按照WTO规则,政府应该中立化,对国有、民营必须一视同仁、公平竞争,重点是创造良好营商环境。但实践中有差距，例如，企业家毛振华在黑龙江"雪乡"对地方政府发表意见，视频在网上流传，反映这个事。辽宁省第一个颁发《优化营商环境条例》，但要落实，防止"雪乡"事件重演。

第三，严格保护知识产权。以我之见，在以知识为基础、以智力为资源的社会，人力资源成为第一资源、第一资本、第一财富。由此带来产权关系的重大变化，使产权的重心从物力产权向人力产权演变，而且呈现加速发展的趋势。据我实际调查，对于人们不熟悉的非经济物品产权，包括知识产权保护重视不够，因知识产权保护不力而导致的纠纷非常多。实际上，在国有单位里，科研技术人员创造的价值（包括职务发明产权价值），固然有国家的产权凝结，比如单位提供了薪酬、实验室等，但创新者的作用也不能忽视，应当予以明确，适当量化。这里面就涉及知识产权保护、政策调整以及法律法规的优化问题。

总之，整个东北，可能"经济的严冬"还没有过去，要做好思想准备。中国的改革方式，一种是内源性改革，如小岗村，为了解决饿肚子问题，内在的自发地改革；还有一种方式就是外源性改革，不是来自于内部，而是来自于外部，逼着你改革，你不改也得改，这个问题很严峻。中国，尤其是东北要实行内源性改革与外源性改革相结合。

资料来源：《中国民商》，2019年第6期

三、建议创办"中外文明交融先行试验区"

研究东北的全面振兴，需要"纵坐标"和"横坐标"，前者指历史眼光，后者指世界视野。从世界视野看问题，核心是文明包容与交融问题。这里提出笔者的一个建议：东北可试办"中外文明交融先行试验区"。

中国人对"文明"一词并不陌生。古代《周易》就有"文明"的记载（即："见龙在田，天下文明。"）"文明"何意？《尚书》注曰："经天纬地曰文，照亮四方曰明。"从"天下文明"的角度审视，人类文明是多元的。德国著名哲学家、文学家奥斯瓦尔德·斯宾格勒就说过，文化是多元的、多中心的，各种文化是平等的、等价的。这种理念为丰富多彩的"文明交融"构建了坚实的基础。

如果不是从绝对意义而是从相对性的角度来理解，人类的共同文明是存在的。如中国古典哲学讲的"天人合一""和为贵""和而不同"，等等，倡导人与自然、人与社会、人与人的和谐相处。这种价值适用于所有的人

群，对此不能持虚无主义态度。西方发达国家文明中的精华，加上发展中国家包括东方文明的精华，等于人类的共同文明。经济全球化和新科技革命两大浪潮，正在使多样化价值理念之间发生频繁的交集、碰撞和融合。笔者把这个命题的解，称为"文明交融论"。

东北地区有封闭性、狭隘性的问题。从全球看中国，我们的眼界需要拓宽，狭隘的眼界要去掉。包括东北文明在内的现代中国确实有独特的东西，比如社会主义制度、历史文化传统等，这些应该承认，不能否定的，但是，在讲这些"特"的东西时，建议要实事求是，拿捏得比较准。

推进东北的全面振兴，属于探索中国特色道路的组成部分，关键字是个"特"字。但是，这只是问题的一个方面；按照中共十八大和十九大精神，还要构建人类命运共同体，这"是一个高瞻远瞩的战略性思维"。这里面的关键字是"共"字。这就带来一个"特"与"共"的关系问题。如何从理论和实践上挖掘二者的内在联系，做到特中有共，共中有特？建议将"特"与"共"整合起来探讨，融合起来研究。既然是人类命运共同体，肯定有人类共同的东西在里面，共同的规律在里面。我们的理解可以和别人有所不同（如上所述的定义），但无论如何不能说没有人类共同的价值取向。近几年人们回避、否定，个别人甚至批判"人类共同的价值取向"，是不对的。怎么会没有"人类共同的价值取向"？否则，人类命运共同体就没有根基了。

笔者在《包容性改革论》中曾提出："21世纪的文明史，将昭示一条规律：包容性体制总体优越于排斥性体制。"[1]在推进东北的全方位振兴中，怎么样增强改革、开放和发展的包容性，怎么样增加东北经济体制对内对外的亲和力，是下一步需要探索的大问题。

这里提出笔者的一个构思：东北应试办"中外文明交融先行试验区"。东北地区对此是有有利条件的。建议在沈阳、大连、哈尔滨、长春四大中心城市或者丹东、满洲里等口岸城市率先试验，以成为中外文明交流的前沿。

---

1. 常修泽：《包容性改革论》，经济科学出版社2013年版，前言。

第九章

中国东北转型通论

东北生态文明：重在打造"天地人生命共同体"

东北是中国的自然资源丰裕地区，水资源、矿产资源、土地资源、森林资源、草原资源等颇为丰富。除粮食安全外，东北是我国生态安全的重要屏障，在生态安全方面肩负着重要责任。为此，保护生态环境、促进可持续发展任务繁重。为寻求东北的"永续发展"，40 年来笔者作了力所能及的探索。本章结合国际国内新的情况和问题，从历史、理论、实践和前景四方面，分四节继续进行新的探索。

第一节 历史：笔者 40 年前的忧虑与警告

一、1980 年的警示性论文：《竭泽而渔 后患无穷》

【相关链接】"竭泽而渔"后患无穷[1]
——经济工作中一个值得注意的问题（1980）

此文发表在《南开学报》1980 年第 4 期；《光明日报》1980 年 8 月 17 日《百家争鸣》文摘版转载。

【论文提纲要点】

（1）糟蹋资源、只顾眼前、不顾长远：将引起严重后果。

（2）根本原因在于违背客观经济规律和自然规律。

（3）经济发展中需要与可能的关系。

图 9-1

1. 此文系笔者于 1979 年在对黑龙江经济结构进行调查基础上撰写的论文（此次调查由当时的国务院财经委员会经济结构调查组组织），原载《南开学报》1980 年第 4 期；《光明日报》1980 年 8 月 17 日摘载。

·270·

（4）经济再生产过程与自然再生产过程中的关系。

（5）近期发展与远期发展的关系。

在一次会议上，听水产部门的同志讲，多年来，由于一味追求近海捕捞的"高指标"，结果渔船越增越多，马力越搞越大，网眼越来越小，有的地方拖网横扫海底，大有"一网打尽"之势，而鱼的质量却越来越低，产量越来越少。全国大黄鱼的年产量由最高水平的 19 万吨下降到 1978 年的 9 万吨，带鱼由 57 万多吨下降到 30 多万吨，小黄鱼由 16 万吨下降到两三万吨。为此，水产专家们强烈呼吁，一定要控制捕捞强度，把指标坚决降下来，否则，近海渔业资源就有枯竭的危险！

由此，不禁使我想起《吕氏春秋》里的一句名言："竭泽而渔，岂不获得，而明年无鱼。"现在，人们虽然还没把"泽"竭尽，但上述那种"酷渔滥捕"的做法，本质上和"竭泽而渔"并无区别。两千多年前老祖宗的"古训"，可谓不幸而言中矣。

然而值得注意的是，这种糟蹋资源、只顾眼前、不顾长远的倾向，不仅水产部门有，其他一些物质生产部门也不同程度地存在，至今没有完全解决。

以林业来说。前不久（指 1979 年 10—12 月的黑龙江调查），笔者曾到"祖国的林都"——黑龙江省小兴安岭的伊春林区。这里素以"红松的故乡""浩瀚的林海"著称。多年来，由于在林业生产上执行了一条"以原木为中心"的错误方针，只考虑从林区多拿木材，不注意保护和培育森林，造成了"采育比例严重失调"。从 1966 年到 1975 年 10 年间，伊春林区采伐量超过生长量近 1.5 倍。长期过伐的结果，使不少地方林貌凋敝，甚至岩石裸露，往日的青山已被砍成了"光头"。这个林区的 16 个林业局中，有 3 个局的可采资源已经枯竭；有 7 个局正在走向枯竭；只有 6 个局稍好一些。这种"过伐"现象如不制止，不用 20 年，可利用资源将完全枯竭。到那时，不仅这块宝贵的森林资源将被毁掉，而且还会给农牧业带来灾难性的后果。

问题的严重性还在于，"过伐"情况不止伊春一处，而是普遍存在。我国森林资源本来就很贫乏（森林覆盖率只有 12.7%，在世界上居第 120 位，人口平均占有的森林面积居第 121 位），由于每年计划采伐量大大超过林木生长量，实际消耗量又远远超过计划采伐量，结果森林面积一天天缩小，森林蓄积量一天天减少，森林覆盖率随之一天天降低。一些同志痛心疾首地说："祖国的森林资源，要是从我们手中断送，怎么向后人交代？！"

再看看草原，过牧的情况也相当严重。以黑龙江省西部的松嫩草原为例，据省畜牧局统计，从 1956 年至 1978 年平均每年减少 80 万亩，22 年间，草原面积减少将近一半。在草原面积减少的情况下，由于牲畜集中、过度放牧、过度采草等原因，造成草场严重退化，亩产草量由 20 世纪 60 年代初期的二三百斤，下降到现在的百斤左右。当地群众说："过去我们这里是'天苍苍，野茫茫，风吹草低见牛羊'；如今'天'还是'苍苍'，可是'野'却没那么'茫茫'了，风一吹连羊蹄子都看见了。"

从全国来看，由于过度放牧等原因，造成草原严重退化、沙化和碱化，单位面积产草量比10年前减少了三分之一到一半。有的地方的牲畜甚至处于半饥饿状态，致使大牲畜数量减少，质量降低，给畜牧业造成很大损失。

类似的情况，在农业（这里指种植业）生产中也经常看到。据我所到的几个县的情况看，可以说是在进行着一种"掠夺式"的经营，突出的表现是用地不养地。例如，松花江平原开荒之初，黑土层有1米多厚，含有机质高达6%到8%，可谓肥田沃土。然而，多年来，由于只顾向土地要粮，不顾生态平衡和保养土地，结果土壤有机质的含量迅速减退，有的地方甚至只含1%了。在山区，吃山不养山的现象也比较普遍。采集山货时，摘山果砍断树枝，挖药材连根刨净，采葡萄拽藤伤根，没柴烧就进山砍树，等等，真可说达到了"杀鸡取卵""坐吃山空"的地步。

此外，在工业生产中，那种不顾条件拼设备、"吃老本"等现象，也屡见不鲜。

笔者把上述各种不顾后果的过量捕捞、采伐、放牧，以及拼命地"掠夺"土地、拼设备、"吃老本"等现象，统统归之为"竭泽而渔"。这是一种危险的倾向，对我国的生产建设早已产生不利影响，今后如再不重视，不坚决纠正，必将引起严重的后果。正如周恩来同志生前所严肃批评的那样：这是"吃祖宗的饭，造子孙的孽"。

粉碎"四人帮"以后，特别是党中央提出调整、改革、整顿、提高的方针以后，"竭泽而渔"的倾向有所克服，但对"竭泽而渔"的危险性还不能说已经引起人们足够的重视。例如，在渔业生产上，有的同志认为，现在水产品市场供应紧张，如下调捕捞指标，降低产量，市场供需就更难于平衡，于是明知损害资源而仍提高捕捞强度。木材生产也是如此，明知采育比例失调，但在制定木材生产指标时，仍然出现层层加码的问题。为了彻底纠正这种错误的倾向，很有必要对产生"竭泽而渔"的原因进行分析研究，从中总结经验，吸取教训。

经济工作中"竭泽而渔"倾向的产生，原因是多方面的，既有历史因素，也有"四人帮"极左路线的破坏；从工作指导上来检查，则主要是由于违背了客观经济规律和自然规律，盲目追求高速度所致。具体说来，似由于对以下三个方面的关系处理得不够好所致。

1. 经济发展中"需要"与"可能"的关系

在我们这样一个经济落后的国家进行社会主义建设，力求把生产速度搞得更快一些，生产的产品更多一些，这种愿望本是无可厚非的。但是，经济发展的规模和速度，却不是单凭主观的需要就能搞上去的。现有的人力、物力、财力和自然资源的状况，现有的技术水平、生产力水平和管理水平，以及积累可能达到的规模，等等，这些都制约、影响着发展速度。因此，在我们订计划的时候，不仅要考虑到需要，而且要从实际出发，充分考虑到可能，不可以超越客观情况所许可的条件去计划自己的行动，不要勉强去做那些实在做不到的事情。毛泽东同志在中共八届二中全会上曾经这样讲过："一九五六年国家预算报告中说过'稳妥可靠'这个话，我建议以后改为'充分可靠'……说充分可靠，这就在程度上限制了它，不是普通可靠，是充分可靠。"

在第一个五年计划时期，我们比较重视按客观经济规律办事，注意把需要和可能较好地结合起来。这个时期我国建设的速度相当快，规模也很大，由于当时对各种比例关系安排得比较合理（如积累率平均为24.2%），因而国民经济的各个方面都有很大的发展。工农业总产值每年平均递增10.9%。1957年比1952年，全民所有制工业企业全员劳动生产率增长了52.1%，职工的平均工资增长了42.8%。这种在充分可靠的基础上力争高速度，就能保持国民经济的持续发展，人民生活不断地得到改善，整个经济生活出现欣欣向荣、蒸蒸日上的局面。相反地，如果在经济工作中，用"竭泽而渔"的办法，不顾后果地去追求高速度，那就会出现虚假现象，从长远来看，反而得不到持续的高速度。问题不在于要不要高速度，而是在于用什么办法来力争持续的高速度。

多年来，在我们的实际工作中，存在着一种只求高速度、不讲比例，只讲需要、不顾可能的倾向，致使国民经济计划往往超越客观许可的条件，不能做到"充分可靠"。特别是在"四人帮"鼓吹所谓"需要就是计划"一类谬论的影响下，随心所欲地制订大计划、高指标成为一种"革命"时髦，实事求是、留有余地反倒被批判为"右倾""保守"，使我们吃尽了苦头！

这里涉及一个问题，就是如何正确理解积极平衡？我认为，真正的积极平衡应该是在尊重客观规律的条件下，充分发挥人的主观能动作用，把主观与客观、需要与可能结合起来，而绝不是超越客观条件，盲目地搞高指标、大计划。那种不讲条件硬要强逞能而为之的做法，是同积极平衡背道而驰的。当然，条件也是可以改变的，人们在条件面前绝不是无能为力的。问题在于当条件不具备时，如何积极地去创造条件，而不能不顾条件。

在经济工作中我们应该树立既要"尽力而为"又要"量力而行"的思想。不搞不切实际的高指标，绝不等于消极等待，我们可以创造条件，去实现积极平衡。我们还以林业为例，在纠正过量采伐以后，完全可以广开生产门路。原木生产减下来后，可以利用林区大量的采伐剩余物，大力发展人造板工业，生产更多的"三板"（胶合板、纤维板、刨花板），以缓和我国木材紧张状况。据了解，我国木材剩余物的利用率仅占9%，全国每年有1200万立方米的采伐和加工剩余物，或被弃之山林烂掉，或被填进炉膛焚烧，利用潜力很大。再如水产品，近海捕捞指标下调以后，可以发展海水、淡水养殖生产，外海捕捞也可以尽快打出去，这样就能实现真正的积极平衡。

2. 关于经济再生产过程与自然再生产过程的关系

马克思在《资本论》第二卷评论重农学派时曾指出："经济的再生产过程，不管它的特殊的社会性质如何，在这个部门（农业）内，总是同一个自然的再生产过程交织在一起的。"[1] 这是一条客观经济规律，违背了这一规律，必将受到自然的惩罚。拿林业来说，森林资源属于可再生资源，林木的生长有其自身的规律。在小兴安岭林区，营造人工速生杨树，从营造到能采伐，需要 25 年左右，人工落叶松需要 40 年，红松则需要 80—100 年。因而，在确定采伐量时就要有个限度。据专家测定，合理采伐的原则应当是，每年的森林采伐量不得超过林木生产量（以县或国营林业局为单位计算）。违背了这一规律，林业资源就会遭到破坏。渔业生产也是如此。鱼类有其生产、繁育和洄游的规律。与此相联系，一定的水域，有多少渔业资源，每年能捕捞多少，也有个合理的限度。其原则是，捕捞能力一定不能超过水产资源的再生能力，否则就会越捕越少。畜牧业亦然，在一定的草场范围内，放牧多少牲畜，也有一定的限度。如果过度放牧，在反复啃食、反复践踏下，牧草就会受到破坏而失去再生能力，长期下去，牧草群落构成就会发生变化。

但是，多年来，我们在实际经济工作中，过分强调经济再生产的规模，而很少考虑甚至不考虑自然再生产的状况。有一个时期，在我国曾经流行过这样一类违背科学规律的口号："人有多大胆，地有多大产""不怕做不到，就怕想不到"，似乎只要"有胆""敢想"就可以任意改变自然和经济发展的规律。早在一百年前，恩格斯就针对那种违背自然规律、破坏自然资源的错误严肃指出："我们不要过分陶醉于我们人类对自然界的胜利。对于每一次这样的胜利，自然界都对我们进行报复。"[2] 现在，我们不是也受到自然界的报复和惩罚了吗？这给我们一个教训，在安排国民经济建设时，除了要按照客观经济规律办事以外，还必须遵循自然规律，必须从自然再生产和经济再生产这样两个互相交织的过程出发来考虑问题，决不能再干那种违背自然规律的蠢事了。

3.关于近期发展和远期发展的关系

经济发展是有延续性的。它既包括近期发展，也包括远期发展。特别是关于自然环境的改造、大型工程的建设等，都要在较长时期内才能见效，这就需要搞好长远规划。如同毛泽东同志所指出的："有一个长远的目标，使人们的眼光不被限制在眼前走出的一步。这种计划只是一个大的方向，还要用每一个五年计划和每一年的年度计划去加以具体化。"[3] 长期计划是规定一个时期内的战略目标，近期计划是为实现长期计划而作的具体安排。长期计划应当居于主导地位，对年度计划具有战略上的指导意义。

在过去一个时期内，我国实际上没有长期计划，当然也就谈不上发挥长期计划的主导作用。在林业、渔业、牧业以及部分采掘工业中，过分强调当前的近期的需

1.［德］马克思：《资本论》第 2 卷，人民出版社 2004 年版，第 398—399 页。

2.《马克思恩格斯选集》第 4 卷，人民出版社 1995 年版，第 383 页。

3.《〈黄土坨农林牧生产合作社的远景规划〉一文的按语》，《中国农村的社会主义高潮》上册，第 301 页。

要，而忽视长远的战略性的发展。历史经验告诉我们，为了保证国民经济按比例、高速度地持续发展，除了其他条件以外，还要为未来的发展准备好相应的资源条件，不然就会出现"后续不上"的问题，以致影响后续时期的速度。1962 年 11 月，周恩来同志就曾指出："……林业的经营一定要越采越多，越采越好，青山常在，永续利用。"[1] 这虽然直接讲的是林业，但其基本精神对于整个国民经济建设都有指导意义。我们不仅要使青山常在，而且要使绿水常在、草原常在、沃土常在，使祖国的宝贵资源能够永续利用，为我们的子孙后代造福。

当前，我们正在贯彻调整、改革、整顿、提高的方针，并着手准备编制长远发展规划。这是关系"四化"能否顺利实现的大事。认真总结 30 年经济建设的经验教训，从理论和实践上弄清需要与可能、经济再生产与自然再生产、近期发展与远期发展的关系，十分必要。周恩来同志在总结第一个五年计划的经验时曾经指出："经验证明，我们在编制长期计划的时候，应当按照我们实现社会主义工业化的根本要求和国家物力、财力、人力的可能条件，实事求是地规定各项指标，同时，还应该保留一定的后备力量，使计划比较可靠。而在编制年度计划的时候，就应该根据当年的和以后年度的可能的发展条件，积极地发挥潜在力量，以保证长期计划的完成和超额完成。"[2]

我们要认真汲取这些宝贵经验，把高度的革命热情和实事求是的科学态度结合起来，把眼前需要和长远发展结合起来，克服"竭泽而渔"的错误倾向，使国民经济有计划、按比例、高速度地持续向前发展。

资料来源：《南开学报》，1980 年第 4 期

二、不幸而言中：资源环境"后患已现"

回放 40 年前笔者发表的这篇探讨可持续发展的学术论文，此时此刻再读到它，既感惊讶，又感痛楚：文中所讲的一些后果，不幸而被言中。实际上，中国今天的资源环境已经"后患出现"，特别是在东北资源型枯竭城市问题更为严重。

先看一下事实：

在资源匮乏的情况下，能源消费量的快速增长和能源消耗强度的急剧增加，导致了能源供需缺口逐渐增大。从 1992 年开始，中国能源消费量开

---

1. 转引自《人民日报》1979 年 12 月 10 日第二版《为了青山常在》。
2. 引自周恩来在中国共产党第八次全国代表大会上所作的《关于发展国民经济的第二个五年计划的建议的报告》。

始超过能源产量，特别是 2003 年以来，能源产量与能源消费量之间的缺口快速拉大，从 2003 年的 11886 万吨标准煤，扩大到 2010 年的 28023 万吨标准煤。这也使中国资源对外依存度不断攀升，未来将可能不得不承受资源价格上涨所带来的典型的外部供给冲击。

特别是能源中的石油，由于石油消耗与产量之间的巨大缺口，中国从 1993 年开始就成为石油净进口国，近几年石油对外依存度持续上升，2010 年即超过 55%，目前中国已是全球第二大石油进口国（其中，俄罗斯是中国较大石油进口国之一，而其进口线路与东北直接相关）。

再如，能源中的煤炭，中国目前已经是全球最大的煤炭消费国。尽管本国拥有巨大的煤炭资源，但正在超越日本成为全球最大煤炭进口国。而仅在几年前，中国还是煤炭净出口国。

其他如铁矿石方面，对外依存度从 2002 年的 44% 提高到 2009 年的 69%，中国已成为全球最大的铁矿石进口国。

未来情况如何？根据《全国矿产资源规划》，2020 年，如果不加强地质勘查和转变经济发展方式，届时中国 45 种主要矿产中，有 19 种矿产将出现不同程度的短缺。石油的对外依存度将上升到 60%，铜和钾的对外依存度将在 70% 左右。

同时，中国的环境压力不断增大。中国政府明确提出碳减排目标——二氧化碳排放力争到 2030 年前达到峰值，努力争取 2060 年前实现"碳中和"，并作为约束性指标已纳入国民经济和社会发展中长期规划。这无疑会对过度依赖加工出口、过度依赖要素投入的增长模式构成约束，势必倒逼由粗放式增长模式向集约式增长模式的转变。

第二节　理论：四条生态治理线路与笔者的"产权线"

一、四条生态治理线路：技术、结构、政府、产权

（一）技术线：向技术要绿色

技术是节能环保的有力武器。向技术要绿色，就要研发、推广新能源技术及节能技术，环境保护技术。东北有一批能源环境问题科研机构和先进企业。2020年7月，吉林长春一汽所展示的一款新能源汽车就是典型事例。要打好新能源革命、节能环保这一仗，解决东北面临的能源和环境问题，需要有这样一个战略。

（二）结构线：向结构要绿色

产业结构调整是实现绿色环保的一条重要线路。以北京为例，原来该市工业有首钢、燕山石化这些重化工业，尤其是首钢在北京造成的污染很严重。几年前，北京市政府以壮士断腕的决心把它迁出去。现在北京市服务业的比重已经达到75%以上（与台湾服务业的比重大体相当）。当然，东北在产业结构上，不可能把重化工业全部迁出东北，但以壮士断腕的决心来治理污染则完全是大有作为的。总之，东北可通过产业结构调整和升级向结构要绿色。

（三）政府线：向规制和政策要绿色。

政府是一只"看得见的手"。它通过相应手段——包括环境税、惩罚性措施等，对环境治理进行社会性管制。比如为促进环境保护，现在是环境部分付费（比如排污费），将来有可能开征环境税，企业也好，事业也好，

机关也好，个人也好，凡是对环境造成污染的，都要征税，而征税这样的手段是强制性的。

除税收外，政府线还要严格环境执法，用中央领导同志的话说就是环境执法不应是"棉花棒"，而应是"杀手锏"。[1]

（四）产权线：向产权要绿色

笔者在《广义产权论》一书中，曾提出"资源环境产权"制度（天上的环境产权以及地上地下的资源产权），通过"广义产权"这个产权制度安排来促进环境保护。这里边有很多文章可做。

下面着重阐述作者关于运用广义产权，特别是资源环境产权来促进绿色发展的制度探索。

二、提出构建"环境产权"制度的初衷与要点

笔者对于资源环境产权制度的探索起于21世纪初期，后逐步形成较为系统的包括"天地人产权"在内的《广义产权论》。

如前所述，推进绿色发展应沿着技术、结构、政策、市场四条线展开，而市场力量的奥妙和实质在于环境产权制度。这就是说，人们要构建以低碳为特征的绿色经济体系，不仅需要相关的政策引导、结构调整和技术保障，而且还要有相应的产权制度安排。

笔者之所以强调产权制度安排，是基于如下认识：环境问题的复杂性在于，它不仅仅是一个简单的自然生态问题，而且还是一个集自然、经济、社会、制度、人权等诸多问题于一体的复杂体系，其中牵涉深刻的产权关系。基于此，笔者认为，欲真正缓解一个地区（如东北地区）、一个国家、一个国际区域（如东北亚区域）乃至更大范围的世界性环境问题，从深层分析，必须建立完整的环境产权制度。

从理论上分析，环境产权制度是整个现代产权制度体系的重要组成部

---

1. 这里提供一个案例：2017年，中央第一环境督察组指出，长白山违反国家有关规定，在池西度假区内建设高尔夫球场。后遭取缔，拆掉了167套违规别墅，给国家和人民财产造成很大损失，十分可惜。被称为"壮士断腕"。

分。笔者在 1995 年主笔出版的《产权交易理论与运作》一书曾对"产权体系"做过论述[1]。长期以来，由于受根深蒂固的"产权实物观"（即把产权仅仅理解为一种实物形态的东西）的影响，环境领域一直没有明确地提出"产权"概念，普遍认为对于环境这种无形之物可以"无价"或廉价获取，于是环境产权制度成为一个被忽视的问题。这也是中国产权经济界研究产权问题的一个重大缺失。

【相关链接】理论升华：天地人产权理论破解生态困局
常修泽

（一）四条线路："短线中的短线"

两千多年前，中国的先哲曾率先提出了"天、地、人"的哲学理念。当代世界出现的诸种新情况、新矛盾，更把人的生存发展环境（"天"）、人的生存发展资源（"地"）和人的生存发展自身（"人"）问题，尖锐地摆在我们面前。

它逼迫我们思考：如何应对资源环境的严峻挑战？如何实现中共十八大提出的"五位一体现代化"格局的第五位——生态文明？如何在 21 世纪的今天寻求"天人合一"的境界？

探讨人类可持续发展的出路，可以有四条路线，即：技术创新路线——通过科学发明或技术创新来寻找出路；结构调整路线——通过调整需求结构、供给结构（产业结构）、要素投入结构以及城乡区域结构等来寻找出路；政府规制路线——通过政府的法令、政策、税收等强制性手段来寻找出路；市场机制路线——通过产权、价格等经济机制来寻找出路。

在上述四条路线中，技术、结构、规制路线相对成熟、相对清晰些，人们比较重视，特别是其中的政府规制路线，更被人们片面地作为"主导型"路线，而市场路线则相对薄弱，人们对此往往关注不够，成为四线中的"短线"；尤其是其中的"产权"则显得陌生，相比更为薄弱，我称之为四条路线中"短线中的短线"。

有鉴于此，笔者经多年探讨，提出了包括"天"——环境产权、"地"——资源产权、"人"——劳动力产权、管理产权等在内的"广义产权理论"。

（二）"天"上有产权吗

长期以来，环境领域没有明确提出"产权"概念。在当今人类面临气候危机的条件下，环境产权问题成为一个亟须着力探索的命题。依据《京都议定书》等文件规定，为了应对人类共同面临的气候危机，碳排放被限制，碳减排被强制，"碳排放

1.常修泽：《产权交易理论与运作》，经济日报出版社 1995 年出版，1998 年再版。

权"成为稀缺资源。按经济学的"稀缺资源理论",自然就有了内在的经济价值。在这种情况下,排放指标就变成了稀缺的"经济资源"。这种经济资源一旦形成,它会产生一个质的转变:由非商品向商品转变,由非资产向资产转变,由非产权向产权转变。于是人类创造出了一种新的产品——碳资产,或称"碳产权"。天上有"环境产权"吗?有的。而且,这种环境产权制度,并非某一国家所特有,它属于人类共同拥有的制度文明。

那么,"环境产权"是一个怎样的制度体系?我认为主要包括三个制度:第一是,环境产权界定制度:对环境产权贡献者即受益者,以及破坏者即受损者的权益界定。第二是,环境产权交易制度:在利益边界比较清晰的情况下,确立相应的环境产权利益交换机制——对于那些自己付出代价而使他人受益的,应该使之得到补偿;对于那些自己享受环境外溢收益而使他人转移成本的,应该使其支付"对价"。第三是,环境产权保护制度:对环境产权取得的程序、行使的原则、方法及其保护范围等予以法律保护。在这三个制度中,环境产权界定制度是前提,环境产权交易制度是核心,环境产权保护制度是保障。

（三）"地"上"地"下:资源产权五项产权权能

中国先哲云:天之道在于"始万物",地之道在于"生万物"。按照笔者的广义产权理论,中国资源产权领域存在比较严重的"产权残缺"问题。对此,笔者主张应重点锁定以下五个方面的权能:

1. 农民土地经营的流转权。在成立土地承包经营权流转服务中心、土地托管中心、土地代管所等中介的基础上,应建立农村土地经营权交易市场,让土地经营权流转起来,逐步走上土地经营权市场化和土地集约化之路。

2. 林地经营权和林木转让权。不仅包括集体林权,而且包括国有林权,相比之下,国有林权制度的改革更具探索性。

3. 矿产资源的探矿权和采矿权。必须完善矿产资源有偿使用制度,特别是建立完备的矿产资源的探矿权和采矿权制度,以促进矿业权合理设置。

4. 水资源产权制度。必须实行最严格的水资源"水权"制度,在保障灌溉面积、灌溉保证率和农民利益的前提下,建立健全工农业用水"水权转换"机制。水资源产权,有利于提高用水效率,促进科学用水。

5. 海洋的"用益物权"。国家对海域拥有最终所有权,但法人和个人可以取得海域使用权。这是创新涉海产权制度、推进海域使用权物权化改革的新构思。建议以搞活海洋的用益物权为起点,建立现代海洋产权制度,促进海洋经济发展。

（四）建立"天地人合"的产权体系

当代人的生存发展,是一个包括人的生存发展环境（"天"）、人的生存发展资源（"地"）和人的生存发展自身（"人"）在内的完整体系。因此,要研究"三合一"的天—地—人产权关系的贯通性及其内在作用。

就贯通性来说，应以人的发展为主线贯穿。环境产权实质是环境人权，资源产权实质是资源人权。"人"有三层含义：横向上"全体人"，纵向上"多代人"，内核上"多需人"。从总体上说，天—地—人产权都着眼于"全体人"，但环境产权不仅着眼于"当代人"，更着眼于"下代人"乃至"多代人"；资源产权不仅着眼于"单需人"，更着眼于"多需之人"；彼此都是围绕着"人"这个共同的轴心而展开的。至于如何发挥"三合一"的天地人产权之作用，我建议，可在以下三方面开拓：

一是在体制改革中发挥作用。下一步改革将是"五位一体"改革，其中，生态文明是重要"一位"，应尽快建立资源产权和环境产权制度，以寻求在环资领域取得突破性进展。

二是在发展中发挥作用。通过"三合一"的天地人产权，减少碳排放，促进可持续发展，实现中国经济从"量"的过度扩张，转到"质"的提升。

三是在社会管理中发挥作用。针对一些地区因环境污染而酿成的"黑色乱源"，以及因土地的违规占用、矿产资源的滥开滥挖、水资源的不合理截流和开发而引发的冲突和矛盾，以天—地—人产权理论，加强"源头治理"，解决群众合法合理诉求，及时化解社会矛盾，防止和减少社会问题的产生。

资料来源：《人民论坛》，2013 年 4 月

以上论述是 2013 年发表的，至今也许仍然有理论和应用之处。须告知各位读者的是，七年之后，即 2020 年 5 月，笔者经多年的深入研究，在《上海大学学报》发表了 18000 字的长篇论文《广义产权论：为天地人共同体立命的探索》，限于篇幅，本书不再链接，请读者自行搜索、参考。[1]

---

1. 常修泽：《广义产权论：为天地人共同体立命的探索》，《上海大学学报（社会科学版）》2020 年第 3 期。

第三节　实践：用产权机制寻求
生态文明实验报告

一、2007 年：《国有林权改革：森林生态保护的制度探索》报告[1]

前面曾提到，40 多年前，即 1979 年，笔者曾作为当时的国务院财经委员会经济结构调查组的成员，对包括伊春林区在内的黑龙江省经济结构状况进行了 70 余天的调查。

2005 年 11 月，笔者第二次到伊春。这次是应邀作《关于"十一五"期间经济发展和体制改革趋势》的报告。在报告中，依据本人对现代产权制度的研究，阐述了自己关于国有经济产权制度改革的思想，恰与伊春市委、市政府希望实施国有林权制度改革的愿望不谋而合，遂从理论与实践相结合的角度表达了总体性的意见。

一年半后，即 2007 年 4 月，笔者第三次来到伊春林区。在对前一段改革试点情况进行实地考察之后，应邀作了《关于深化国有林区林业产权制度改革问题》的报告。此后不久，依据实地考察的情况，作为中国产权制度改革举措之一，在 2007"中越改革论坛"作了报告，引起越南朋友重视。笔者认为，在伊春启动的这场国有林区产权制度改革，是在我国整个经济体制改革进入关键时期进行的一项关键性的体制变革，是 2006 年和 2007 年中国国有经济改革的一个亮点。

2007 年 8 月，笔者第四次来到伊春，在"森林生态保护国际论坛"，围

---

1. 常修泽：《国有林权改革：森林生态保护的制度探索》提交伊春国际生态论坛论文，2007 年 8 月 21 日。

绕国有林区林业产权制度改革与加强森林生态建设的关系进行探讨。

但，这项改革进展比较艰难[1]。如何按照广义产权论思路，建立自然资源产权制度，把"绿资源"变成"绿资产"，甚至部分变成"绿资本"，建立自然资源资产有偿使用、流转、补偿制度，尚未"破题"。

在2007论坛指出，加强森林生态保护，是推进生态建设与经济社会协调发展的重大问题。近年来，国内外发生的诸多森林生态事件表明，要加快建设包括森林生态保护在内的环境友好型社会，必须进行综合治理。其中，从国有林权制度改革和建设的层面探索保护的有效制度途径，是新形势下加强森林生态建设的重要思路。

【相关链接】《国有林权改革：森林生态保护的制度探索》（原文）[2]

（一）国有林权制度改革是关乎林区发展、改革和民生问题的制度创新

如何认识和把握伊春正在试行的国有林权制度改革的价值，是必须首先解决的前提问题。对这项改革的价值，我是从发展、改革和民生三个角度来判断的。

1.国有林权制度改革是林区推进科学发展的制度支撑

2003年，中共中央提出了"科学发展观"的理念。其中"以人为本、全面协调可持续发展"是关键词。那么怎么把握"以人为本""人"的真谛？对此，我曾提出"人的三层含义论"：

第一，从横向来说，这里的"人"不是指某一部分人，而是指"全体人民"。在改革开放29年后（注：讲时是2007年）的今天，如何让全体人民包括伊春的职工群众都能分享到改革发展的成果，这是以博爱的胸怀落实"人"的第一层涵义的需要。

第二，从纵向来看，这里的"人"不仅仅是指当代人，而且也包括后代人。周恩来总理生前对伊春专门嘱咐要"青山常在、永续利用"，就是要让后代人和我们一样享受到青山绿水，因此，讲公平不能只讲当代人之间的公平，也要讲"代际"之间的公平。伊春现在（指到2007年时）可采森林资源已消耗了95%，森林蓄积量减少了55%，好多林场已无木可采，这对后代人是不公平的。如何使青山常在、做到资源永续利用，不仅关系到当前经济发展，而且关系国家长远发展和民族生存

---

1. 常修泽：《国有林权改革：森林生态保护的制度探索——关于伊春国有林权制度改革的研究》（提交伊春国际生态论坛论文，2007年8月）。另见《经济参考报》（百度网，2010.10.15可搜到）题为《常修泽：国有林权制度改革如何启动》。
2. 此文提交2007年森林生态保护国际论坛（2007年8月21日），收入国际论坛论文集。

根基，我们不能犯不能改正的历史性错误，贻害后代。

第三，从内核看，这里的"人"不是简单的"单需之人"，而是"多需之人"，除了共享物质成果之外，还要共享精神成果、社会成果等。按照上述笔者对"人"的理解，落实科学发展观要全面、协调、可持续发展，尤其对林区来讲，加强森林生态保护，推进可持续发展尤为重要。

现在需要研究的是，如何从制度上为伊春的可持续发展提供体制支撑？伊春的林权改革有三句话"林定权，树定根，人定心"，讲得很深刻。产权经济学中关于产权的经典定义是"使自己或他人受益或受损的权利"（哈罗德·德姆塞茨，1967），我认为，林权改革正是把"林"与每个职工受益（或受损）的"权"结合起来。事实说明，只有克服以前在资源方面存在的制度缺陷，把林区的产权关系理顺并确定下来，使林区职工与财产挂起钩，才能做到"人定心"，从而为"永续利用"提供制度上的支撑。

2. 国有林权制度改革是整个国家以市场化为目标的经济体制改革的重要方面

我国经济体制改革迄今（注：指2007年）已29年。1992年明确提出以建立社会主义市场经济体制为目标模式。这一体制需要四根支柱来支撑：一是企业产权制度；二是现代市场体系；三是政府及其宏观调控体制；四是收入分配和社会保障制度。这其中基础性的是企业产权制度。

29年来，伊春围绕产权制度问题做了一些积极的、有益的探索。在前20多年改革的基础上，从2003年开始，逐步逼到了问题的核心，开始酝酿推进国有林业产权制度方面的改革。但是到底怎么定位？提法应该叫什么？有的同志曾提议叫"承包"，我认为还应叫"林权制度改革"。国家林业局支持并推进这场改革的试验，意味着伊春的经济改革进入了一个新阶段。

今年（2007年）3月，温家宝总理指出："要继续推进以市场化为目标的经济体制改革。"胡锦涛讲中国的新"四化"，包括"市场化"。这是对中国经济体制走向的一个判断。伊春林区的经济体制改革怎么进行？我觉得，林权制度改革是具体的步骤之一。把林权制度改革放到国家整个大背景下来考察，我的判断，林权制度改革是"以市场化为目标的经济体制改革"一个重要环节，是国有经济改革的一个新亮点。这项改革有点类似于1978年安徽小岗村的改革，它是由人民群众创造出来的，变成上级的制度设计，从这个意义上说国家高层领导和林区人民是"心连心"的。

3. 国有林权制度改革是促进林区社会和谐的重要举措

从我对伊春林区实际情况的了解看，由于历史欠账很多，林区职工收入很低，加之资源枯竭带来的产业接续比较困难，就业等社会矛盾突出。如何解决伊春林区在经济、社会以及民生方面中的不和谐、不稳定的矛盾，是面临的一个重要任务。伊春现在面临着四个矛盾即资源性、体制性、结构性、社会性矛盾。我认为，在以上四个矛盾中，根本性的是体制性矛盾。上述社会性矛盾，也只有用发展和改革的办法方能解决。从这个角度分析，推进林权制度的改革是解决民生问题、构建和谐社会的必由之路。

（二）国有林权制度改革应按照现代产权制度理论规范运作

既然国有林权制度改革属于产权制度改革范畴，因此建议林业系统上下需要切实把握有关产权理论和产权制度的基本内容。具体来说包括两个系列：

首先，从思想上建议把握产权三论：

我在20世纪90年代写的产权著作中，曾提出"产权三论"即产权体系论、产权价值论、产权可分论（参见《现代企业创新论》《产权交易理论与运作》《中国企业产权界定》等）。目前林区的产权制度改革与三论有密切关系。

（1）产权体系论。我曾强调，产权不是"一朵鲜花"而是"一束鲜花"，是"以出资者所有权为基础的各种行为性权利的综合体系"，包括财产的所有权，还有经营权、使用权、处置权、收益权、流转权等，是一个完整的产权体系。伊春的林权制度改革诚点，国有林地这一部分属于产权中的经营权变革，地上的活立木这一部分属于所有权变革，并由此带来处置权、收益权、抵押权、流转权等相应的变革。

（2）产权价值论。产权应理解为是"一种价值形态的财产收益"。就伊春来讲，已经实现从"原木是产品"到"原木是商品"的提升，下一步要推进"让活立木进入市场"，然后再到"林木价值的增值"。按照我的产权价值论，"满山尽是绿资本"。

（3）产权可分论。可以从两个层次来理解：首先，产权横向是可以分离的。需要转让哪个就拿出哪个。其次，产权纵向是可以分割的。任何一个权利单独拿出来后，都可以进行分割、量化，切成一个个产权单元。日本人称之为"株"，中国人称之为"股"。现在职工购买的林木将会成为"原始股"。

其次，在运作中要把握产权制度四支柱。

2003年，笔者在为中共十六届三中全会起草组提供的内部研究报告——《建立与社会主义市场经济体制相适应的产权制度》中，分析了"产权制度四支柱"：即产权界定制度、产权配置制度、产权流转制度、产权保护制度。伊春的改革在很大程度上都涉及了四种制度。

第一，产权界定制度。主要是对产权体系中的诸种权利归属做出明确的界定和制度安排，包括归属的主体、份额以及对产权体系的各种权利的分割或分配。用老百姓的话来讲叫作"产权到底是谁的"。原来林地归国家所有，现在经营权归职工（50年），但所有权仍归国家；林地上的林木原为国家所有，现在"一小部分"林木有偿转让后，界定为个人所有，但大部分依然归国家所有。这样产权关系就界定得清清爽爽了。

第二，产权配置制度。主要涉及各类主体的产权在特定范围内的置放、配比及组合问题。伊春采取的是"远封近分"的办法，"远的"配置给国家，"近的"分（转让）给职工，试图让职工承包管理的林地给公家镶上"金边"，以更好地保护"边内"的国有林地，这里就涉及了一个责任、权利和利益的分配问题。

第三，产权流转制度。主要是指产权所有人通过合乎程序的产权运作而获得一定的产权收益。伊春产权转让的流程是：实地调查—价值评估—公布结果—提出申请、签订意向—开展竞标—签订协议—交割费用。运作是比较规范的。将来随着改革的逐步深化，伊春还需要出台新的流转制度，比如说建立"活立木"市场，对"活立木"进行交易、流转。这种流转，可先在职工内部进行交易，将来有条件的话逐步向外部发展（包括向经营大户、经营能手集中），也有可能变成股份制合作林场。在流转过程中，根据我的研究，应把握四要：（1）评估要科学；（2）价格要合理；（3）交易要透明；（4）资金要到位。

第四，产权保护制度。是对各类产权取得程序、行使的原则、方法及其保护范围等构成的法律保护体系。对林权改革来讲，应该说"林权证"是林区职工购买林木后进行自我保护的武器。

如果能够按照以上四个制度来进行规范运作，则这项改革就比较健康发展。

（三）下一步推进林权制度改革值得注意的四个问题

1.坚持改革的五条原则，同时要进一步制定相关政策。

在推进改革中，国家林业部门和伊春提出五条原则，即：稳定原则、生态原则、保值原则、"三公"（公开、公平、公正）原则、配套原则，这五条原则是正确的。现在的问题是，需要按照这五条原则，进一步制定相关政策。根据我到下面的调查，目前在林权制度改革的问题上，职工群众最关心的有五个问题：（1）"林权证"的问题；（2）经营自主权问题；（3）信贷和保险问题；（4）"活立木市场"的创建问题；（5）引进战略投资者问题等。

在具体做法上，我建议：第一，暂时不要搞职工身份的置换，那属于人事制度方面的改革，将来再说，现在避免"两线作战"。第二，不应把这场改革曲解为"私有化"，这会引来很多不必要的麻烦和严重问题，因为这个提法不符合实际，实际上林地的所有权依然是国家所有。第三，不要提国有林地使用费用"取消"的问题。第四，暂时也不要提"新的"生态补偿（这会带来不必要的麻烦，下一步可提机制问题）。第五，在操作中一定要防止腐败问题对这场改革的干扰。

2.积极地推进政府职能的转变。

改革对各级政府都提出新课题。在改革中，各级政府应转变职能，转向公共服务和社会管理，为这场改革服务。同时实行"上分""下分"："上分"——政府的"公共管理者系统"与"出资人系统"分开，"下分"——把国有企业的"所有权"与"运营权"分开。

3. 一定要加强改革以后的内部管理。

改革重点是解决产权问题，并不能代替管理。不能有"一改了之"的思想，应加强森林生态保护，加强林业管理，推进生态建设与经济社会协调发展，确保改革的成果不逆转。

4. 林权制度改革要与国家资源型城市的产业转型相结合。

伊春不仅是林权改革的试点，而且也是国家资源型城市产业转型的试点，因此要一手抓产权改革，一手抓产业调整，把产权、产业两个"产"结合起来。

资料来源：2007年森林生态保护国际论坛报告，《经济参考报》发表（见百度2010年10月15日）

二、2012年：在人民大会堂作《广义产权论》和资源问题报告

【相关链接】学术报道：常修泽教授在论坛作"广义产权论"报告

应国土资源部和人民日报社的邀请，2012年9月23日，常修泽教授出席了在人民大会堂举办的"国土资源节约集约利用论坛"，并在大会上作了关于"广义产权论"和资源问题的主题报告。

此次国土资源部和人民日报社之所以邀请，与常教授的《广义产权论》一书引起理论界和实际部门的重视有关。2009年，《人民日报》曾发表著名经济学家张卓元先生评论《广义产权论》的文章；翌年，《人民日报》旗下的《人民论坛》在读者投票基础上，把"广义产权论"选为2010年度经济类十大创新理论观点之一。《国土资源报》专门就书中提出的"资源环境产权制度"问题对常教授进行了专访，引起国土资源部领导的高度关注。

常教授在人民大会堂的报告包括五部分：（1）20年前的"地质矿产研究"促使我突破"狭义产权论"；（2）"十八大"之后的中国改革战略：应有"天""地""人"的宏观新视野；（3）应对资源环境问题的四条路线与"广义产权论"的提出；（4）"广义产权论"三大要义："天"（环境产权）、"地"（资源产权）、"人"（受益性权利）；（5）建立资源产权体系："五项权能"与四点建议。

大会开始前，国土资源部部长、国家土地总督察徐绍史同志和人民日报社社长张研农同志会见了常修泽教授，陪同在座的有国土资源部副部长、国家土地副总督察、国家测绘局局长徐德明同志，其间共话20年前的"地矿研究情缘"。

常教授的报告整理稿，全文7000余字。2012年9月25日，《人民日报》以《"广义产权论"在资源节约集约中的应用》摘发了1500字左右的报告提纲，人民网、中国改革论坛网等先后转载。

资料来源：中国改革论坛网，2012年10月18日

三、2013 年：在长白山国际生态论坛作"环境产权"报告

【相关链接】学术报道：常修泽教授在论坛做报告

由国家环保部、中国科学院、吉林省人民政府等单位联合主办的长白山国际生态论坛于 2013 年 9 月 15 日—18 日在吉林省长白山举行。常修泽教授应邀作为经济学界的代表出席会议，与生态学家共同探讨生态环境问题。

从产权角度研究生态环境是常教授近十年的科研重点之一。2009 年他出版的《广义产权论》一书，系统阐述了"天地人产权"理论，2010 年被《人民论坛》评为十个理论创新观点之一。

在此次会议上，常教授根据自己的理论和实际调查，从国家发展战略的角度，作了《关于创建长白山国家生态文明建设试验示范区的建议》的主题发言。报告分三部分：一、战略提升：建议将 1964 平方公里的国家级自然保护区，拓展并提升为 13478 平方公里的"国家生态文明建设试验示范区"；二、试验示范区的六大试验要点：总体布局、产业转型、绿色社会、生态保护、基础设施、体制和政策；三、"四线推进"方略——技术路线、结构路线、规制路线、市场路线。强调指出，在市场路线中要特别重视环境产权，寻求"天、地、人"三合一的产权制度安排。对此，侧重阐述了他的环境产权理论。

常教授的发言引起各方关注。9 月 17 日，新华网在《中国通过国际合作加强对长白山生态保护研究》的新闻中，报道了他的建议和主张。9 月 18 日，吉林省人民政府长白山管理委员会主任谢忠岩等领导会见常教授并进行了交流。

资料来源：中国改革论坛网，2013 年 9 月 22 日

四、2018 年：再作《用天地人产权促进可持续发展》报告（实录）

常修泽

长白山保护与管理，根据我这 6 年实地调查并夏天居住的体验，有五个问题值得我们研究：（1）体制问题。长白山管委会的体制不顺；（2）空间问题。空间狭小，施展不开；（3）人才问题。人才短缺，特别是高素质的人才还是比较短缺；（4）观念问题。好多地方观念陈旧，不适应今天长白山发展；（5）产权问题，特别是广义产权。

今天我重点讲产权，讲如何用混合所有制来促进长白山的可持续发展，混合所有制就是一个产权问题。但，我讲的这个可持续发展，是天、地、人命运共同体的共同发展，不是人们习惯的经济增长，我讲的是可持续发展。这个词，我用的是

"天、地、人共同发展"。

围绕此，讲三个问题：

（一）先讲理论支撑

理论支撑是什么？是我的一部学术著作《广义产权论》[1]。

中共十九大报告有一段重要的话：中国在未来阶段，经济体制改革的第一重点是完善产权制度。这个话是去年（2017）10月18日讲的，但是一年过去了，我问了东北好多朋友，有些没有思想烙印。注意：这个地方的产权，人们理解的似乎是狭义产权——因为现在好多朋友，一听产权，马上想到是物权、债权、股权，等等，它虽然也是产权，但是比较狭义的产权。我的产权观是"广义产权观"。这跟我们长白山、吉林有关系。这广义产权是什么意思？请您记住9个字就行——广领域、多权能、四联动。

广领域，广在哪？第一广到天；第二广到地；第三广到人。广到天地人，这是我的观点。

1. 广到天，天上有环境产权，环境是有产权关系的。说环境没有产权，是个陈见。"碳"过去是个非商品，但是现在是商品；过去是非资产，现在是资产；过去是非产权，现在是产权。碳产权就是天上的环境产权。

因此，中国保护生态环境必须有两条思路，一则，用"看得见的手"来保护环境，即用强制的手段，比如说用国务院督查组，用政府权力的力量来查你；还比如征环境税，这也是强制，用权力做后盾来治理环境，这是一种手段，一种看得见的手，权力之手。

给诸位提供另一种手，看不见的手，其实中国最需要的是"看不见的手"。对于看得见的手，刚才有同志说，"你看得见，他白天不排了，但看不见以后，晚上就偷排"。我们要想法用一种看不见的手，让它从内心深处自觉自愿地去保护环境。就是用产权把它的利益调动起来，比如说碳产权的交易。给你定指标包括减少排放的指标，少用的指标拿出来卖钱。它自己逼着自己检查排污，可以到碳产权交易市场去卖，换成真金白银。用产权机制这个东西靠谱，可把每个企业的积极性都调动起来。

有没有这种产权交易？我告诉大家，最近我调查了中国几家产权交易所，我发现，最活跃的碳产权交易是在武汉的湖北环境产权（碳产权）交易所，我去实地考察过，他们每个月把报表给我发过来，上个月到31日，湖北碳市场交易了3.22亿吨，交易额是74.37亿元。我们很多人不熟悉这个事。这是多么宝贵的财富，天上是有产权的。

2. 广到地。这个地包括地上地下，中央文件的提法是8个字"自然资源资产产权"。人类有六大资源。注意这次会议，提出"山水林田湖湿草"，这是2018论坛的

1. 常修泽：《广义产权论》，中国经济出版社2009年版。

一个亮点。这7个字，跟我说的6大资源大部分吻合的：田，是土地资源；林，是森林资源；草，是草原资源；山，有矿产资源（长白山的矿是很丰富的，包括金矿）；湖，湿，是水资源（还有海洋资源，我们这里离海还有100多公里，稍微远一点）。

人类这六大自然资源，在中国的资源量是很丰富的，我作为一个研究人员，很关注，这么丰富的自然资源，可估值、可计价、可交易（能够变成资产）的值多少？很感兴趣。

自然资源并不等于资产。如，长白山的大森林，广袤无垠，你可估值，但是有的不能准确计价，不能交易，不便计入资产。再如，地上、地下的矿产资源没有探明的，也不能计入资产。至于国有土地已经卖给企业的，这个也不算自然资源。只说可估值、可计价、可交易部分，全国是400多万亿元，能够变成资产的。

中国的国有资产包括四大部分：第一部分是经营性国有资产，例如，我们这里长白山管委会国资委管的那一块。第二部分是金融性国有资产。第三部分，行政性国有资产，包括政府机关和事业国有资产。第四部分是自然资源性国有资产。四类加起来，整个中国是500多万亿、近600万亿的国有资产，其中大头是自然资源性国家资产。

这个数在哪里？在我这本书《所有制改革与创新—— 中国所有制结构改革40年》里[1]。顺便说，这本书是有关部门组织总结"中国40年改革回顾与展望丛书"里边的一本。其中部分章节写作和修改就是在二道白河镇完成的，所以我在"后记"里曾表达对这里的感激之情，有兴趣的朋友去看这本书[2]。

既然自然资源资产产权日渐重要，因此现在中央决定，各地都要做自然资源的产权登记，要有完整账本，领导干部离任的时候要审计，在这干了多少年，这里的自然资源，其价值是升了还是降了？审计不光审经营性国有资产和金融性国有资产，还要审计自然资源资产产权。

3. 除了天地以外，还有人的产权。这是我2003年给中央的一份内部报告的观点。人是有产权的：第一，技术产权；第二，知识产权，如著作权；第三，管理产权，如企业经营者的管理产权可以评估、作价、折股。第四，劳动力产权。

总之，《广义产权论》是一个广领域的"天地人产权"[3]，我想构建一个"天地人的命运共同体"，不仅仅是"人类命运共同体"。人类——你和我，我和你，固然要搞成命运共同体，但我更关注天、地、人命运共同体。我主张在长白山可以提出一个口号建立"天、地、人命运共同体"。我看到二道白河镇挂的布旗"山水林田湖湿草是生命共同体"，我特别开心。不光这几个是生命共同体，整个天、地、人都是一个命运共同体。我最近写自己的《学术自传》其中一章，题目就是：《广义产权论：为

1. 常修泽等：《所有制改革与创新—— 中国所有制结构改革40年》，广东经济出版社2018年版，第20页。
2. 常修泽等：《所有制改革与创新—— 中国所有制结构改革40年》，广东经济出版社2018年版，后记。
3. 常修泽：《天地人产权论：当代人的发展多维产权探讨》，《上海大学学报》2011年第3期。

天地人生命共同体立论的探索》[1]。我们现在是传统的工业文明，能不能构建一种新的文明——生态文明？

（二）产权配置里边的亮点是混合所有制改革

2015 年开始我在长白山这里构思、写作《混合所有制经济新论》这部书，2017年 8 月定稿，9 月正式出版。

第一点，混合所有制经济性质怎么认定？中共十八届三中全会决定的一段说："国有资本、集体资本、非公有资本等交叉持股、相互融合（注意："交叉持股，相互融合"这 8 个字很棒）的混合所有制经济是基本经济制度的重要实现形式。"[2]性质：它是社会主义基本经济制度的重要实现形式，方向是正确的，大家放心。

第二点，趋势怎么样？我在这里写了一章《混合所有制经济：中国所有制结构改革的新趋势》，尤其作为东北来说，混合所有制改革应该是国企改革的突破口[3]。

第三点，内涵怎么把握？两个层次，一个多元。

第一个层次，是站在领域说的，混合所有制经济是重点领域的混合所有制经济，重点领域过去基本是国有资本一统天下，比如说电信这个领域，现在以"联通"作为试点，民营资本也可以进入联通，也就可以进电信这个重点领域。还有民航领域，以"东航"作为试点，民营资本可以进民航领域。我把这个看作是一个领域层面的。

第二个层次是企业（微观）层面的。跟我们长白山和吉林有关，微观单位的混合所有制，可以是项目，PPP 项目，我们 PPP 就是搞混合所有制。也可以是微观的企业。

这里边还有一个多元：异质产权多样化（异性恋）。从人类来讲，还是异性恋比较好。当然，还有一个是"同质产权多元化"（一个国有找另外一个国有企业，同性恋）。

我们这里搞啥？长白山搞什么"恋"？我建议是"四线推进三种恋态"。哪四条线？是立足四种资本（国、民、外、内部职工）：第一种是国有资本。国有企业，国有资本，可以找另外一个国有企业恋爱，比如长白山可以发展旅游+，可以找中青旅（它也是国有控股企业），这叫"同性恋"，我比较喜欢"异性恋"，因为"国资"和"国资"恋在一块，你还姓"国"，所以我喜欢的是"异性恋"。第二种是民营资本。第三种是外商资本。长白山可找两个异性，国有找民资，国有找外资。第四个，企业员工资本，企业与自个员工一块恋。

长白山怎么办？四线推进，三种恋态。我今天向诸位介绍一个小小的案例延边

---

1. 常修泽：《广义产权论：为天地人共同体立命的探索》，《上海大学学报》2020 年第 3 期，收入《常修泽学术自传》，广东经济出版社 2020 年版（第二章）。

2. 常修泽等：《混合所有制经济新论》，安徽人民出版社 2017 年版，第 5 页。

3. 常修泽：《混合所有制经济新论》，安徽人民出版社 2017 年版（第九章"区域'混改'研究：东北国企'浴火重生'的突破口"）。

易达公司，就在二道白河东南边，是个混合所有制企业（略）。

（三）最后讲，怎么办？对长白山"以混改促发展"提几点建议

第一点建议，不要为混改而混改，不要认为人家现在都搞混改了，我们也搞混改。建议把混改与发展紧密结合起来，而且这个发展不仅仅是 GDP 的发展，而是"天地人生命共同体"共同发展。长白山大有发展潜力。我来到这居住并调研已经 6 年，得出一个结论，可能是"遍地黄金无人捡"。混改怎么与发展结合起来，这篇文章需要做透。

第二点建议，走增量变革之路。这是我的一个理念，因为长白山存量的国有企业很少，因此建议下一步在增量变革上做文章。

第三点建议，研究怎么增量？可瞄准"两变"：第一步"资源变资产"，资源是自然资源，它本身不是资产，但是我们想法通过评估、作价、折股，把它变成资产。例如，白桦树是资源，白桦汁也是资源，评估、作价、折股，折成股份，它变成资产了。第二步，资产变成资本。什么是资本？马克思《资本论》有一句话，"资本是带来剩余价值的价值"，它一定要增值，马克思的公式，必须带着那一撇。所以，要搞活这资产，要把它经营起来，让它增值，能带来新的价值，资源变资产，资产变资本，要到这个程度，长白山就有希望了。

第四点建议，怎么操盘？上面有一个控股集团，那是管委会的，可暂不动，二三联动，三级先行，成熟一个，收购一个，做大增量，逐步推进，这么一个总的实施方案。

这个地方起步，我的思路就是做足旅游＋：第一个做旅游文化产业。长白山的文化资源很丰富，这篇文章做得不够。2016 年，中国的十大考古发现，发现我们长白山二道白河镇附近有一个叫神庙遗址，1000 多年前（金代）的一个神庙，是国家的十大文物考古发现。国家文物局投资，我们地方也要投资，吉林省投资，赶紧把这神庙建起来，上天池看后下来把人留住。

第二个体育。体育是个大产业，全民健身、健康产业，长白山滑雪、滑冰，等等，可成立体育公司。把长白山冬天搞热了。

第三个养生、养老。这个地方养生、养老产业，有广阔的前途，因为这个地方是世界 20 知名小镇之一。

"旅游＋"，这个"＋"字非常好，＋这些内容后，成熟一个公司，就让旅游股份公司去收购一个，逐步把旅游股份公司做大，中国股市现在也盯着长白山旅游股份呢。

我今天是作为一个长白山的居民来与诸位交流，共同切磋、讨论。

资料来源：在长白山国际论坛的主旨演讲，2018 年 9 月 14 日

第四节　前景：超越工业文明构建
"天地人生命共同体"

一、从传统工业文明迈向新的文明：生态文明

改革开放前夕，中国的工业化尚处在初期阶段。经过 40 年改革开放和经济发展，按照国际著名发展经济学家钱纳里和库茨涅兹的模型标准[1]，中国总体上已经处在由工业化中后期向"工业化后期"转变阶段，其中先进地区已经率先进入"工业化后期"。

在这个转折时刻，需要思考如何超越传统的工业文明思维，迈向一种新的文明——生态文明的问题[2]，这就是构建"天地人生命共同体"的背景。

在学术研究过程中，笔者是从"天地人产权"的三维角度逐步意识到这个命题的。《广义产权论》第一要义即是"广领域"产权[3]。广领域广到哪？"广到天，广到地，广到人"[4]。

提出"天地人产权"这个命题，是试图从产权角度为推进资源环境生态建设提供新的理论视角。基于资源环境生态建设，而提出的可持续发展

---

1. 常修泽：《人本型结构论》，安徽人民出版社 2015 年版，第 98 页。
2. 关于迈向生态文明的规律性问题的认识，参见常修泽：《中国改革 40 年若干规律性问题认识》，《学术界》2018 年第 11 期。
3. 常修泽：《广义产权论》，中国经济出版社 2009 年版。
4. 常修泽：《天地人产权论——当代人的发展多维产权探讨》，《上海大学学报（社会科学版）》2011 年第 3 期；《新华文摘》2011 年第 17 期。

"四条线路"，前面已经论述，不再赘述。[1]

二、阿尔卑斯山的教训：恩格斯《自然辩证法》的警示

"天地人产权"这个命题可从更广阔的角度探讨"天地人生命共同体"。中国的老祖宗曾提出"人法地，地法天，天法道，道法自然"[2]的"天人合一"[3]的哲学理念，这是中国人的大智慧，也是中国人为人类文明贡献的宝贵成果。

马克思主义经典作家对"天人合一"是认同的，并结合欧洲情况做过论述。恩格斯在《自然辩证法》中就讲过："阿尔卑斯山的意大利人，当他们在山南坡把在山北坡得到精心保护的那同一种枞树林砍光用尽时，没有预料到，这样一来，他们就把本地区的高山牧畜业的根基毁掉了；他们更没有预料到，他们这样做，竟使山泉在一年中的大部分时间内枯竭了，同时在雨季又使更加凶猛的洪水倾泻到平原上。"[4]恩格斯在这里用形象的笔触揭示了"天"（气候，环境）、"地"（山地，森林）与人之间的内在联系。

当代人类对生态文明的认识越来越深刻。美国学者怀特在其《我们的生态危机的历史根源》[5]一文中指出，"人类中心主义传统是现代西方生态危机的罪魁祸首"，围绕生态危机的深层根源、自然存在物的内在价值、人对自然的道德义务等需要进行深刻反思。

俄国著名作家陀思妥耶夫斯基有句名言："美能拯救世界。"第二十三届圣彼得堡国际经济论坛上中国领导人的致辞《坚持可持续发展 共创繁荣美好世界》中强调："为子孙后代留下碧水蓝天的美丽世界是我们义不容辞的责任。中国的发展绝不会以牺牲环境为代价。我们将秉持绿水青山就是金山银山的发展理念，坚决打赢蓝天、碧水、净土三大保卫战，鼓

1.常修泽：《以人的发展为核心推进经济社会发展》，《经济参考报》2017年4月19日。

2.老子：《道德经》，吉林文史出版社2004年版。

3.庄子继承了老子的思想，见老子集解《大宗师》。

4.《马克思恩格斯选集》第4卷，人民出版社1995年版，第383页。

5.[美]怀特，"The Historical Roots of Our Ecologic Crisis"，Science, May 1967 Issue.

励发展绿色环保产业，大力发展可再生能源，促进资源节约集约和循环利用。"

绿水青山既是金山银山，也是环境人权。

三、以山水林田湖草治理为切入点构建"天地人生命共同体"

中国改革开放 40 年间，GDP（国内生产总值）的增长是快速的（从 1978 年的 0.36 万亿元到 2020 年突破 100 万亿元）[1]，在世界竞争力排行榜上位次是突飞猛进的，但是，环境资源的代价又是沉重的。

在总结改革开放 40 年业绩时，不能只看 GDP 增长而不看付出的成本。这条以环境资源为沉重代价换取 GDP 盲目增长的老路不能继续下去了。

天有生命，地有生命，人有生命，有机万物皆有生命。《〈中共中央关于全面深化改革若干重大问题的决定〉的说明》中曾以"山水林田湖是一个'生命共同体'"为例，阐述"人的命脉在田，田的命脉在水，水的命脉在山，山的命脉在土，土的命脉在树"[2]，唤起人们"生命共同体"的意识。

当今世界，生态文明乃是继工业文明之后人类历史发展的必然选择，生态兴则文明兴，生态衰则文明衰。我们应该超越传统的工业文明思维，在更大范围构建"天地人生命共同体"，这不仅对中国，而且对世界都是有意义的。

东北是中国的绿色屏障，也是东北亚的绿色屏障之一。从"经发"来说，绿水青山是金山银山；从"人发"来说，绿水青山是环境人权；从"环发"来说，绿水青山是"天地人生命权"。科学界有报告显示，随着气候变暖，北极与南极及周边相关地区，冰山融化加快，一些长年冰封的动物尸体显露，有可能造成某种潜伏的或变异的病毒侵袭。东北是中国毗邻北极圈和北冰洋最近的重点地区，这种客观情况也要求东北应该更加注重环

1.《中共中央关于制定国民经济和社会发展第十四个五年规划和二〇三五年远景目标的建议》（2020 年 10 月 29 日）。

2.《〈中共中央关于全面深化改革若干重大问题的决定〉辅导读本》，人民出版社 2013 年版，第 83 页。

境，坚决不走以环境资源为沉重代价的老路，并以新的思维拓展东北与关内地区的合作以及与东北亚的国际合作。在实践中，建议以山水林田湖草治理为切入点，逐步构建"天地人生命共同体"。在这方面，东北贵在采取行动。

第五篇　结论篇

第十章

中国东北转型通论

落地："三兴"东北与"金三角"支撑

前面四篇，笔者依次展开了总论篇、体制转型篇、结构转型篇和文明方式转型篇。这一篇，结论篇，只设一章作为本书压轴之章，旨在探讨前述体制转型、结构转型和文明方式转型如何落地的问题，包括"金三角"支撑问题。假如上述不能落地、不能支撑的话，那么，这部书就会成为空中楼阁。从这个意义上说，本篇本章带有结论篇章的意味。

第一节　正兴、干兴、放兴：全面振兴须"三兴"

在这一章开始，首先要挑明：东北振兴至今仍在路上，而且路程很长。远的不说，仅从 2015 年笔者提出"再振兴"[1] 以来的几年间，虽然说取得一定成绩，但问题和困难仍然很多，需要在新的起点上探索，攻坚克难，以打赢这场硬仗。2020 年 11 月中共中央关于"十四五"规划建议鲜明提出"推动东北振兴取得新突破"。进入 21 世纪 20 年代之后的东北振兴究竟怎么取得"新突破"，怎么落到实处？笔者认为，振兴是一个总战略、一个大系统，似应包括三兴，即正兴、干兴、放兴[2]。

一、好"经"请勿念歪：正兴东北

自 2016 年《中共中央　国务院关于全面振兴东北地区等老工业基地的若干意见》（中发〔2016〕7 号）发布以来，东北转型的情况怎么样？从改革大局来说，虽然依然是难点，但笔者在实地考察中发现，也有一些亮点：

其一，在国有企业改革方面，辽宁、吉林和黑龙江三省的 混合所有制

---

1. 常修泽：《"再振兴"东北战略思路探讨》，《人民论坛》2015 年第 11 期。
2. 《辽宁日报》长篇访谈：《"正"兴东北"干"兴东北"放"兴东北：准确把握全面振兴三要义——访经济学家常修泽教授》，2017 年 8 月 31 日。

改革已经起步，其中有的取得进展。2020 年 5 月"两会"期间，《人民日报》旗下的《人民论坛》曾组织"国是论坛"，专门以哈尔滨市马迭尔食品股份公司的混合所有制改革为案例，探讨如何以混合所有制改革为突破口推动东北振兴问题[1]。马迭尔食品股份公司的混合所有制改革成为东北企业改革的一张名片。

其二，在要素市场化配置方面，笔者实地调研过辽宁、吉林和黑龙江三家产权交易所，作为用市场来配置资源的中介组织之一，通过帮助企业以"股权质押"的形式到银行贷款，或到资本市场融资，以化解尚未上市的中小企业融资难问题，成为市场化改革的一个亮点。

其三，在净化政治生态和优化营商环境方面，三省陆续出台《优化营商环境条例》，成为东北地区规范营商环境建设的一项举措。营商环境的改善有力促进经济发展，三省基本上已经止跌稳住（虽然增长势头还比较弱）。

这当中，三省中几个新区发挥了重要作用。据笔者调查，2018 年，大连金普新区地区生产总值 2296 亿元，同比增长 7%；长春新区完成 872 亿元，增长 9.5%；哈尔滨新区不含"平房片区"的松北新区部分 445 亿元，增长 8.5%。虽然与上海浦东新区的 10460 亿元有很大差距，但已经开始起步。此外，东北地区初步形成"一纵三横"的"丰"字形高铁格局。这些都是趋好的迹象。

在新一波东北调研中，笔者也在进一步思考东北振兴的方略问题。初步认为，振兴东北需要有系统性思维，注重振兴的系统性、整体性、协同性，而不仅仅局限于一时一地的"支招"。在这方面，首先要做的工作就是正本清源，"以正视听"。

为什么说"以正视听"？在调研中发现：一些地方在具体实践中有认识上的偏差和操作上的误差。因此，需要强调，正确把握振兴东北的指导思想是顺利推进振兴发展的前提。实际上，2016 年发布的《中共中央　国务院关于全面振兴东北地区等老工业基地的若干意见》应该说是一本"好经"，

---

1. 常修泽：《马迭尔混改样本的价值与启示》，《人民论坛》2020 年第 7 期。

但笔者担心在实践中把"好经"给"念歪"了（已经发现个别案例）。所以提出振兴东北第一要义就是"正"兴东北。

"正"字怎么解？三条：

首先是，"方向正"。

"正"的标准是什么？就是2016年《中共中央　国务院关于全面振兴东北地区等老工业基地的若干意见》和中央领导同志对东北特别提出的"四个着力"，即：（1）着力完善体制机制；（2）着力推进结构调整；（3）着力鼓励创新创业；（4）着力保障和改善民生。"四个着力"是2015年7月提出的（此时笔者恰好在吉林）。虽然讲的地点和对象是吉林长春，但应是面向整个东北地区提出的总要求，笔者认为，这可认定为一个大逻辑、大方向。

在"四个着力"的基础上，《中共中央　国务院关于全面振兴东北地区等老工业基地的若干意见》提出振兴总体思路和发展目标，进一步重申和强调对东北提出"四个着力"方向，这是准绳，是参照系，按照这个办就是正，偏离这个就是不正，就有可能走错方向。

笔者积40余年之实地调研和挖掘，在书中从学术角度提出"体制的锈带""结构的锈带"和"文明方式的锈带"观点，意味着，完整意义上全面振兴东北，实质包含了"三位一体"的理论含义，其中，"走出体制僵化的'锈带'"和"走出结构封闭板结的'锈带'"与"四个着力"中的"（1）着力完善体制机制和（2）着力推进结构调整"，是吻合的。至于"走出文明方式的'锈带'"虽然长远和宏观些，但与"着力鼓励创新创业"和"着力保障和改善民生"所体现的"关注人的发展"这一现代文明样式是相通的。

其次，是"路子正"。

笔者认为，"方向正"是合时代趋势，"见天光""路子正"则是脚踏实地，"接地气""路子正"就是要从实际出发，依靠内生动力自己走出来、闯出来。应老老实实吃透东北实际，找准路数。《中共中央　国务院关于全面振兴东北地区等老工业基地的若干意见》指出，要"努力走出一条质量更高、效益更好、结构更优、优势充分释放的发展新路"，这就明确点出东北"走什么样的路子"的四个探索点：即怎么走出一条质量更高的路子，怎么走出一条效益更好的路子，怎么走出一条结构更优的路子，怎么走出一条优势充分释放的路子。总的方向定后，路子则要靠三省和内蒙古东五盟自己走。

最后是"方法正"。

总的方向和路子明确后，究竟具体怎样做？2018年3月7日在参加十二届全国人大五次会议辽宁代表团审议时，中央领导同志提出"三个推进"，即"推进供给侧结构性改革（当然应结合"需求侧改革"一并进行[1]——引者注）、推进国有企业改革发展、推进干部作风转变"。从"四个着力"到"三个推进"，这一系列部署在时间上是前后衔接的，在逻辑上是一脉相承的，"三个推进"更带有操作的味道。鉴于东北的问题产生并非一日之寒，解决起来也不可能一蹴而就。"三个推进"在操作中更讲究方法和策略，循序渐进。

这是振兴东北的第一要义。

二、一个行动胜过一打纲领：干兴东北

正确认识是推进实践的前提，但一旦认准方向并找对路子和方法，接下来的事情就是"干"、付诸实践，而不是坐而论道清谈，更不是夸夸其谈。

列宁在阐述理论与实践关系时，一方面强调"没有革命的理论，就不会有革命的运动"，另一方面强调行动的重要性。他引用马克思的一句名言："实际运动中的每一个步骤，都胜过一打纲领。"由此，简化成"一个行动胜过一打纲领"成为流行的格言，用中国俗话说就是，"既要抬头看

---

1. 2020年12月11日，中共中央政治局会议提出要"扭住供给侧改革，同时注意需求侧改革"。参见常修泽：《论需求管理与供给管理相结合的新方略》（2015年12月在北京大学所作的学术报告），公开发表在《改革与战略》杂志2016年第1期。"编者按"称：这是一篇具有独特见解的学术报告。五年后此文被更多人重新发现其价值。

路，也要低头拉车"，方向定了就要干。

针对一些"唱衰东北"的舆论进行有力回击，是必要的，要"唱兴东北"，但是，光靠"唱兴"是振兴不了东北的，必须拿出实干的具体行动。所以笔者提出"干"兴东北的命题。这是振兴东北的第二要义。

笔者注意到，中央针对全国问题的讲话中曾强调"调动干部队伍积极性"问题，指出当前干部队伍存在一定程度的"为官不为"。这种现象在东北振兴进程中也不同程度存在。提出"干"兴东北是有感于"不干""假干"和"蛮干"这类问题的。如何扭转"不干""假干"和"蛮干"三类现象？

首先，针对的就是"不干事"。由于振兴东北是一场深刻的改革，必然涉及利益重新调整，因此有的人"不干事"，具体表现为抱有"多一事不如少一事"，"等、靠、要"，认为多干多错、不干不错，"宁可不做事，也别多惹事"等心态，实际上就是拖延，客观造成阻力。

其次，"干"兴还针对"假干"等现象。"假干事"，光喊不干，搞形式主义，搞花架子。中央领导对形式主义的表现和实质作了分析概括：形式主义主要是知行不一、不求实效，文山会海、花拳绣腿，贪图虚名、弄虚作假；形式主义实质是主观主义、功利主义，根源是政绩观错位、责任心缺失。2019 年作为"基层减负年"，中央提出着力解决困扰基层的形式主义问题。2020 年，面对风险挑战上升，中共中央办公厅印发通知，强调持续解决困扰基层的形式主义问题。东北人总的来说是实在的，但是在党内形式主义恶习之风的影响下，跟别处一样，也有某些搞花架子的现象，应该力戒。

再次，"干"兴还针对"蛮干"等现象。振兴东北是一项艰苦的事业，企图"毕其功于一役"是不现实的，要按经济规律和生态规律办事。

实际上，"不干""假干"和"蛮干"三类现象也是带有全国普遍性的问题。对此，要认真研究，一把情况搞清楚，二把症结分析透，三把对策想明白，有针对性地加以解决。

本书第七章曾指出，新旧动能转换最深层的问题是体制的转换，其实质是激发和造就"能动的人"。没有"能动的人"，"不干事"等三类现象就没办法从根本上解决。这再一次提醒我们，对于东北地区来说，讲新旧动能转换，千万不要片面停留在所谓"业态"层面来理解，而要抓住塑造千千万万"能动的人"，特别是千千万万个"能动的干部"。

三、咬定"放"字不放松：放兴东北

在"三兴"三方面，关键应该抓住哪一条？笔者认为，关键问题是"放"。咬定"放"字不放松，四层意思：思想解放、对下放权、企业放活、对外开放。

首先，思想解放。本书第八章指出，东北地区从哪里解放出来？第一，从计划经济体制与观念中解放出来；第二，从行政依附甚至某些程度的人身依附中解放出来；第三，从封闭和狭隘的眼界中解放出来。这里不再重复。

其次，对下放权。放权就是赋予或扩大地方各级政府的自主权，这是协调中央与地方关系在东北的反映。中央已经给出方向，并放手让东北去干。比如，建立中国（辽宁）自由贸易试验区和中国（黑龙江）自由贸易试验区，"试验"两个字，就包含了诸多对下放权、自主探索的内容。

再次，企业放活。具体地说，在所有制方面更放活。例如，东北地区国有企业"混改"，要注意克服四个"绕开走"（即绕开垄断领域、绕开母公司、绕开主营业务、绕开"异质产权多元化"）的倾向。《中共中央关于全面深化改革若干重大问题的决定》中一段重要的话："国有资本、集体资本、非公有资本等交叉持股、相互融合的混合所有制经济，是基本经济制度的重要实现形式，有利于国有资本放大功能、保值增值、提高竞争力，有利于各种所有制资本取长补短、相互促进、共同发展。"这里讲的是"异质产权多元化"，真正把企业放活。

最后，对外开放。本书第六章曾对东北对外开放新前沿做过论述，要重视这一东北新的发展机遇（如抓重点经济带、抓关键节点城市建设等），将使东北地区作为我国对外开放前沿之一的作用得到进一步发挥。

第二节　"金三角"支撑1：服务型政府

全面振兴的"三层含义"强调要正兴东北、干兴东北、放兴东北。那么，这个全面振兴靠什么来支撑呢？本章提出"金三角"支撑的观点："金三角"之一：服务型政府；"金三角"之二：企业家和各类人才；"金三角"之三：亿万民众。本节及下面的第三节、第四节分别就诸"角"一一论述。

一、政府转型：走出"三重锈带"的关键所在

就笔者所看到的文献，早在1992年中共十四大报告里，在明确建立社会主义市场经济体制目标时，即提出了"加快政府职能转变"的战略任务，并相应做出两点重要判断：一是"这是上层建筑适应经济基础和促进经济发展的大问题"；二是"不在这方面取得实质性进展，改革难以深化，社会主义市场经济难以建立"。28年前的这个论断，今天读来仍具有很强的现实性。为什么东北的体制病、结构病如此难以克服？政府职能没有取得实质性转变是重要原因。

针对这个问题，学术界从不同的角度进行了审视和探讨。十几年前，笔者曾从《人本体制论》角度探讨过，结论：体制病、结构病难以克服的根源与基础制度失范有关。包括政府职能的"二位"：（1）"越位"问题——过多干预微观经济活动；（2）"缺位"问题——公共服务和社会管理某些缺失。

二、政府职能转变难以进展的原因

为什么政府职能转变难以取得突破性进展，并成为体制改革与结构转

换的制约因素？总体而言，原因十分复杂。仅仅从经济层面上说，既有历史遗留导致的原因，又有现实增加的原因；既有生产要素市场化缺位导致权力膨胀的原因，又有既得利益集团掣肘的原因，等等，一言难尽。

研究政府职能为何难以转变，或许与纵向型权力来源结构和民主监督机制缺乏有关，这不能不触及地方政府的权力来源结构问题。按照笔者在《人本体制论》一书中的分析，地方政府不应是以纵向层级为特征的官僚机构，而应是以人的发展为宗旨、以为公众服务为核心的公共机构。现在虽然也讲政府最重要的职责是"服务"，但是由于传统的以"任命制"为特征的组织模式，难以建立科学的决策程序，在经济利益与政治晋升"双驱动"下，自然固守原有追求 GDP 的传统职能。这涉及更深层的改革问题。

【相关链接】 政府权力归位的最大阻力在哪儿？

宏观经济研究院教授常修泽认为："政府权力归位的最大阻力，在于既得利益集团的干扰以及权贵资本扭曲行政权力。"常修泽以房地产为例指出，国企在其中涉利过深、获利过重、留利过大，有形之手干预存在着过重过深的情况。当前国有资本配置出现新的变化，本来国有资本的配置（包括"进"和"退"）是有原则的，但是近年来，国有资本却出现了不合理的扩张倾向，比如竞争性比较强的房地产行业，近来国有资本进入较多，在一些城市制造了一个又一个"地王"传奇。

常修泽强调要实现政府权力归位，需要克服政府部门与公共利益"争利"的问题。当前我国经济建设费用开支比重仍然不小，而经济建设性支出，也需要具体分析，其中有具有公共性支出的，但也有一部分属于对竞争性领域的投资。政府不应该在竞争性领域"与民争利"。在这点上，要分清存量和增量。对于存量，虽然不宜激进式退出，但增量部分不宜再按照惯性进入搞所谓"新国有化运动"。下一步应该确保新增财力投向就业服务、社会保障、教育、文化、医疗、环保以及安全方面。

资料来源：人民网理论频道，2010 年 5 月 27 日

三、切实行动：建设服务型政府三策

2017 年 10 月，中共十九大报告（《决胜全面建成小康社会 夺取新时代中国特色社会主义伟大胜利》）中指出："转变政府职能，深化简政放

权，创新监管方式，增强政府公信力和执行力，建设人民满意的服务型政府。"[1]

2020年5月22日第十三届全国人民代表大会第三次会议的《政府工作报告》讲道："各级政府要始终坚持实事求是，牢牢把握社会主义初级阶段这个基本国情，遵循客观规律，一切从实际出发，立足办好自己的事。要大力纠治'四风'，力戒形式主义、官僚主义，把广大基层干部干事创业的手脚从形式主义的束缚中解脱出来，为担当者担当，让履职者尽责。要紧紧依靠人民群众，尊重基层首创精神，以更大力度推进改革开放，激发社会活力，凝聚亿万群众的智慧和力量，这是我们战胜一切困难挑战的底气。广大干部应临难不避、实干为要，凝心聚力抓发展、保民生。只要我们始终与人民群众同甘共苦、奋力前行，中国人民追求美好生活的愿望一定能实现。"[2]

笔者认为，东北欲实现"政府转型"，走出"经济干预性政府"的窠臼，真正建设人民满意的服务型政府，抛开那些大而无当的说教，三条"硬核"对策需要采取：

第一策，确立"三张清单"。

现在政府尚未从"经济干预性政府"中完全转变过来，在经济调节方面，借"调节"之名行"干预"之实所在多有。由于行政权力介入过多，导致出现"公权力"侵犯"私权利"，"行政权"侵蚀"财产权"的事件，此外还存在一些不合理的行政审批和微观管制。

为此，特别要实施"三张清单"：（1）负面清单——明确提出企业"不该干什么"的清单，除此之外企业"法无禁止皆可为"，政府不得干预；（2）权力清单——明确"政府该干什么"，做到"法无授权不可为"；（3）责任清单——明确政府的责任，做到"法定责任必须为"。

---

1. 习近平：《决胜全面建成小康社会　夺取新时代中国特色社会主义伟大胜利》，人民出版社 2017 年版，第 39 页。
2. 国务院研究室编写组：《十三届全国人大三次会议〈政府工作报告〉辅导读本》，人民出版社、中国言实出版社 2020 年版。

落实"三张清单"，须改革审批制，全面削减企业生产经营活动中的审批事项，尤其是大幅度减少垄断行业（这涉及在东北的"央企"）、服务业的投资审批。在这方面，要推进"放管服"改革，将对微观的投资、生产经营活动审批权取消。

第二策，注意防止监管的悬空化。

现在，一方面，政府一些部门干了许多不该干的事；但另一方面，该干的又没做好，特别是在市场监管方面政府的职能没有到位。近年来，东北出现的"长春疫苗"等造假不合格事件，是政府对市场监管不到位的典型表现。至于其他地方市场监管没有到位的表现，屡见不鲜。这种不到位的监管妨碍经济结构，特别是东北的转型和优化升级。

第三策，扩大公共资源配置市场化。

推进政府职能转变，需要有新思路。本书第五章系统阐述了要素市场化配置改革问题，指出要素市场化配置实际上是一场静悄悄的削权，将深层触及政府职能转变。2020年4月9日，《中共中央 国务院关于构建更加完善的要素市场化配置体制机制的意见》公布，随之，"要素市场化配置改革"提上"加快推进"议程。

2020年6月5日，笔者应邀在中央党校（国家行政学院）出版网络中心作了《关于要素市场化配置改革再探讨》报告，见本书第五章"相关链接"，不再重复。中央关于"要素市场化配置"文件涉及的是土地、资本、劳动力、知识、技术、管理、数据等七大要素。在自然资源领域主要讲的是土地。至于"土地"之外的自然资源并未涉及。

这里需要拓展的是，"扩大某些公共资源配置市场化"。"扩大"在哪里？

其一，"扩大"某些自然资源方面。不仅包括土地和矿产资源（"招、拍、挂"制度），还将市场化配置的范围扩展到河流、森林、山岭、荒地、海域、滩涂等；

其二，"扩大"在某些社会资源方面，将全面推进各类公共工程承包经营权配置的市场化，在公用设施维护管理权、供水、供气、公共交通、污水或垃圾处理等行业的特许经营权的获得上引入竞争机制；

其三，"扩大"在某些行政资源方面，实现政府采购、公用车辆、行政系统闲置房屋等服务资源配置的市场化。

随着上述三大领域某些公共资源配置的市场化，将有助于削弱"看得见的手"的作用，推进政府职能之转变。

第三节 "金三角"支撑2：企业家和各类人才

一、东北影响企业家"预期"的突出矛盾

企业家和各类人才在东北改革、开放、创新发展中肩负重要使命。那么，这一群体在现阶段的处境究竟如何？他们的预期和信心是怎样的呢？

根据笔者调查研究，当前主要有以下五个问题：

（1）对企业家和各类人才的社会尊重度不高；

（2）对其产权保护不到位；

（3）对这一群体中的国企与民企企业家"一碗水没端平"；

（4）围绕企业家和各类人才的政商关系和内部关系未理顺；

（5）缺乏企业家和各类人才的社会容错和这一群体的自我纠错"双机制"。

对于上述问题，不应回避矛盾、讳疾忌医，而应有针对性地寻求有效的解决方略，稳定企业家和各类人才的社会预期，促进这一队伍的健康成长。

二、提交内部研究报告：保护企业家

2017 年 1 月 10 日，笔者撰写并提交了内部研究报告《激发和保护企业家精神的七条意见》上报国家有关方面（这是近年来笔者上报的第二篇内部研究报告）[1]。为什么要提交保护企业家这个内部研究报告？外部原因是国家发改委向笔者提出的要求：提供个人意见，内心原因是笔者因为一个情况的刺激。

这个情况是：2016 年美国财政年度（2015 年 10 月 1 日至 2016 年 9 月 30 日），美国政府一共对外发出投资移民签证 9974 张，其中来自中国的投资移民 7515 张，占 75.35%。这是一个不可忘却的数字。这么多民营企业投资商为什么出走？原因可列出多条，例如环境问题、孩子念书问题、社保问题，等等，但是有一条不能排除：这些人心神不定，信心不足，没有吃"定心丸"。

基于这种情况，个人认为，必须保护企业家，包括保护国有和民营企业的企业家。2017 年 7 月 3 日，《人民日报》在《大家手笔》刊登这篇内部研究报告要点——题为《激发和保护企业家精神》。

2017 年 9 月 25 日，中共十九大开幕前一个月，中共中央、国务院颁发了关于激发和保护企业家精神的文件——《关于营造企业家健康成长环境 弘扬优秀企业家精神 更好发挥企业家作用的意见》。

4 天以后，即 9 月 29 日，新华社《经济参考报》用了近一版的篇幅，把笔者这篇内部报告《激发和保护企业家精神的七条意见》公开发表。编者按语写道："为了帮助大家理解中共中央、国务院这个文件，特把常教授报告发表"，并且给这个内部报告加了一个更有气势的题目：《中国当代企

---

1. 第一篇内部研究报告，是笔者撰写并于 2016 年 8 月上报的《完善产权保护制度之我见》的内部研究报告。11 月 11 日，《人民日报》（大家手笔专栏）以"以公平为核心完善产权保护制度"为标题摘发了研究报告的主要内容。当年 11 月 27 日，中共中央、国务院下发了《关于完善产权保护制度依法保护产权的意见》。当天晚上，中央电视台新闻节目播发对作者的访谈。

业家肩负着历史的重任》[1]。

三、保护企业家和各类人才的六点方略

依据对企业家成长规律的理解，针对东北情况，这里提出六点方略。

（一）提高对企业家阶层和各类人才的社会尊重度

1994年11月，笔者主笔出版的《现代企业创新论》（国家"八五"重点研究课题成果）指出："为了造就宏大的企业家队伍，必须对企业经营指挥者正其名、复其位、厚其薪。"[2] 20多年后的今天，从提高社会尊重度的角度研究，对以上"正其名、复其位、厚其薪"应该有新的、升级版的探求：

第一，升级版的"正其名"。为了正其名，首先应在理论和观念上拨乱反正，讲明企业家是当代中国先进生产力的代表者。树立新时代的企业家群体新理念，营造一种培育与滋养新型企业家群体成长的社会氛围。

第二，升级版的"复其位"。对于企业家在企业生产经营决策方面的权力被截留的，应该予以恢复；被侵害的，应该予以保护。

第三，升级版的"厚其薪"。可升到"厚其产"或"厚其财"。应建立"四位一体"的财富机制，包括：（1）专心创造财富的机制；（2）安心享有财富的机制；（3）遂心支配财富的机制；（4）放心传承财富的机制。近年来探讨的国企高管限薪、薪酬"双轨制"应该如何完善，需要深入研究。

（二）保护企业家和各类人才的产权、创新收益和其他合法权益

2016年11月27日，中央颁布《中共中央　国务院关于完善产权保护制度依法保护产权的意见》，这是中华人民共和国成立以来第一个由中央颁发的系统性产权保护文件。据此下一步必须：（1）保护企业家的物权、债权、股权等基础性财产权；（2）保护企业家和科技人员的"知识产权"（含创新专利）；（3）保护各种"人力资本产权"；（4）保护企业家自主经

---

1. 完成这个内部报告以后感觉意犹未尽，经深入研究撰写了一篇论文题为《企业家阶层新论》。为什么叫新论？因为在1994年笔者在《现代企业创新论》书里，专门有一章即"企业家阶层问题"，20多年后尝试用新的理念来研究企业家。这篇论文发表在《上海大学学报》2017年第3期。
2. 常修泽等：《现代企业创新论》，天津人民出版社1994年版，第497—498页。

营合法权利。

（三）以"两平一同"为核心，为企业家和各类人才创造公平竞争的市场环境

中国需要"包容性改革"，特别是"包容国有与民营"，明确"国有民营都该看成共和国的亲儿子"[1]。2016 年《中共中央　国务院关于完善保护产权制度依法保护产权的意见》更明确提出"权利平等、机会平等、规则平等"，这一基调同样适用于创建企业家公平竞争的环境，简称"两同一平"：依法平等使用生产要素；公开公平公正参与市场竞争；同等受到法律保护。

（四）塑造新型政商关系，在"亲""清"中应补充"辅""扶"内容

对于新型政商关系，中央已经提出"亲""清"二字。前者强调政府官员与企业家应该亲近，认认真真办事；后者强调官是官，商是商，清清白白做人。在"亲""清"中应补充"辅""扶"内容：对企业经营要"辅"不要"主"；对企业家遇困难要"扶"不要"杵（chǔ）"；同时建立企业经理人员市场化选拔任用机制。

（五）进一步建立并完善法人治理结构，特别要处理好两个关系

现在，一个由股东大会、董事会、监事会、经理层等多层次组成的组织架构基本成型，按《中华人民共和国公司法》规定，进一步建立并完善法人治理结构，须处理好两个关系：一是寻求企业党组织建设与完善公司治理的统一。如何统一得更好，需要继续摸索。二是处理好企业家与职工关系。要认识到创新活动是企业家、"内企业家"（企业一般高管和中层）和劳动者的协作行为，因而作为创新主体，自然是多元的复数[2]。对于企业家这个"总指挥"与"内企业家"及职工等其他创新主体，不可顾此失彼。

（六）建立社会容错和自我纠错"双机制"

要营造敢为人先、宽容失败的良好氛围，充分激发企业家精神，调动全社会创业创新积极性。完善对企业家的"容错帮扶机制"是一个切实有

1.常修泽：《国有与民营都该看成共和国的"亲儿子"》，《北京青年报》2013 年 11 月 22 日。
2.常修泽等：《现代企业创新论》，天津人民出版社 1994 年版，第 505 页。

力的举措。对不涉及违规决策、没有不当利益输送，按照有关规定可以容错的，应予以宽容。

与社会建立容错机制相向而行，企业家自身也要建立自我约束、自我净化、自我纠错的内在机制。笔者在《企业家阶层新论》中提出："社会越容错，自己越应自觉。"[1]

只有从内外两个方面"双管齐下"，完善制度环境与提高企业家素质并重，企业家阶层才能更加壮大，企业家精神也才能得到进一步激发。

这里有一个值得高度关注的现实情况：在现有体制和政策背景下，东北盯紧"国有资产流失"是对的。无论是相关部门负责人还是国企高管，都不愿意因推进国有企业产权改革而被扣上"国有资产流失""私分国有资产"帽子，因为谁也不敢保证在推进国有企业产权改革的过程中不出现丝毫问题。由此可能会出现"不做事就不会出事""做事反而可能出事"的现象。这种情况值得关注，必须采取积极措施加以解决。

第四节　"金三角"支撑 3：根基在民众关键在民生

一、改善一亿东北人的民生：东北振兴的基础

中央对东北的系列指示中，包含了"金三角"支撑的第三个"角"：亿万东北民众的民生问题。这是体制转型、结构转型和文明方式转型落地的根基。特别是中央提出的"四个着力"中，与民生直接有关的就有两项：着

---

1. 常修泽：《企业家阶层新论》，《上海大学学报》2017 年第 3 期。

力鼓励创新创业、着力保障和改善民生。

2019年6月6日，李克强在主持召开国务院振兴东北地区等老工业基地领导小组会议强调，更大力度推进改革开放，奋力实现东北全面振兴，并对就业、社保、棚改和医疗等进一步强调指出，推进东北振兴要坚持以人民为中心的发展思想，切实做好保障和改善民生工作。要多措并举保持经济平稳运行，深入实施创新驱动发展战略，加快新旧动能转换，积极承接产业转移，国家将推动建立区域间产业转移税收分享机制，不断增强经济内生动力，提高保障和改善民生的能力，保证基本养老金按时足额发放，继续做好医疗、棚改等方面的基本民生保障工作。特别要全面落实就业优先政策，做好援企稳岗、转岗安置等工作，大力开展多种形式的"双创"，把就业平台打造得更宽更扎实，确保就业大局稳定，着力提升当地就业率。"[1]

李克强同志这里讲的"就业、社保（特别是基本养老金足额发放）、棚改（基本住房）"等，主要是指哪里？笔者理解，主要指城市（特别是资源枯竭型城市）和职工（特别是下岗职工）。由于东北农村人均土地较多且土地肥沃，加之自然资源丰富，所以除极少数贫困村庄外，一般来说，农民的就业、住房和基本生活不成大的问题（这就是当年关里人"闯关东"的原因之一）。当然，从建设新农村的角度来说，尤其从农民的教育、医疗和各种社会保障来看，需要做的工作还很多，但是，农村的社会风险度相对小一点应是不争的事实。自己的一次偶然的随机抽样调查，在脑海中留下了如此印象。

【相关链接】常修泽：辽北一村一户偶然随机抽样调查

（随机抽样时间：2016年7月2—3日，对象：当铺屯村。位置：当铺屯位于铁岭新城正东，山区。北靠青龙山，南临凡河，两岸平原，风水宝地）

一进村，见房屋古朴，红顶灰瓦，排列有序。其中：18户人家已办"农家乐"，见到政府所授之"牌"。

行政村500户左右，共2500人左右。人均土地5亩（大亩，折7.5亩），生活总体殷实，另建有文化广场、图书室，还有新创的"村淘"。

---

1. 李克强：更大力度推进改革开放 奋力实现东北全面振兴，新华网2019年6月6日。

我关注农村贫困人口情况，经向村里了解，上报省级贫困户73户（待定），约占14%，但当地人士说，估计不会全批。

干部和乡亲告诉我，此地地多且肥沃，只要肯干，不会贫困。现在贫困原因：（1）因病；（2）残疾人；（3）个别因孩子上学。

入户随机调查：水库移民一家。男59岁，女56岁，三子女。前些年困难：老人有病，两女儿上大学。现情况好转：大女儿沈阳师范大学毕业，在沈阳教高中。二女儿沈阳工业大学毕业，在上海搞软件设计。小儿子在铁岭，干婚庆公司。属于农村上等人家。

住宅：正房三间，77m^2，私有，有国家颁发的产权证（亲眼得见，证件图片略）。另外有东西厢房4间，都属合法宅基地。

农业生产：自家有地19大亩，另租同村10余大亩，共30大亩，折45亩地。前年收成好，收7万多斤玉米，每斤卖9角8分，收入7万余元，除本后净收入4万余元。但去年遭灾减产，收6万余斤，收购价也降低，每斤8角7分，收入5万元，除本净收3万元。另自己在本村打打零工，还有"农家乐"。

全家（两口子加在铁岭的儿子）都入了"农村养老保险"，每人每年交100元，从交第一天起，到规定年限后拿养老金，听说59岁的男主人，56岁的女主人，现在每月领80元，主人说"钱不算多，但农村花销少"。

医疗已有"新农合"，个人每年交150元，国家补420元，合计570元，享受合作医疗。

调研中，也发现一些问题，主要是农村规划问题、建设项目程序等问题（略）。

这只是一村一户调研，代表性如何，不得而知（可能属上等人家）。需要看更多的村户，并且与面上情况结合起来，才能作结论。

调研后，与当地同志沟通。基本看法：辽宁农村总体比较稳定，一般不会出大问题，主要矛盾在城市和工业。

结合辽宁面上调研，我认为，要关注农村三大突出问题：（1）农村基层政权牢固度和干部作风问题；（2）农村人口"老龄化"和"少子化"及引起的社会结构问题；（3）城乡接合部的征地、拆迁以及其他利益冲突问题。

调研形成的初步思路：建立并巩固农村改革根据地，稳住一头，集中解决东北的城市和产业问题，特别是国有经济问题。

资料来源：中国改革论坛网

从笔者以上随机抽样调查来看，农村似乎比城市要稳定一些，因此，研究东北的社会稳定度，建议重点关注城市（特别是资源枯竭型城市），关注职工（特别是下岗职工）。

笔者之所以建议把关注重点放在"城市"（特别是资源枯竭型城市）和职工（特别是下岗职工），还与东北国企改革的历史沿革有关。

从历史进程看，20世纪90年代实行的"三年国企脱困"成绩应该肯定，但其中也存在脱困工作中资产保值目标与保障并改善民生目标"两张皮"的情况，前者——资产保值目标，由强力推进三年脱困的有关部委负责，力度很大；后者——保障和改善民生目标，由另外的部委具体负责，现在看力度不够。

虽然，当时采取"买断工龄""提前退休退养"等多种方式来解决下岗职工的民生目标问题，但是，社会阵痛是十分强烈的，以致笔者从2014年—2020年在东北扎根的六年中仍然听到反映。

而更值得反思的是：在这一大规模的变动中，体制内部出现了所谓"为了达到改革的目标，必须牺牲一代人"，"就是×××万老工人"的说法。这是一种缺乏人文关怀的说法。笔者在《人本体制论》中曾探讨，在改革中"人的位置在哪里"？经济发展的根本价值是什么？为什么必须要去损害"×××万老工人的利益"？尽管这只是个别人的言论，但在东北产生不好影响，需要引以为戒。新阶段的改革，必须吸取上述经验教训。

虽然20世纪90年代和21世纪初"下岗潮"问题基本已经过去（好多是自行消化，有人称"时间换空间"），但是近年因压缩"过剩产能"产生的下岗人员再就业问题再次突出。

二、有关东北民生的六件大事：具体分析

根据笔者多年调研体会，东北民生主要是六件大事：（1）就业和再就业；（2）社保（特别是基本养老金足额发放）；（3）棚改（基本住房）；（4）收入与日常生活；（5）教育；（6）医疗。这涉及"人的生存与发展"的基本问题。

第一件大事：就业和再就业。

新形势下东北面临"下岗再就业"的新情况。突出表现在"去产能"中的工人下岗再就业问题。

近年来，中国的供给结构出现比较复杂的状况。两类问题突出，既有结构性供给过剩，又有结构性供给不足。其中第一大问题是结构性产能过剩，尤其是钢铁、煤炭、建材这几个行业过剩比较严重。因此，中央明确提出"去产能（准确说是降产能）"。根据2017年3月《政府工作报告》，全国2016年退出钢铁产能超过6500万吨、退出煤炭产能超过2.9亿吨。

东北如何？据笔者调研，以能源工业为重要支撑的东北三省面临着压缩几千万吨过剩煤炭和可观的钢铁产能的任务。在这种背景下，下岗人员再就业问题在东北地区比较突出。

此轮下岗与上一轮下岗职工比，共性问题是年龄偏大、知识偏弱等，但新形势下"下岗再就业"具有新特征：（1）部分钢铁企业已出现规模性裁员，可能产生社会隐患。（2）隐形失业问题不容忽视。（3）下岗工人更趋向市场安置，部分意见反映政府安置的岗位吸引力尚不足。

在这一过程中，将遇到分流职工的严峻局面。尤其是在经济发展比较困难、国有比重较高的城市。

除因"降产能"问题外，还因处置"僵尸企业"带来新的下岗人员再就业问题。"僵尸企业"是指已停产或半停产、连年亏损、资不抵债，主要靠政府补贴和银行续贷维持经营且无望恢复生机的企业。

现在的问题是，它没有成为"尸体"，而是继续以活体的形式"吸血""吸氧""吸液"，它继续"吞噬"人民的财富和血汗。从这个意义上说，它不是"僵尸"的"尸"，而是"吞噬"的"噬"。

中国有多少"僵尸企业"？据国务院国资委报告，三年内要清除几百家"僵尸企业"（这里都是国有企业，因为民营企业无人给它"输血""输氧"，有一种自我淘汰机制）。如何处理"僵噬企业"？笔者在《产权人本共进论》[1]一书中提到一则解决"产"，一则解决"人"。具体来说，10个字："保人不保企""淘企不淘人"。

对此，第一件大事：政府、企业、社会方方面面应形成合力，集思广

---

1. 常修泽：《产权人本共进论——常修泽谈国有制改革》，中国友谊出版公司2010年版。

益，共同解决下岗职工再就业难题。譬如，第一，完善中央和省级地方两级政府“社会托底维稳”政策；第二，鼓励地方政府设立再就业创新发展基金；第三，出台“五险一金”降低缴费比例或缓缴、补贴扶持政策；第四，采取多管实招，包括：提前退休退养内退；集中培训；内部分流消化；外部转业转岗；自主创业就业；产能合作劳务输出；最后政府兜底帮扶。

第二件大事：社保（特别是基本养老金足额发放）问题。2016 年文件“破例”提出“允许地方在国有企业改革中，可以有序地转让部分地方国有企业的股权，所得收入用于支付地区的改革成本，来弥补社保基金的缺口”。这个“资产换保障”的思路是基于“人本”导向的，应该落实。

第三件大事：棚户区改造问题。这在工矿区、林区、垦区比较集中。笔者在白河林业局驻地二道白河“厂区”看到，棚户区改造有进展但任务艰巨。

此外还有其他几件大事，包括：部分社会群体如“厂办大集体”职工的生活困难问题、教育问题、医疗问题、食品安全问题；从更大视野看问题，还有城乡公共服务均等化问题等。

谈及基本服务共享，这里提一个看法，就是走到今天，需要考虑提出一个新的理论观点，在《包容性改革论》这本书中提了一个——“社会共生论”[1]，三句话：第一，穷人不能再穷；第二，富人不必出走；第三，中产必须扩大。根据“社会共生论”，无论如何要坚决守住民生底线，防止经济发展下行压力传导到民生领域。

【相关链接】 牢记：“去民之所恶，补民之不足”

《国语》的“勾践灭吴”篇，曾有这样 10 个字：“去民之所恶，补民之不足”。全句是，“葬死者，问伤者，养生者；吊有忧，贺有喜；送往者，迎来者”；去民之所恶，补民之不足。

“去民之所恶”，就是去除老百姓所厌恶的东西，“补民之不足”，含义更清楚了。我年轻的时候看《国语》，看到这 10 个字，打动心灵，这是治国理政的精髓。所以

1.有关“社会共生理论”的论述，参见常修泽：《包容性改革论》，经济科学出版社 2013 年版，第 236 页。

在今年 4 月 28 日的莫干山春季会议上，我就强调，各级领导应该与民同甘共苦，要"去民之所恶，补民之不足"。为什么要讲这个？这是在我们今天世界新的格局下，在中国面临严峻复杂的国际形势下，中国人必须要有的一种精神。

今天早上，我看到国务院领导有个讲话，另外财政部长也讲要过紧日子、过苦日子。都什么时候了？是不是？既然要过紧日子、过苦日子，需要这种卧薪尝胆的精神。所以，今天特意和大家重温这种精神。

从这里作为开篇，建议绍兴市委、市政府再重温一下"勾践栖会稽"，这是我们的立市之本。我第一次来绍兴的时候，曾在本上写了两句："此地古称越国，来往都是勾践"，忍辱负重，胸怀大局，自强不息，这是中国人的一种十分宝贵的精神，北京话叫"艮"（gěn，执着、坚硬的意思）。我不知道越语怎么说，鲁迅先生书中有个词，叫"韧"，他提倡"韧"的战斗。

绍兴这个地方有很多可歌可泣的事情，我们今天需要发扬。不只是绍兴，不只是浙江，整个中华民族现在都需要发扬这种精神。谁能懂得"卧薪尝胆"，就可懂得我们这个民族的底蕴和韧性，现在尤其需要。

我们现在很困难。是吧？ 要与民同甘共苦，同志们。昨天晚上，组织部同志告诉我，市委市政府给企业发征求意见表，征求大家有什么问题、有什么意见，给市委市政府提，我听了以后，感到有点当年这种精神。

建议发两张表，一张是"去表"，一张是"补表"。

去什么？"去民之所恶"。向全市几百万群众发表，你们厌恶什么？老百姓包括企业界的同志，有什么不开心？不喜欢，厌恶啥？写上。 市委市政府搞一个"绍兴人民厌恶大全"，然后，按当时说的"去民之所恶"。老百姓现在有些意见，对于形式主义、官僚主义等等。去除厌恶的东西，就能顺民心，力量就强大了。

第二个，"补表"，"补民之不足"，感到不足的方面，请写下来。 政府一条一条地去补，现在叫补短板，是不是？这次来，高兴地看到市委市政府组织安排驻企业服务员，这就是"补短板"，是吧？

资料来源：常修泽：《卧薪尝胆：经济发展和体制改革宏观走势分析——在浙江绍兴市的报告（2020 年 6 月 10 日）》，见爱思想网 2020 年 7 月 8 日；《绍兴研究》杂志 2020 年第 3 期（9 月）

三、注意防止和克服民粹主义对人的发展干扰

防止民粹主义对人自身发展的干扰，对东北十分重要。笔者在 2008 年出版的《人本体制论》中指出："从国际经验看，在操作过程中要注意防止两种现象：第一，要经济市场化，但要防止'权贵'；第二，要实现社会公正，但要防止'民粹'。无论是'权贵'还是'民粹'，对中国广大人民群

众来说，都是不利的。”[1]

该书引用笔者在南美考察的结果，指出：“从拉美国家看，这两者现象是互为依存、恶性互动的：上面越‘权贵’，社会越‘民粹’；社会越‘民粹’，上面越‘权贵’，甚至可能会集权。比较而言当前主要是防止‘权贵’问题。我们必须看清这一点，保持理性认识。”[2]。

虽然从全国来看，当前主要是防止“权贵”问题（东北此问题也很突出），但从接触来看，民粹主义问题也不可忽视。我们要努力改善一亿东北人的民生，并且在政治和社会领域尽力符合民意，但是也要注意防止民粹主义对人的发展的干扰（有些地区的“社会戾气”乃至个别违法暴力事件，经调研发现背后潜藏着这种思潮的影响）。建议各级领导在保障和改善民生、促进人的发展的同时，注意化解民粹主义对人的发展和各项工作的干扰，把握好均衡点。

1.常修泽：《人本体制论》，中国经济出版社 2008 年版，第 288 页。

2.常修泽：《人本体制论》，中国经济出版社 2008 年版，第 288 页。

附录

中国东北转型通论

作者四十年东北调研大事记、成果目录与近年代表作

一、作者四十年赴东北调查研究大事记
（1979—2020）

1979 年

3 月，进入南开大学经济研究所从事经济理论研究（以此时间作为始点记叙东北调研）。

6—8 月，第一次到沈阳，参加教育部统编教材《政治经济学（社会主义部分）》（北方本，谷书堂、宋则行主编）第 1 版编写工作，住辽宁大厦。编书期间，到沈阳周边辽阳辽化、鞍山鞍钢调研（此后 20 年作为修订组成员参加该教科书第 2 版至第 7 版编修，同时兼作调研，不再一一记入）。

10 月初—12 月 31 日，借调到国务院财经委员会经济结构调查组（东北结构组），第一次系统作东北调查。其中：重点调查黑龙江省经济结构状况（70 余天），省委领导杨易辰、陈俊生等会面，后合作撰写调查报告上报国务院财经委员会。

1980 年

1 月，完成国务院财经委员会经济结构调查组任务后，另行考察黑龙江省西部与内蒙古阿荣旗接壤的嫩江地区甘南县"兴十四大队"，山东移民创建，类似以色列"基布兹"合作社。

5 月 9 日，探讨所有制问题的《长期并存　比翼齐飞》在《人民日报》理论版发表。此为作者第一篇公开发表的探讨东北经济问题的论文。

8 月，结合东北实际，发表《"竭泽而渔"后患无穷——经济工作中一个值得注意的问题》，《南开学报》1980 年第 4 期，《光明日报》1980 年

8月17日转摘。

1985 年

4月，参与筹办和组织的全国第二届中青年经济改革理论研讨会在天津举行。会前任论文评选组组长，从2615篇来稿中评出125篇入选论文，会后再筛选出的论文（逄锦聚等组织并实施选编）以《腾飞的构想》书名在辽宁人民出版社出版。

4月，参与发起创办的《中青年经济论坛》杂志在天津创刊（任在津编委），曾刊登沈阳第一家企业破产等研究改革文章。

1987 年

任南开大学经济研究所副所长，协助谷书堂教授（经济学院院长兼所长）具体负责教学科研工作（包括与东北合作事宜）。

1988 年

5月4日，新华社《国内动态清样》刊发《常修泽等建议实行"四沿（沿海、沿江、沿边、沿线）渗透型"开放战略》，其中包括东北沿边开放建议，报中央领导参阅，后被吸纳。

1989 年

在长春举办南开大学经济学研究生班，至1994年，前后共5期，负责教务及讲课（为此事20余次前往东北）。

1991 年

11月，由老一辈经济学家薛暮桥、马洪等为总顾问，东北学者（后进京）李连第主编的《中国经济学希望之光》一书，由经济日报出版社出版。书中收录20世纪80年代全国涌现出的60位青年经济学者治学业绩。李连第、刘英伟撰写的《扎根本土、潜心治学——注重社会主义经济运行研究的常修泽教授》收入该书。

1994 年

年初，在长春举办的南开大学经济学研究生班（吉林工大班）授课后，第一次赴延吉和珲春调研。

1995 年

9月，奉调进京，担任国家计委（国家发改委前身）经济研究所常务副所长，主持科研工作。开始把东北作为科研联系点。

1996 年

7月，带国家计委经济研究所王小广博士，以长春为中心调研吉林省国企脱困，完成《在困境中寻求"突围"——吉林省国有企业改革情况调查》报告，先登在内部刊物《调查 研究 建议》上，11月，在《经济改革与发展》上公开发表，《经济日报》《理论周刊》摘登。

1997 年

4月，带国家计委经济研究所课题组完成《在改革与发展中壮大企业实力——吉林石油集团公司的调查与建议》，《经济改革与发展》1997 年第 11 期发表，《中国经济导报》转载。

7月，带领吉林市硕士生王宏伟、李柯夫等完成《吉林市产业结构调整和体制改革课题报告》。被市委书记赵家治聘为经济顾问。

9月，参加沈阳市政府"关于'十五'期间经济社会发展规划思路"咨询会（常务副市长张瑞昌会见），被聘为沈阳市政府咨询专家委员会成员。

1999—2000 年

赴黑龙江对油煤资源及城镇化等进行调研，撰写的部分论文刊发在《大公报·黑龙江之页》上。

2000 年

本年，应邀参加辽宁省经济问题座谈会（友谊宾馆），发表学术意见，辽宁省委书记闻世震同志会见与会者。

2001 年

本年，应珲春市委邀请，作《关于中国入世后对外开放与改革报告》，第二次考察珲春。

2002 年

本年，与国家发改委宏观经济研究院吴凤维（运输所副所长）、徐国第（国土所所长）同赴黑龙江绥芬河调研铁路枢纽建设、开放口岸、中俄贸易情况。

6 月，由吉林大学尹竹教授推荐并带领，为松原市干部作《国有企业改革问题》的报告。会后考察当地麻纺厂、大豆蛋白加工厂。

2003 年

9 月，应聘担任东北大学兼职教授以及中国（海南）改革发展研究院与东北大学合办的"转轨经济理论方向"博士生导师。

2004 年

9 月，开始在东北大学和中国（海南）改革发展研究院招收、指导"转轨经济理论方向"第一届博士研究生。

2005 年

11 月，第二次到伊春，应邀作《关于"十一五"期间经济发展和体制改革趋势》的报告。

2007 年

4 月，第三次到伊春，对林业改革试点情况实地考察，并应邀作《关于深化国有林区林业产权制度改革问题》的报告。

8 月，第四次到伊春，应邀在生态国际论坛上作《国有林权改革：森林生态保护的制度探索》的学术报告，报告稿在《经济参考报》上发表。

2008 年

12 月，专著《人本体制论》由中国经济出版社出版。书中，结合东北体制状况论述"集中体制下人的主体性被压制"问题。

2009 年

9 月，专著《广义产权论》由中国经济出版社出版。书中，专门论述伊春林区"以环境产权促进生态环境保护"典型经验和哈尔滨蓄电池厂"产权交易"案例。

2010 年

3 月，《产权人本共进论》由中国友谊出版公司出版。书中，结合东北实际，设专章论述"国企改革的资产置换与人的安排"（第 12 章）。

2011 年

6 月 30 日，在国家发改委宏观经济研究院退休，而后前往东北调研。

7 月 13 日，参加南京医药创建的"绿金在线"（中药材网上交易平台）在铁岭开幕仪式，应邀作《互联网交易引发的"五个转变"》报告。

2012 年

7 月，前往辽宁省本溪（"药谷"）、西丰县（"鹿茸之乡"）、吉林省抚松县（"人参之乡"）和黑龙江省伊春（第五次）、黑河口岸考察，在黑河参观瑷珲纪念馆、北大荒知青纪念馆等。

同月，前往大连考察软件企业，并为国务院国资委大连干部培训中心作学术报告，其间应东北财经大学校长李维安教授邀请，到该校交流东北振兴研究成果。

2013 年

9月，应吉林省人民政府长白山管理委员会邀请，前往管委会驻地二道白河小镇，出席"长白山国际生态论坛"，作《环境产权与生态保护》报告。因会议感受结缘，决定选择此地为夏天隐居读书写书地。

10月，《包容性改革论》由经济科学出版社出版。书中关于"国内实际调查和民众改革意愿分析"，部分在东北地区调查所得。

2014 年

6—8月，住在长白山北麓二道白河小镇静修。其间，第三次考察珲春，并由珲春山岭子口岸出境，前往俄罗斯符拉迪沃斯托克（海参崴）参观考察。

在二道白河小镇继续写作《人本型结构论》一书并定稿，翌年此书由安徽人民出版社出版，后获中华优秀出版物奖。

10月22日，由新华社参编部调研室主任徐江善先生推荐，前往黑龙江佳木斯，为市政协作《包容性改革论》报告。会后，参观松花江畔知青广场以及刘英俊、邵云环、张丽丽等事迹展，调研佳木斯棉纺厂重组后有关事宜。

2015 年

4月，与原籍丹东、现新西兰华人企业家联合总会秘书长万赢女士等到丹东，考察边境开放，探讨国际合作。

6—8月，在二道白河小镇读书。其间，8月上旬组织"长白山论道"，出10余期简报。后带领博士生孙德兰、丁凯、杨国明及《光明日报》记者俞海萍等，从二道白河镇出发，考察延边（敖东制药）、珲春（吉林大学尹竹教授加入。本人第四次考察），路经抚顺市，到沈阳（参观沈阳第一机床、新松机器人公司等），考察后为辽宁省对外友协作东北振兴报告。

9月，回京后完成研究报告《"再振兴"东北战略思路探讨》，上报国家发改委。

10月，为在沈阳举办的"2015东北振兴论坛"提供书面研究报告《"再振兴"东北战略思路探讨》，后公开发表在《人民论坛》2015年第11期（见本书附录代表作之一）。

2016年

4月，应邀前往盘锦的辽河油田，为油田所属的多种经营企业作体制改革和产业发展报告。会后考察盘锦和营口。

7月上旬，应辽宁省信息中心和对外友协联合邀请，作东北改革发展报告。后在辽宁调查沈阳、铁岭、开原、西丰的工业、农业和文化产业情况，继而到吉林考察辉南、通化、集安。

7月中旬，由通化市集安口岸出境，前往朝鲜满浦市参观考察，后在二道白河小镇隐居读书。

8月，出席在哈尔滨举行的"2016东北振兴论坛"，提出《东北改革四点具体建议》。后考察国务院批准设立的哈尔滨新区（松北主体区）。

10月，中国东北振兴研究院正式挂牌成立，应聘兼任院专家委员会副主任。

2017年

3月，在《战略与管理》上发表3.6万字《东北振兴战略新论》，7月21日《人民日报》理论版在"人民要论"专栏摘发（见本书附录代表作之二）。

4月7日，出席在沈阳举办的"国有企业改革：东北振兴的重头戏"论坛，作主题发言，主张国企混合所有制改革"以'异性恋'为主旋律，'同性恋'只是协奏曲",引发会议讨论。

6月,在央视《中国经济大讲堂》播出《新阶段:如何完善产权制度》。播讲中,曾以东北土地评估作为案例阐述产权界定和配置制度。

7月上旬,应邀在黑龙江省委党校为东北三省干部专题班作《东北振兴战略新论》报告。后与哈尔滨市委党校王玉玲副校长等召集民营企业座谈会,考察民营企业哈尔滨红光锅炉集团和黑龙江联合产权交易所等。

7月中旬—8月,隐居二道白河小镇继续修改《所有制改革与创新——中国所有制结构改革40年》一书初稿(列入广东经济出版社"复兴之路——中国改革开放40年回顾与展望"丛书),审核订正《混合所有制经济新论》一书清样并定稿,交安徽人民出版社,9月出版。

8月19日—21日,出席在长春市举行的"2017东北振兴论坛",提出《"放兴东北"的三点主张》。与吉林省委常委兼长春市委书记王君正(奚广庆教授的研究生)会面。

2018 年

6—8月,隐居二道白河小镇,继续写作本人《学术自传》一书,8月31日上交《经济研究》编辑部和广东经济出版社,自传列入《改革开放进程中的经济学家学术自传丛书》。

9月初,第5次考察珲春。

9月18日,应邀出席长白山国际论坛,就长白山地区如何以"混改促发展"提出建议。

9月29日,出席由中国东北振兴研究院主办的"东北振兴指数暨东北老工业基地全面振兴进程评价"研讨会。会后参观新宾满族自治县县城及大清发祥地赫图阿拉城、永陵等古迹。

12月20日,赴沈阳。21日调研沈北新区著名民营企业——嘉禾畜牧公司、壮龙无人机公司(张黎总经理),后应沈北新区区委之邀为沈北新区政府工作人员作《关于进一步解放思想问题》的报告。

12月22日,出席在沈阳举行的"2018东北振兴论坛",作《中国向北开放的构思以及实施意见》报告，中国东北振兴研究院将报告要点内部上报国家有关部门。

2019 年

1月9日，新华社报道：《常修泽：抓住有利时机推动向北开放》。英文版《中国日报》转载，引国内外关注。

5月，《哈尔滨市委党校学报》（第3期）全文发表《中国向北开放的构思》，京城爱思想网等媒体转载。

6月23日—26日，赴沈阳。24日，与辽宁人民出版社就本书（《中国东北转型通论》）框架及前六章书稿座谈；25日，为辽宁省发改委作《新阶段经济体制改革》报告。

6月26日—8月底，隐居吉林二道白河小镇，继续修改完善本人《学术自传》。并续写本书（《中国东北转型通论》）后四章书稿及三组附录、后记等。

9月12日，人民日报及旗下人民论坛网发表《常修泽：打造开放新前沿，东北转型纵深谈》（访谈录，陈阳波总编辑主持访谈）。

10月11日，应辽宁省政协主席夏德仁教授邀请，在省政协常委集体学习会作《东北：打造开放新前沿之我见》报告，报告全文刊发在《辽宁政协》杂志2019年第4期。

12月16日，出席在沈阳举行的"2019东北振兴论坛"，作《东北开放新前沿"再探讨"》报告，报告全文刊发在东北大学新闻网、爱思想网等。

2020 年

4月10日，新冠肺炎疫情期间参加由东北大学、中国（海南）改革发展研究院、中国东北振兴研究院联合举行的"东北振兴线上研讨会"，作《三线推进东北亚合作机制》发言。该发言全文刊发在《哈尔滨市委党校学报》（第3期），爱思想网等媒体刊载。

5月27日，人民论坛网发表《常修泽：以深化混合所有制改革为突破口振兴东北（"两会国是厅"访谈录）》。

6月23日，在京完成本书全部书稿（共10章加附录，约37万字），发给辽宁人民出版社编辑。

7月，《马迭尔混改样本的价值与启示》在《人民论坛》杂志发表，光明网等多家媒体转载。

7月30日，进住吉林二道白河小镇，以此为基地开展东北调查，先后调研延边龙井市、长春（重点民办大学科技学院）、哈尔滨（重点自贸区哈尔滨片区及五常市）。

8月，为吉林省政府委托重点研究课题成果《强化市场　开放包容——迈向2049年的吉林》（黄剑辉、钟凌、应习文主编）一书作序。该书于2020年10月由吉林人民出版社出版。

8月17日开始，审阅并修改完善本书（《中国东北转型通论》）第一校清样，9月6日审定稿完成。返还出版社。

10月22日开始，审阅并修订本书第二校清样，11月22日审定完成，再次返还出版社。

12月7日开始，审阅并修订本书第三校清样，结合有关复审意见进一步斟酌润色，12月15日全部完成，第三次返回出版社。

二、作者四十年研究东北的论文（研究报告）目录（1980—2020）

（按时间顺序排列，除特别标明合作的以外，其余均系笔者个人独著，不一一标出）

20 世纪 80 年代

1.《关于黑龙江省经济结构问题的调查报告》（内部上报国务院财经委员会，调查组集体写作作者之一），载《经济研究参考资料》1980年第78期。

2.《长期并存　比翼齐飞——哈尔滨市城镇集体所有制工业调查》，载《人民日报》理论版 1980 年 5 月 9 日，当日中央人民广播电台"新闻和首都报纸摘要"广播。

3.《"竭泽而渔"　后患无穷——经济工作中一个值得注意的问题》，载《南开学报》1980 年第 4 期，《光明日报》1980 年 8 月 17 日摘载。

4.《黑龙江省的轻工业为什么如此薄弱？》（调查报告），载《经济研究参考资料》1980 年第 156 期（1980 年 10 月 13 日）。

5.《对微利和亏损企业应全部实行包、租、卖》（杨海田、常修泽），载《经济学周报》1985 年 5 月 12 日；收入《腾飞的构想》（全国中青年经济改革理论讨论会优秀论文集），辽宁人民出版社 1985 年出版。

6.《论"四沿渗透型"开放战略》（常修泽、戈晓宇），载新华社《国内动态清样》（1988 年 5 月 4 日）题为《常修泽等建议实行"四沿渗透型"开放战略》；《改革与战略》1988 年第 4 期公开发表研究报告全文。

7.《积极创建"远东跨国经济特区"》（常修泽、戈晓宇），载香港《经济导报》2119 期（1989 年 5 月 7 日）。

20 世纪 90 年代

8.《中国：不容忽视的"南北问题"——对记者谈话》，载《亚太经济时报》1991 年 3 月 24 日第一版头条；香港《经济导报》1991 年第 16 期转载；《人民日报》（海外版）1991 年 6 月 4 日转载。

9.《公有制商品经济条件下的资产重组探讨》，载《经济纵横》（长春）1991 年第 10 期。

10.《由计划经济向市场经济转型问题的探讨》，载《经济纵横》（长春）1993 年第 11 期。

11.《"在困境突围"——吉林省企业改革实践》（常修泽、王小广，1996 年 7 月），先登内部刊物《调查 研究 建议》，后在《经济改革与发展》杂志公开发表，《经济日报》《理论周刊》摘登。

12.《关于调整吉林市产业结构问题的研究》（课题负责人）1997 年

4 月，提交吉林市政府。

13.《在改革与发展中壮大企业实力——吉林石油集团公司的调查与建议》（课题主持人），载《经济改革与发展》杂志 1997 年第 11 期。

14.《对辽宁省产业结构调整和升级的五点意见》，提交东北产业发展国际研讨会并报告。

21 世纪初

15.《城市化：带动龙江全面振兴的战略选择》，载《大公报·黑龙江之页》2004 年 6 月 3 日。

16.《民企参与国企改革需注意四个问题》，载《大公报·黑龙江之页》2004 年 7 月 29 日。

17.《国有林权改革：森林生态保护的制度探索——关于伊春国有林权制度改革的研究》提交伊春国际生态论坛，2007 年 8 月，收入国际论坛论文集。

21 世纪 10 年代

18.《互联网交易引发的"五个转变"——在铁岭南京医药"绿金在线"开市论坛报告》（2011 年 7 月 13 日），收入专著《人本型结构论》第四章"产业结构转型"相关链接，安徽人民出版社 2015 年出版。

19.《环境产权与生态保护——在"长白山国际生态论坛"的报告》（2013 年 9 月 18 日），新华社会议消息摘要报道。

20.《"再振兴"东北战略思路探讨》提交首届（2015 年）"东北振兴论坛"，载《人民论坛》杂志 2015 年第 11 期。

21.《关于东北经济转型的四点建议——在全国政协"东北转型专题调研专家座谈会"上的发言》，载《改革内参》2016 年第 11 期；中国改革论坛网 2016 年 2 月 27 日。

22.《战略转型：东北振兴再出发——访经济学家常修泽教授（上）》，载《辽宁日报》（2016 年 3 月 8 日）。

23.《东北改革开放创新应精准发力——访经济学家常修泽教授（下）》《辽宁日报》（2016年3月16日）。

24.《民营企业应立足于创造而非单纯分享市场——访经济学家常修泽教授》，载《辽宁日报》（2016年5月26日）。

25.《东北改革四点具体建议》，在哈尔滨举办的"2016东北振兴论坛"的报告（2016年8月20日），中国改革论坛网9月2日。

26.《产权保护制度关系到人的尊严和改革发展——访经济学家常修泽教授》，载《辽宁日报》（2016年12月20日）。

27.《东北振兴战略新论》，载《战略与管理》杂志2017年第1期；后《人民日报》理论版"人民要论"转载，题为《以改革开放新举措促进东北全面振兴》（2017年7月21日）。

28.《东北国企：应以浴火重生 增强活力为改革目标》（在"东北振兴的重头戏"论坛的主题发言），载《东北振兴院研究简报》总第37期（2017年4月7日）。

29.《"放兴东北"的三点主张》在长春举办的"2017东北振兴论坛"上的发言，载《东北振兴院研究简报》第53期。

30.《"正"兴东北"干"兴东北"放"兴东北：准确把握全面振兴三要义——访经济学家常修泽教授》，载《辽宁日报》（2017年8月31日）。

31.《东北振兴要义在于全面全方位振兴——访经济学家常修泽》，载《辽宁日报》（2018年10月30日）。

32.《东北全面振兴解放思想如何先行——在沈阳沈北新区大会的报告》（2018年12月21日），载《中国民商》2019年第3期。

33.《中国向北开放的战略构思》在沈阳举办的"2018东北振兴论坛"上的报告（2018年12月22日），后载《哈尔滨市委党校学报》2019年第3期；国家发改委"国宏高端智库"将此文转载上报。

34.《常修泽：抓住有利时机推动向北开放》，（新华社记者汪伟），新华网2019年1月9日。

35.《努力打造对外开放新前沿——访经济学家常修泽教授》，载《辽宁日报》（2019 年 9 月 3 日）。

36.《常修泽访谈录：打造开放新前沿，东北转型纵深谈》人民论坛网，2019 年 9 月 8 日。

37.《东北：打造开放新前沿之我见》，载《辽宁政协》2019 年第 4 期。

38.《中国东北开放新前沿"再探讨"》在东北大学主办的"2019 东北振兴论坛"上的报告（12 月 16 日），载《东北振兴研究院简报》（12 月 17 日）；东北大学网、人民论坛网等，2020 年 1 月 15 日。

21 世纪 20 年代

39.《经发、人发、环发：三线拓展东北亚合作机制——在中改院、东北大学、东北振兴研究院合办的东北论坛的发言》（4 月 10 日），中新网、中国网、人民论坛网，北国网等报道，载《哈尔滨市委党校学报》2020 年第 3 期刊发，题为《"三线"拓展东北亚合作机制初探》。

40.《常修泽：以深化混合所有制改革为突破口振兴东北》，人民论坛网【两会国是厅访谈】（2020 年 5 月 27 日）。

41.《马迭尔混改样本的价值与启示》，《人民论坛》杂志 2020 年第 7 期。

三、近年作者研究东北转型三篇代表作

之一："再振兴"东北战略思路探讨

此为 2015 年完成的研究报告，内部上报国家发改委，并提交第一届"东北振兴论坛"。后公开发表在《人民论坛》杂志 2015 年第 11 期。

【摘要】从发展看东北，东北是短板；从改革看东北，东北是难点；从开放看东北，东北是前沿。"东北病"主要有三："体制病""结构病""发展方式病"。东北要真的振兴，就得真刀真枪地推进体制和结构改革，重点在于以"壮士断腕"之气魄，"啃国企改革硬骨头"，建议设立"东北国企改革先行试验区"。东北开放应有新的战略举措，建议实施"广义一带一路"战略和设立"中国（东北某地）自由贸易试验区"，并通过"手臂延长方略"，推进沿边地区的开发和开放。

【关键词】东北振兴 "东北病" 国企攻坚 开放新局【中图分类号】F207【文献标识码】A

东北是中国的老工业基地，振兴东北是国家新时期的重大战略之一。但东北问题相当复杂。自1979年笔者第一次参加国务院财经委员会组织的"东北结构调查"以来，36年间多次前往东北。2015年8月，笔者又沿着中央领导同志考察之路做了一次新的调研，深感振兴东北问题之艰巨。现根据自己实际调研体悟，提出"东北再振兴"命题，并进行探讨。

一、从国家大局看东北的地位

从国家发展、改革和开放的大局，来审视东北战略地位，可概括为三句话："从发展看东北，东北是短板；从改革看东北，东北是难点；从开放看东北，东北是前沿。"

（1）从发展看东北，东北是短板。2015年7月中旬，习近平考察东北吉林，一个重要的任务，是讨论国家"十三五"规划的思路问题。与"十二五"规划不同，"十三五"规划有可能把经济增长放在首位，这是形势使然。预计在整个"十三五"期间，全国平均经济增长率将在6.5%以上。但近年东北三省经济增速下滑，如2014年，辽宁、吉林和黑龙江已下滑至5%左右；2015年上半年三省经济增速进一步下滑，居全国后五名之列，成为整个中国经济增长的"短板"。东北增长率下滑如此之猛，是"非常态"，不是"新常态"，不能把"新常态"庸俗化。

（2）从改革看东北，东北是难点。改革到现在已经37年，成绩不小，但有些"硬骨头"并没有啃下来，攻坚任务更艰巨。虽然东北有得天独厚的自然资源和产业优势，但就经济体制而言，作为"计划经济的大本营"，直到今天，国有经济改革依然没有取得突破性进展，民营经济很不发达，成为全国改革的重点和难点地区。

（3）从开放看东北，东北是前沿。自2014年初爆发乌克兰危机以来，俄罗斯因为受到欧盟的阻遏，已出现"东进"迹象（当然也不会完全放弃西线），其"远东联邦区"开发升温，东方经济论坛与彼得堡论坛东西并起。随着美国"亚太再平衡"战略的实施，美、俄、日、韩等国之间也出现新的组合和博弈。中国"9·3阅兵"，韩国总统朴槿惠不顾美国压力，毅然参加活动，是东北亚局势的最新动向之一。此外，伊朗核问题谈判取得突破性进展之后，世界的目光将转移到东北亚地区。以朝鲜建党70周年为标志，中朝关系似有升温迹象。东北三省和内蒙古的东五盟，位于东北亚的核心地带，临俄罗斯、朝鲜、蒙古国、日本、韩国，将是中国改革开放的前沿。要站在全球角度，看待东北的战略问题。

二、"东北病"在哪里：体制、结构、发展方式"综合征"

自2003年10月"东北振兴战略"实施以来，恰值全球经济处于"大稳定"时期，国内经济也处于上升期，再加上政府加大对东北的投资（东北三省全社会固定资产年度投资额由2003年的4212亿元，增加到2014年的46096亿元），使得东北的经济经历了一段快速的发展阶段，但深层的内在矛盾被掩盖下来。

近年来，在国内外经济下行压力加大的背景下，原来的体制病、结构病"水落石出"，再叠加人口等多种问题，使得东北的发展速度逐渐放缓。尤其是钢铁、煤炭、石化、建材等几大行业下行压力较大，整个东北进入增长动力缺失期，经济面临巨大困难。

透过东北经济下行压力的表层现象，探讨其深层的问题，笔者以为，是根深蒂固的"体制病""结构病""发展方式病"三种"病"在作怪。

一是"体制病"：在"国""民"关系上，国有经济的比重过高（2013年，黑龙江、吉林和辽宁三省规模以上国有企业资产占规模以上工业企业总资产的比重分别为64.69%、54.09%和45.8%。如果包括"央企"分布在东北的资产，则国有比重更高），而民营企业不发达；在政府与市场的关系上，政府权力存在明显的"越位"，企业的市场主体地位没有得到充分的体现；同时，在企业内部，企业家的作用和职工的积极性也没有充分发挥出来，企业家市场氛围不浓。

"体制病"造成的后果是严重的。按照市场经济运行的一般原理,经济体在具有足够弹性和韧性的条件下,有一定的自我修复能力。但在东北,由于市场体制尚不完善,经济体资源配置的灵活度不足,自我修复能力比较弱,"僵尸企业"无法顺利退出,阻碍了资源的优化配置。

二是"结构病":服务业发展滞后,重工业超高。

首先是服务业发展滞后。究其原因,一是消费需求减弱。从东北三省最终消费占全国比重的变化来看,1993—2013年20年,黑龙江省由3.66%下降到2.65%,吉林省由2.09%下降到1.83%,辽宁省由4.62%下降到3.73%。而在最终消费中,居民消费比重下降:居民消费占最终消费(包括政府消费和居民消费之总和)的比重,1993—2013年20年,黑龙江省由83%下降到62.49%,吉林省由83.68%下降到68.39%,辽宁省由80.02%下降到78.89%。二是服务业供给减弱。据调查,2013年,整个东北地区服务业增加值占地区生产总值比重为37.6%,比全国平均水平(46.1%)低8.5个百分点,而2010年同样比值为低6.3个百分点。可见,供给方有逐步减弱的趋势。此乃"结构病"之一。

"结构病"之二,由于历史原因,东北三省二产比重过高,二产中重工业超高,其增加值占工业比重70%以上,尤其是煤炭、石油、钢铁、有色金属等"原"字头比重过高,而新型工业发展滞后。这都属于结构调整需要解决的问题。

三是"发展方式病":拼资源、拼资金、拼人力、拼设备,增长方式粗放。东北"投资驱动型"经济特征明显,技术创新对发展的推动作用较弱。虽然东北高校众多,研发力量并不弱,但高科技产业却没有发展起来,这很耐人寻味。原因在于创新动力不足。据了解,2013年,东北地区研究与试验发展(R&D)支出占地区生产总值比重为1.33%,比全国平均水平低0.77个百分点。尤其是在信息革命时代,虚拟经济发展不够,而一部分同志却认为"虚拟经济发展过头"。

三、东北改革应瞄准"国企攻坚"

东北经济困境,不是依靠上多少基建项目或资金扶植就能解决的。根本问题是体制问题，而其要害在国有企业改革。几年来，东北改革的"攻坚"之战打得十分艰苦，在一些方面改革处于"胶着"状态。要走出发展的困境，必须以"壮士断腕"之气魄，"啃国企改革硬骨头"。要突破其中既得利益集团的阻挠和掣肘，确立国有企业的"市场主体"地位，让企业按照市场规律而不是靠政策的优惠来获得竞争优势。

第一，要推进国有经济的"布局调整"。根据笔者调查，迄今东北地区的国有经济布局颇不合理，需要大刀阔斧地进行调整。具体可按照"做优、祛劣、提升中间"的分类思路推进：所谓"做优"，就是把优质企业做大做强；所谓"祛劣"，就是祛除劣质的企业，妥善处理"僵尸企业"。这些"僵尸企业"是东北经济的"毒瘤"，已经吞噬了并且继续吞噬着大量的宝贵资源，必须以"壮士断腕"的魄力予以切除；至于中间状态的企业，要提升素质和市场竞争力。

第二，扭住混合所有制改革这个"牛鼻子"。国企应集中于安全类、公共产品生产和服务类、命脉类和特定任务类等主要经营业务，其他非主营业务领域可向社会和民营资本开放。至于商业类即竞争较充分的领域，应明确提出"三可"：国资"可控、可参、可退出"，让出一定空间让民营资本进入。笔者在调查中得悉，东北和外地的民营企业家对待"混改"多有疑虑，唯恐出现"关门打狗"之事，堕入"混改"的陷阱。鉴于此，在这些竞争性领域，可以明确民营资本入股可以掌握"控股权"，以防止被国有企业"同化"。在混合所有制改革中，要吸取经验教训，既不能在一片改革声浪中侵吞国资，又不能借混合所有制，侵吞民资。要防止混合所有制"异化"，尤其要警惕一些腐败分子"假借改革以营私"，然后"倒打一耙"，把"异化"的帽子扣在"混合所有制经济"的制度设计上。

第三，推进企业治理结构的改革。笔者在调查中发现，公司层面对董事会的决策作用和经理层的管理作用重视不够，特别是企业家作用较弱。这个层面的改革严重滞后于资产运作层面的改革。随着引进战略投资者、多元化股权、"员工持股"等改革的实施，企业治理结构的改革突出出来，建立公司现代治理结构迫在眉睫。

第四，建议设立"东北国企改革先行试验区"。鉴于国企改革的严重滞后性、艰巨性和复杂性，不能再按"一般"常理"出牌"，必须要有"不一般"非常之策、非常之举。因此，建议设立"东北国企改革先行试验区"，像当年邓小平同志在深圳搞经济特区一样，在东北也"画一个圈"，让圈内的国企"杀出一条血路来"。

四、东北开放应有新的战略举措

新阶段，东北的对外开放面临新的情况，要有新的举措。

第一，积极推进广义"一带一路"建设。"一带一路"不只是中国人的创造，而且是周边几十个国家人民共同创造的；"丝绸之路"不只是指向西，而且也向东（笔者看到在长白山二道白河镇天福街上，就有唐朝时期"东方丝绸之路"的石头标记）；"一带一路"不只是经贸交流，而且包括人文交流。东北的朋友应该意识到"一带一路"跟整个东北亚的关系非常密切，要想办法把"丝绸之路"和俄罗斯的"亚欧之路"、蒙古国的"草原之路"等其他国家的倡议衔接起来。在中国境内称"丝绸之路"，到外国那边，可"一路两名"，人家有人家国家的名，要尊重多元文明。

第二，通过"手臂延长方略"，推进大图们江地区的开发和开放。2015年8月5日，笔者曾到中朝边境，了解中朝共同开发和共同管理的罗先经济贸易区的情况。通过共同合作共同管理，中国获得朝鲜罗先区若干码头50年的使用权。中国从中朝边境的圈河口岸到罗先区港口修建50公里公路，笔者称之为"手臂延长方略"："公路相当于手臂，港口相当于巴掌。"通过"手臂延长"，使"近海而不沿海"的吉林通往日本海和太平洋。其他口岸也可采用"手臂延长方略"。

第三，发挥东北地区装备制造业在对外开放中的作用。装备制造业力量雄厚，是东北地区的一张"王牌"。2015年7月份，习近平到吉林调研，考察了两家装备制造企业。第一个是中车长客，第二个是长春一东离合器公司。随着中国下一步对外开放力度的加大，高铁、核电等装备成热门商品。东北地区应抓住这个历史难得的机遇，成为整个国家参与新一轮国际产业分工的"新支点"。

第四，建议设立"中国（东北某地）自由贸易试验区"。要加强对
TPP 的研究，TPP 即由美国主导的跨太平洋伙伴关系协议（Trans-Pacific
Partnership Agreement，TPP）。TPP 协议将提出诸多挑战：（1）要求取消国
企的超国民待遇；（2）要求政府"中立化"；（3）要求处理好劳资关系；（4）
要求做好环境保护；（5）要求保护知识产权。中国已经创建 4 个自由贸易
试验区，实际是对 TPP 进行超前的局部试验。考察中笔者发现，沈阳机床
将全球总部设在上海，新松机器人公司也将研发总部设在上海。为什么东
北优质企业将总部迁出东北？烦琐的行政审批手续是原因之一。建议国家
在东北设立一家"中国（东北某地）自由贸易试验区"，以避免本土企业外
迁到其他自贸区现象再度发生。

五、东北发展应实行"创新双驱动"

东北要加快发展，但对发展的内涵要准确认识。发展既包括经济发
展，也包括"人的发展"。习近平同志在东北讲，要把人的全面发展作为出
发点和落脚点。基于此，笔者在此提出"创新双驱动"战略：一则，通过
创新，驱动经济发展；二则，通过创新，驱动人自身的发展。

未来一二十年，中国经济的历史定位是：由工业化"中后期"向工业
化"后期"转变。这就意味着，中国的工业化，还有很长的路要走，同时
也要有新的产业追求。具体来说，东北要通过创新，驱动以下几大产业：
一是战略性新兴产业。包括高端装备制造业、电子信息产业、生物工程、
新材料技术、节能环保业、新能源业和新能源汽车业等，这是东北的希望
所在。二是现代服务业。包括生产性服务业和生活性服务业。东北的短板
是生产性服务业。一些工业企业，要由传统制造商，转变为"现代工业服
务提供商"。生活性服务业方面，健康产业可成为服务业的龙头产业。三是
海洋产业。中国过去缺乏海洋意识，黑龙江、吉林本有辽阔的海岸线，但
近代以来陆续丧失了通往太平洋、日本海的海岸线和出海口。未来国际竞
争的重点在海洋。辽宁海岸线比较长，发展海洋产业具有优势，应大力发
展渔业、海洋资源、港口建设、临港产业、海上旅游等。海洋经济将来是
辽宁的一张"新牌"。

新的科技力量正在催生一批新人，他们对人生价值的精神追求远远超出对物质本身的追求，这是值得关注的现象。2015年8月笔者在东北调研，接触到的多是本地人，极少遇到东北三省之外的人才，这在某种程度上反映了东北地区人才现状。李克强总理提出"大众创业，万众创新"，呼唤"创客"，即一代有创新精神、创新行为和创新业绩的新人。要让知识分子、技术人员的"心灵放飞"，给他们"自由生长"的空间，将"人"从旧体制无形的"笼子"里放出来。千千万万个"创客"崛起之时，就是东北活力四射之时。

资料来源：《人民论坛》杂志，2015年第11期

之二：以改革开放新举措促进东北全面振兴

此文之基础原为在《战略与管理》杂志2017年3月发表的3.6万字《东北振兴战略新论》，后引起重视；7月21日《人民日报》理论版在"人民要论"专栏节选刊登此文。

东北振兴，是进入21世纪以来国家提出的重大战略。从2003年中央第一次提出"振兴东北地区等老工业基地"，到2016年出台《中共中央　国务院关于全面振兴东北地区等老工业基地的若干意见》，东北地区一直处在历史性爬坡过程中。东北振兴，不仅事关1亿东北人民的福祉，也事关全国经济健康发展和转型升级大局。振兴东北地区等老工业基地的治本之策，是全面深化改革、扩大开放。在新的历史阶段，必须以改革开放的新举措促进东北地区的全面振兴。

一、全面认识东北地区的战略地位和基本发展态势

东北地区包括辽宁、吉林、黑龙江三省以及内蒙古自治区的东部五市盟（呼伦贝尔市、兴安盟、通辽市、赤峰市、锡林郭勒盟），区域总面积约占全国的15%，人口约占全国的9%，经济总量约占全国的9%。从我国发展和改革开放大格局看，东北振兴正处在一个关键的历史节点。

从发展大局看，东北是短板，但发展空间广阔。近几年，在世界经济增速放缓、我国经济下行压力加大的大背景下，东北三省经济增长率平均为3%

左右。相对于全国经济发展，东北地区是短板。但应看到，2017 年以来，东北地区经济指标已经呈现企稳向好态势。而且，作为我国的重要工业和农业基地，东北地区拥有一批关系国民经济命脉和国家安全的战略性产业，在资源、产业、科教、人才、技术设施等方面都具有一定优势。将来，经过艰难的深化改革和创新发展，东北地区有可能成为我国又一个重要经济增长极。

从改革大局看，东北是难点，但也有新的亮点。一个时期以来，东北地区的改革遇到诸多难点，尤其是在经济体制方面，市场化程度不高，政府对经济发展的干预较多，有些方面的改革尚未破题。但近来也有新的改革亮点。例如，在净化政治生态和优化营商环境方面，《辽宁省优化营商环境条例》于 2016 年 12 月审议通过，这是一部规范营商环境的省级地方法规。又如，在积极发展混合所有制经济方面，吉林长白山下的二道白河小镇正在实施"政府与社会资本合作机制"（PPP）项目。再如，在建立自然资源产权制度方面，黑龙江进行了新的实践探索，在把"绿资源"变成"绿资产"上取得了明显成效。

从开放大局看，东北地处边疆，正在成为新的开放前沿。我国地域广阔，开放前沿不应只有一个。如果说南部以珠三角为开放前沿、东部以长三角和环渤海南片为开放前沿，那么，北部则可以东北为开放前沿。从东北亚大范围看，东北三省和内蒙古的东部五市盟位于东北亚的核心地带，临俄罗斯、朝鲜、蒙古国、日本、韩国，加上隔洋相望的美国，在地理区位上与 6 个国家关联。2016 年我国与这 6 个国家的贸易总额占我国对外贸易总额将近 1/3。特别是"一带一路"建设给东北地区带来新的发展机遇，如中俄天然气管道合作、中俄原油管道建成运营等，将使新时期东北地区作为我国开放前沿之一的作用得到进一步发挥。

通过以上分析可以看出，东北地区区位条件优越，沿边沿海优势明显，在国家发展全局中具有举足轻重的地位。我们要充分认识全面振兴东北地区等老工业基地的重要性和紧迫性，坚定不移地把这项宏伟事业推向新阶段。

二、通过全面深化改革促进国有企业增强活力、民营经济做大做强

针对东北地区国有经济比重过高且效益不佳、民营经济不发达的问

题,《中共中央　国务院关于全面振兴东北地区等老工业基地的若干意见》提出了两点要求:深化国有企业改革,"切实增强企业内在活力、市场竞争力和发展引领力";"支持民营经济做大做强"。新阶段实现东北地区全面振兴,必须在"增强活力"和"做大做强"上下功夫,实现国有企业、民营经济"双翼齐飞"。

国有企业要浴火重生、增强活力。东北经济的困境,不是依靠上多少基建项目或给多少资金扶持就能解决的,其根本问题是体制问题。2013年,东北三省规模以上国有工业企业资产占当地规模以上工业企业总资产的比重为55%左右,比全国平均数约高1倍,且经济效益低下。2015年,东北三省的地方国有企业超过7000家,近一半是亏损的。近年来,东北改革攻坚战打得十分艰苦,一些改革至今仍处于胶着状态。要走出困境,必须打好国企改革这场攻坚战,特别应抓住三大重点:一是优势企业"率先突围",做大做优做强,担负起作为"主力部队"的责任。抓住"一带一路"建设机遇,积极探索如何实现装备制造业和装备制造服务业走出去。二是"保人不保企",妥善处置"僵尸企业"。东北地区国有经济中存在一些"僵尸企业",它们处于亏损状态,实际上造成了国有资产流失。对此,可采取"保人不保企"的处置办法,加快对这些企业实行兼并重组或破产清算;同时保护和安置好下岗职工,帮助他们多渠道实现再就业。三是把混合所有制改革作为国企改革的突破口。结合东北地区实际,在混合所有制改革开始阶段,可鼓励隶属关系不同的国有资本以及社保资金等参与混合所有制改革。同时,鼓励国有资本、集体资本、非公有资本等交叉持股、相互融合。按照中央精神,可在以下三类企业优先开展"员工持股"试点:一是人力资本和技术要素贡献占比较高的转制科研院所,二是高新技术企业,三是科技服务型企业。

民营经济须摆脱依附、做大做强。民营经济是东北经济发展的短板。东北地区的民营经济大多有依附性太强的弱点,习惯于"抱着政府的大腿"不放。应通过体制性扶持,帮助它们摆脱依附、做大做强。一是平等对待各种所有制企业,让各种所有制企业平等使用生产要素、公平参与市场竞争、同等受到法律保护。目前,东北地区有些基础设施部门的民间资本投资微乎其微。应进一步放宽民间资本准入行业和领域，大力吸引民间资本投资基础设施领域和其他垄断性行业，尤其是电力、石油、天然气、铁路、民航、电信等领域要消除各种隐性壁垒，鼓励民营企业扩大投资。二是鉴于东北地区的民营经济发展在全国排名处于中后位置，在混合所有制改革中，要支持民营企业通过多种形式参与国有企业改制重组；改善金融服务，疏通金融资源进入中小企业和小微企业的通道，鼓励民间资本依法合规投资入股金融法人机构，支持在东北地区兴办民营银行、消费金融公司等金融机构；壮大一批主业突出、核心竞争力强的民营企业集团和龙头企业。此外，还应推进民营企业公共服务平台建设，促进民营企业加快发展。三是稳定民营企业家预期。现在，东北一些民营企业家出现市场预期和信心低落的问题。应依法保护产权，稳定民营企业家信心；贯彻落实中央精神，出台实施切实有效的地方经济发展政策，引导民营企业家形成良好预期。

三、通过扩大开放实现对外开放与区内发展"内外贯通"

东北地区开放度较低是妨碍东北振兴的一大原因。2015年，东北三省外贸依存度只有14.6%，比全国平均水平低近22个百分点。东北地区应抓住"一带一路"建设的机遇，推进体制机制创新，实现对外开放与区内发展"内外贯通"，以开放促改革、促发展。

积极融入"一带一路"建设。东北地区要主动融入并积极推进"一带一路"建设。在"一带一路"建设中，尤其要统筹考虑与俄罗斯提出的"欧亚经济联盟"建设、蒙古国提出的"发展之路"等的衔接。应在推进"一带一路"建设中促进区域发展，在区域发展中抓重点经济带、抓经济带上的关键节点城市建设。在"一带一路"建设中，东北地区可以打造"三纵"（"主轴线""东纵线""西纵线"）"四横"（北、中、南和满洲里到集安）等多条经济带。还可以"八大边口"（辽宁的丹东，吉林的集安、珲春，黑龙江的绥芬河、抚远、黑河，内蒙古的满洲里、二连浩特）为支点，推进沿边开发开放。

办好自由贸易试验区。2017年3月，党中央、国务院决定在辽宁建立自由贸易试验区。辽宁自贸区应在上海自贸区的基础上有所创造，更好地为东北振兴服务。除了推进贸易和投资便利化、金融服务业开放和金融创新，还应注重倒逼东北地区的体制改革，包括倒逼行政管理体制改革，倒逼国有企业改革，倒逼区内服务业开放，倒逼社会体制改革等。

努力扩大产业开放。装备制造业是东北地区的一张"王牌"。东北的高铁车辆、核电装备以及造船等产业实力雄厚。随着对外开放力度的加大，高铁、核电以及其他装备将成为热销产品。东北地区应抓住这个难得的历史机遇，成为我国参与新一轮国际产业分工的"新支点"。

完成以上改革开放任务，需要建立政府、企业家和广大群众的"金三角"支撑结构。政府宜"服"不宜"主"。新形势下，政府如果过多采取行政许可、行政审批等手段干预经济，就会妨碍市场配置资源决定性作用的发挥。要加快建设服务型政府，做到放管结合、优化服务，重点解决政府职能错位、越位、缺位等问题，尤其应强化对权力的约束和监督。企业家宜"扶"不宜"压"。东北地区对企业家的社会认同度、尊重度不高，需要创造适合企业家成长和创业的社会环境。士气宜"鼓"不宜"泄"。今天，东北发展遇到困难，有些人产生悲观失望情绪，个别人甚至"唱衰东北"。应扭转这种局面，奋力鼓起东北人民的士气，"唱兴东北"。应解决好民生问题，允许有序转让部分地方国有企业的股权，所得收入用于支付改革成本，弥补社保基金的缺口，坚决守住民生底线，防止经济发展下行压力传导到民生领域。

资料来源:《人民日报》理论版，"人民要论"，2017 年 7 月 21 日

之三：东北振兴要义在于全面全方位振兴——访经济学家常修泽

围绕全面振兴、全方位振兴相关问题，记者近日专访了经济学家，中国宏观经济研究院教授、博士生导师常修泽。

一、全面全方位振兴是新时代东北振兴应有的新气象

辽宁日报：新时代东北振兴，是全面振兴、全方位振兴。为什么强调全面、全方位？

常修泽：我认为可以从以下几个方面来考虑其中的深意。

首先，从中国现代化发展的历史大逻辑来看，"全面"是治国理政的鲜明特征。在党的十九大报告中，"全面"一词出现了近百次。我在学术研究

中深深感到，东北振兴作为国家的一项重大战略，其目标与进程从属于党和国家整体事业的战略目标与战略安排，即从"全面建成小康社会"（2020年）到"基本实现社会主义现代化"（2035年）再到"全面建成社会主义现代化强国"（2050年）这样一个历史大逻辑。新时代新目标新征程的关键词是"全面"，必然要求东北振兴是全面振兴、全方位振兴。

其次，从东北的战略地位和战略任务来看，我认为，全面、全方位是有针对性的，它针对的是对东北振兴的狭隘认识甚至错误认识。不错，东北振兴首先是经济振兴，要把经济搞上去，但经济振兴不是东北振兴的全部。这就好比乡村振兴，其中一条基本原则就是坚持乡村全面振兴，中央要求"统筹谋划农村经济建设、政治建设、文化建设、社会建设、生态文明建设和党的建设，注重协同性、关联性，整体部署，协调推进"，也好比全面深化改革，强调的是全面的系统的改革和改进。东北振兴是要在经济、政治、文化、社会、生态、党的建设等方方面面都得到有力改善和发展。特别是中央还对东北的战略地位作了新概括，即"维护国家国防安全、粮食安全、生态安全、能源安全、产业安全"，这"五个安全"凸显了东北应有的责任担当，都是振兴必须考虑的重要方面。

再次，从东北振兴的"病症"和"药方"来看，全面、全方位是坚持问题导向——把脉东北振兴病症得出的必然结论。药方是根据病症而开的。我在过去40年的跟踪调查研究中体会到，东北的问题不是一个病，而是综合征、并发症，举其大者，主要包括体制病、结构病、发展方式病。既然是综合征、并发症，就必然呼唤全方位的改革和转型。

总之，新时代东北振兴到了必须全面、全方位振兴这样一个新阶段。2003年国家开始实施东北振兴战略，近十年的积累，为东北全面、全方位振兴奠定了一定基础。进入新时代当有新气象，全面、全方位振兴就是东北振兴应有的新气象。今天，我们就是要通过全面、全方位振兴，让东北实现"凤凰涅槃"，以一种全新的姿态展示在世人面前。

辽宁日报：全面、全方位振兴对我们提出哪些注意事项？

常修泽：现在有两个标准提法：一则是，统筹推进"五位一体"总体布局，二则是，协调推进"四个全面"战略布局。全面、全方位振兴东北，就要从这样的高度去把握并深入推进东北振兴，把深化改革作为首要任务，增强改革的系统性、整体性、协同性。

但需要注意，这里讲全面、全方位，并不意味着不讲重点和主要矛盾，等量齐观、平均用力、搞"一刀切"。需要抓住症结和要害，正如中央要求的，"在解决突出矛盾问题上下功夫"。在这次重要讲话之前总书记提出的"四个着力""三个推进"等，实际上就是抓住突出矛盾问题。因此，要处理好整体推进与重点突破的辩证关系，必须抓住症结性问题，特别是优化营商环境、增强国有企业活力等，从而达到"牵一发而动全身"的效果。

二、全面全方位振兴需要系统推进改革创新开放

辽宁日报：全面、全方位振兴要求我们如何谋划和推动工作？

常修泽：这涉及中央精神落地问题。全面、全方位振兴要求我们系统推进改革、创新、开放，加快结构调整和新动能培育。结构调整与新动能培育是关联的。这里有个"两鸟"战略：一个是"腾笼换鸟"，一个是"凤凰涅槃"（凤凰更是大鸟）。这8个字，实质就是新旧动能要转换，包括产业结构调整。

辽宁日报：动能是个大问题，全面、全方位振兴尤其需要新动能。从全面、全方位振兴视角出发，您如何看动能问题？

常修泽：人们通常比较关注发展新产业、新业态、新技术、新商业模式。这些对于新旧动能转换确实非常重要，但如果从全面、全方位的视角看，还应加快形成新体制、新供给、新组合、新主体。

构建新体制，这是东北振兴第一位的问题，是短板中的短板。东北推进新旧动能转换，首要问题便是创新体制机制，现在一些地方并未抓住这个问题，显得"舍本逐末"。应针对这一最大短板，紧紧抓住十九大报告提出的经济体制改革重点：第一重点，"完善产权制度"；第二重点，"要素市场化配置"。以这两个重点为导向，深化基础性关键领域改革，以优质的制度供给、服务供给、要素供给和完备的市场体系，为新旧动能转换创造有利条件。

创造新供给。我曾说过，新产业、新业态、新产品等都属于供给侧。应以供给侧结构性改革为主线（同时考虑扩大需求），着力加快建设实体经济、科技创新、现代金融、人力资源协同发展的产业体系，推动新技术、新产业、新业态蓬勃发展，使创新成果转变为实实在在的经济活动，培育发展新动能。加快产学研深度融合，让机构、人才、市场、资金都充分活跃起来，为新动能成长和传统动能改造提升插上翅膀，推动产业迈向中高端，促进实体经济转型升级。

形成新组合。新组合是指新的资源要素组合方式。更好地整合资本、土地、劳动力、技术和管理等要素，比单一技术创新的作用更大、效果更显著。要推动经济发展由过去主要依靠土地、资本、低成本劳动力转向主要依靠创新、管理、高素质人力资本。

培育新主体。东北的新主体比较弱，尤其缺乏企业家精神，在全国民营经济五百强中比重很低。应完善人才评价、保障、激励机制，激发和弘扬创新精神、企业家精神与工匠精神，营造鼓励探索、宽容失败、尊重创造的文化氛围，让创新愿望得到尊重、创新才能得到发挥、创新成果得到肯定，让各类人才在东北安心安身安业。

辽宁日报：全面、全方位振兴必然是开放而不是封闭的。东北在开放方面可以有哪些作为？

常修泽：2018年以来，随着朝鲜半岛局势缓和，东北亚外部环境趋好，我们面临东北开放发展的新契机，甚至说是百年难逢的机遇。在此形势下，我认为要实行对外开放与区域协调发展双线并进，实现内外贯通+南北互动。

要实现内外贯通，就要积极融入东北亚，主动融入"一带一路"建设，办好自由贸易试验区。此外，东北要加强对国内兄弟地区的开放。

要实现南北互动，区域内，应培育发展大的现代化都市圈，打造"东西边道"多条经济带；区域外，必须做好与京津冀协同发展、长江经济带发展、粤港澳大湾区建设等国家重大战略的对接和交流合作。

三、全面全方位振兴应强化"金三角"结构的动力支撑

辽宁日报：推动东北实现全面、全方位振兴的根本动力在哪儿？

常修泽：根本在人。任何伟大事业都需要几代人、十几代人、几十代人持续奋斗。同样，实现东北振兴根本上要靠人的接续奋斗。没有能动的人，就不可能实现新旧动能转换，也不可能有真正的动能、动力。

因此，东北要振兴，必须以人作为战略支撑。既然要全面、全方位振兴，战略支撑也要全面、全方位。我主张从民众、企业家、政府组成的"金三角"结构出发来分析和把握。

辽宁日报：是的，东北人民是有光荣历史传统的。在革命、建设、改革各个历史时期，东北都为国家做出过突出贡献。今天，东北遇到困难，有些人产生悲观失望情绪，个别人甚至"唱衰"东北，习近平总书记这次调研东北三省并主持召开深入推进东北振兴座谈会，一个重要作用就是鼓舞民心和斗志。无论是普通民众、企业家还是政府都应乘势而上，为振兴东北撸起袖子加油干。

常修泽：普通民众方面，筑牢"金三角"结构的支撑基础。要"鼓起"一亿东北人的民气，改善一亿东北人的民生，驱动一亿东北人的自身发展。民生是东北振兴的关键问题。要坚持以人民为中心的发展思想，除解决好教育、医疗、就业、收入、社保、食品安全这六大共性问题外，需着力解决以下几大个性问题，即：失业人员再就业问题，工矿区、林区、垦区的棚户区改造问题，"厂办大集体"职工的生活困难问题等。

企业家方面，锻造"金三角"结构的支撑骨干。要提高对企业家群体的社会尊重度，营造保护企业家合法权益的环境，坚持社会容错和企业家自我纠错并举。

政府方面，搭建"金三角"结构的"指挥塔台"。要净化政治生态，建设一支高素质干部队伍，关键是党政干部应有战略担当和新作为，从而更好地发挥党的指挥作用，更好地发挥政府作用。

辽宁日报：就是说，全面、全方位振兴要求我们对振兴不能做单向度的理解，而要有全面深刻地把握。

常修泽：是这样。东北振兴，最终落脚点在人的全面发展、社会全面进步。只有抓住人这一根本要素，调动方方面面的积极性，才能汇聚起推动振兴发展的伟力。

资料来源：《辽宁日报》，2018年10月30日，理论版

参考文献

［1］国家发改委东北振兴司.东北振兴主要统计指标（2003—2015）.

［2］新华社客户端：《31 省份常住人口数据出炉》，2020 年 4 月 16 日.

［3］老子.道德经［M］.长春：吉林文史出版社，2004.

［4］［美］威廉.麦克尼尔.世界史［M］.北京：中信出版社，2013.

［5］马克思恩格斯全集：第一卷［M］.北京：人民出版社，1999 年.

［6］［德］恩格斯.反杜林论，《马克思恩格斯选集》第三卷［M］.北京：人民出版社，1995.

［7］周恩来同志在中国共产党第八次全国代表大会上所作的《关于发展国民经济的第二个五年计划的建设的报告》.

［8］邓小平年谱：1975—1997［M］.北京：中央文献出版社，2004.

［9］［美］尼古拉斯·R·拉迪.中国未完成的经济改革［M］.隆国强，等，译.北京：中国发展出版社，1999.

［10］［美］托马斯·彼得斯.乱中求胜：美国管理革命通鉴［M］.北京：科学普及出版社，1988.

［11］［美］赫伯特·马尔库塞.单向度的人：发达工业社会意识形态研究［M］.上海：上海译文出版社，1964.

［12］［美］埃里克·布莱恩约弗森，安德鲁·麦卡菲.第二次机器革命［M］.北京：中信出版社，2014.

［13］中共中央关于经济体制改革的决定.见中共中央文献研究室：《三中全会以来重要文献选编》，北京：人民出版社，1982.

［14］中共中央关于全面深化改革若干重大问题的决定［M］.北京：人民出版社，2013.

［15］谷书堂，杨玉川，常修泽.社会主义商品经济与价值规律［M］.上海：上海人民出版社，1985.

［16］谷书堂，常修泽.社会主义与商品经济论纲［J］.经济研究，1990 年（6）；新华文摘，1990 年（9）转载.

［17］王小鲁，樊纲，余静文.中国分省份市场化指数报告［M］.北京：社会科学文献出版社，2017.

［18］王小鲁，樊纲，胡李鹏.中国分省份市场化指数报告［M］.北京：社会科学文献出版社，2019.

［19］乔丽华.我也是鲁迅的遗物：朱安传［M］.北京：九州出版社，2017.

［20］郭小丽.俄罗斯的弥赛亚意识［M］.北京：人民出版社，2009.

［21］迟福林.二次开放［M］.北京：中国工人出版社，2017.

［22］李连第主编.中国经济学希望之光［M］.北京：经济日报出版社，1991.

［23］常修泽.现代企业创新论：中国企业制度创新研究［M］.天津：天津人民出版社，1994.

［24］常修泽.人本体制论［M］.北京：中国经济出版社，2008.

［25］常修泽.广义产权论［M］.北京：中国经济出版社，2009.

［26］常修泽.产权人本共进论［M］.北京：中国友谊出版公司，2010.

［27］常修泽.包容性改革论［M］.北京：经济科学出版社，2013.

［28］常修泽.人本型结构论［M］.合肥：安徽人民出版社，2015.

［29］常修泽.中国改革 40 年若干规律性问题认识［J］.学术界，2018 年（11）；中国人民大学复印资料《中国特色社会主义理论》2019 年（3）转载.

［30］常修泽.开放倒逼下的中国经济改革"双突破"论［J］.改革与战略杂志，2019 年（8）；中国人民大学复印资料《体制改革》2020 年（3）转载.

后　记

40 年的调研，40 年的情缘，都渗透在本书的字里行间。读者阅读本书想必会感受到，这本书实际上是 40 年心血的结晶。

但，最终作为一部学术专著，其正式酝酿构思，则是在 2017 年夏天之后，迄今历时三年有余，经过五个阶段。

第一阶段，酝酿构思和收集资料阶段。

2017 年 8 月 18 日—21 日，笔者在长春举办的"2017 东北振兴论坛"上，作了《"放兴东北"的三点主张》学术发言，引起与会的辽宁人民出版社副总编辑张洪和编审郭健的重视。听完报告后，二位与我交谈，希望能撰写一部关于"东北转型问题"的专著，并约定回京后再进一步商议。

当年 10 月 19 日，受该社常务副社长蔡文祥、副总编辑张洪委托，社长助理马辉、编审郭健进京，除商议本人撰写"东北转型问题"专著外，还被告知该社拟出版一套"东北振兴研究丛书"。

10 月 27 日，郭健编审飞海口，参加中国（海南）改革发展研究院主办的国际论坛，其间会见中改院院长迟福林教授，沟通出版社拟出"东北振兴研究丛书"设想。

由此，笔者开始收集资料（尤其是笔者 40 年调研东北的第一手资料），撰著此书由此时在海口专家公寓开始启动。

第二阶段，制定提纲和撰写前半部书稿阶段。

2018 年春节前由海南返京后，继续在京搜集相关资料进一步酝酿构思。直至 2018 年 7 月 26 日，获悉辽宁人民出版社关于"东北振兴研究丛书"计划入选《"十三五"国家重点图书、音像、电子出版物出版规划》增补项目（此时我正在东北隐居写书）。8月28日—29日，辽宁人民出版社张洪、马辉、郭健三位同志，从沈阳开车到我当时居住写书地长白山二道白河小镇，告知丛书列入国家规划，希望尽快拿出专著写作提纲。因当时笔者正隐居此地潜心写作本人《学术自传》（《经济研究》编辑部与广东经济出版社相约书籍，已列入《改革开放进程中的经济学家学术自传》丛书），答应《自传》书稿完成后即拿出本书提纲。

2018年9月初，本人《学术自传》初稿交《经济研究》编辑部后，开始撰写"东北转型问题"专著的写作提纲。9月29日，笔者在出席"东北振兴指数暨东北老工业基地全面振兴进程评价"研讨会期间，顺访辽宁人民出版社，提交本人拟写的专著写作提纲。10月16日，张洪、郭健二位到京，敲定拙著写作提纲。

敲定提纲后，2018年10月至2019年6月23日，开始转入执笔写作阶段。笔者分别在海南和北京静心写作本书前半部书稿。其间，2018年10月出版社蔡文祥、郭健到海南开会时曾交流本人专著写作情况；2018年12月22日第四届东北振兴论坛期间，笔者还和迟福林教授、李凯教授、张占斌教授等一起，与出版社同志共商"东北振兴研究丛书"事宜。

从2018年10月至2019年6月，笔者前后用8个多月时间，完成前半部初稿，约16万字。6月24日在给辽宁省发展改革委作《新阶段经济体制改革走势分析》学术报告前夕，再到出版社，提交全书目录和"前半部初稿"，以供出版社作为申报国家出版基金的基础材料，并在该社就申报国家出版基金一事座谈研究。

第三阶段，继续撰写后半部书稿阶段。

2019年6月26日离开沈阳，未敢懈怠，夏天在吉林二道白河小镇、冬天在海南续写本书后半部书稿（此期间，10月11日笔者在辽宁省政协作《打造东北开放新前沿》报告和12月16日参加"2019东北振兴论坛"期间，曾与出版社四位同志会面，面对面沟通）。至2020年1月，本书后半部初稿和附录在海南专家公寓写完，新写17万字。至此，该书的初稿（一稿，约33万字）全部完成。

第四阶段，全书精心修改阶段。

2020年1月20日，笔者离海南返回北京，恰遇到前所未有的疫情，遂封闭在北京家中。不久，2月15日，出版社传来信息："丛书获国家出版基金公示。"

按照国家出版基金项目的要求，结合疫情后世界格局的变化、东北亚的新情况以及国内发展改革和开放遇到的新问题，笔者从更高的层面做了系统深刻反思，对全书初稿（一稿）做了比较大的修改和补充，并按篇章顺序陆续传给出版社，供编辑逐章编辑审核。到6月22日本书修订稿（二稿）全部修改传送完成。

第五阶段，一校清样斟酌定稿阶段。

自2020年6月22日笔者将修订稿（二稿）逐章上传后，出版社经审核修订随后印成一校清样本。2020年7月30日，笔者在北京和吉林两地疫情缓和后，离开北京，住进吉林二道白河小镇，就发还笔者的一校清样，按照新情况和个人的新思考进行再次修订，仔细斟酌并润饰文字，于9月6日形成"齐、清、定稿"（三稿）。之后，又从10月22日至11月20日对第二清样进行了修改斟酌。出版社传来审读意见后，又从12月7日至12月15日对第三清样本进行了修订润饰。于12月15日终审完成，交付出版社。

本书在写作过程中，得到了著名经济学家高尚全先生、张卓元先生、林兆木先生、宋晓梧先生、彭森先生、迟福林教授、李凯教授、张占斌教授以及国家发改委杨荫凯司长、周建平司长等诸多专家学者的帮助与指点，使我受益匪浅。

本书在写作过程中，还得到北京、辽宁、吉林、黑龙江等有关地区朋友的帮助与支持。书中所收录的笔者几篇文章和访谈录，得到《人民日报》理论部、《经济参考报》理论部、《经济日报》理论部、《辽宁日报》理论部以及《中国民商》杂志李秀江先生等新闻出版界朋友的帮助，在此致以谢意。

另外，2020年8月21日—27日，我应邀在山东省委组织部干部学院为山东省第一期民营企业家培训班报告和交流期间，承蒙该院院长朱英坤对前言提出修改意见，并由该院刊物编辑对本人所核前四章书稿再校（排错），十分细致。本书目录定稿后，河南工程学院讲师、东北大学与中国（海南）改革发展研究院博士生李慧女士译成英文，便于中外交流，一并致谢。

最后，要特别提出，本书从构思到出版，得到辽宁人民出版社的鼎力支持和帮助，在此深表谢忱。

尽管笔者反复修订、斟酌，但书中仍有不足之处，敬请各位读者批评指正。

常修泽

2020 年 1 月 20 日于海南（初稿）

2020 年 6 月 22 日于北京（第二稿）

2020 年 9 月 6 日于东北二道白河小镇（一校订正，第三稿）

2020 年 11 月 20 日海南（再校订正，第四稿）

2020 年 12 月 15 日海南（三校订正，第五稿）

编后记

　　《东北振兴研究丛书》经过三年多的筹划、立项、研究、撰写、编辑，即将呈现于广大读者面前。《东北振兴研究丛书》项目于2017年启动，入选2018年"十三五"国家重点图书出版规划增补项目，入选2020年度国家出版基金资助项目，辽宁省委宣传部、辽宁出版集团高度重视，将其列为重点扶持项目，辽宁人民出版社组建专门出版团队具体负责，并从组织、配套、资金及队伍等多方面给予保障，确保本项目得以顺利完成。

　　值此丛书付梓之际，我们特别感谢国家发展和改革委员会杨荫凯同志，感谢他的悉心指导和大力支持，以及在编纂实施过程中给予的持续关注和具体指导。

　　我们也由衷感谢丛书编委会为项目实施注入的信心和力量，对丛书出版所贡献的智慧和经验。我们向丛书诸位著者致敬，他们的责任与担当，他们的心血与付出，将载入东北振兴的史册。我们衷心感谢在丛书组稿过程中统筹协调、倾心付出的许欣、杨睿、刘海军等同志，以及为各分册著述辛勤工作的写作团队各位成员，他们为丛书的顺利出版提供了基础保障。

　　深入推进东北振兴发展，是中共中央作出的重大战略部署，实现东北地区等老工业基地全面振兴、全方位振兴是一项长期艰巨的历史任务。70 多年前，中共中央东北局领导下东北解放区内最大的宣传机构——东北书店是如今辽宁人民出版社的前身，印行了大批有影响力的图书，发行到各解放区，如《毛泽东选集》《论联合政府》《东北农村调查》等。继承优良传统，肩负时代使命，怀揣美好憧憬，如今的辽宁人民出版社为东北振兴出版服务，自然担当义不容辞的责任。丛书紧扣经济社会发展，是对统筹推进"五位一体"总体布局和协调推进"四个全面"战略布局具有重要意义的出版项目。相信会为改革决策提供参考，助力优化国家区域发展格局，为东北全面振兴、全方位振兴，实现东北振兴新突破提供借鉴。

丛书策划、编辑出版过程中的疏漏之处，敬请广大读者批评指正。

编　者
2020 年 12 月